이웃을 찾아가는 42일의 여정

부르심의 길

곽성현

BAEKSEOK
백석출판사

이웃을 찾아가는 42년의 순종
부르심의 길

초판 1쇄 발행 2025년 9월 10일

지 은 이 | 곽성현

펴 낸 곳 | 기독교연합신문사(백석출판사)
등   록 | 제2018-000063호 (2018년 3월 15일)
주   소 | 서울특별시 서초구 남부순환로 2221
전   화 | (02)587-6885 팩스 02)581-6885
이 메 일 | book6885@nate.com

디자인&인쇄 | 기독교연합신문사(백석출판)

ISBN | 979-11-981080-5-0 93230

이웃을 찾아가는 42년의 선교

부르심의 길

곽성현

백석출판사

추천의 글

하은 장종현 박사 •••
백석대학교 설립자 / 예장 백석 대표총회장

　곽성현 목사님의 새로운 저서 『부르심의 길』이 출간될 수 있도록 인도하여 주신 여호와 하나님께 감사와 영광을 돌립니다. 두렵고 떨리는 마음으로 하나님께서 주신 사명을 감당하기 위해 진력해 오신 곽성현 목사님의 헌신과 노고가 이처럼 귀한 책으로 결실을 맺게 된 것을 진심으로 축하드립니다.

　곽성현 목사님은 백석총회의 증경총회장으로서 자신이 감당해야 할 역할에 항상 최선을 다하시는 영적 지도자이십니다. 또한 따뜻한 사랑과 섬김, 그리고 인격과 덕망을 갖추신 탁월한 목회자이십니다. 그래서 목사님을 뵐 때마다 그리스도의 향기를 진하게 느낄 수 있습니다. 저마다 꽃들이 향기를 가진 것처럼, 하나님의 부르심을 위해 힘써 오신 목사님의 삶에는 그리스도의 향기가 가득합니다.

　제가 만난 곽성현 목사님은 하나님이 일이라면 계산하지 않고 순종하시는 참된 하나님의 종입니다. 무엇보다 "하나가 되라"는 하나님의 명령에 순종하여 우리 백석총회가 1만 교회로 성장하는 '연합의 길'에 큰 힘이 되어주셨습니다.

　곽 목사님의 이와 같은 조건 없는 연합, 조건 없는 사랑에는 '십자가와 부활 신앙'이 자리하고 있습니다. 목사님은 항상 "예수 그리스도의 십자가 없이 진정한 기독교는 없다"고 고백하시면서 이웃을 향한 희생과 봉사를 당연하게 생각하셨습니다.

목사님이 시무하신 '사랑의교회'와 약자들을 위한 공동체 '사랑의 집'은 병들고 의지할 곳 없는 사회적 약자들이 모인 곳이었고, 그곳에서 목사님은 먹이고 입히고 씻기며 영과 육의 치유를 위해 헌신하셨습니다. 이는 누구도 쉽게 할 수 없는 고귀한 사역이며, 십자가 신앙 아래 예수 그리스도의 정신으로 무장한 목사님이셨기에 가능한 일이었습니다.

이렇게 목회와 복지사역만으로도 바쁘신 중에 노회와 총회를 위해 헌신하시면서 총회장으로 크게 쓰임 받으신 것은 곽성현 목사님의 신앙과 인격을 더 많은 이들에게 알리려는 하나님의 놀라운 섭리가 아닐 수 없습니다. 참으로 귀하고 감사한 일입니다.

사람이 살면서 누릴 수 있는 가장 영광스러운 삶은 하나님께 쓰임 받는 것입니다. 하나님의 부르심에 합당하게 살아가는 것만큼 아름다운 일은 없습니다. 이번 저서는 사랑의 실천과 섬김이 사라져가는 안타까운 시대적 상황 속에서 과연 예수 믿는 사람으로서 어떻게 사회적 책임을 감당해야 하는지를 다시 생각하게 합니다. 힘들고 어려운 시간을 하나님과 동행하며 걸어온 목사님의 삶이 진솔하게 담겨 있어서 감동을 줍니다. 곽성현 목사님의 유년 시절, 신앙을 갖게 된 그날부터 지금까지의 여정을 기록하였기에 한 편의 회고록이자 고백록이며, 사랑의 실천과 섬김에 대한 사역 보고서라고도 할 수 있을 것입니다.

사랑이 메마른 시대에 하나님이 찾으시는 '선한 사마리아인'으로 평생을 살아오신 곽 목사님의 신앙 여정을 통해 많은 사람들이 참된 믿음이 무엇인지 돌아보는 계기가 될 것이라고 생각합니다.

개인주의가 팽배하고 사랑이 메마른 어두운 시대에 곽성현 목사님의 귀한 저서가 예수님의 생명을 회복하고 하나님의 극진하신 사랑을 깨닫는 변화의 시작점이 되길 바랍니다. 그래서 섬기시는 교회가 하나님이 함께, 너와 내가 함께, 이웃과 함께하는 예수 생명의 공동체가 되어 품을 수 없는 사람을 품고, 사랑할 수 없는 사람을 사랑하며 그리스도의 향기를 드러내는 놀라운 역사가 일어나길 간절히 기원합니다.

양병희 목사 ● ● ●
기독교연합신문 대표이사 / 백석대학교 실천신학대학원장

"역사의 변곡점에서 곽성현 목사님의 부르심"

곽성현 목사님의 『부르심의 길』을 읽는 내내 깊은 감동이었습니다. 목사님의 삶은 단순히 개인의 여정이 아니라, 한 세대의 교회와 성도들에게 주신 하나님의 메시지라 할 수 있습니다.
목사님은 언제나 성령의 인도하심을 좇아 걸으셨습니다. "성령으로 살면 성령으로 행하라"는 바울의 권면처럼, 목사님의 사역은 말씀에 뿌리내린 순종과 사랑의 실천으로 가득 차 있었습니다. 가난과 고난

추천의 글

의 현장에서, 억눌린 이웃들의 곁에서, 늘 그들과 함께하며 예수 그리스도의 복음을 전하신 발자취는 오늘날 목회자들이 본받아야 할 참된 본이 됩니다.

특히 광주 민주화의 아픔속에서, 시대의 불의와 고통을 외면하지 않으시고 복음적 양심으로 그 자리에 함께 서 계셨던 목사님의 모습은, '목회는 교회 안에만 머무르는 것이 아니라, 세상 속에서 그리스도의 정의와 평화를 외치는 것'임을 분명히 보여줍니다. 그것은 단순한 사회 참여가 아니라, 십자가의 정신으로 이웃을 사랑하신 주님의 길을 따르는 참된 제자의 삶이었습니다.

또한 목사님의 사역은 사랑으로 수많은 영혼을 복음 안에 인도한 열매로 드러났습니다. 병든 자를 돌보며, 소외된 자들의 손과 발이 되어 함께 울고 함께 웃으며, 수백 명에 이르는 영혼이 천국의 소망을 품도록 이끄신 사역은 오직 성령께서 함께하신 증거입니다. 목사님의 증언은 우리에게 '목회란 곧 사랑이며, 사랑이 곧 복음 전도의 길'이라는 진리를 다시금 일깨워 줍니다.

『부르심의 길』은 단순한 회고록을 넘어, 후배 목회자들에게는 신앙의 이정표가 되고, 성도들에게는 실천적 복음의 길잡이가 될 것입니다. 이 책을 읽는 이마다 목사님의 땀과 눈물이 묻어 있는 사랑의 발자취를 따라, 자신에게 주신 부르심의 자리를 다시 확인하게 될 것이라 믿습니다.

저는 곽성현 목사님의 삶을 통해 한 가지 확신을 얻게 됩니다. 그것은, 하나님께서 한 사람의 온전한 순종을 통해 수많은 영혼을 변화시키시며, 그 순종이 곧 역사가 되고 교회의 유산이 된다는 사실입니다. 그러므로『부르심의 길』은 단지 한 목회자의 기록이 아니라, 우리 모두에게 주어진 하나님의 부르심 앞에서 어떻게 반응해야 할지를 보여주는 고백서입니다.

사랑하는 동역자 곽성현 목사님의 걸음에 존경과 감사를 담아 축복하며, 이 책이 많은 독자들에게 부르심 앞에 순종하는 은혜의 통로가 되기를 간절히 기도합니다.

류정호 목사 •••
백운성결교회 담임목사, 기독교대한성결교회 전 총회장, 한국교회총연합 전 대표회장

『부르심의 길』은 단순한 회고록이 아닙니다. 이 책은 하나님의 부르심에 응답한 한 사람의 전 생애가 어떻게 주님의 손에 붙들려 빚어지고, 이끌리며, 복이 되었는지를 보여주는 귀한 증언이자 고백입니다.

곽성현 목사님은 제게 개인적으로도 깊은 인연이 있는 분입니다. 제 아버지이신 류기련 목사님께서 진도에서 섬 목회를 하시던 시절, 곽 목사님은 그 교회에서 신앙생활을 하며 열심을 다하던 청년이었습니다. 그 청년이 어느 날, 누가복음 10장에 나오는 선한 사마리아인의 비유 말씀, 그 마지막 구절 "너도 이와 같이 하라"는 주님의 음성을 자신에게 주신 말씀으로 붙들고, 그 길을 평생의 부르심으로 받아들였습니다.

추천의 글

그 후 42년의 세월 동안, 곽 목사님은 인생에서 강도 만난 자처럼 상처 입고 버려진 이들의 이웃이 되기를 선택했습니다. 장애인 전문 목회를 통해 병든 자의 곁에서 손과 발이 되어 섬기셨고, 깨어진 몸과 마음과 영혼을 가진 이들에게 예수 그리스도의 복음을 전하셨습니다. 그렇게 400명이 넘는 약자들이 곽 목사님의 사역을 통해 주님의 품으로 인도받았습니다. 그 모든 여정은 '너도 이와 같이 하라'는 말씀에 순종한 한 사람의 고백된 순례이자, 실제로 살아낸 복음의 이야기입니다.

이 책에는 유년 시절의 신앙의 싹부터, 청년 시절 말씀 앞에서 받은 부르심, 첫 입소자를 만났던 순간의 기억, 질병 가운데서도 회복을 경험하며 사명을 다시 붙든 이야기, 그리고 60대의 나이에 목사 안수를 받고 백석 교단에서 목회자로 살아낸 지난 수십 년의 기록이 잔잔하면서도 진실하게 담겨 있습니다. 자극적인 감동이 아니라, 진심 어린 순종의 삶에서 흘러나오는 복음의 향기입니다.

오늘날, 한 사람의 인생 전체가 하나님의 손 안에 있음을 증언하는 삶의 이야기를 만나는 일이 점점 귀해지고 있습니다. 그런 시대 속에서 곽성현 목사님의 삶은, 하나님의 부르심 앞에 '예'라고 응답한 이의 순전한 흔적이자, 오늘도 여전히 하나님의 손이 사람들을 통해 일하신다는 살아 있는 증거가 됩니다. 이 책을 읽는 많은 이들이 곽 목사님의 삶을 통해 자신의 고난과 아픔 또한 하나님의 손 안에 있음을 확인하고, 그 손에 이끌려 다시 일어나는 은혜를 경험하게 되기를 진심으로 소망하며 기꺼이 이 책을 추천합니다.

추천의 글

박형렬 목사 •••
(사)한국개신교교단협의회 대표회장, 세계CEO전문인선교회 (WCPM) 대표, ACTS 목회연구원 주임교수

『부르심의 길』은 존경하는 곽성현 목사님께서 강도 만난 자와 같은 버림 받은 이웃들에게 주님의 사랑을 실천한 42년간의 사역의 역사입니다. 하나님의 거룩한 영광인 문화명령(창 1:28)과 선교명령(마 28:20)의 준행에 순종한 너무나 귀중한 '흙진주'와 같은 책입니다.

이 책의 추천을 받고 원고를 단번에 읽고 너무나 큰 감동을 받았습니다. "먼저 글 쓰기 전 회개가 필요하다고 생각이 들어 살아오면서 잘못된 죄들을 다 회개하고 자신을 비우고 겸손한 마음으로 낮은 자리에서 글을 쓰게 되었다"는 부분에서는 눈물이 핑 돌았습니다.

16세기 타락한 로마 가톨릭교회를 개혁한 선구자들은 생명이 위협받는 상황에서도 두려워하지 않았습니다. 개혁자 마르틴 루터와 존 칼빈은 "오직 성경, 오직 그리스도, 오직 은혜, 오직 믿음, 오직 하나님께 영광"의 5대 강령 선포를 자랑스럽게 여겼습니다. 삼위일체 하나님을 기쁘시게 하는 사역의 역사입니다.

본서 『부르심의 길』 속에는 개혁주의가 있습니다. 하나님의 절대 주권, 하나님의 언약과 같은 주옥 같은 내용이 풍성합니다. 구체적으로 목회 사역, 전문인 선교(사랑의 실천), 교단 및 협의회 사역 등 모범 사례들이 많이 있습니다. 하나님의 백성들과 사역자들이 실제적 증언을 읽고 부르심의 길을 갈 수 있는 거룩한 사역의 교과서로 추천합니다.

머리글

곽성현 저자

"성령으로 살면 성령으로 행하라"는 말씀은 바울이 갈라디아 교회에 보내는 서신의 메시지이며, 기독교인 누구나 동일하게 듣고 행하여야 할 절대적 실천 명령이다. 법을 지키는 것이 국민의 의무라면 하나님의 말씀은 그 상위법이 되기 때문이다. 성령께서는 성도의 유익을 위하여 일하시며 해로운 일을 지시하거나 강요하지 않으시며 때로는 감당할 수 없는 고난과 시련에 부딪히게 될지라도 결과적으로는 아름다운 열매를 맺게 하신다. 복음 전파를 위하여 부르시는 하나님은 이런 저런 방법으로 작정하신 구원 계획을 이루시며, 예수 그리스도의 십자가 복음을 인류 모두에게 선포하게 하심으로 멸망할 자들을 구원하려 하신다.

"네 이웃을 네 자신과 같이 사랑하라"는 말씀은 특정한 사람에게만 주신 것이 아니요... 모든 사람은 하나님의 형상으로 만들어졌으므로 차별이나 구분 없이 서로 사랑하되 자신에게 하듯 사랑하라는 최고의 계명이라고 할 것이다.

진정한 이웃 사랑이란 자신을 사랑하는 것이며 자신을 사랑하는 자가 이웃을 사랑할 수 있다. 하나님을 사랑하는 자는 자신을 사랑하는 것이며 자신을 사랑하는 자가 하나님을 사랑하게 된다. 이 원칙을 알지 못하고는 결코 이웃을 사랑할 수 없고 하나님과의 관계도 올바르지 못할 것이다.

경쟁 사회에서는 이 말씀이 적용되기 어렵다. 상업주의에서는 만인은 만인에 대하여 상인의 관계이며 대적하는 이리의 관계로 서로 물고 먹으며 싸우려고만 하기 때문이다.

"원수를 사랑하라"고 말씀하신 성경은 곧 하나님 안에서만 가능한 최고의 사랑이다.

누가복음 10장 25-37절에서 강도 만난 자의 이웃이 누구인가? 우리의 개념은 강도 만난 자를 이웃으로 알고 있으나 강도 만난 자를 찾아간 사마리아인이 강도 만난 자의 이웃이라고 설명하고 있다. 예수님은 "가서 너도 이와 같이 하라"고 말씀하셨다.

어렵고 고통당하는 자를 찾아가는 것이다. 가까이 가는 일이 중요하며, 다음 행위는 사마리아인이 한 일을 그와 같이 하는 일이다.

단순히 1회적이 아닌 42년을 그들 곁에서 함께 먹고 자면서 병든 자들, 약자들의 손발이 되어 몸을 돌보면서 전인 구원을 위한 예수의 복음을 전했다. 400여 명을 믿음으로 천국에 이르도록 한 사역과 수십 명이 회심한 일은 사람의 뜻으로 된 것이 아니요 오직 성령으로 살면 성령으로 행하라는 말씀에 의하여 된 일이므로 내게는 오직 순종만이 있었을 뿐이다.

내 나이 81세. 은퇴 후 지난 부르심의 길을 돌아보며 작은 일이지만 자녀들과 후손들에게 나의 이야기를 남기고 싶어 컴퓨터 앞에 앉아 '과연 이 글을 쓰는 것이 합당하냐?'는 질문으로 고민하기도 하였으나

머리글

이 또한 성령 안에서 한 쪽 한 쪽 쓸 수 있게 된 것을 감사한다.
  먼저 글을 쓰기 전 회개가 필요하다는 생각이 들어, 살아오면서 잘못한 죄들을 다 회개하고 나를 비우고 겸손한 마음으로 낮은 자리에서 글을 쓰게 되었다.

  하나님이 유년 시절부터 오늘에 이르기까지 나와 함께 하셨다는 이 한 가지 사실은 분명하다.
  사랑의 실천이라는 사역을 다 마치기까지 힘들고 어려운 고난 가운데서 아내와 자녀들의 고생에 대하여 남편으로서 아버지로서 무어라 말로 다 위로와 감사를 표현한다 해도 부족할 뿐이다.

  쓰러지는 병으로 오랫동안 꼼짝 못 하게 묶어 사랑의 실천 사역을 위하여 붙잡아 두시더니, 그 수치스럽고 자존심 상하던 병을 목사 임직과 함께 풀어 치료하여 주시고 목사로서 해야 할 일, 교회와 노회, 총회를 위한 일을 하게 하신 하나님은 참으로 인간의 지혜로는 알 수 없는 신비이며 능력이시다.

  하나님께서 이끌어 주시고 사명을 받아 행한 사역을 성경 말씀으로 조명하면서 신앙적(신학) 관점에서 글을 써 보려고 했으나 부족함만 드러난 것 같다.

서울 종암동에서 곽성현

책의 목차

추천의 글 • 4
머리글 • 11

1부
부르심의 시작
"하나님의 손길에 이끌리다"

1. 새로운 정착지 • 18
2. 환난의 날 • 35
3. 갈 길을 인도하소서 • 55
4. 여자 수양관 • 64
5. 사명을 받다 • 76

2부
부르심의 여정
"고난 속에 피어난 순종"

6. 땅을 주소서 • 88
7. 유년시절과 신앙훈련 • 106
8. 새로운 삶과 연단 • 149
9. 사랑의 실천 • 183

CONTENTS

3부
부르심의 실현
"이웃과 함께한 복음의 여정"

10. 만일 성령으로 살면
    성령으로 행할지니 · 300
11. 귀신을 쫓으라 · 307
12. 길 잃은 양들을 위하여 · 325
13. 목사 안수와 선물 · 342
14. 죽도록 충성하라 · 352
15. 고소를 당하다 · 362

4부
부르심의 열매
"감사의 고백과 신앙의 유산"

16. 받는 자보다 주는 자가
    복이 있다 · 376
17. 옳은 일에 행동하라 · 386
18. 예수의 흔적 · 392

Epilogue · 396

당신의 이웃은 누구인가?
당신은 그 이웃들 곁으로 가까이 간 일이 있는가?
과연 당신은 이웃을 자신처럼 사랑하고 있는가?
진정한 이웃 사랑이란 자신을 사랑하는 것이며
자신을 사랑하는 자가 이웃을 사랑할 수 있다.
하나님을 사랑하는 자는 자신을 사랑하는 것이며
자신을 사랑하는 자가 하나님을 사랑하게 된다.
이 원칙을 알지 못하고는 결코 이웃을 사랑할 수 없고
하나님과의 관계도 올바르지 못할 것이다.

1부
부르심의 시작
하나님의 손길에 이끌리다!

1. 새로운 정착지

1979년 초여름

이삿짐을 싣고 떠나는 마음은 매우 불안하고 답답하였다. 구름 덮인 하늘은 마음을 더욱 우울하게 하였고 안개 낀 도로는 교통 체증으로 차들은 속도를 내지 못하였다. 삶의 터전이었던 항구 도시 목포를 뒤로하고 새로운 정착지 광주로 가는 길은 일곱 번째 이사로, 세 아이와 함께 지친 아내의 옆 모습을 보는 마음은 딱히 보장되지 않은 개척지를 향하는 난민과도 같았다. 새로운 환경에서 일을 찾아 가족을 부양하려면 그에 따른 인내와 노력이 뒤따라야 함을 의식하면서 여러 가지 생각으로 머리는 복잡하기만 하였다.

계림동 사거리에 세를 주고 얻은 가게에 이삿짐을 푼 며칠 후 작은 슈퍼를 열었다. 물건을 정리하고 가격표를 붙이고 새 구매 물품 목록을 만들었다. 이런 일은 생소하고 적성에 맞지도 않지만 무언가 일을 해야 한다는 강박감이 마음을 재촉하였기 때문이다. 이번이 두 번째 시작하는 일이었지만 직업을 바꾼다는 것은 적잖게 스트레스를 주었다. 그 일이 적성에 맞지 않아도 우선은 무언가 일을 해야 했기에 아침에 일찍 일어나고 밤늦게까지 가게를 지키며 손님을 기다렸다.

이사 한 달쯤 목포에서 담임 목사님이 찾아오셨는데 역시 질문은 왜 갑자기 목포를 떠났느냐는 것이었다. 목사님은 일꾼 한 사람이 없어졌으니 실망도 큰 모양이었다. 전임 목사님 때부터 그러니까 목포에 직장을 구한 후 교회 일에 최선을 다해 왔기에 갑자기 후임도 정하지 못한 채 교회 일꾼이 없어졌으니 걱정과 의심은 교회 전체에 이야깃거리가 된 모양이었다. 주일에는 새벽예배를 마치고 오전 주일학교를 인도하고 설교로 학생들에게 말씀을 전하고 곧바로 중고등부 시간에도 예배를 인도하였다.

교회 성도들이 약 이백 명쯤 되는데도 전도사나 부목사가 없기에 이 일은 내 몫으로 돌아왔다. 성가대 연습 후 대예배 때 찬양으로 예배를 드리고 하나님께 영광을 돌린다. 성가대의 일원으로 베이스 파트의 행복은 축복이 아닐 수 없었다. 예배 후에는 헌금을 계수하여 헌금액과 이름을 장부에 기록하는 회계 일을 하였다. 오후에는 교사회로 모여서 다음 주를 준비하며 교사들의 봉사와 충성을 독려하고 친교, 공과 준비를 하며 교회에 나오지 않은 학생을 체크하였다. 직장 생활의 하루 일과는 매우 힘들었지만 주일 봉사는 그보다 훨씬 피곤하였다. 그러나 그것을 당연히 해야 할 일로 여기며 감사하게 생각하였다. 이러한 섬김은 고향 교회로부터 계속 해왔기에 몸에 적응이 되었다.

찾아오신 목사님께서는 갑자기 왜 광주로 왔는지 궁금해 하셨지만 확실한 대답을 듣지 못하고 기도해 주시고 아쉬운 마음으로 돌아가셨다. 광주가 더 좋아서도 아니고 확실한 직장이나 일이 달리 있어서도 아니었고 목포에 더 머무를 수 없는 개인적인 문제 때문인데 그에 대한 대답은 다음에 밝히겠다.

광주에서는 제일성결교회에 출석하였다. 시내에서 가장 번화한 거리인 금남로의 한 지로에 있어서 교통편도 괜찮았고 어려서부터 성결교회에서 신앙을 시작한 이유이기도 했다. 새로 나가는 교회 역시 생소한 얼굴들을 익혀야 했다. 인사를 하며 나를 궁금해하는 이들 때문에 조금은 쑥스럽고 언짢기도 하였다. 새로 온 신자에 대한 과잉 친절 때문에 부담을 느끼지 않을 수 없었다. 교회에서 내 신앙 전력을 아는지 유년 주일학교 부장으로 임명하였고 거절할 틈도 없이 순종할 수밖에 없었다. 교사들 얼굴도 잘 모르고 학생들을 파악하느라 여러 달 동안 힘들었지만 차츰 적응하게 되었다.

여느 때처럼 사람들은 바쁘고 태양 빛은 도시를 활기차게 하였다.
첫째 딸은 그리 멀지 않은 산수초등학교에 갓 입학했다. 혼자서 길을 익히고 책가방을 메고 오가는 딸이 사랑스러웠다.

가게는 남지도 않고 모자라지도 않게 운영되었고, 아침에 일찍 문을 열고 물건들을 정리하고 청소하고 저녁 늦게까지 일해야 했기에 늘 피곤하기만 하였다. 이 일을 계속 생업으로 한다고는 생각한 바 없지만 당장은 어쩔 수가 없었다. 슈퍼 앞은 큰 도로 사거리였기에 오가는 사람들을 두루두루 관찰할 수 있었다. 자동차와 오토바이, 자전거 탄 사람, 수레를 모는 사람, 술 취해 비틀거리는 사람, 이웃끼리 싸우는 광경, 건너편 목공소 노인, 자장면 가게에 들락거리는 이들, 옆집 술집에서 떠드는 소리. 이것이 사람 사는 모습이라고 생각하며 혼자 웃기도 하였다.

사람들은 서로 공존하여 살면서 부자와 가난한 자, 지식인과 무식자, 힘 있는 자와 약한 자, 젊은이와 늙은이, 창조론과 진화론, 전쟁과 평화, 끝없는 논쟁으로 한편으로는 발전하기도 하고 한편으로는 퇴보하면서 역사는 흘러가고 있다.

나는 누구인가?

이 질문은 자기 자신의 정체성에 대하여 누구나 자아를 깊이 성찰하여 비판하고 도덕적이거나 정신적으로 향상된 지성인의 삶을 위하여 노력하는 데 유익하다.

파스칼은 '팡세'에서 이렇게 말했다.
"인간은 우주의 영광이 될 수도 있고 쓰레기도 될 수 있다."

이 얼마나 의미 있고 고상한 문장인가? 짧은 이 단어야말로 모든 사람이 깊이 새겨들어야 할 교훈이 아닐 수 없다.

〈우주의 영광〉

이 고상한 말은 도덕적이거나 정신적 범위를 넘어 종교와 신앙의 차원인 영적 세계에서 논의될 수 있는 형이상학의 실존적 과제이며, 신과 연결된 비물질적 영역에 속한 조물주의 창조 질서에 순종하는 삶이다. 사람의 제일 되는 목적은 '하나님을 영화롭게 함과 영원토록 그를 온전히 즐거워하는 것이다'.(1)

'우주의 쓰레기'는 이성적 자아를 상실한 보통 인간이 되기를 거부한 금수 같은 비인격적 존재일 것이다. 육신의 욕망과 정욕을 위하는 자들은 사회의 발전과 이웃과의 관계성 없이 거짓과 속임, 방탕, 육신의 쾌락만 즐기는 자들이다.

'나는 누구인가?'라는 질문을 던지며 가게에 앉아 때로는 졸기도 하고 인기척에 놀라 손님을 맞기도 한다.

쇠랜 키르케고르는 〈이것이냐 저것이냐〉에서 '나는 누구인가? 나는 매일 나를 연구한다'라는 문제로 인간의 실존적 존재를 위한 강화에 전심을 다했다. '신(God) 앞에 선 단독자'(2)가 될 때만 자신이 누구인가를 알게 되며 자신의 비참과 무의미한 존재, 곧 죄인이라는 것을 비로소 깨닫게 된다고 하였다.

신 앞에 선 단독자가 될 때 우주와 세계 만물의 주권자를 알게 되고 그분은 한량없는 사랑과 자비로 긍휼을 베푸시며 죄인을 용서할 준비와 계획을 태초 이전에 작정하셨다는 것을 깨닫게 된다.(3) 이러한 경과로 하나님과 개인 사이의 관계는 중보자 없이는 결코 성립될 수 없으니, 중보자는 하나님의 독생자 예수 그리스도이시다. (딤전 2:5) 하나님은 자신을 계시하기 위하여 성경을 인간의 언어와 문자로 기록하셨다.

어렸을 때는 그저 처한 환경에 고스란히 젖어 '나'에 대한 생각을 깊이 해본 일이 없었다. 소년이었을 때는 부모님과 5남매 가족의 일원이라는 것, 그 이상도 이하도 아닌 평범한 소년일 뿐이었다. 그러나 아버지가 질환으로 농토의 일부를 팔아 병 치료를 했지만 끝내 떠나시고 그 후 어머니와 남은 가족은 아버지 없는 슬픔과 가난을 절실히 느끼며 빈곤의 한가운데 서 있는 자신을 발견할 수 있게 되었다.

가난이 나쁜 것인가? 부자가 좋은 것인가?

모든 사람이 부자가 되고 싶어 할 것이다. 이 양자 사이의 비중에서 가난이 자신의 몫이 될 때 인생의 전체를 좌우할 고난이 따르겠지만 가난이 꼭 무익한 것은 아니다. 유다의 솔로몬왕은 최고의 부귀와 영화를 누렸어도 말년에 여자와 우상으로 인해 하나님을 떠나며 부끄러운 종말을 마쳤다.

돈과 물질의 부정적 속성은, 인간을 방탕하게 하고 인생을 낭비하며 교만하고 다른 사람을 무시한다. 이것을 얻기 위하여 개인적으로는 속이고 싸우며 죽이고, 국가적으로는 전쟁 무기로 대량 살상과 파괴를 일삼는다. 러시아가 우크라이나를 침략하여 수만 명이 죽고 건물이 파괴됐고 고통을 당했다. 이스라엘과 하마스, 헤즈볼라의 전쟁으로 어린아이들과 약자들이 죽었다.

국가마다 군대를 양성하고 신무기로 무장하기 위하여 국방 예산을 증액하고 핵무기를 개발, 생산하는 데 초월적 비용을 쏟아붓고 있다. 인류의 종말은 요원한 일이 아니다.

"이제 하늘과 땅은 그 동일한 말씀으로 불사르기 위하여 보호하신 바 되어 경건하지 아니한 사람들의 심판과 멸망의 날까지 보전하여 두신 것이라."(벧후 3:7)

아프리카나 세계 빈곤층 민족들에게는 할 말이 아니어도 가난이 저주가 될 수는 없다. 황무지에서도 꽃은 피고 삶이 개선되기 때문이다. 극심한 가난 속에서도 원망이나 슬퍼하지 않았으며, 그것을 그대로 받아들이고 그 환경이 내가 살아가는 터전이라고 생각했다. 가난은 불편한 것이지 나쁜 것이 아니다. 이러한 불편은 육체를 힘들게 하고 마음을 위축시켜도 가난은 인생의 참 의미를 알 수 있는 교과서와 훈련장이 되기 때문이다.

믿음의 대략

키르케고르는 〈죽음에 이르는 병〉에서 불안과 절망이 죽음에 이르는 병이며 절망은 곧 죄로부터 온다고 했다. 성경은 더 확실하게 이 문제를 설명하고 있다. 불안, 절망, 죄, 고통, 두려움, 질병, 죽음, 심판, 지옥 〈 회개, 구원, 중생, 신유, 거룩, 성결, 부활, 영생, 천국, 이런 등식의 부호가 성립한다. 이 등식의 주요점은 주술이나 어떤 형태의 방법이나 종교적 교리가 아닌 완전한 인격적 개입이 아니고서는 결코 해결할 수가 없다.

〈완전한 인격의 개입〉

이 세상에서 완전한 사람은 아무도 없다. 모든 사람은 다 죄 아래 있다고 바울은 선언하였다.

"기록된 바 의인은 없나니 하나도 없으며 깨닫는 자도 없고 하나님을 찾는 자도 없고 다 치우쳐 함께 무익하게 되고 선을 행하는 자는 없나니 하나도 없도다."(롬 3:10-12)

인간에게 가장 무서운 것이 죄다. 죄의 결과는 저주이며 비참과 멸망이다. 사람들이 원인과 결과를 모르기 때문에 삶에서 실패한다. 가장 근원적인 문제는 놓치고 부수적인 것에 목숨을 걸고 있다. 이 죄로부터의 구원은 필수적이며 선택사항이 될 수 없는데 인간은 이것조차도 모르고 있다. 무지몽매한 인간들의 구원을 위하여 하나님은 독생자를 보내주셨다. 예수 그리스도는 성부의 뜻에 따라 십자가에서 희생의 제물이 되심으로 그를 믿고 따르는 자들에게 죄 사함의 은혜를 베풀어 주셨다. 이러한 구원은 값싼 선물이 아니라 자기 피로 대속한 최고의 희생으로 대가를 측량할 수 없는 하나님의 사랑이었다.

완전한 인격의 개입이라고 할 때, 오직 죄가 전혀 없는 이만이 인간의 허물과 죄를 사하실 수 있는데 오직 유일하게 예수 그리스도만이 죄가 없으시다. 그는 신성과 인성의 인격을 지니시고 세상에 오신 분이시다. 총독 빌라도는 예수가 죄 없다고 세 번이나 증언하였고(요 18:38, 19:4, 6), 베드로는 "그는 죄를 범하지 아니하시고"(벧 2:22)라고 증언했으며, 사도 요한은 "그가 우리 죄를 없애려고 나타나신 것을 너희가 아나니 그에게는 죄가 없느니라"(요일 3:5)고 기록하였다.

인성과 신성의 인격을 겸비하신 가장 완전하신 예수 그리스도만이 죄와 허물 가운데 있는 가장 불완전한 인간을 구원하실 수 있다. 예수께서 완전히 인간인 동시에 완전히 하나님이셔야만 그의 죽음과 부활이 인간과 하나님을 화해시키는 일을 할 수 있다.

4세기 아리우스(Ariuse)주의자들은 그리스도의 신성을 부인하고 그 교리로 교회를 설득했지만 위대한 교부 아다나시우스(Athanaciuse)는 용감하게 이 교리에 맞서 예수가 인간일 뿐이라면 인류의 구원자일 수 없다고 반박함으로써 정통 교리를 변증하였다. 니케아 신조에서 "참 하나님에게서 나오신 참 하나님이시며 아버지와 동일 본질이심"을 교회가 고백하게 하는 것이다(Homoousios). 구원(redemption)은 현세에서 이루어져야 하고 내세와 연결된다. 기독교 신자들이 구원의 참 의미를 모르고 기독교인 행세를 하는데 그러한 자들에게는 영생도 천국의 소망도 약속된 바가 없다. 또 구원 이후의 삶과 행위가 확연히 달라져야 하는데 이것을 거듭남 또는 중생이라 한다.

중생은 예수 그리스도와의 연합으로 죄의 용서와 연결되며 구원의 확신과 확실성의 문제와 관련될 뿐 아니라, 아주 확고한 고정된 체험으로 반복해서 일어날 수 없는 일회적 사건이다. 이 사역은 새사람이 되게 하고 새로운 존재로 그리스도의 생활과 관련된 것이 아니라 신분과 관련된 하나님의 백성이라는 존재적 가치를 갖게 된다. 중생을 통하여 죄인의 오명을 벗고 새로운 피조물로 거듭나서 하나님의 백성이라는 존재로 변화되어 구속의 날까지 인치심을 받고 그 보증으로 우리 마음에 성령을 주셨다.

성령이 성도의 삶에서 차지하는 비중은 엄청난 사역이다. 그리스도인은 능력과 기쁨과 활력이 넘치는 삶을 살며, 성령의 내주 사역은 성화와 거룩한 삶과 관련된다. 중생 사역이 단회적이라면 거룩성을 유지하는 성령 사역은 반복적이고 계속적이며 성도들이 항상 처해야 할 상황이다. 그러므로 성도는 성령을 충만하게 받아야 한다. 장거리 운전을 위해서는 연료통에 기름을 가득 채워야 하듯이 이것은 도덕적이며 영적인 상태를 충족하게 한다.

계속적 성화 사역을 통해 영적인 삶의 원리를 따라 내적으로 이루어진 성화가 외적인 삶으로 나타나게 하는 것이 내주 사역의 계속성이다. 성령은 인간의 세 가지 주된 성품, 지(mind), 정(feeling), 의(will)를 가지시며 바울은 로마서에서 "마음을 살피시는 이가 성령의 생각(mind of the sprit)을 아시나니 이는 성령이 하나님의 뜻대로 성도들을 위하여 간구하심이라"고 했다. 우리는 성령께서 우리와 같은 감정이 있음을 알아야 한다. 그러므로 "하나님의 성령을 근심하게 하지 말라"고 하신 말씀을 기억하고 성령을 근심하지 않도록 조심할 것이다 (엡 4:30).

성령이 왜 근심하는가? 하나님의 뜻대로 살지 않기 때문이다. 이 세상은 어찌 보면 살기 좋게 보이지만 다른 눈으로 보면 죄의 바다에서 헤엄치는 것과 같다. 이기주의와 물질주의는 영혼의 눈을 어둡게 하고 문화와 전통, 관습이 생각을 세속적이며 부정적으로 향하게 한다. 성령은 위로자, 대변자, 상담자, 안내자로서 우리의 연약함을 대신하여 하나님의 깊은 것까지도 통달하게 하신다(고전 2:10).

요한복음 3장에 예수님과 니고데모(Nicodemus)의 대화가 나오는데, 니고데모는 유대 바리새인(Pharisees)이었다.(4)

그는 예수를 '랍비'라 불렀다. 헬라식 니고데모의 이름의 뜻은 '백성의 정복자'라는 뜻으로, 유대의 관원이며 산헤드린 공회의 일원이다. 산헤드린 공회는 그 당시 유대인의 최고 종교회의 기관으로, 그 구성원의 수는 71명이며 고위 사제들과 율법학자들과 원로들로 구성되었다.

랍비라는 칭호를 얻으려면 수년 동안 정규적인 연구 과정을 마치고 모든 전승 자료와 할라카(Halakah)(5) 의 해석 방법을 통달해야 비로소 종교법과 형법의 문제들에 대해 독자적인 판단을 내리게 되며, 서품을 받으려면 40세가 되어야 하는데 이런 공부를 하지 않은 40세도 안 된 예수를 니고데모가 랍비라 호칭한 것은 이러한 표적과 기사가 하나님이 보내시고 함께 하시지 않으면 이루어질 수 없다고 고백하는 존경심의 발로였다.

예수께서는 니고데모가 생각하지 못한 말씀을 하셨다.

"진실로 진실로 네게 이르노니 사람이 거듭나지 아니하면 하나님 나라를 볼 수 없느니라."

거듭난다는 말을 이해하지 못한 그에게 예수께서는 다시 "사람이 물과 성령으로 나지 아니하면 하나님 나라에 들어갈 수 없느니라"고

하셨다. 아직도 거듭남의 뜻을 이해하지 못하고 있을 때 '내가 땅의 일을 말하여도 너희가 믿지 아니하거든 하물며 하늘의 일을 말하면 어떻게 믿겠느냐?'고 말씀하셨다.

거듭남이란, 새사람, 이전과 다른 변화된 사람을 말하며, 재창조(Re-Creation)이다. 거듭남이 없으면 진정한 그리스도인으로 살 수 없으며 하늘의 신령한 복을 얻지 못할 것이다. 세례는 이를 가능하게 하며 그리스도 예수를 그리스도로 믿고 따를 때 성령의 인도하심을 얻게 되므로 영혼과 육체가 새로운 삶을 얻게 된다.

집안의 가장이 방탕하며 허송세월로 시간을 낭비하며 패가망신(敗家亡身)을 하였는데 예수 안에서 새 사람이 되어 아내와 자녀를 위해 새 삶으로 가정을 일으키는 것이야말로 놀라운 사건이다. 자기만족과 이기주의로만 살던 사람이 하나님을 사랑하여 계명을 지키며 이웃과 사회를 위해 봉사하는 사람이 되는 것이 바로 거듭남이며 재창조이다. 창조주이시며 전능자이신 하나님을 알지 못하던 사람이 그의 사랑과 정의와 공의를 알고 깨달아 하나님의 영광을 위해 사는 것이 중생의 삶이다. 지식과 힘과 부와 권세, 명예를 최고로 아는 사람들을 성경은 무어라 말씀하시는가?

"여호와께서 이와 같이 말씀하시되, 지혜로운 자는 그의 지혜를 자랑하지 말라. 용사는 그 용맹을 자랑하지 말라. 부자는 그의 부함을 자랑하지 말라. 자랑하는 자는 이것으로 자랑할지니, 곧 명철하여 나를 아는 것과 나 여호와는 사랑과 정의와 공의를 땅에서 행하는 자

인 줄 깨닫는 것이라. 나는 이 일을 기뻐하노라. 여호와의 말씀이니라."(렘 9:23-24)

거듭남을 통해 새로운 인격으로 변화되고 가치관이 달라져 세상을 보는 안목과 올바른 기독교 세계관을 갖게 될 때 이런 변화는 세상을 살맛 나게 할 것이다.

그리스도와 교회

교회는 많고 교인들은 넘치는데 세상은 점점 더 악해지고 사랑은 식어가는가? 그 대답은 말씀이 없는 종교적 신자들이 많기 때문이다. 행함이 없고 실천이 없는 믿음은 죽은 믿음이다. 예배당 안에서는 거룩하고 경건한데 밖으로 나오면 불신자와 다름이 없다. 이에 대한 책임은 일차적으로 목회자에게 있다.

첫째, 설교에 감동이 있어야 한다.
예배에서 설교의 비중은 80% 이상을 차지한다. 성경의 깊은 진리를 선포하여 감동과 감화를 통한 깊은 회심과 성령의 충만으로 영과 육이 함께 반응하여 삶의 터전에서 말씀이 적용되어야 하는데, 설교가 귀는 즐겁게 하지만 마음에까지 오지는 못한다. 이러니 영적으로는 빈곤해져 세상과 타협하고 적당히 기독교 신자로 자처하는 이들을 교인 숫자로 계산하여 교회 부흥을 자랑하며, 교회 건물의 웅장함과 재정 확보에 능한 목사가 훌륭한 영적 지도자로 치부되고 한국 교회의 대표자로 추대받고 있다는 것이다. 교회는 교인을 생산하는 공장이 아니다. 말씀으로 제자들을 훈련시켜 그리스도의 몸을 세워야 한다.

미국을 부흥시킨 죠나단 에드워드의 설교를 들은 청중들은 교회 밖 일터인 농장에서, 빨래터에서 또는 가정에서 예배 때 들은 설교의 은혜를 되새김질하며 말씀의 존귀함을 마음에 간직했다. 그리고 생활 속에서 실천함으로써 그리스도를 닮아가는 모범적 신앙의 삶을 보여 교회는 새 신자로 넘쳐났고 지역과 사회가 변화되는 현상이 일어나게 되었다. 이것이 바로 숫자가 아닌 참된 부흥이며, 하나님의 손길이 각 사람의 영혼을 어루만지는 성령의 역사다. 개인 구원으로만이 아닌 지역사회를 기독교화하는 데 효율적으로 나타나야 한다. 우리는 우리 자신이 아니라 하나님을 위해 태어났음을 알고 자신을 지나치게 탐닉하지 않도록 하며 하나님의 영광을 구하는 열심이 삶의 원칙이 되어야 한다.

성도는 그리스도에게서 생명의 생장력과 자양분을 받을 뿐 아니라 죄의 본성이 그리스도로 말미암아 거룩한 성품의 본성으로 변해야 한다. 접붙임의 교훈에서 알 수 있듯이 인간의 쓴 뿌리 나무를 잘라내고 좋은 나무를 접붙여 실과를 극상품으로 만드는 원리이다. 인간은 처음부터 타락하여 생명을 상실했기에 상실된 그대로 방치하는 것은 그분의 형상대로 지은 창조주의 뜻이 아니다.

성경이 죄 아래 있는 아담의 후손들을 구원하려는 하나님의 사랑을 담고 있는 책(말씀)이라면 설교를 통해 하나님의 사랑을 말씀하신 것처럼 해야 한다. 그리고 설교자들이 자기가 선생이며 왕이 되고 지도자로 나서며 청중들의 인기를 바라며 능력 있는 목사로 자처하는 교만에서 깨어나야 한다.

설교자는 언제나 말씀의 주인이신 성삼위 하나님 뒤에 감추어진 성령의 도구로서 역할을 할 뿐이며 강단은 예수 그리스도의 성스러운 보좌이다. 사역자는 자신의 직무상 하나님께서 몸소 말씀하시는 것 그 이상이나 이하로 말할 수 없다. 목사의 권위는 자신들의 사명에 대한 충성도에 달려 있으며, 교회 안에서 행사되는 권위는 이 원칙, 즉 사람은 자신의 것을 섞지 말고 오직 주님의 말씀에 따라 옳은 것을 판단할 뿐이라는 원칙에 굴복해야 한다.

이 원칙을 따르는 신실한 사역자들은 이 세상의 영광, 자랑, 명예를 삼가고 말씀의 위엄에 순종하고, 그 말씀의 명령을 높은 사람부터 낮은 사람에 이르기까지 모두에게 전하며, 그리스도의 가정을 세우고 사탄의 통치를 무너뜨리며, 양을 먹이고 이리떼들을 죽이며, 가르치고 권면하며 거역하는 자들을 반박하고 제지하며 정복하되 이 모든 것을 하나님 안에서 실천하도록 위임받고 있다.(6)

그리스도는 교회의 유일한 기초이며, 그리스도를 흐리게 하는 것은 무엇이든 교회를 파괴하는 행위이다. 하나님께서는 사람을 대리 사역자로 사용하시지만, 개인이 하나님의 보좌를 찬탈하는 경우 그리스도의 몸으로서의 교회의 형체는 사라진다. 설교는 그리스도의 선물들을 우리에게 전달하는 수단이다.

둘째, 본이 되는 신앙

바울은 고린도 교회에 보낸 첫 편지 13장에서 사랑의 실천을 강력하게 요구한다. 사랑의 실천이야말로 기독교 통합의 열매이며 사회적 의무이기도 하다. 사랑이라는 말처럼 아름답고 포근하고 진지한 말은 없을 것이다. 하지만 말 자체로는 아무 의미가 없다. 설교는 성도들에게 선포하는 말씀이지만 설교자 자신에게도 해당되기 때문에 먼저 말씀에 순종하며 실천하는 본을 보여야 한다.

"내가 그리스도를 본받는 자가 된 것 같이 너희는 나를 본받는 자가 되라."(고전 4:16)

바울은 예수 그리스도에게 초점을 맞추면서 그를 본받아 살면서 복음을 전하였으므로 자신 있게 자기를 본받으라고 말한다.

'신약의 황금장'이라고 하는 고린도전서 13장은 '사랑의 시편(The Psalm of Love)'으로 일컬어진다. 설교자가 먼저 사랑의 본을 보이고 실천할 때 성도들은 목사를 따라 배우게 된다. 예수께서 무리와 제자들에게 가르친 교훈은, "서기관과 바리새인들이 모세의 자리에 앉았으니, 그러므로 무엇이든지 그들의 말하는 바는 행하고 그들의 행위는 본받지 말라. 그들은 말만 하고 행하지 아니하며 또 무거운 짐을 묶어 사람의 어깨에 지우되 자기는 이것을 한 손가락으로도 움직이려 하지 아니하며"(마 23:2-4)

목사는 말씀의 선포자이며 행동가이며 실천자다. 성경 말씀을 그대로 살아내며 예수 그리스도의 인내와 순종과 믿음과 희생과 섬김을 다하며 복음을 전하는 참 목자로서 사랑과 정의, 공의를 선포하며 불의의 세력을 책망함으로써 성도들이 오염되지 않도록 경고하고 경계하고 권면해야 한다.

또한 주님께서 경고한 바와 같이 높은 자리에서 존경이나 대접을 받으려고 하지 말고 선생이나 지도자가 되려고 하지 말아야 하며, 오직 예수 그리스도만이 선생이며 지도자인 것을 알아야 한다. 교계 행사에 가면 사람을 소개하면서 '한국의 영적 지도자' 000 목사로 높여 소개하는 경우가 있는데 조심해야 할 말이다. 우리는 하나님 앞에 먼지와 티끌 같은 존재이며 바울의 증언(고전 4:9-13)을 되새겨야 한다. 목사는 청지기로서 교회의 머리이신 주님의 종의 역할을 할 뿐이며 교회의 어떤 직분자 역시 낮은 자세로 섬김으로만 봉사해야 한다. 성도들 또한 구원받은 이후의 삶이 예수님을 닮아 새로운 인격의 변화와 실천으로 하나님의 사랑을 받는 자녀로서 세상과의 분리가 아닌 구별된 자로서 세상에서 그리스도를 증언해야 한다.

예수 그리스도는 영혼 구원과 죄의 문제만 해결하시는 분이 아니시다. 예수는 거듭난 성도의 모든 삶의 주시요, 인간과 우주를 창조하시고 통치하시며 죄와 질병과 사망의 문제를 해결하며, 육체적, 정신적 분야만이 아니라 정치, 경제, 사회, 문화, 교육, 자연생태계 등 모든 피조 세계의 전 우주를 구원하시는 통전적(Holistic) 역사의 주인이심을 깨달아 하나님 나라를 세우는 일에 참여해야 한다.

2. 환난의 날

오월의 먹구름

　가로수 이파리들이 산들바람에 너울거리고 솜털 같은 구름 사이로 날갯짓하며 날아가는 새 떼들은 도시의 한나절 평화로움을 만끽하게 하였다. 까만 옆집 고양이가 우리 가게에 자주 들락거리며 과자 부스러기를 핥으면서 예리한 눈동자로 내 행동을 경계한다. 이 모습이 동물적 본능이라 생각하며 나는 속으로 '널 해치지 않아, 이 녀석아!'라는 무언의 안도감을 표현해 주기도 하였다.

 길 건너편 목공소 할아버지는 검은 모자를 눌러 쓴 채 대패질을 하느라 손을 바쁘게 움직이는 모습이다. 무얼 만드는지는 몰라도 항상 부지런히 일하는 것을 본다. 이른 아침에 우리 가게에 와서 날계란을 벽에다 툭툭 쳐서 머리를 재키고 마시면서 "이걸 먹어야 하루 일을 시작해"라고 미소 지었다.

 그날 오후, 의자에 앉아 졸고 있다가 웅성거리는 소리에 머리를 돌렸다. 사거리 2차선을 가득 메운 학생들이 구호를 외치며 행진해 오고 있었다. 이게 무슨 일인가? 교련복 또는 일반 복장을 하고 깃발을 들고 무슨 노래를 합창하며 밀려오는 학생들은 그 행렬이 끝이 없이 이어지고 있었다. 대학생과 고등학생들이 다 동원된 것 같은 이 행진은 일생에 처음 경험하는 일이라 신기했고 한편으로는 궁금증과 두려움이 마음을 사로잡았다. 처음에는 무슨 일인지 몰랐으나 깃발과 현수막을 보고 대충 짐작을 하게 되었다.

 'ㅇㅇㅇ을 타도하자' 'ㅇㅇㅇ을 석방하라'

 그들의 외침이 사거리를 뒤흔들고 산수동 도로를 따라 행진이 이어지고 있었다. 그들은 줄을 지어 질서 있게 구호를 외치며 평화로운 행진을 하였다. 한참 후 행진 대열의 꼬리가 다 지난 후 사람들은 삼삼오오 모여 시국에 대한 여러 견해를 나누는 모습도 보였다. 12·12 군사 반란을 뉴스로 알기는 했어도 보안사령관 ㅇㅇㅇ에 대해서는 자세히 알지 못했는데 학생들이 일반인들보다 정보가 빠르다는 것을 느꼈다.

'ㅇㅇㅇ보안사령관'

불안한 생각이 마음을 어둡게 했다. 뭐 괜찮겠지! 다음날도 학생들의 행진은 계속됐다. 어제와 같은 방식으로 질서있게 도로를 따라 행진하면서 구호를 외치며 평화 시위를 하는데 그 행진에 일반인은 보이지 않았다. 꼭 무슨 일이 일어날 것 같은 불길한 예감이 들었어도 그 이상은 상상하지 않았다.

토요일 저녁이라 그런지 옆집 식당에서는 사람들의 소리가 시끄럽게 들려왔다. 그 식당 간판이 '솔집'인데 식사류보다는 술을 위주로 장사했고, 항상 떠드는 소리가 귀에 거슬렸다. 먹고 마시고 취하고 때로는 싸우고 어떤 날은 가게 앞에 음식물을 토하기도 했다. 이걸 청소하느라 인상을 찌푸릴 때도 있지만 우리 가게에서 물건을 가져다 쓰기에 싫은 기색조차 할 수 없었다. 아침에 청소할 때는 그 집 마당까지 깨끗이 쓸었지만 한 번도 고맙다는 말을 들어 보지 못했다. 그 집은 열한 시쯤 가게를 여는데, 내가 아침 일찍 청소하는 것을 보지 못하기 때문일 것이다.

1980년 5월 18일 주일

주일(일요일)은 교회에 가야 하므로 가게 문을 열지 않고 한 시간쯤 늦게 일어나도 되었다. 아이들은 가까운 교회로 가고 나는 주일학교 예배를 위하여 서둘러 버스를 탔다. 주일 오전 예배는 11시에 시작했다. 목사님은 약간 곱슬머리에 밝은색 가운을 입고 엷은 미소를 띠우며 강단에 올랐다. 성도들은 차분하고 질서 있게 자리에 앉고 성가대의 찬송이 예배의 분위기를 더욱 경건하게 하며 영광의 주를 높이 찬양했다. 목사님의 설교는 특유의 목소리에 감정을 섞어 청중들의 귀와 마음을 끌어들였다. 성도들은 은혜가 될 때마다 아멘으로 화답하였다. 성도들의 삶은 하나님의 은혜 없이는 한순간도 살아갈 수 없다.

또한 "하나님의 은혜를 헛되이 받지 말라. 이르시되 내가 은혜 베풀 때에 너희에게 듣고 구원의 날에 너를 도왔다 하셨으니, 보라 지금은 은혜받을 만한 때요, 보라 지금은 구원의 날이로다."

설교가 아직 끝나기 전 갑자기 예배실 안으로 지독한 가스 냄새가 순식간에 퍼져 들어왔다. 여기저기서 호흡 장애로 인한 기침 소리가 나고, 누군가 "최루가스가 들어오니 창문을 닫으라"며 급한 목소리로 소리쳤다. 분위기는 산만해지고 최루가스가 안개와 같이 실내를 덮었다. 예배는 단축되고 축도가 끝나자 성도들은 웅성거리며 밖으로 나갔지만 무장 군인들이 겹겹으로 차단한 도로로는 빠져나갈 수 없었다. 금남로는 시내에서 가장 번화한 거리인데 군인들이 완전히 차단해 버스 타기도 어려웠고 거리는 온통 최루가스로 뒤덮였다.

'이러다간 집에 갈 수도 없겠군' 하며 혼잣말로 중얼거리면서 빠져나갈 방법을 찾다가 뒤돌아서 옆길 골목길을 이리저리 돌아 2시간이나 지나서야 겨우 집에 도착했다. 공수부대 군인들이 도청 앞 충장로 중심과 대로를 장악하고 있었기에 우리 집까지는 군인들이 미치지 않았으리라 생각했다. 주일이라 가게 문은 닫았다. 동네 분위기는 무겁고 전과 같이 사람들의 왕래가 뜸해 거리는 마치 죽은 도시 같았다. 다음날 가게 문을 열었지만 한산하기만 했고 가게는 아내에게 맡기고 우체국에서 급히 등기를 보낼 것이 있어서 웃옷을 걸치고 밖으로 나갔다. 돌아올 때도 대로를 피해 일부러 골목길로 오는데 웬걸 원치 않게도 군인들과 마주쳤다. 이런 젠장! 네 명의 군인들이 총을 들고 나를 노려보고 있었다. 순식간에 심장이 멎는 듯한 두려움에 사로잡혔다.

이런 경우엔 누구든지 겁에 질려 공포와 불안에 휩싸이게 되는데, 도망을 치든지 그들의 말을 따르든지 해야 한다. 그러나 피하기에는 이미 늦었는지 그들이 먼저 보고 손짓으로 가까이 오라고 불렀다. 다짜고짜 엎드리라고 소리치더니 군홧발로 내 허벅지와 옆구리를 사정없이 걷어차고 등허리를 가격하는 개머리판을 맞고는 땅바닥에 쓰러지고 말았다.

"너 이 새끼, 집회에 가는 거야!"

나이도 열댓 살 더 아래인 것 같은데 이 새끼라니! 다른 때 같으면 참지 못할 터인데 무장한 그들의 위압에 뭐라 말도 나오지 않았다. 이런 때 말대꾸하다간 골로 갈 것 같아 아무 말도 하지 않았다. 그들은 엎어진 나를 두고 또 다른 청년을 불렀다. 잠시 후 옆에서 얻어맞는 젊은이가 신음하며 소리를 질렀다. 나는 자리에서 일어나 급한 일로 우체국에 등기 일로 왔지 집회에 가는 게 아니라며 등기 영수증을 보여주고 간신히 빠져나왔다. 아내는 왜 이리 늦었냐며 이 판국에 밖에 나가지 말라며 근심하는 어투로 쏘아붙였다.

이른 저녁 옆 골목에 사는 MBC 직원이 침통한 모습으로 찾아와서 벽을 치며 울기 시작하였다. 그는 동생이 총에 맞아 죽었다며 주체할 수 없는 목소리로 통곡하면서 "ㅇㅇㅇ 이놈의 새끼가 내 동생을 죽였어"라고 저주를 퍼부으며 까무러지듯 울부짖었다. 나는 그의 어깨를 안았지만 아무 말도 하지 못하고 멍하게 서 있을 뿐 무어라 위로할 말 없이 굳어 있었다. 평화롭던 도시가 갑자기 전쟁터가 되다니! 어느 한 사람 예상치 못한 사건에 대하여 그저 탄식과 저주 섞인 말만 있을 뿐 이 상황을 수습할 수 있는 대책도 방법도 없었다. 불안과 공포가 도시 전체를 뒤덮어 블랙홀처럼 빨아들이며 삼키고 있다. 도로 건너편에 사는 60대의 여자는, 아들이 다리에 총을 맞고 병원에 실려 갔다는 소식을 듣고 절규하며 허둥지둥 병원으로 가고 있었다.

다음날 도저히 가게만 지킬 수 없다고 생각하면서 도청 앞으로 갔다. 충장로에서부터 금남로 일대까지 시민들이 구름떼처럼 밀집해 군인들과 대치하고 있었다. "군인들은 물러가라!"는 외침과 시민들의 함성이 귀를 찌를 듯 울려 퍼졌다. 장갑차들이 곳곳에 배치되고 무장한 군인들은 시민들을 위협하며 곤봉으로 때리고 공포탄을 쏘며 위협했다. 총을 든 무장 군인들과 맨손인 시민들의 싸움이라니! 국민을 보호해야 할 국군이 국민을 적으로 대항하여 싸우다니! 분노와 정의감으로 가슴에 불이 탔지만 힘 없는 시민들이 어찌 저들을 저지하리요! 큰 거리의 양쪽 빌딩들 유리창은 총알을 맞아 벌집처럼 구멍이 뚫려 무차별 총격의 참상을 그대로 나타내고 있었다. 군인들에게 붙잡히면 가차 없이 두들겨 맞고 피투성이로 얼굴이 일그러졌고 옷은 찢어지고 내팽개쳐졌다. 장갑차에서 쏜 총알을 머리에 맞은 어느 시민의 피가 아스팔트를 적시는 광경은 비극이요 비참일 뿐이다. 시민들은 이런 위험에도 뒤로 물러나지 않고 불의와 항거하며 목숨을 다해 저항했다.

대로와 지로에 구름 같은 인파가 몰려 있는데 장갑차에서 총을 난사하니 총탄을 피하느라 지로에 있던 시민들이 한꺼번에 엎어지고 넘어졌다. 도망치면서 벗겨진 신발로 길바닥은 신발 더미를 이루었고, 총 맞은 건물의 유리창이 깨지면서 유리 조각이 얼굴에 박혀 피 흘리는 사람도 있었다. 아무리 항거하며 싸워도 자기 목숨이 중하기에 본능적으로 총알을 피하려는 군중들이었다. 도청 앞과 큰 도로뿐 아니라 시내 전체가 아수라장으로 무법천지가 되어버렸고 상무관에는 시체를 넣은 관들로 가득했고, 관에는 모두 태극기가 덮여 있었다.

우리 젊은이와 대학생들, 꿈 많은 어린 고등학생들과 여학생들, 부모와 가족의 사랑 안에서 꿈을 품고 집과 학교를 오가며 장래의 비전과 희망으로 가득 찬 꽃봉오리 같은 우리 자식들이, 적과의 전쟁이 아니라 우리 국군들에 의해 희생된 것이다. 죄 없는 우리 자식들이 곤봉과 총칼에 피 흘리며 쓰러지다니! 군사 폭력에 항거하다 희생된 선량한 우리 시민들과 아이들의 말로 할 수 없는 참상과 비극을 역사는 어떻게 기록할 것인가?

아침부터 저녁까지 집회에서 싸우다 집에 돌아오니 아내의 얼굴에 화가 잔뜩 나 있었다. 왜 그런지 짐작은 되지만, 집에 붙어서 몸이나 사릴 상황이 아니라는 것과 견딜 수 없는 심정을 아낸들 어찌 알겠는가? 성경은 "불의를 기뻐하지 아니하며 진리와 함께 기뻐하며"라고 말씀하셨으니 내 형제와 이웃을 무참히 죽이는 실상을 눈으로 보고도 잠잠히 있다는 것은 옳은 신앙인이 아니라고 생각하였다. 기독교인이라 내세우면서 불의에 대해 침묵하고 자신의 이해관계를 계산하는 비

겁한 자들은 가룟인 유다를 비난할 자격조차 없는 사람이다. 정의와 민주주의는 그냥 주어지는 것이 아니라 투쟁과 싸움으로 쟁취되는 희생의 터 위에 핀 꽃이다. 이런 희생과 피의 대가로 자유와 행복, 발전하는 국가, 사회를 건설했고, 후손들에게 번영된 나라를 물려줄 수 있게 됐다.

독일의 고백교회 디트리히 본회퍼는 독재자 히틀러의 무도한 탄압과 살인적 횡포에 맞섰다. 독일 레지스탕스 지도자로 베를린 대학 강단에서 쫓겨났고 공적 연설과 설교, 출판을 금지당한 채 게슈타포의 감시를 받으며 나치에 항거한 목사로서, 오늘날 기독교인들이 독재와 불의 앞에 어떻게 살아야 할지를 돌아보게 한다. 불의에 저항하다 39세의 나이에 순교한 그는 영웅 대접받기를 거절하며 오히려 하나님 앞에서 한없이 나약한 자신이라고 낮추었다.

그는 말하기를 그리스도인이라면 "수레에 깔린 사람들을 구해낼 뿐 아니라 수레 자체를 멈추는 데 자신을 바쳐야 한다"고 했다. 본회퍼는 베를린 정치범 수용소인 테겔(Tegel Prison) 감옥에 수감되었다. 감방은 춥고 담요는 더럽고 냄새가 심해 사용할 수 없을 정도였고, 매일 밤 수감자들의 비명과 화난 간수들의 고함소리를 들어야 했으며, 딱딱한 빵 한 조각으로 아침을 해결해야 했다. 그런 가운데서도 그는 잠으로 시간을 허비하지 않았고 매일 아침 자신을 깨우려고 차가운 물로 샤워를 한 후 운동을 하고 성경을 읽었다. 이렇게 경건 생활을 했던 본회퍼는 테겔 감옥의 죄수와 간수들 사이의 지혜로운 조언자였다. 살아있는 신학 그 자체였던 그는, 십자가 중심의 신학과 약함이 기독교 영성의 출발점이며 그리스도인의 삶은 십자가 안에 있는 하나님의 은혜로부터 흘러나오며 그 은혜는 다시 세상으로 흘러 들어가야 한다고 가르쳤다. 그리스도인은 공허한 삶이 아닌 십자가에서 이룬 사랑을 나누며 세상의 부패와 불의를 고발하고, 하나님의 나라와 의를 위하여 건축가의 심정으로 토대를 쌓아 올려 영구적 자유와 평화, 믿음으로 형성된 나라를 건설해야 한다.

모든 생활권이 정지됐다. 가게들이 문을 닫아 이곳저곳 먹거리와 식료품을 구하러 다녀도 헛수고였다. 더 심각한 것은 전기가 끊기고 통신이 불통이어서 신경마비 상태의 환자처럼 불편했다. 도로는 차단되어 시내로 들어오지도 나가지도 못해 독 안에 갇힌 듯 고립된 상태가 계속되었다. 여섯 살 때 육이오 전쟁이 일어나 산으로 피난을 다니며 무서워했던 기억이 생생한데, 그때보다 지금의 상황이 더 비참했다.

아내는 집회에 나가지 못하게 구두와 운동화를 모두 물통에 집어넣었지만 마당 구석에 버려진 낡은 운동화를 신고 다시 충장로로 향했다. 이런 상황에 집에서 몸이나 사리고 있다는 것은 마음이 불붙는 것 같아 견딜 수 없었기 때문이었다. 거리는 혼란하고 도로는 깨진 보도블럭이 뒹굴고, 자동차에 부딪쳐 반쯤 기울도록 넘어진 가로수는 무질서의 극한 상태를 그대로 보여주었다. 이런 혼란 중에서도 골목 한편에서는 대형 솥에 밥을 짓고 주먹밥을 만들어 시민들의 허기진 배를 채우는 자원봉사 여성들이 있었다. 식사 때가 지나도 집으로 가는 사람은 거의 없고 주먹밥을 주는 덕택에 입에서는 별미처럼 느껴졌다.

그러던 어느 순간, 눈 깜짝할 사이에 엄청난 크기의 타이어가 우리를 덮칠 듯이 굴러왔는데, 다행스럽게도 옆에 있는 가로수를 들이받고 타이어는 멈추었고 가로수는 쓰러졌다. 당시 아세아자동차에서 만든 자동차가 있었는데, 이 차의 타이어는 사람 키만큼 컸고 이렇게 큰 차는 처음 보았다. 이 가로수가 아니었다면 그 자리에서 죽을 뻔했다는 걸 생각하니 가슴이 서늘해졌다. 사람들이 나를 둘러싸고 "큰일 날 뻔했다"고 위로하였으나 뭐가 뭔지 정신이 하나도 없었다. 표현할 수 없는 무감각과 아찔한 상태로 천 길 절벽으로 굴러떨어지는 듯한 느낌이었다. 죽어도 이렇게 죽으면 안 돼!

이런 생각이 든 것은 한참 뒤 마음속에서 들려오는 혼자만의 생각이었다. 어떤 젊은 여성이 "민주주의를 위해서 끝까지 싸워야 한다"고 목이 쉬도록 외치며 시민들의 용기를 북돋았다. 구호를 선창하면 군중은 후창으로 그 함성이 천둥처럼 퍼져 나갔다. 군인에게 붙잡히면 여지없이 구타를 당하고 짐승이 끌려가듯 끌려가 피투성이가 되도록 맞고 결박됐는데, 군인들과는 되도록 가까이 앉으려고 하였다. 그들에게 붙잡힌 젊은이들은 곤봉에 난타를 당해 머리에서 흘러내리는 붉은 피가 얼굴을 덮었고, 빠져나가 도망하려는 몸싸움을 하는 와중에 와이셔츠가 찢어지기도 했다.

도로 양편에 밀집한 시민들은 군인들에게 온갖 비난과 야유를 퍼부었다. "계엄군은 물러가라!"고 목청을 높였지만 군인들 역시 그러고 싶어서 그랬겠는가? 명령에 따라 움직일 수밖에 없는 집단이라 생각했다. 그들도 사랑하는 가족이 있고 애인도 있고 친구가 있는 평범하고 순진한 우리의 아들들이며 선량한 청년들인데, 시대 상황으로 인해 최악의 원망을 받게 된 것을 누가 변명해 주겠는가?

　부상자들은 앰뷸런스로 병원에 이송하는데 광주적십자병원은 피로 물든 환자와 생명이 위독한 환자들이 계속 밀려와 의사와 간호사들의 흰 가운은 피로 물들었고 신음과 아우성, 가족들의 비명에 병원은 또 다른 전쟁터였다. 도청을 중심으로 헬리곱터가 날아다니면서 무슨 전단지를 뿌리는데 바람에 날려 사방으로 퍼지면서 떨어졌고 그 내용은 지금 기억 나지 않는다. 계림동 집은 사거리에 있었는데, 시민군들이 탄 트럭이 굉음을 내며 달리고 구호를 외치며 수시로 돌아다녀 시끄럽고 산만하여 정신적으로 방해가 되었다.

　일차는 공수부대가 도심과 외곽 지역을 물리적으로 장악해 특수 임무를 수행하였고, 이차는 진압 부대가 들어와 사태를 수습하는 작전이었다. 진압 군인들은 집 근처에 배치됐는데 가까운 거리에서 총소리가 울릴 때마다 방안에서 불안에 떨어야 했다. 그날 밤 유리창을 뚫고 총알이 날아들 것 같은 불안감에 이불장으로 창문을 가려 방패막이를 했지만 들려오는 총소리에 잠을 자지 못하고 거의 뜬눈으로 밤을 보내다 새벽에야 겨우 잠이 들었다.

　누군가 대문을 걷어차는 소리와 고함에 잠에서 깼지만 두려워 나갈 수가 없었다. 그런데 대문이 열리지 않으니 담을 넘어와 방문 앞에 서서 "나오라"며 고래고래 소리를 질렀다. 평소 같으면 절대 있을 수 없는 난폭한 행동이었다. 방문을 열고 나갔더니 무장한 군인이 버티고 서서 노려보고 있었다. 그는 재빠르게 총부리를 내 목에 갖다 댔는데 총구에 꽂은 칼이 피부를 자극하는 따가움을 느꼈다. 새벽잠이 아직 깨지도 않았는데 느닷없이 총이라니! 무슨 현행범도 아니고 군인들이 간첩 잡듯이 무고한 시민에게 이런 만행을 할 수 있는가? 그의 손가락은 방아쇠에 놓여 있고 눈은 충혈되어 있어서 순식간에 위험을 감지하고 도대체 이게 무슨 일인가 생각하고 있는데 군인이 입을 열었다.

"너 이 새끼, 대문 열라는데 왜 안 열어?"

"나이로 보니 집회에 나갔겠구먼!"

"이 집 건물 옥상에 진지를 만들라는데 왜 문을 열지 않냐고?"

"오늘이 네 제삿날인 줄 알아라, 이 새끼!"

그의 기세와 총부리 앞에서 아무런 대답도 하지 못하고 몸이 돌덩이처럼 굳어버렸다. 아니 무슨 말을 하려고 했으나 도저히 입이 열리지 않았다. 지금 죽는다는 불길한 생각이 빠르게 스칠 때 아내와 세 아이들 그리고 고향의 어머니 얼굴이 순식간에 회전하며 필름처럼 머리를 스치고 지나갔다. 내가 죽는 것보다 아내와 아이들, 어머니의 뒷일이 먼저 생각났다. 가족에 대한 본능적 사랑과 책임감에서 오는 무의식인 생각이었다. 그의 얼굴과 눈에서 살기를 느끼며 위험이 가까이 오고 있음을 의식했다. 그리고 지금이 마지막 순간이라는 것에 기운이 쫙 빠져나가는 것을 느꼈다.

군인은 방아쇠에 손가락을 대고 위협적으로 노려보았는데 자신도 긴장되었는지 얼굴을 씰룩거리고 마치 독사가 먹이를 향해 물어 뜯을 듯한 표정으로 응시하고 있었다. 보통 때라면 협박 정도로 생각할 텐데, 지금까지 많은 희생자가 있었고 죽음의 현장을 직접 보았으며 어젯밤에도 근처에서 울리는 총소리에 떨었던 터라, 그의 충혈된 눈을 보니 인정사정없이 방아쇠를 당길 것만 같았다. 군인들도 며칠 동안 자지 못하고 쉬지도 못했을 터이니 눈은 빨갛게 충혈되고 악만 치솟아 이성 없는 행동을 할 수도 있을 것이다. 그때 옆에서 떨던 아내가 입을 열었다.

"이 사람은 집회에 나간 일이 없어요. 한 번도 나간 일이 없어요."

그 음성은 낮고 두려움에 사로잡힌 채 목구멍에서 가늘게 흘러나왔다.

"그걸 내가 어떻게 알아?"

"네놈들 때문에 우리가 이 고생이야!"

그리고 약 삼십 초 정도의 정적이 흘렀을까. 형용할 수 없는 긴장감으로 생사를 가늠할 수 없는 무거움으로 다가왔고, 이는 군인의 내면적 감정을 읽어내는데 작용하는 순간이었다. 잠시 후 총부리가 내려가는 것을 보았다.

"너 오늘 운 좋은 줄 알아, 새끼야!"

하지만 나는 그 자리에서 꼼짝할 수 없을 정도로 몸이 굳어 있었다. 군인들 네 명은 계단을 따라 2층 옥상으로 올라가서 진지를 만들고 사거리를 지나가는 학생들을 통제하려고 했다. 그래서 대문을 열라고 한 것이다. 그들은 총구를 거리로 향하고 길을 가는 젊은이를 옥상으로 불러 조사하고 몇 대씩 때리고서는 놓아주었다.

아내는 "어째서 집회에 가지 않았다고 말을 못 하고 바보같이 있었냐"고 추궁했다. 만일 그때 말을 했다면 어찌 되었을까? 조금이라도 거슬리는 태도를 보였더라면 어땠을까? 입이 얼어붙었던 것은 하나님이 입을 막아 불상사를 막으려는 것이었다고 생각했다.

군인들이 계단을 오르내릴 때마다 군홧발 소리에 신경이 곤두섰다. 슈퍼에 있는 음료수와 빵과 과자, 과일들을 담아 계단에 두면 그들이 가져다 먹었다. 직접 얼굴을 보기가 두려워 계단에 놓기만 했다. 몇 차례 그랬어도 고맙다는 말 한마디 없었지만 그렇게 해서라도 화를 면해보려는 일종의 아부와 같은 선심이었다. 그날은 집회에 가지 못하고 종일 방 안에 갇혀 있었다. 답답해도 어쩔 도리가 없었고 아이들도 밖에 나가지 못하니 짜증이 나는 기색이다. 화장실이 마당에 있어서 밖으로 나가는 것이 두려워 그릇을 준비해 방안에서 해결했다. 이 정도로 살벌한 분위기는 당하지 않으면 누구도 이해가 안 될 것이다. 며칠 전 엠비시 방송국이 불타서인지 아니면 언론 통제 때문인지 현 상황이나 뉴스를 듣지 못해 깜깜한 며칠을 보내야 했다. 그러려니 마치 미개 문화권에 사는 것 같았다. 간혹 사람들이 짬짬이 들려주는 소식은 메마른 땅에 단비와 같이 궁금증을 해소해 주었다. 길거리는 으스스하고 가게 문을 여는 곳은 어디에도 보이지 않아 얼음 도시라는 생각이 들었다. 언제쯤 사태가 끝날 것인가? 왜 광주에서 이런 일이 벌어졌는가? 이사 후 겨우 일 년인데 이런 일을 당하려고 여기에 왔단 말인가?

아! 하나님. 이곳으로 이사할 때 기도하지 않고 무작정 광주로 온 것이 생각났다. 다른 일에는 언제나 기도로 주께 아뢰었어도 이번만은 그렇지 못하고 내 뜻대로 내 맘대로 생각하고 결정했다. 다윗은 왕이었지만 대소사를 언제나 하나님께 기도하고 그분의 명령과 뜻을 따라 행하였으며, 특히 전쟁에 임할 때는 하나님의 응답을 듣고 행했다 (삼상 30:8, 삼하 5:19, 대상 14:10).

지금 당하는 환난과 두 번의 생명의 위험에서 돌아볼 때 기도 없이 내 맘대로 한 것을 돌아보게 되었다.

"하나님이여, 내게 은혜를 베푸소서. 사람이 나를 삼키려고 진을 치며 압제하나이다. 내 원수가 종일 나를 삼키려 하며 나를 교만하게 치는 자들이 많사오니, 내가 두려워하는 날에는 내가 주를 의지하리이다."(시 56:1-3)

어둠의 장막이 도시 전체를 덮어 광풍으로 휩쓸고
흡혈귀들이 피를 원하여 배를 채울 때
의로운 깃발을 든 영웅들이 나타나
통곡하는 무리들을 일으키네

꿈도 사랑도 없이 사라져 버린 그대들이여
어디에서 꿈을 꾸나 사랑을 주려나
님 보고파 기다리는 가엾은 이들
어쩌면 이다지도 매정한가요

세상은 변하고 또 변해도
오월의 슬픔은 변하지 않아
그대들이 뿌리고 간 빨간 씨앗이
자유와 평화의 꽃을 피우네

누가 그대들을 욕하는가?

폭도라 떠들고

간첩으로 누명 씌우고

갈기갈기 찢어서

상처에 재를 뿌리는가

망월동에 누워있는 우리 친구여

동산은 푸르기도 하고 노랗고

하늘은 말갛고 때론 어두워도

그대들은 언제나 태양으로 빛나리라

    오월 십팔일부터 이십칠일까지 이날들은 십 일이라는 한 달의 삼분의 일에 해당하지만 아주 멀고 긴 시간이었다. 시민들의 상처는 어떠하며 죽음으로 떠나간 가족들, 친척과 이웃, 사랑하는 사람들, 누구를 위하여 이런 비극이 일어났는가? 무엇 때문에 광주는 피로 싸워야 하는가? 완전 무장과 장갑차로 평화로운 도시를 뒤흔들고 선량한 시민을 총칼로 찌르고 짐승처럼 끌어간 그들은 우리와 다른 나라 사람이던가? '국가의 존립 목적은, 국민을 보호하고 인권을 보장하고 자유와 평화를 위하여' 라는 헌법은 어느 때 적용되는가? 피로 얻은 권력은 오래가지 못하며 반드시 피의 대가를 받는 것이 역사에서 배우는 교훈이다. 인간은 영원한 존재가 아니므로 일시적인 영광과 부와 명예를 얻기 위해 불의와 죄를 짓고 자신의 욕망을 불태워서는 안 될 것이다. 무엇보다 사람의 생명을 귀하게 여기며 만물의 생명체를 사랑하며 자연까지도 우리에게 주신 선물로 여겨 함께 생존해 가려는 사랑의 정신이 있어야 한다.

국가의 지도자와 정치인, 관료는 개인이 아닌 공인으로, 국가와 사회를 위해 고도의 도덕성과 책임, 헌신과 봉사, 공복의 정신으로 기여하는 사람이 되어야 한다. 공부하고 지식을 쌓는 것은 자신만의 성공만이 아닌 사회와 이웃 공동체를 위하고, 더 나은 세상과 삶을 위해 봉사자로 섬기려는 것이어야 한다.

19세기 영국의 복음주의 지도자인 죠지 뮬러(George Muller)는 런던 거리에 버려졌던 아이들을 위해 고아원을 시작하면서 자신은 회심한 지 4년이 지나서야 마음을 완전히 드리는 단계에 이르렀다고 했다. 그제야 그는 돈과 명예와 지위와 권력과 세상의 즐거움에 대한 사랑이 자신의 마음에서 사라졌음을 깨달았다. 그리고 이렇게 말했다.

"하나님 오직 그분만이 나의 모든 것이 되셨습니다. 그분 안에서 나의 필요한 모든 것을 찾았고 다른 아무것도 바라지 않았습니다."

영국의 하원의원 윌리엄 윌버포스(William Wilber force)는 믿음의 사람으로 노예무역 폐지를 위해 20년을 싸우면서 사회제도를 개혁하는 일에 몸을 바쳤다. 그는 자신이 속한 계획공동체 클래펌파(Clapham sect)(7)의 회원들과 함께 정의가 영국을 지배하도록 하루에 세 시간씩 기도하면서 삶의 본을 보였다. 그의 일기에는 '하나님이 내 앞에 두 가지 큰 목표를 두었는데, 하나는 노예무역 폐지이며 다른 하나는 매너의 개혁입니다'라고 기록돼 있다.

'매너의 개혁'이란 영국인의 도덕이었다. 그는 평생 두 목표를 함께 추구했으며, 노예무역을 유발하는 죄를 대항할 영적 갱신을 이끌어야 한다는 것을 깨달았다. 1807년 노예무역은 폐지됐지만 노예제는 존속했다. 그래서 그는 대영국 전체에서 노예제 자체를 폐지하기 위해 계속 싸웠으며, 1833년 마침내 승리를 거두고 그로부터 불과 며칠 후 세상을 떠났다.(8)

우리나라 국회의원 중 기독교인들이 많다. 이들이 하나님에 대한 믿음으로 산다면, 우리나라의 현실을 직시하고 다니엘을 본받아 매일 기도하면서 무너져 가는 도덕성과 동성애, 포괄적 차별금지법과 낙태방지법, 사회악의 근절, 인구 멸절 대책, 에너지와 환경, 지역과 이념적 갈등 해소를 위한 법 제정을 서둘러야 한다. 이를 통해 사회정의를 세우고 미래 세대와 장래의 한국 프로그램을 위한 대책으로 클래펌파와 같은 여야 기독교 클럽 같은 조직을 만드는 것도 필요하다.

세상 나라에 속한 관심보다는 하나님의 백성으로서 "너희는 먼저 그의 나라와 그의 의를 구하라"는 명령을 우선하여 성경적 토대 위에 하나님의 사랑과 정의가 지배하는 세상을 만들어야 한다. 기독교는 개인 구원을 넘어 이웃과 사회 전체가 그리스도의 평화와 참된 자유를 누릴 수 있도록 봉사하고 헌신해야 한다. 참된 자유란, 천부의 기본권을 중심으로 죄와 악으로부터의 자유, 마음의 억압과 번뇌가 없는 청정 심령의 안정으로 기쁨과 소망과 즐거움이 넘치는 자유인데, 이는 오직 그리스도 예수 안에서만 누릴 수 있는 것이므로 복음의 전달자, 매개인으로서의 사명감으로 하나님의 구원 계획에 참여해야 한다.

육군본부에서는 광주 진압 작전에 '상무충정작전'이라는 이름을 붙였다. 대법원은 훗날 이 작전에 대해 '상무충정작전'은 많은 인명 살상

을 예상한 '내란 목적의 살인죄'에 해당한다고 판시했다.(12·12, 5·18사건 항소심 판결문)

2만여 명(공수부대 제3, 7, 11여단 / 보병 20사단 / 제31 향토사단 등등)으로 구성된 계엄군은 목표한 4개 지점(도청, 광주공원, 광주 관광호텔, 전일빌딩)을 확보하기 위해 5개 지점에서 일제히 진압했다. 여기에 투입된 전투 요원은 장교 276명, 사병 5,800여 명이었다. 이중 특공조 공수부대원은 317명이었다. 도청 안의 최후 항쟁 시민군은 200명 안팎으로 80명 정도가 군 경험이 있고, 120명은 청년과 고교생으로 총을 잡아본 경험이 없었다. 여기에는 여학생도 10명 포함되어 있었다. 이 중 15명이 현장에서 총탄을 맞아 생을 마감했다. 5·18 진상조사위원회는 광주민주항쟁의 희생자를 166명으로 최종 발표했고, 그중 78명의 신원은 여전히 미상이다.(9)

계엄 이후 가게 문을 열었어도 사람들은 침울하고 쓰나미가 할퀴고 간 것 같은 도시는 다시 일어서기 위한 복구와 수습으로 서로를 위로하면서 용기와 힘을 북돋았다. 두 번의 위험 속에서 죽음은 겨우 면했으나 마음의 충격은 얼른 사라지지 않았다. 집회 때의 참상이 떠오를 때마다 희생된 젊은이들의 모습이 그대로 남아 있어 잠자기도 어렵고 생각이 많아졌는데, 이런 증세가 바로 트라우마(Trauma)였다. 그때는 이런 증상 치료를 위한 공적 진료센터가 있었는지는 잘 몰라도 개인적으로 심한 상처로 힘든 나날을 보냈었다. 광주에 이사 온 일 년 만에 겪은 사건은 하나님이 주신 환난과 시련으로 알고 이후의 삶을 전적으로 주께 의존하기 위해 기도했다.

찬송 543장

어려운 일 당할 때 나의 믿음 적으나
의지하는 내 주를 더욱 의지합니다

후렴) 세월 지나갈수록 의지할 것 뿐일세
　　　무슨 일을 당해도 예수 의지합니다

성령께서 내 마음 밝히 비춰주시니
인도하심 따라서 주만 의지합니다

밝을 때에 노래와 어둘 때에 기도로
위태할 때 도움을 주께 간구합니다

생명 있을 동안에 예수 의지합니다
천국 올라가도록 의지할 것뿐일세

3. 갈 길을 인도하소서

　계엄 이후 거의 일 년이 지났어도 트라우마는 계속 남아서 항쟁으로 피 흘리며 쓰러져 끌려가는 환상과 내게 총구를 겨누던 일로 잠을 자지 못하였다. 한 번도 생각해 보지 못한 엄청난 사건이 주는 충격은 개인과 가정에 적지 않은 정신적 고통으로 남았다.
　이러한 사정을 알게 된 장인이 모든 것을 정리하고 "와서 나를 도우라"고 하셨다. 얼마 동안이라도 머리를 식히며 안정이 될 때까지 수양이 필요하다며 기도하는 시간을 가지라는 것이었다. 장인은 성결교회 목사로서 사회복지 차원의 정신 수양 시설을 관장하고 계셨는데, 마침 사무직 총무가 필요하니 기도하며 쉼을 가지라는 것이었다. 이곳에 온 지 겨우 2년인데 또다시 이사가 쉽지 않아 고민하며 기도하던 중에 성령님께 모든 것을 의지하고 마음에 허락을 받아 장인의 말씀에 따르기로 하였다.

아브라함은 BC 2166년경 갈대아 우르에서 태어나 아버지 데라와 함께 그 지역에서 한 번도 떠나지 않고 고향의 풍토와 전통을 지키며 살았던 보통 사람이었다. 전해 듣기로 그의 아버지는 우상 장사로 생업을 유지하였다니 하나님에 대한 앎이 전무하였으리라 짐작이 된다.

수메르(Sumer)의 종교는 월신(月神) 난나르(Nannar)와 그의 아내 닝갈(Ningal)을 섬긴다. 난나르의 주신에 바쳐진 성탑은 진흙을 뭉쳐 햇볕에 말린 흙벽돌로 세워진 지구라트(Ziggurat)라는 사각형 계단이 있는 거대한 건물을 축조한 것으로 보아, 당시 강대한 나라였음을 증명하며 약 24,000명의 인구가 거주하였다. 이후 수메르는 바빌론의 하무라비(Hamurabi, BC 1728-1686)에 의해 파괴되고 신바벨론 제국의 나보니두스(Nabonidus, BC 555-539)에 의해 재건되었으나 옛날 같은 문화와 종교의 중심지는 되지 못하였다. 그들은 설형문자(Cuneiform), 곧 쐐기문자를 사용하였다.

하나님은 아브람에게 고향 우르를 떠나라 하셨다. 그리하여 아버지와 조카 롯과 가족이 함께 떠나는 장면은 참으로 신비스러울 정도로 경이로운 순종을 보여준다. 그들이 예전부터 하나님을 알고 섬겨

왔던 자들이 아닌데 떠나라는 명령에 단번에 순종할 수 있었다니, 오래전부터 믿음의 훈련을 받았다는 우리라면 어떠했을까?

그러면 하나님은 왜 그를 떠나라고 하셨을까? 아브라함이 살던 우르는 우상을 섬기는 나라였기에 사탄의 통치력이 위세를 떨쳐 전 세계를 지배하던 시점이었다. 이 시기에 아브라함을 부르신 것은, 새로운 나라를 건설해 신령한 새 민족을 세워 영적인 나라를 건설하기 위해서였다. 이 나라는 하나님의 의와 사랑이 구현되는 나라로, 사탄의 지배에서 택한 백성을 구원하여 언약의 후손들에게 진정한 자유와 축복을 주시려는 것이었다.

갈대아 우르를 떠난 그는 나이가 많은 아버지 때문에 하란 땅에 거류하다가 아버지가 죽은 후 "하나님이 아브람에게 이르시되, 너는 너의 고향과 친척과 아버지의 집을 떠나 내가 네게 보여줄 땅으로 가라"는 지시를 받고 하란을 떠났다. 유프라테스강을 건너 당시의 무역로였던 왕의 대로(King's Road)를 따라 요단강 동편에 있는 고원의 길을 따라 남방으로 향하다가 요단강을 건너 가나안 중심부인 세겜에 도착하였다. 하나님께서는 그곳에서 아브람에게 나타나 그 땅을 그의 자손에게 주시겠다고 약속하셨다.

단순히 여행을 떠나는 것이 아닌, 가족과 함께 새로운 정착지를 향해 갈 바를 알지 못하고 떠난 아브람과 같이 이삿짐을 싣고 또 다른 이주지를 향하는 나의 마음은 그저 착잡하기만 했다. 인생은 나그네 길이다. 나그네는 언제나 떠나야 한다는 운명을 갖고 다음 정착지를 향해 나아갈 준비를 하듯이, 우리가 사는 이 세상은 오직 나그네요 잠시의 거류지이기에 영원한 본향을 향해 믿음의 순례길을 걸어가는 순례자인 것이다. 현재와 장래의 삶을 하나님께 맡기고 성령의 인도하심을 기도하며 아브라함의 길을 인도하신 하나님이 내 길을 인도해 주시기를 기도했다.

찬송 375장

나는 갈길 모르니 주여 인도하소서
어디 가야 좋을지 나를 인도하소서
어디 가야 좋을지 나를 인도하소서

아무것도 모르니 나를 가르치소서
어찌해야 좋을지 나를 가르치소서
어찌해야 좋을지 나를 가르치소서

아이 같이 어리니 나를 도와주소서
힘도 없고 약하니 나를 도와주소서
힘도 없고 약하니 나를 도와주소서

마음 심히 슬프니 나를 위로하소서
의지 없이 다니니 나를 위로하소서
의지 없이 다니니 나를 위로하소서 아멘

어려워 낙심될 때 찬송은 힘과 능력으로 마음과 영혼에 한없는 위로와 용기를 북돋아준다. 성공했을 때의 찬송보다 실패와 낙심될 때의 찬송은 영성의 깊이와 경건의 정도에 따라 의미가 다를 수 있다. 바라던 대로 일이 풀리지 않을 때 실망하고 좌절하면서 원망하는 것이 아니라 높으신 하늘 아버지의 뜻이 무엇인가를 기도하며 조용히 기다리는 것이야말로 하나님의 생각을 자신에게 끌어당기는 자석과 같은 힘이 된다.

우리는 한없이 연약하므로 절대자이신 하나님을 의존하여 살 수밖에 없다. 내일 일은 어떻게 될지 알지 못하므로 십 년, 삼십 년, 오십 년을 목표로 한 인생 설계를 갖고 무엇을 이루어 보겠다는 것은 자기 교만이며 자아 중심의 이기적 생활방식이다. 장래의 일을 내가 정하는 것이 아니라 전능자이시며 지혜가 충만하신 하나님께 맡길 때 그분은 우리를 선한 길로 인도하신다.

꿈을 가져라! 비전을 가져라!

부모들이 자녀에게 훈육하듯이 또는 덕담으로 장래의 성공과 행복을 빌며 자주 사용하는 말이다. 이 말은 확실히 맞다. 각자 저마다의 꿈을 이루기 위해 열심히 공부하고 일하며 노력하면서 목표를 달성하기 위해 진력하고 있다. 그러나 이 말이 다 맞는 것은 아니다. 어떤 사람이 꿈을 이루기 위해 열심히 노력하고 일한 결과 성공해 부와 명예와 권력을 소유했다 할지라도 그것이 개인의 영달로 그친다면 과연 꿈을 이루고 성공했다고 할 수 있을까? 진정한 성공과 꿈은 사회와 이웃, 인류에 공헌하고 이바지하는 것이다.

어리석게도 이 사람은 장래에 어떤 사람이 되고자 하는 꿈을 갖지 못했다. 선생님이 내게 말씀하기를 "너는 앞으로 아나운서나 성우가 되면 좋겠다"고 하셨는데, 국어 시간에 글 읽는 것이 뛰어나고 목소리가 맑아서였다. 선생님은 이런 이유로 책 읽는 것을 거의 내게 시켰고, 졸업식 때 송사와 답사를 읽는 것도 내 차지가 되었다. 또 취미와 개성에 맞는 부서 활동을 할 때는 문예부에 들어갔는데, 선생님이 "너는 문학에 소질이 있으니 그 방면으로 가보는 것이 좋겠어"라고 하시고, 음악 시간에 노래를 할 때면 제일 먼저 나를 지명하기도 하였다. 어쩌면 다방면으로 특기와 개성이 있었던 것 같다. 그렇다 해도 어리석고 무책임하며 스스로 막연한 사람이라고 생각할 수 있지만, 내 미래를 내가 정하지 않고 하나님께 맡긴 것은 확실하다.

"너의 행사를 여호와께 맡기라. 그리하면 네가 경영하는 것이 이루어지리라."(잠 16:3)

"사람의 마음에는 많은 계획이 있어도 오직 여호와의 뜻만이 완전히 서리라."(잠 19:21)

요셉은 꿈을 꾼 사람이고 비전을 갖고 살았기에 그 꿈을 이루었듯이, 성도는 꿈이 있어야 한다는 설교를 많이 듣는다. 그런데 과연 그가 장래에 총리가 될 꿈을 꾸었을까? 해와 달과 열한 별이 자기에게 절할 것을 미리 알았을까? 요셉이 그런 꿈을 가진 것이 아니라 하나님께서 그를 통해 이루실 일을 미리 꿈으로 보여주신 것이며, 그는 하나님께서 작정하신 대로 순종하며 따라간 것이다. 아브라함이 가나안 땅을 점령할 꿈으로 고향을 떠난 것이 아니고, 모세가 자기 백성을 애굽에서 구원하려는 꿈이 있어서 미디안으로 간 것도 아니며, 그 유명한 이스라엘의 다윗이 왕이 될 꿈을 가진 것도 아니었다. 예수님의 사도들이, 그리고 바울이 제자가 되고자 하지 않았어도 그들 모두가 위에서 부르시는 부름에 순종하여 하나님의 구속사에 헌신하는 빛나는 역사를 이루었다.

당신은 복음 선포자가 되고 싶은 열정이 있어서 신학교에서 공부하여 목사가 되었는가? 사실 이런 일은 말할 것도 없이 너무도 허다하다. 자기가 원하는 몇몇 대학에 지원했으나 실력 부족으로 떨어져 마지못해 신학교에 들어가 목사가 되는 경우도 보았다. 하나님의 일은 열정으로 하는 일이 아니며 최후 수단으로 뛰어들어 목사가 되는 것도 아니다. 하나님은 지혜와 명철이 한이 없으시며 무엇이든 하실 수 있으나 혼자 일하시지 않으시고 사람과 함께 일하려고 하신다. 하나님께서 부르신 자가 아니면 하나님의 일꾼이 아니다. 임명권자가 임명하지도 않았는데 장관이 될 수 없는 것과 같다.

오래전 'CBS 새롭게 하소서' 프로그램에 출연한 간증자의 이야기다.
시골에서 어느 학생이 고등학교를 마치고 서울대학교에 합격했다. 그의 부모, 친척들과 마을 사람들이 마을에 경사가 났다며 잔치를 베풀고 개천에서 용 났다면서 마을 전체가 기뻐하였다. 그 학생이 대학을 마칠 때까지 부모와 마을 사람들은 청년의 장래에 대한 기대와 소망으로 흠뻑 젖어 있었다. 그런데 이 학생이 서울에서 공부하면서 기독교 신앙을 갖게 되었고, 졸업할 무렵 자신의 진로를 놓고 기도했다. 그러자 '아프리카에 가서 선교하라'는 성령의 부르심이 있었고, 많은 고민 끝에 모든 것을 포기하고 선교사로 나간다는 뜻을 부모에게 먼저 전했다. 아들의 말을 들은 부모는 기절할 지경이었다. 식음을 전폐하면서 반대했고 마을 사람들도 크게 실망했다. 선교지로 가기 전 사랑하는 여자와 결혼식을 하고 떠나려고 했지만 그의 부모는 시골에서 올라오지도 않아 초라한 결혼식을 마치고 아프리카로 떠났다. 그는 선교지에서 두 자녀를 낳았고 가족들은 낙후된 문명과 문화 가운데서도 오직 하나님의 나라와 복음 전파에 전심을 다했다. 아이들도 학교에 입학해 공부하던 중 일시 귀국하여 간증하던 것을 기억한다.

이 간증을 들으며 얻은 교훈이 있다. 목회자는 자신의 원대한 꿈과 이상을 높은 데 두어서는 안 된다는 것이다. 하나님이 부르시면 높은 데 둔 꿈을 포기하고 낮은 자리로 기꺼이 내려갈 때 하나님은 그와 함께하시고 큰일을 하게 하신다는 것이다. 그분이 지금까지 복음을 전하는 것은 세상의 부와 영광보다 한 사람의 영혼이 천하보다 귀하다는 하나님의 말씀을 받들었기 때문이다.

"이에 예수님께서 제자들에게 이르시되, 누구든지 나를 따라오려거든 자기를 부인하고 자기 십자가를 지고 나를 따를 것이니라."(마 16:24, 눅 9:23)

자기 부인은 자기 포기이며 자신의 존재와 함께 장래의 어떤 보장까지도 계산에 두지 않는, 오직 하나님께만 소망을 두는 어찌 보면 어리석은 결단이다. 바울은 실제로 이러한 비천함과 모욕과 비굴한 대접을 받으면서도 그리스도의 종으로서 "나의 달려갈 길과 주 예수께

받은 사명, 곧 하나님의 은혜의 복음을 증언하는 일을 마치려 함에는 나의 생명조차 조금도 귀한 것으로 여기지 아니 하노라"(행 20:24)고 고백했다. 결국 바울은 최후까지 복음을 전하다가 로마에서 순교하였다.

예수 그리스도의 제자가 된다는 것은 십자가의 길이요 좁은 길이며, 목숨도 기꺼이 바치겠다는 각오 없이는 참 제자의 길을 갈 수 없다. 유명해지고 존경받고 높은 보수와 고급 외제 자동차, 호화로운 넓은 주택에서는 영혼에 주리고 생명수에 목마른 자들을 생명으로 인도할 수 있는 깊은 은혜의 말씀이 나올 수 없다. 예수의 제자가 된다는 것은 곧 예수님을 닮는 것이다. 사랑과 온유함과 겸손과 낮아지심과 화평과 긍휼과 자비와 섬김과 용서와 가난함과 평안과 선함과 능력과 말씀대로 행함과 순종과 경건과 거룩함과 십자가이다. 이 모든 계명들을 지키라고 성경에 기록하여 우리에게 주셨다.

나의 가는 길을 주께서 아시오니
나의 걸음을 인도하사 높은 성산으로 이끄소서.
나의 발을 사슴과 같이 가볍게 하시고
은혜의 동산에 머물게 하옵소서.
나의 장래를 주께서 아시오니
나의 행사를 선함으로 인도하시고
산 그림자가 수풀을 덮을 때에
안연히 잠들게 하옵소서.

4. 여자 수양관

　장인 목사님은 일본에서 택시 사업으로 돈도 많이 벌면서 여유롭게 사셨으나 예수를 믿고 성령의 감동과 인도하심을 따라 일본에서 신학교를 졸업하고 한국으로 돌아와 다시 신학을 하시고 목회에 전념하시면서 성결교단 소속으로 강원도와 전라도 여러 지역에서 개척 교회를 하시며 복음 전파에 힘쓰셨다.
　개척 교회는 예전이나 지금이나 힘들고 고생이다. 누구나 안정된 목회를 원하지만, 장인 목사님은 교회 성장이 어느 정도 이루어지면 후임 목회자에게 교회를 맡기고 다시 교회 없는 지역에서 교회를 개척하는, 말하자면 개척 목사였다. 그러므로 가족들이 겪는 물질적, 정신적 피로감은 말로 할 수 없었고, 고난이요 십자가의 길이었다. 또 개척 목사가 자녀들을 일곱이나 두었으니 먹고 사는 것조차 어려워 그야말로 고난의 행군이요 거지 목회의 길을 스스로 걸어가신 것이다. 개척을 시작할 때는 함께 일할 성도들이 없는지라 혼자서 벽돌을 찍어 한 줄 한 줄 쌓아 가느라 더운 여름에 탈수증으로 쓰러지면서 교회 건축을 하셨다.

나이 들어 최후의 목회는 김천시 시골 외곽 지역에 있는 막달라교회라 이름하는 여자수양관에서였다. 그들의 잃어버린 영혼을 위하여 예수의 복음을 전하고 그들의 아픔을 어루만지며 하늘나라의 소망으로 삶을 변화시키는 실천적이며 행위적 목회를 하셨다. 전에 두어 차례 여기에 찾아온 일이 있었으나 이번은 방문이 아니라 일시적이지만 이곳에서 일하면서 트라우마 치료와 기도 생활을 병행해야 한다는 목적이 있었기에 마음에 다짐하는 각오도 있었다.

사방으로 둘러선 높은 산들은 빽빽한 수목들로 울창하고 골짜기의 시냇물은 사시사철 마르지 않았다. 자연의 아름다움은 복잡한 도시 생활과는 전혀 다른 풍광으로 마음과 정신까지도 맑고 시원하게 해주는 그야말로 이상적 자연 세계에 들어온 느낌이었다. 수양관에서 가까운 곳에는 이름난 기도원이 있어서 계절 집회와 관계없이 많은 사람들이 기도하러 모여들었는데, 밤낮으로 들려오는 산상 기도 소리에 영산이요 성산이라는 이름을 붙여주어도 괜찮을 것 같았다. 밤이 지나도록 산골짜기에서 부르짖는 기도 소리는 어둠을 타고 애절히 들려오는데 무슨 사연으로 저처럼 간절히 통곡으로 밤을 새는지 궁금하기도 했다. 밤낮으로 부르짖는 자녀의 기도를 하나님은 응답해 주시리라.

이런 곳에 나를 보내신 것은 내가 알지 못하는 하나님의 뜻이 있는 것일까? 이곳은 여자 환자들만 입소하는 시설로, 50여 명이 공동체를 이루고 있었다. 이곳에서 해야 할 일은 총무 전도사라는 직무로, 시설 사무와 예배를 돕거나 인도하는 일이었다. 전에 서울장로교신학교에서 공부한 것은 주일학교와 중고등부 부장으로 섬기는 데 도움이 될 필요 때문에 한 것이며 장로 피택과 함께 더 봉사하기 위해 한 것이지 목회를 하기 위한 것이 아니었기에 이곳에서 전도사로 일한다는 것은 전혀 생각 밖이었다.

처음으로 경험하는 일이라 생소했고, 환자들의 눈빛이 예사롭지 않아 두렵고 접근하는 것조차 겁이 나기도 했다. 그들은 웃고 떠들고 울거나 소리를 질러대고 거침없이 당돌했다. 이성 없는 행동에 수치감도 몰랐고 그저 동물적 본성으로만 행동했다. 낮과 밤 없이 떠드는 소리에 처음 얼마 동안은 내가 미쳐버릴 것 같은 혼란을 겪었다. 트라우마 치료가 아니라 오히려 정신병에 걸릴 것같은 생각에 여기서 어떻게 일할 것인가를 고민하기도 하였다. 일반인들이 상상할 수 없는 일들이 이 세계에서는 평범하게 받아들여지고 있었다. 이들은 난폭하고 거칠고 비이성적이어서 가정에서 생활하기에는 어려웠고, 가족 간의 피로감과 불편 때문에 격리된 생활을 할 수밖에 없는 형편이었다.

이 사람들 중에는 명문대 출신도 있고 의사나 사회 지도층 부모를 둔 이들도 있지만, 몸이 병들어 아프니 건강만큼 복되고 중한 것이 없으리라. 어떤 중년 아저씨는 아내와 어머니가 같은 병으로 입소한 상황이서 면회를 올 때마다 축 늘어진 어깨와 근심 어린 얼굴을 하고 있어 안타깝고 측은한 마음이었다. 또 어느 가정에는 두 자녀가 같은 병이 들어 부모가 면회를 올 때는 어떤 말로 위로해야 할지 몰랐다. 우리 이웃에는 말못할 고통과 안타까운 사연으로 인해 가정의 행복과 평안이 사라진 채 근심 걱정에 눌려 어렵게 살아가는 사람들이 많다. 질병과 물질 문제뿐 아니라 결혼, 취업, 주택 등 말로 다할 수 없는 문제 속에 살아가는 것이 우리 인간사라고 할 때 인생은 폭풍 속에 항해하는 배처럼 위태로운 삶인 것 같다.

하나님은 사람을 만물 중에 최고로 만드시고 복을 주시고 생육하고 번성하여 땅에 충만하라, 땅을 정복하라, 모든 생물을 다스리라는 문화 명령을 주셨다. 사람을 최고로 만드셨다는 것은 하나님이 자기 형상, 곧 하나님의 형상대로 사람을 창조하셨다는 것이다. 그리하여 하나님의 모든 풍성한 은혜와 복을 누리게 하시며, 서로 교통하며 사랑의 관계 속에서 하나님을 경배하며 섬기도록 하신 것이다. 이러한 은혜와 복은 하나님의 정하신 명령에 순종할 때만 가능한데, 아담 부부는 마귀의 꼬임에 넘어가 명령을 어김으로 에덴에서 쫓겨나 고생과 수고를 동반한 삶을 살아야 하는 죄의 대가를 치르게 되었다.

이러한 죄의 결과는 점점 가중되어 오늘에 이르기까지 하나님을 떠난 인류의 참상은 저주와 진노, 질병과 멸망의 길을 치닫고 있다. 정신질환은 마음의 병이다. 사람이 강한 것 같으나 약해 아주 작은 문제로도 상처를 받는데, 이것을 해소하지 않으면 오래 가지 않아 정신병이라는 무서운 굴레를 쓰고 살아야 한다.

수양관에 입소한 사람들의 병든 원인을 살펴보면, 처음에 아주 간단한 문제로 고민하다가 마음이 무너지게 되는데, 병원 치료를 받더라도 약물로도 해결하지 못해 결국 폐인처럼 살다가 마지막으로 수양관에 의존하는 경향이었다. 대개 20대 연령대의 입소자들이 많은 것을 보는데, 이 나이대에 이성 문제가 발생해 심각한 지경에 이르게 되는 경우가 있다. 그러면 혼자 고민하면서 3~4일 동안 잠도 못 자고 식사를 안 하기도 하는데, 이럴 경우 이 병에 걸릴 확률이 높아진다고 볼 수 있다. 그러면 이런 환자들을 어떻게 접근하고 치료 목적을 이루어야 할 것인가?

목회 상담으로서의 접근

내담자들을 성경적 방법으로 안내하면서 하나님의 은혜와 위로로 회복과 치료를 얻게 하고, 평안과 안정된 삶을 누리도록 도와주는 목회상담학(pastoral counseling)이 있는데, 상담을 통해 내담자의 심리 기저에 있는 갈등의 문제를 치료한다.

목회 상담이란 영적, 정신적, 육체적으로 고통, 두려움, 질병에 빠진 사람들을 치유하는 것이라고 정의할 수 있다. 하나님은 치료하시는 여호와이시며, 예수님은 각인의 병을 고치시고 사도들에게 더러운 귀신을 쫓아내며 모든 병과 모든 약한 것을 고치는 권능을 주셨다. 그리고 "전파하여 말하되, 천국이 가까이 왔다 하고 병든 자를 고치며 죽은 자를 살리며 나환자를 깨끗하게 하며 귀신을 쫓아내되, 너희가 거저 받았으니 거저 주라"고 하셨다.(마 10:1, 7-8)

현대의 정신병 치료는 심리학으로부터 접근한다. 보수 신학자들은 심리학이 신학에 일체 발을 들여놓아서는 안 된다는 입장이다.(10) Anton T. Boison의 임상목회훈련 C.P.E.(Clinics Pastoral Education)가 목회 상담을 지배하려는 상황을 직시하고 심리학으로부터 신학을 보호하려 했는데 이것을 '권면적 상담학'이라고 한다.

목회 상담학의 수준이 어느 정도 성숙한 1940년대 들어서자 영적 지침을 제시해 왔던 기존의 역할과는 달리 심리치료에 더 가까운 양상을 띠고 심리치료의 이론들을 무비판적으로 수용하여 결과적으로는 그 본연의 특성과 의미를 상실한 채 그 주류를 심리학에 내주었다. Adams는 심리적 치료 입장을 전면적으로 거부하고 죄악된 행동에 대항할 것을 촉구하면서 성경적 입장에서 문제를 해결하려고 시도하였다.

이러한 갈등 상황에서 목회자들이 직면한 바른 목회 상담의 입장은 분명히 목회학적이면서도 동시에 심리학적으로도 해답을 얻을 수 있는 상담 방법을 찾을 수밖에 없었다. 목회 상담의 주요 목적은 '정상'이 되도록 돕는 데 그치는 것이 아니라, 그들이 마음과 정성과 뜻을 다하여 하나님을 사랑하도록 돕는 것이다. 따라서 목회 상담의 주된 목표는 영적이며 심리적인 성숙을 포함해야 한다. 목회 상담의 토대는 성경적이어야 하고 상담의 본질상 가치관, 사고, 관계, 자세, 행위 등을 성경적으로 변화시킴으로써 그의 삶을 변화시키는 것이 중요하다.(11)

목회 상담의 요소

1. 신앙 요소의 활용

1) 기도

기도는 일반 심리 치료에서는 활용하지 않고 목회 상담에서만 활용되는 신앙 치료법이다. 기도는 절대 존재이신 하나님과 인간과의 친밀감을 전제로 개인적인 관계성 속에서 나누는 인격적인 대화이다. 그러므로 기도의 근본 조건은 하나님에 대한 실존적인 확신에서 비롯된다. 어떤 신체적인 질병으로부터 회복되기 위해서 약을 사용하는 것과 같이 죄를 고백하는 기도는 심리적이고 영적인 문제 해결에 중요한 요소이며, 고백의 기도를 통해 죄책감과 불안을 해결할 수 있다. 그리고 자신이 범죄했음을 인정하고 자백함으로써 심신에 미치는 억압과 불안의 악영향에서 해방되고 평안을 누리게 된다.

"너희 중에 병든 자가 있느냐. 그는 교회 장로들을 청할 것이요, 그들은 주의 이름으로 기름을 바르며, 그를 위하여 기도할지니라. 믿음의 기도는 병든 자를 구원할 것이니, 주께서 그를 일으키시리라. 혹시 죄를 범하였을지라도 사하심을 받으리라. 그러므로 너희 죄를 서로 고백하며 병이 낫기를 위하여 서로 기도하라. 의인의 간구는 역사하는 힘이 크니라."(약 5:14)

우리가 무엇을 구하고자 할 때 오직 기도를 통해서만 받을 수 있으며, 하나님의 마음을 움직이게 하는 것 역시 기도이다.

2) 성경

Adams는 하나님께서 그의 백성들에게 성경을 통해 말씀하실 뿐 아니라 인간의 모든 문제가 성경을 통해 해결될 수 있기 때문에 반드시 상담에서 성경을 활용해야 한다고 피력했으며, 성경에 위배된 모든 상담 원리나 학설들은 배제되어야 한다는 입장을 고수하였다. 심지어 그는 성경을 무시하거나 성경과 경쟁하는 것은 결국 하나님과 경쟁하는 것이기 때문에 위험한 일이라고 주장하였다.[12] 또 성경에 합당치 않은 상담 상황은 없다고 전제하고, 성경을 모든 신앙과 인간 행동의 오류 없는 표준임을 인정하여 진정한 상담의 자원으로 활용되어야 한다고 그 권위를 부각시켰다.[13]

Narramore는 상담에 있어서 성경 활용의 이유와 효율성을 진술하였다.

(1) 성경이 인간에게 죄를 선고한다는 것

인간이 안고 있는 다양한 문제는 죄로 인해 발생한 것이며 죄가 청산될 때 소멸되는 것이므로 성경을 통해 죄를 선포해야 한다고 했다.

(2) 구속의 메시지를 전달해 주는 것

이는 성경 활용을 통한 상담에서 얻을 수 있는 최고의 효용성이며, 성경 활용의 이유가 된다.

(3) 믿음을 세워 주는 것

인간은 무엇인가 믿지 않고서는 만족할 수 없는 존재이기 때문에 그리스도를 믿도록 하는 것은 상담에서 중요한 일이며, 성경을 통해 이것을 일깨워 주어야 한다.

(4) 중생으로 인도하여 내담자를 성결하게 해주는 것

(5) 삶의 정확한 안내와 문제의 통찰력, 지식을 전달해 준다는 것
성경을 활용하여 내담자로 하여금 문제에 적절하게 대처하도록 하는 것이다.

3) 성령

목회 상담에 있어서 문제 해결을 위해 성령의 임재와 개입을 요청하는 것은 필수적이다. 최근 격려 상담이라는 것을 개발하여 상담에서 격려의 중요성을 부각시키는 이론들이 제시되고 있지만, 문제의 극복은 단순히 상담자의 위로나 격려로만 되는 것은 아니다.

성령은 진정한 위로자이며 격려자이다. David A. Seamands에 따르면 성령이 인간의 마음을 열어 그 껍데기 층을 벗겨 냄으로써 진정한 문제가 무엇인지를 발견하도록 도와주신다고 주장했다. 따라서 복음주의 목회 상담에서는 인위적이며 인본적인 상담 기술이 우선되어서는 안 되며, 성령께서 중심이 되는 상담이 되어야 한다. 그러므로 목회 상담의 효과는 성령께서 인간 가운데 역사하고 있다는 사실에서 나타난다.(14)

이러한 목회 상담적인 방법으로 환자들을 치료하는 것은, 개인의 상태가 첫 단계이거나 경미한 환자에게는 가능할지 몰라도 병이 오래되고 중병인 상태인 자들에게는 효과적 치료가 쉽지 않음을 깨달았다. 수양관에 있는 자들 중에 20년, 30년 동안 병에 완전히 사로잡혀 있는 사람들이 있었는데, 이들 역시 초기 단계에서 의사를 통한 약물치료와 심리치료를 거쳐 수년을 노력했어도 안 되어 마지막으로 이곳

에 온 것이었다. 이들의 병적 상태는 개별적으로 상이하게 다른 행동을 보이고 우울증 또는 조울증과 양극성 장애로 기간적으로 다른 증상을 나타내기도 한다.

다른 질환은 쉽게 치료되기도 하지만 정신병은 일반 질병과는 달리 복잡하고 심리적인 문제로 생긴 병이기에, 환자의 상태를 주의 깊게 관찰하면서 그들의 내면적 문제를 잘 파악하여 접근해야 한다. 병원에서 처방해 준 약을 지속적으로 사용하면서 신앙 공동체 안에서 할 일은 성경으로 위로와 소망을 주는 일이다.

수양관에 있는 친구들의 가장 좋아하는 시간은 예배이다.

1980년 초 그 시절에는 사회복지 차원의 시설, 재원, 인적 자원의 부족으로 좋은 프로그램이 별로 없었으므로 예배는 그들이 기다려지는 시간이었다. 그들은 예배 전 찬송을 열심히 부르며 어떤 이는 춤을 추기도 했는데, 심리적으로 쌓인 요인들을 발산하는 것이 아닌가 보였다. 어떤 이는 웃고 또는 떠들고 일반 교회에서는 상상할 수 없는 일들이 연출되는 장면이다.

예배 시간이 내게는 상당한 고역이었는데 그들에게서 나오는 특유의 냄새 때문이었다. 여름에 50여 명이 모인 실내는 숨을 쉬기가 어려울 정도의 악취가 나서 자연히 손으로 코를 막을 정도로 힘들었다. 목욕을 담당하는 직원이 있다 해도 목욕과 상관없이 몸에서 나는 냄새는 참으로 역겨웠다. 더구나 생리적 위생 관념이 부족해 그 수치심조차 모르는 것은 안쓰럽고 불쌍했다. 예배는 인도해야 했으므로 표정관리를 하면서 잘 해야 했다. 장인 목사님은 나이 때문에 주일 예배만 인도하셨고 다른 시간은 나에게 맡겼다.

4년 동안을 냄새 속에서 살았는데 그 일이 장래의 사역을 위한 하나님의 프로그램에 들어 있었으며 나를 훈련 시키기 위한 것이었음을 나중에 알게 되었다. 예수님은 각색 병자들을 고치실 때 그들이 가까이 오는 것을 금하지 않으시고 나환자의 더럽고 썩은 몸을 만져 고치시고 오직 불쌍히 여기시며 긍휼히 여기셔서 자기에게 오는 자는 다 고쳐주셨다. 이 세상에는 각색 병든 자가 많고 고침 받지 못하는 환자들이 고통 속에서 울부짓으며 신음하는데 그들 가까이 찾아가서 위로하며 기도해 주는 예수님의 마음을 가져야 한다.

날씨와도 관계있는지 구름이 있고 비가 올듯한 우중충한 날에는 옷을 벗고 마당에 나와 춤을 추는 사람이 있었다. 이러면 몇 사람이 함께 춤을 추기도 했는데, 이 모습을 보면서 전에 클럽에서 놀던 기억이 상상을 자극해 행동하게 하는 것이 아닐까 하는 추측도 했다. 옷을 벗는 것은 음란의 욕구와 함께 이성 간에 분출되는 망상적 생각에서 발산되는 무의식적 행동이라고 생각된다. 부끄러움과 수치를 모를 정도로 악화된 극한 상태의 환자들을 보면 불쌍하고 가련한 그들과 그의 가족들 생각에 마음이 아플 뿐이다.

이 병에 걸리게 되면 결혼 관계는 파탄이 나고 가족 관계도 무너지고 미혼자는 결혼에 걸림돌이 되니, 어떤 질병보다 더 심각한 가정적 사회적 문제임을 통감하게 된다. 유전적 전이도 있지만 인간의 마음이 작은 일에도 상처를 받고 자신이 해소할 능력의 분량이 미흡하면 자괴감과 우울증세를 조금씩 보이다가 적절한 치료의 시기를 놓치면

병에 사로잡히게 된다.

　미국에서 정신질환을 진단, 규정하는데 분류된 DSM(Diagnostic Statical Menual-IV)에 따르면, 현대 정신질환을 약 370개 이상으로 보고 있다. 여러 세분화된 분류를 통해 환자의 증상에 따라 적절하고 필요한 의료적, 심리적(목회 상담), 영적 치료를 하므로 조기에 원 상태로 회복시키는 노력이 필요한 것이다.

　이러한 방법 외에 중요한 것은 신체활동으로 몸의 대사를 돕고 적당한 근로를 통해 잠재적인 우울과 부정적 의식에서 벗어나 일에 집중하게 함으로써 사고의 전환을 주는 것이다. 채소 가꾸기, 물건 운반, 산책, 과수원에서 일하기 등은 아주 좋은 근로 치료 효과를 나타내는데, 이런 근로는 한 시간에서 두 시간 정도로 과하지 않게 하는 것이 바람직하다. 이를 두고 노동 착취 또는 인권으로 몰아가는 것은 바람직하지 않다. 일정한 근로는 신체활동을 하므로 잠을 잘 잘 수 있기 때문에 정신 건강에도 도움을 준다. 충분한 수면은 신체적, 정신적 건강에 긍정적인 영향을 주며, 수면 단계에서 세포가 복구되고 면역 체계가 강화되며 균형감 있는 호르몬 분비가 되게 하므로 스트레스 수준의 건강에도 좋은 영향을 준다.

　약물 복용으로 수면을 유도하는 것은 장기적인 중독으로 뇌세포를 죽이고 깨어났을 때 정신을 몽롱하게 하여 생활 리듬을 어렵게 하는 부작용이 있으므로 계속 사용하는 것은 바람직하지 못하다.

5. 사명을 받다

수양관이 시내에서 멀리 있다 보니 미용 봉사자가 오지 않아 머리 관리가 잘 되지 않았다. 아가씨들이 예쁘게 하고 싶은 마음은 같을 텐데, 어찌할까 고민하다가 직접 한번 해보고 싶은 생각이 들어 이발 가위와 몇 가지 기구를 준비해 커팅을 하기로 마음을 먹었다. 한 번도 해보지 않았지만 떨리는 마음으로 한 사람 두 사람 해보니 그렇게 어려운 것이 아니었고 자기들끼리는 예쁘게 깎았다고 자랑도 하고 자연스럽게 초보자에게 머리를 맡겼다.

그런데 놀라운 것은 머리에 이가 있고 서캐가 까만 머리를 하얗게 덮고 있었다. 이럴 줄은 생각도 못했는데 젊은 아가씨들이 이런 상태로 자기 관리를 못한 채 살고 있다는 것이 믿어지지 않았다. 머리를 이십 명쯤 깎았는데 머리에서 나온 찐득찐득한 때가 내 손가락을 까맣게 만들어 놓았다.

건강한 여자들이라면 누구나 자기 몸을 예쁘게 만들고 꾸밀 텐데 이 사람들은 그런 생각조차 관심 없이 살아가는 것을 생각하니 비참하고 가련함에 한숨이 절로 나왔다. 또 어떤 사람이 여름날 화장실에서 나온 구더기를 손으로 집더니 입으로 가져다 먹는 것을 보고 얼마나 놀랐는지 차마 상상할 수 없는 광경이었다. 하나님은 사람을 최고의 걸작품으로 만드셨는데 지금 이들의 모습은 최하급 벌레보다 더 저급하고, 산다고 할 수 없는 지경이었다.

어느 날 누군가 화장실에 빠졌다는 소리가 들리고 난리가 나서 가봤더니 정말 통통에 빠져 허우적거리고 있었다. 옛날에는 거의 재래식 화장실을 사용했는데, 이 사람은 무슨 일 때문에 오물을 뒤집어쓰고 이 모양인지 도저히 알 수가 없었다. 50여 명이 사용하는 화장실이라 용량이 컸는데 거기서 헤엄치고 있었다. 사망의 음침한 곳보다 더 더러운 곳에서 구출하는데 내 몸의 절반은 똥으로 뒤집어썼고 그를 머리부터 발끝까지 똥물을 씻어 내는데 아무리 비누칠을 해도 냄새는 사라지지 않았다.

하나님은 자기 형상과 모양으로 사람을 만드시고 축복하시며 무한한 은혜와 영광을 누리도록 하셨지만, 인간의 범죄와 불순종으로 타락하여 죄의 형벌 아래서 고통과 질병에 시달리고 있는 이 현상은 마음을 자극하고 번민하게 하였다. 이러한 경험을 하면서 이 세계 안에서 치료의 기약이나 장래의 소망 없이 목숨만 이어가는 것을 하나님은 어떻게 보시는지 의문이 생기기도 하였다.

이런 세계가 있다는 것을 한 번도 경험하지 못한 내게는 충격이었다. 매일 이상한 행동을 보고 느끼면서 사람의 존재와 가치에 깊은 회의를 가졌다. 그래도 하나님께서는 사람들과 가족이 버린 것같은 이들을 결코 버리지 않으신다는 것을 깨닫게 되었다. 가난한 사람, 병든 사람, 고통받는 사람들이 함께 섞여 살도록 하신 것은, 하나님의 사랑으로 이들을 사랑하고 돌보게 하기 위해 이런 선행의 대상자를 우리 곁에 두셨다는 것도 알게 되었다.

이 세상 사람들이 다 같이 행복하고 다 같이 건강하고 다 같이 부자라면 선을 행하고 사랑을 나눌 대상자가 없으니, "네 이웃을 네 자신과 같이 사랑하라"는 말씀이 어떻게 이루어지겠는가? 우리 곁에 가난한 자, 병든 자, 소외되고 고통받는 자들이 너무나 많은 것은 선을 행하고 사랑할 대상자를 통하여 하나님을 사랑하는 일을 하도록 하여 복을 받게 하려는 것임을 알아야 한다.

당신은 일생을 살아오면서 이런 이웃을 위해 얼마나 물질을 사용했으며 얼마나 사랑을 베풀었으며 얼마나 수고와 시간을 다했으며 얼마나 위로와 슬픔을 나누었는가? 사랑을 위한 행위 없이 믿음을 말하는 것은 거짓이요 위선된 신앙이다. 왜냐하면 주님은 명령으로 사랑의 계명을 주셨기 때문이다.

"내 계명은 곧 내가 너희를 사랑한 것 같이 너희도 서로 사랑하는 이것이니라. 사람이 친구를 위하여 자기 목숨을 버리면 이보다 더 큰 사랑이 없나니, 너희는 나의 명하는 대로 행하면 곧 나의 친구라."(요 15:12-15)

주께서는 죄인 중의 죄인이요 흉악한 우리를 친구로 대하시고 목숨을 내주셔서 똥통이 아니라 지옥에 빠져 죽을 우리의 죄의 오물을 비누가 아닌 자기 피로 씻어 구원하여 주셨다. 이 은혜를 받은 자는 불쌍한 이웃을 친구와 같이 사랑으로 대하여 구원을 위한 손을 내밀어야 한다. 하나님은 필요를 위하여 지각과 하나님의 뜻을 아는 명철함을 주시고 마음을 열어 당신의 일을 하도록 성령으로 알려 주신다.

이곳에 와서 일련의 상황들을 보면서 "비참한 현실 속의 고통과 불행의 옥에 갇혀 있는 하나님의 또 다른 백성들이 있으니 너는 어찌하겠느냐?"고 묻는 소리를 마음으로 들었다.

"그중에 한 율법사가 예수를 시험하여 묻되, 선생님 율법 중에서 어느 계명이 크니이까. 예수께서 이르시되, 네 마음을 다하고 목숨을 다하고 뜻을 다하여 주 너의 하나님을 사랑하라 하셨으니, 이것이 크고 첫째 되는 계명이요 둘째도 그와 같으니 네 이웃을 네 자신과 같이 사랑하라 하셨으니, 이 두 계명이 온 율법과 선지자의 강령이니라."(마 22:35-40)

이 성경 말씀이 마음을 강타했다. 날마다 이 말씀이 나를 따라다니듯 머리속에서 맴돌아 고민하고 번민했다. 주님, 저더러 어쩌란 말입니까? 아무리 생각해도 이런 일은 너무 벅차고 힘들어서 할 수가 없을 것 같았다.

어려서부터 하나님, 곧 교회에서 배우고 성경의 가르침대로 살려고 한 것이 마치 제사장 엘리의 집에서 사무엘이 그랬던 것같이 했었다. 지금까지 믿음을 지탱해 온 것은 어렸을 때 교회에서 가르침을 받은 그대로 살려고 다짐한 하나님께 대한 사랑과 믿음이 기초가 되었기 때문이다.

하나님이 모세를 시내 산 꼭대기로 불러 빽빽한 구름과 연기와 불과 우레와 번개와 나팔과 온 산이 진동하는 가운데 백성들이 지켜야 할 십계명을 모세에게 주셨다. 라암셋에서 출애굽한 후 숙곳→에담→엘림→신광야→르비딤을 거쳐 시내 광야에 이르는 3개월이 되던 날 (오순절) 이곳에서 정식으로 언약을 통해 하나님의 백성이 되며 신정국가의 초석이 되는 율법을 수여 받게 된다.

언약으로 주어진 율법을 주신 것은,

첫째, 이스라엘은 하나님의 특별한 소유로 삼으시겠다는 것이다.

하나님과의 특수한 관계로 최고의 가치를 보유하고 있는 보배가 됨을 의미한다.

둘째, 이스라엘이 제사장들의 나라가 된다는 것이다.

이스라엘이 제사장들로 구성된 왕국이라는 말이다. 하나님의 율법을 지켜 행하면 세계를 향한 구속 계획을 위해 특별히 선택된 민족으로서 하나님과 열방 사이를 중재하는 제사장이 됨과 동시에 그들을 다스리는 왕권을 가지게 된다는 것이다.

셋째, 이스라엘은 거룩한 백성이다.

그들은 다른 민족들과 다르게 구별돼 여호와와 더불어 언약을 맺은 백성이 어떻게 살아야 하는가를 온 세상에 보여주는 시범적인 백성이 될 것이다. 다른 열방 민족과는 구별되는 택함 받은 백성으로서 오직 하나님만을 섬기며 그의 뜻을 수행하는 성민이 되리라는 것이다.

하나님께서 이스라엘 백성을 구별하여 세상과 별도의 나라를 건설하게 하시고 그들의 삶의 규범으로 율법을 주신 것은, 이스라엘 민족으로 하여금 역사상 특별한 사명을 수행하기 위함이었다. 예수님께서 십계명을 두 부분으로 요약하여 1-4계명을 첫 계명으로, "네 마음을 다하고 목숨을 다하고 뜻을 다하여 주 너의 하나님을 사랑하라." 그리고 5-10계명을 둘째 계명으로, "네 이웃을 네 자신과 같이 사랑하라" 하셨으니, 십계명의 핵심은 사랑이며 하나님의 여러 가지 속성 중에 사랑이 제일 크다.

광주에서 당한 환난으로 트라우마를 겪으면서 잠시 쉼을 위하여 이곳에 왔는데, 하나님은 이 상황을 보게 하시고 부딪치게 하시며 훈련과 실습의 운동장으로 내몰아 앞으로 해야 할 사명을 부여하시는 것으로 생각하며 기도하게 되었다. 쉽게 받아들여질 수 없는 일인 줄 알지만 하나님을 사랑하고 이웃을 자신과 같이 사랑하는 것은 율법의 대강령이라 하셨으니, 이 명령을 거스른다면 내 믿음도 헛되고 가증스럽고 형식적인 것이 될 것이라는 생각이 들었다.

"피차 사랑의 빚 외에는 아무에게든지 아무 빚도 지지 말라. 남을 사랑하는 자는 율법을 다 이루었느니라. 간음하지 말라, 살인하지 말라, 도둑질하지 말라, 탐내지 말라 한 것과 그 외의 다른 계명이 있을지라도 네 이웃을 네 자신과 같이 사랑하라 하신 말씀 가운데 다 들

없느니라. 사랑은 이웃에게 악을 행하지 아니하나니 그러므로 사랑은 율법의 완성이니라."(롬 13:8-10)

위에 있는 성경 말씀이 하나님의 명령으로 들렸다. 이 길이 아무리 힘들고 어렵더라도 하나님의 명령이라면 어찌 피할 수 있으랴. 하나님은 말씀과 기도를 통해 성령 안에서 마음과 생각을 이끄셔서 믿음으로 순종하게 하시며 그의 일을 하게 하신다는 것을 알았다. 만일 기도하지 않고 말씀이 없으며 성령께서 감동하지 않으시면 하나님의 명령에 순종할 수 없을 것이다. 이 일은 자신의 희생과 고생이 따르기 때문에 장래의 모든 것을 포기하는 어리석은 선택이 될 수 있는 일이므로 고민도 그만큼 컸고 오래 했다.

전에 신학교를 졸업할 때 자신의 사명을 보드(칠판)판에 메모로 쓴 것을 보았는데, 눈에 띄는 문구들 중 이런 각오의 글이 있었다.
'아골 골짝 빈들에도 복음 들고 가오리라', '죽도록 충성하겠습니다.'
참으로 복음의 열정이 대단하다고 생각하며 나의 미열함을 부끄러워한 적이 있었다. 그들이 아골 골짜기를 찾아갔는지 죽도록 충성하였는지는 알 바 아니지만, 지금 나는 하나님의 명령에 선뜻 응답하지 못하고 기도하며 번민하는 지극히 계산적인 자기 테스트에서 머뭇거리고 있었다. 요나가 니느웨로 가기를 싫어했어도 하나님은 그의 뜻대로 놔두지 않으시고 결국은 니느웨로 가서 회개를 선포하게 하셨고, 그 도시가 회개했다.

마음의 확정

기한을 정하지 않고 잠시 여기에 있으려 한 것이 어느덧 삼 년 팔 개월이 지나갔다. 모세가 애굽을 떠난 것은 살인 때문이었다. 이로 인해 자기 정체가 드러나고 왕의 얼굴이 두려워서 도피처를 찾아 미디안이라는 척박한 야인의 길을 가야 했다. 그야말로 왕궁에서 초막으로 떨어지는 신분적, 환경적 나락의 길이었지만, 그 길이 개인의 선택을 넘어 장래에 대한 새로운 사명으로 하나님이 인도하시는 길이었음을 모세 자신도 알지 못했을 것이다. 잠시 동안의 도피처가 아니고 40년 세월이 지나기까지 왕궁으로 돌아갈 생각도 장래의 꿈도 포부도 없이 장인의 집에서 양을 치는 한낱 목자의 삶으로 만족했다. 현대적 관점에서 보면 실패한 사람의 전형적인 모델이며 사람들에게 조롱거리 인생으로만 보일 것이다.

그러나 그가 목자로 수많은 양 떼를 치고 돌보며 이끌었다는 점에서 당신은 어떤 영감을 발견하게 되는가? 그 일을 무려 40년 동안 한 것이 실패이며 조롱거리 인생을 살았다고 어리석은 판단을 계속 하겠는가? 그가 어떤 장래의 영감을 갖고 한 일이 아니었을지라도 하나님의 계획은 모세 안에서 계속 진행되고 있었다. 출생부터 모압 땅에서 죽기까지 모세의 120년 동안의 일생은 하나님의 간섭 아래서 시작되고 마치게 되었다. 미디안에서 40년 동안 양을 치고 이끌었던 것이 출애굽한 이스라엘의 양 떼 같은 백성들을 광야 40년 동안 목자와 같이 이끌기 위한 사전 준비이며 실전을 위한 훈련이라는 것을 모세 자신은 몰랐을지라도 하나님은 이를 통해 그를 준비시켰다. 왕궁의 호화로운 신분과 연마한 고급 지식으로는 거칠고 건조한 땅, 뱀과 전갈이 있는 황량한 사막길을 하나님의 백성과 함께 걸을 수 없었다. 그래서 하나님은 모세를 미디안 광야로 보내서 거친 산과 들판에서 양을 치게 하셨고, 미디안은 모세를 위한 하나님의 훈련장이었다.

다윗은 왕이 되기 전에 아버지의 양을 돌보면서 밤낮으로 양치기의 일을 하였고, 사자나 곰의 수염을 잡고 맨손으로 쳐 죽이기도 했다. 그것이 장래 골리앗을 이기는 준비였고 예수님의 제자들도 3년 동안 주님으로부터 배우고 가르침을 받아 성령을 받은 후 복음 전파의 일을 하다가 순교했다. 바울도 다메섹 회심 이후 아라비아에 가서 단독자로서 하나님을 대면하며 준비하여 순교하기까지 복음을 전하였다.

세계적인 선수가 되기 위해 운동장에서 피나는 연습과 훈련을 거듭하며 실전에 임하는 것 같이 하나님의 일도 준비와 훈련 없이는 할 수 없다. 이와 같이 하나님의 일을 하기 위해 준비할 것은 먼저 말씀을 깊이 묵상하여 하나님의 뜻을 알고 말씀의 토대 위에서 믿음이 흔들리지 않아야 하며, 매사를 행하기 전에 기도하고 성령의 지도와 인도를 받으며 경건과 성결로 자신을 거룩하게 하며 예수님의 겸손과 사랑을 배워 온전한 그리스도인으로 영적 무장을 해야 한다.

어린 유년 시절부터 지금까지 하나님이 이끌어 주신 은혜로 살았다. 주께서는 어느 한순간도 나를 혼자 두지 않으셨고 나의 삶과 길을 인도하시고 함께 걷게 하셨다.

"나는 너희 중에 행하여 나는 너희의 하나님이 되고 너희는 내 백성이 될 것이니라." 애굽의 압제 아래 종노릇하던 노예 백성들을 독

수리 날개로 업어 구원하시고 그들의 하나님이 되고 그들은 자기 백성으로 삼으시겠다는 것은 상상할 수 없는 은혜이며 사랑이다. 예수님께서 죄로 멸망할 인간들을 자기 피로 구속하여 아버지께 드리시고 친히 성령으로 우리 안에 거하사 하나 되게 하시는 이 비밀의 은혜를 어떤 말로 다 표현하며 감사할 수 있겠는가? 이제는 더 이상 머뭇거릴 수 없고, 살든지 죽든지 주의 뜻대로 이루어지기를 기도하며, "우리가 살아도 주를 위하여 살고 죽어도 주를 위하여 죽나니, 그러므로 사나 죽으나 우리가 주의 것이로다"(롬 14:8)라는 말씀에 완전히 굴복하니, 이제는 두려움도 의심도 염려도 없이 순종하겠다는 마음이 확정되었다.

한편 아내는 광주에 있을 때부터 심한 방광염으로 고생하고 있었다. 교회 여전도회에서 여수 손양원 목사 순교지를 찾아 버스를 탔는데 중간에서 쉬지 않고 계속 가게 되어 소변을 참다 보니 방광염이 생기게 되었다. 병원 치료와 약을 사용해도 치료가 되지 않고 여기 수양관에 온 후에도 밤잠을 못 자고 힘들어 했다. 어느 날 밤도 잠을 못 잘 정도로 괴로워하다가 아침에 병원에 갈 준비를 하면서 머리를 감다가 생각이 바뀌었다.

"오늘 병원에 안 가고 산에 가서 기도할래요. 며칠 금식하고 올 테니 그리 아세요" 하면서 산에 갈 준비로 주전자와 물컵 등 몇 가지를 챙겼다. 나는 마음으로는 수긍하면서도 한 번도 금식한 경험이 없는 아내의 말에 약간 걱정이 되어 처음에는 만류했지만 아내는 기어코 집을 나갔다. 삼 일 동안의 기도가 끝나는 날 아내가 혹시 지쳐서 못

내려오는가 싶어 산으로 마중을 나갔는데 찬송을 하며 산에서 내려오는 모습이 생각 밖으로 밝고 활기차 보여 놀랐다. "괜찮아요?" "하나님께서 내 병을 고쳐주셨어요. 이제 다 나았어요."

기도하러 갈 때의 표정과는 달리 얼굴이 다르고 편안해 보였다. 아내는 기도한 간증을 열심히 들려주었다. 처음에는 기도가 잘 안돼 힘들었는데 계속 찬송을 열심히 부르니 먼저 죄가 생각나고 자신이 지은 온갖 잘못이 치밀어 오면서 눈물샘이 터졌단다. 울고 불며 죄를 폭로하고 회개할 때 마음에 평화가 오고, 이튿날도 찬송과 기도로 회개하는데 뱃속이 굼틀거리며 화장실에 갈 신호가 와서 산속이라 적당한 곳에 갔는데 검붉은 핏덩어리가 한 사발쯤 나오면서 뱃속이 편안해지는 것을 느꼈다는 것이다. 기도를 마치는 날까지 기쁨이 충만하고 치료의 확신으로 금식을 마치고 산에서 내려오는 길이 날아가는 듯했다며 기뻐하였다.

오륙 년 동안 괴롭히던 병이 하나님의 손이 아니면 어찌 고침을 받을 수 있겠는가? 하나님의 능력을 찬양합니다. 이는 단순한 치료만이 아니라 앞으로 우리 부부가 해야 할 일, 곧 버려진 이웃을 위한 대 사명의 명령을 수행할 부정적 생각을 제거하는 능력이 되었다. 아내의 체험이 아니었으면 험한 고생의 떡을 먹는 데 동의하기 어려웠을 것이며, 자신도 그 체험으로 기꺼이 순종할 수밖에 없었다고 나중에야 고백했다. 모든 일을 합력하여 선을 이루게 하시는 하나님이시다.

"하나님이여, 내 기도에 귀를 기울이시고 내가 간구할 때에 숨지 마소서." (시 55:1)

2부
부르심의 여정

고난 속에 피어난 순종

6. 땅을 주소서

아브라함과 조카 롯의 소유가 많아져 거할 곳이 비좁아 땅 문제로 충돌했는데, 아브라함은 선택권을 롯에게 양보하고 조카보다 못한 땅에 머물렀다. 그때 하나님은 아브라함에게 말씀하셨다.

"여호와께서 아브라함에게 이르시되, 너는 눈을 들어 너 있는 곳에서 북쪽과 남쪽 그리고 동쪽과 서쪽을 바라보라. 보이는 땅을 내가 너와 네 자손에게 주리니 영원히 이르리라… 너는 일어나 그 땅을 종과 횡으로 두루 다녀 보라 내가 그것을 네게 주리라."(창 13:14-17)

1985년 1월

사명을 받았으니 일할 땅을 구해야 했다. 해가 바뀌었어도 겨울이 아직 그대로였고, 땅과 만물이 수면에서 깨어나려면 해가 몇십 번은 하늘을 가로질러 여행을 해야 했다. 봄이 오기만을 기다리기에는 마음이 너무 조급하여 일할 땅을 찾기 위해 발동을 슬슬 걸어야 했다. 새벽 기도 시간에 하루의 일정을 위하여 간구할 때 창세기 24장의 말씀이 생각났다.

아브라함이 나이 많아 늙었고 아들 이삭을 장가들게 하려고 그의 종을 불렀다. 엘리에셀 역시 평생 주인인 아브라함의 충성된 종으로 섬기면서 늙어가고 있었고, 아브라함이 그의 전 소유를 맡길 만큼 신뢰하는 종이었다. 아들 이삭의 신부를 구하러 보낼 때 "너는 내가 거주하는 이 지방 가나안 족속의 딸 중에서 내 아들을 위하여 아내를 택하지 말고, 내 고향 내 족속에게로 가서 내 아들 이삭을 위하여 아내를 택하라"(창 24:3)고 말했다. 주인의 지시를 받은 엘리에셀은 메소보다미아로 가서 나홀의 성에 이르러 기도하기를, "우리 주인 아브라함의 하나님 여호와여, 원하건대 오늘 나에게 순조롭게 만나게 하사 내 주인 아브라함에게 은혜를 베푸시옵소서"(창 24:12)라고 기도한다.

"오늘 나에게 순조롭게 만나게 하사."

그가 기도한 대로 순조롭게 일이 진행되는 것을 보면서 "하나님, 오늘 어디로 가야 할지 모르지만, 땅을 찾기 위하여 길을 떠나오니 순조롭게 원하는 땅을 찾게 하여 주옵소서"라고 기도했다. 아브라함은 그의 종에게 메소보다미아 나홀 성으로 가라는 목적지를 알려 주었지만, 나는 어디로 가야 할지 목적지도 알지 못한 채 길을 나서야 했다. 승용차가 있는 것도 아니요, 김삿갓 유랑인처럼 버스나 도보로 전국을 헤맬 생각을 하니 막막하기만 했다.

"믿음으로 아브라함은 부르심을 받았을 때에 순종하여 장래의 유업으로 받을 땅에 나아갈새 갈 바를 알지 못하고 나아갔으며"(히 11:8)

그가 하란을 떠나 유프라데스 강을 건너 하나님이 지시하시는 땅을 찾아가는 길은 산 넘고 물을 건너는 순탄하지 않은 도보 길이었다. 가족들과 종들과 거느리는 가축 떼들로 밤에는 텐트를 치고 낮에는 뜨거운 햇빛을 받으며 수개월 동안 수고의 떡을 먹으면서 고난의 행군을 했을 것이다. 하나님의 일은 평탄한 대로가 펼쳐진 아스팔트 길이 아니요, 좁은 길, 가시밭길 험한 길, 십자가의 길이다. 아브라함은 갈 바를 알지 못하고 떠났지만 최후 목적지로 하나님이 인도해 주신 것 같이 하나님께서 나의 길도 인도해 주실 것을 믿으며 행군의 첫 발자국을 옮겼다.

어느 지역에 이르면 먼저 부동산 사무실을 찾아 해야 할 일과 지형 환경을 알리고 적합한 땅을 소개받아 현지 답사를 하게 되는데, 보는 것마다 마음에 들지 않았다. 이렇게 계속하다 보니 어느덧 2개월의 시간이 지나갔다. 새벽에 땅 문제를 놓고 기도하고 아침에 떠나서 밤늦게 들어오며 매일 같이 동일한 목적으로 전국을 헤매며 돌아다녔다. 길을 걸으면서도 기도요 차를 타서도 기도였다.

"구하라, 그리하면 너희에게 주실 것이요, 찾으라, 그리하면 찾아낼 것이요, 문을 두드리라, 그리하면 너희에게 열릴 것이니, 구하는 이마다 받을 것이요, 찾는 이는 찾아낼 것이요, 두드리는 이에게는 열릴 것이니라."(마 7:7-8)

위의 성경 말씀은 날마다 계속된 일과의 양식이었고 기도였으므로 하나님이 나를 혼자 두지 않으리라는 믿음의 확신으로 나아갔다. 경상도와 충청도, 전라도 발이 닿는 대로 가고 또 가고 걷고 또 걸어 발가락이 아프고 무릎이 아파도 나의 행진은 멈추지 않고 계속되었다. 이런 때 자동차라도 있으면 덜 힘들겠건만 그림의 떡이요 상상의 그림자일 뿐이다. 부동산에서는 물건을 하나라도 팔려는 욕심에 내 조건에 맞지도 않는 이곳 저곳으로 안내하니 더 힘들기만 했다

한번은 정읍시 어느 부동산에 들렀더니 특정 지역의 땅 주인과 지번을 알려주면서 "거기 가보면 좋은 땅이 있으니 마음에 들면 자기에게 연락하라"고 하며 자기는 동행하지 않았다. 시내에서 거리가 먼 시골 지역이어서 버스를 타고 목적지를 향해 가는데 도중에 눈이 내리기 시작했다. 난감했지만 그대로 버티고 있었는데 눈이 점점 많이 내리는 중에 버스는 종착지에 사람들을 내려 주고 떠나 버렸다. 어둠이 사방을 덮고 이제는 눈밭에서 땅을 돌아볼 생각도 사라졌다. 시내에서 여기까지 버스로 한 시간을 왔는데 유숙할 곳도 없고 교통 두절로 시내까지 걸어가는 것도 엄두가 나지 않는 진퇴양난이었다.

그래도 돌아가야 했는데 길은 눈에 덮여 보이지 않고 폭설은 어느새 무릎까지 차올라 걸을 수가 없을 정도였다. 눈에 빠지면서 한 걸음

한 걸음 걷는 것이 어린 아가가 걸음마 연습을 하는 것 같았다. 밤은 점점 깊어가고 신발은 젖어 얼어붙었다. 입김을 호호 불며 추위를 견디는 처량한 내 모습에 스스로가 불쌍하게 보였다.

모든 세계가 하얗게 변해 어디가 길인지 수렁인지 분별하기도 어려운 밤이었지만 눈빛 때문에 그리 어둡지는 않았다. 지치고 피곤한 몸으로 걷던 중 발 아래 깊은 곳을 밟아 쓰러지고 말았다. 일어나려고 했으나 몸이 말을 듣지 않았다. 다시 일어나려고 했지만 너무나 지쳐 나도 모르게 잠이 들었는지 정신을 잃었는지 그대로 엎어져 있었다. 시간이 얼마나 지났는지 누가 나를 부르는 소리를 들렸다.

"일어나라! 일어나거라!"

사방을 살펴봐도 사람은 보이지 않고 등에는 눈이 쌓인 채 적막하기만 했다. 천사가 나를 불렀을까? 아마도 무의식으로 일어나야 한다는 생각이 누가 일어나라고 부르는 소리로 들렸으리라. 엎어져 있었던 시간은 4-5분 정도. 다시 눈을 털고 정신을 차리고 걷기 시작하였다. 이런 일로 고생을 하리라고는 생각을 안 했으므로 무작정 알지도 못하는 곳을 찾아 온 것이 후회가 되었다.

하나님께서 나를 보시고 계실까? 아마도 그러실 거야! 당신은 전지전능하시며 무소부재하시며 세계와 만물을 지으셨으니, 당신이 내린 눈에 빠져 걸음마로 고생하는 것을 다 보시겠지요? 나는 어린아이처럼 혼자 중얼거렸다. 실상 우리는 하나님 앞에서 걸음마하는 어린아이다. 하나님 앞에서 어른이 되려고 할 때 하나님께 사랑받기가 무척 어려워진다.

창세기 21장에 하갈과 아들 이스마엘이 이삭의 일로 인해 사라의 노여움을 사게 되어 브엘세바 광야로 쫓겨난 이야기가 있다. 물 없는 사막에서 목말라 죽어가는 아이 이스마엘을 바라보며 울부짖는 하갈의 소리를 하나님이 들으시고 천사를 보내 위로하셨다. 비록 사라의 여종이었고 아들과 함께 쫓겨난 버림받은 신세였지만, 천하고 약한 모자의 형편을 하나님은 하늘에서 보시고 긍휼을 베풀어 주셨다. 하갈의 입장에서 보면 얼마나 억울하고 기막힌 일을 당한 것인가? 평생 주인을 섬기면서 이런저런 시중 다 들어 주고 주인의 대를 이을 아들까지 낳아주었건만, 하나님 백으로 아들을 얻었다고 이제는 오갈 데 없는 모자를 뜨거운 모래사장으로 몰아내다니, 그래서 더 고함을 치며 목 놓아 울었을 것이다.

밤새 걷다 보니 정읍 시내 도시의 불빛이 멀리서 눈에 들어왔다. 불빛만 봐도 살았다는 느낌이었고, 느리던 발걸음이 더 빨라졌다. 배가 고프고 힘도 없지만 찬송을 하면서 시내로 들어와 숙소부터 찾았다. 시계를 보니 새벽 1시가 지나고 있었다. 꽁꽁 언 신발을 벗고 옷도 벗지 않은 채 그대로 쓰러져 몸을 눕혔다. 연초부터 거의 매일 땅 구하는 일로 3개월 가까이 날을 보냈지만, 원하는 땅은 찾지 못했다. 땅이 없는 것이 아니라 가진 돈에 맞추어야 했기 때문에, 너무 넓어도 너무 좁아도 내 형편에 맞추기가 어려웠고 특수한 일을 해야 하기 때문에 장소와 환경이 적합해야 했다.

"구하라, 주시리라"는 말씀을 의지하고 나아갔어도 기도는 이루어지지 않아 몸과 마음이 지쳐 더 이상 나가고 싶지 않았다. 며칠을 집에 머물러 있다 보니 별별 생각이 마음을 어지럽게 하고, 이 계획이 정말 하나님이 주신 것인지 혼자만의 생각인지 고민하지 않을 수 없었다. 아내 외에 아무도 알지 못하는 이 일을 포기하고 싶은 생각이 들수록 마음은 초조하고 어찌할 바를 몰라 심신은 피곤했다. 사명을 위한 땅과 건물, 그밖의 많은 돈이 들어가야 하는데 외부의 지원이 전혀 없이 넉넉하지 못한 형편이어서 포기하고 싶은 마음은 더 커졌다. 설령 시작한다 해도 자기 희생과 수고가 따르는 일이기에 용기는 사라지고 두려운 생각이 들기도 하였다.

며칠 동안 침묵 속에 빠져 있을 때 엘리야가 떠올랐다. 이세벨이 엘리야를 죽이려고 하자 엘리야는 브엘세바로 도망해 지쳐 자고 있었다. "로뎀나무 아래에 누워 자더니 천사가 그를 어루만지며 그에게 이르되 일어나서 먹으라 하는지라. 본즉 머리맡에 숯불에 구운 떡과 한 병 물이 있더라. 이에 일어나 먹고 마시고 다시누웠더니 여호와의 천사가 또다시 와서 어루만지며 이르되, 일어나 먹으라. 네가 갈 길을 다 가지 못할까 하는지라. 이에 일어나 먹고 마시고 그 음식물의 힘을 의지하여 사십 주 사십 야를 가서 하나님의 산 호렙에 이르니라."(왕상 19:5-8)

천사가 직접 내게 주신 말씀은 아니지만, "일어나 먹으라. 네가 갈 길을 다 가지 못할까 하노라"는 말씀이 꼭 나에게 하시는 말씀 같았다.

삼월 중순, 겨울은 한풀 꺾였지만 아직 바람이 쌀쌀한 새벽, 이 문제를 가지고 기도하기 위하여 산으로 올라갔다. 지금까지 기도한 것이 이루어지지 않은 것에 대해 하나님과 마주해서 내가 알지 못하는 하나님의 다른 뜻이 있는지 알고 싶었다.

"엘리에셀의 기도는 순조롭게 들어주셨는데 저는 3개월 동안 기도하며 전국을 돌아다니며 고생했건만 응답이 없으니 어찌해야 합니까? 하나님의 뜻을 알 수 없으니 가부를 알려주세요! 주님의 뜻이 아니라면 모든 계획을 접고 따르겠습니다. 그런즉 오늘 하루만 더 나가 땅을 알아보고 안 되면 다른 일을 하겠습니다. 그것이 하나님의 뜻인 줄 알고 순종하고 포기하겠습니다. 하나님, 오늘 하루입니다. 징표를 보게 하여 주소서."

성경에는 하나님께서 어떤 일을 하시기 전에 믿음을 확신시켜 주시려고 징표를 먼저 보여주시는 내용이 있는데, 그 몇 가지를 살펴보자.

징표 1 (삿 6장)

사사시대에 이스라엘이 악을 행하였으므로 그 징벌로 미디안 사람들이 이스라엘을 장악하게 하여 땅의 소산물과 가축들을 남김없이 잡아갔다. 이스라엘이 먹을 것이 없어 궁핍하므로 부르짖을 때에 하나님의 사자가 기드온을 향하여 이르시되,

"너는 가서 이 너의 힘으로 이스라엘을 미디안의 손에서 구원하라. 내가 너를 보낸 것이 아니냐 하시니라. 그러나 기드온이 그에게 대답하되, 오 주여 내가 무엇으로 이스라엘을 구원하리이까. 보소서 나의 집은 므낫세 중에서 지극히 약하고, 나는 아버지 집에서 가장 작은 자니이다 하니, 여호와께서 그에게 이르시되, 내가 반드시 너와 함께 하리니 네가 미디안 사람 치기를 한 사람을 치듯 하리라 하시니라. 기드온이 그에게 대답하되, 만일 내가 주께 은혜를 얻었사오면 나와 말씀하신 이가 주 되시는 표징을 내게 보이소서… 여호와의 사자가 손에

잡은 지팡이 끝을 내밀어 고기와 무교병에 대니 불이 바위에서 나와 고기와 무교병을 살랐고, 여호와의 사자는 떠나서 보이지 아니한지라… 그때에 미디안과 아말렉과 동방 사람들이 다 함께 모여 이스르엘 골짜기에 진을 친지라… 기드온이 또 하나님께 여쭈되, 주께서 이미 말씀하심 같이 내 손으로 이스라엘을 구원하려거든 보소서. 내가 양털 한 뭉치를 타작마당에 두리니, 만일 이슬이 양털에게만 있고 주변 땅은 마르면 주께서 이미 말씀하심 같이 내 손으로 이스라엘을 구원하실 줄을 내가 알겠나이다 하였더니 그대로 된지라. 이튿날 기드온이 일찍이 일어나서 양털을 가져다가 그 양털에서 이슬을 짜니 물이 그릇에 가득하더라. 기드온이 또 하나님께 여쭈되, 주여 내게 노하지 마옵소서. 내가 이번만 말하리이다. 구하옵나니 내게 이번만 양털로 시험하게 하소서. 원하건대 양털만 마르고 그 주변 땅에는 이슬이 있게 하옵소서 하였더니 곧 양털만 마르고 그 주변 땅에는 다 이슬이 있었더라."

징표 2 (왕하 20:1-11)

"그때에 히스기야가 병들어 죽게 되매 아모스의 아들 선지자 이사야가 그에게 나아와서 그에게 이르되, 여호와의 말씀이 너는 집을 정리하라. 네가 죽고 살지 못하리라 하셨나이다. 히스기야가 낯을 벽으로 향하고 여호와께 기도하여 이르되, 여호와여 구하오니 내가 진심과 전심으로 주 앞에 행하여 주께서 보시기에 선하게 행한 것을 기억하옵소서 하고, 히스기야가 심히 통곡하더라. 이사야가 성읍 가운데까지도 이르기 전에 여호와의 말씀이 그에게 임하여 이르시되, 너는 돌아가서 내 백성의 주권자 히스기야에게 이르기를, 왕의 조상 다윗의 하나님 여호와의 말씀이 내가 네 기도를 들었고 네 눈물을 보았노라. 내가 너를 낫게 하리니, 네가 삼 일 만에 여호와의 성전에 올라가겠고, 내가 네 날에 십오 년을 더할 것이며. 내가 너와 이 성을 앗수르 왕의 손에서 구원하고 내가 나를 위하고 또 내 종 다윗을 위하므로 이 성을 보호하리라 하셨다 하라 하셨더라. 이사야가 이르되 무화과 반죽을 가져오라 하매 무리가 가져다가 그 상처에 놓으니 나으니라. 히스기야가 이사야에게 이르되, 여호와께서 나를 낫게 하시고 삼 일 만에 여호와의 성전에 올라가게 하실 무슨 징표가 있나이까 하니, 이사야가 이르되 여호와께서 하신 말씀을 응하게 하실 일에 대하여 여호와께로부터 왕에게 한 징표가 임하리이다. 해 그림자가 십도를 나아갈 것이니이까 혹 십도를 물러갈 것이니이까. 히스기야가 대답하되, 그림자가 십도를 나아가기는 쉬우니 그러할 것이 아니라 십도를 뒤로 물러날 것이니이다 하니라. 선지자 이사야가 여호와께 간구하매 아하스의 해 시계 위에 나아갔던 해 그림자를 십도 뒤로 물러가게 하셨더라."

징표 3 (눅 1:26-45)

하나님의 보내심을 받은 천사 가브리엘이 갈릴리 나사렛에 사는 마리아에게 전한 소식은, "보라, 네가 잉태하여 아들을 낳으리니, 이름을 예수라 하라... 보라, 네 친족 엘리사벳도 늙어서 아이를 베었느니라. 본래 임신하지 못한다고 알려진 이가 이미 여섯 달이 되었나니, 대저 하나님의 모든 말씀은 능하지 못하심이 없느니라. 마리아가 이르되, 주의 여종이오니 말씀대로 내게 이루어지이다 하매 천사가 떠나더라. 이 때에 마리아가 일어나 빨리 산골로 가서 유대 한 동네에 이르러 사가랴의 집에 들어가 엘리사벳에게 문안하니, 엘리사벳이 마리아가 문안함을 들으매 아이가 복중에서 뛰노는지라. 엘리사벳이 성령의 충만함을 받아 큰 소리로 불러 이르되 여자 중에 네가 복이 있으며 네 태중의 아이도 복이 있도다. 내 주의 어머니가 내게 나아오니 이 어찌 된 일인가 보라. 네 문안하는 소리가 내 귀에 들릴 때에 아이가 내 복중에서 기쁨으로 뛰놀았도다. 주께서 하신 말씀이 반드시 이루어지리라고 믿은 그 여자에게 복이 있도다."

엘리사벳은 마리아의 임신 사실을 아직 모르는데 마리아의 방문 때 엘리사벳의 복중에 아이가 뛰놀았다는 것은 성령으로 복중의 아이가 장차 오실 예수를 알고 기뻐서 뛰놀았으며 엘리사벳 역시 성령의 충만으로 마리아의 임신을 알게 돼 "여자 중에 네가 복이 있으며, 네 태중의 아이도 복이 있도다. 내 주의 어머니가 내게 나아오니 이 어찌 된 일인가"라고 하였으니, 천사가 마리아에게 일러준 소식은 더 확실한 믿음을 마리아에게 가르쳐준 징표인 것이다.

정처 없는 길

오늘이 땅을 찾는 마지막 날이니 징표가 없으면 모든 것을 포기하려는 기도였다. 새벽기도를 통하여 하나님의 뜻과 결정을 확실히 알고 싶었고, 나 스스로는 아무 일도 할 수 없기에 오늘은 참으로 중대한 앞길의 방향을 좌우하는 날이었다. 그렇다고 새벽 기도 중에 어떤 지시나 영감을 받은 것도 아니어서 여행하는 마음이 가벼운 것이 아니라 도리어 무겁기만 하였다. "하나님, 오늘 징표를 보게 하옵소서."

김천에서 버스로 대전 터미널에 도착하고서야 방향을 호남 쪽으로 결정하고 강경으로 가는 버스를 탔다. 강경 정류장에서 다시 익산 방향으로 가는 버스가 보여 정한 목적지가 아니었는데도 버스에 무작정 올랐다. 가다 보니 황등이라는 곳에서 버스가 정차했는데 생각 없이 그냥 내렸다. 어디로 갈 방향도 모르고 멍청하게 서 있는데 시내버스가 내 앞에 멈추기에 또 무작정 타게 되었다. 버스에 타기는 했지만 내가 생각해도 어처구니가 없었고, 기운마저 쑥 빠졌다. 내가 어쩌려고 이 버스를 탔지? 누가 봐도 이건 미친 짓이었다. 어디에 땅이 있으니 거기 가보라는 소개를 받은 것도 아니었다. 도대체 어떻게 하려고 버스를 몇 번씩 갈아타면서 지금 여기까지 왔고, 무작정 버스에 몸을 싣고 어디까지 가겠다는 것인지 참으로 한심한 사람이라는 생각에 탄식이 절로 났다. 이 세상에 나처럼 목적지 없이 여행하는 사람은 정신병자 아니면 하나도 없을 것이다. 시간은 벌써 2시가 넘었는데 이렇게 하루가 지나가면 기도한 대로 아무 징표도 없이 모두 끝나고, 그것이 하나님의 뜻으로 알고 3개월 동안 고생하며 땅을 구하러 다닌 수고는 헛것이었다는 생각에 더욱 절망감만 들었다. 버스는 중간중간 정류장에서 손님을 내려주었는데 답답한 마음에 나도 내리게 되었다. 내린 곳이 어느 삼거리였는데 비포장도로를 향해 발 가는 대로 또 걸었다.

길을 따라 약 30분을 정처 없이 가다 보니 한 마을에 도착하였는데 웬 악취가 지독하게 코를 찔렀다. 마을 전체가 악취로 진동하였다. 이게 뭐지? 알고 보니 이 마을은 나환자들만이 사는 집단촌이었다. 그들의 생업은 돼지 사육으로 온 동네가 돼지 오물 냄새를 맡으면서도 힘들게 살아가는 동네였다.

아! 나는 천 길 절벽을 보는 느낌이었다. 그 순간 여지없이 모든 믿음이 와르르 무너지는 느낌에 주저앉고 싶은 마음이었다. 결국 이렇게 되는 걸까? 더 이상 여기 멈춰 있을 이유가 없었고, 마음은 벌써 모든 것을 포기하는 심판을 내리게 되었다. 하나님의 뜻이 아닌데도 "네 이웃을 네 자신과 같이 사랑하라"는 말씀에 붙들려 스스로 선한 일을 하려는 생각에 사로잡힌 사욕이 아니었나 하는 평가를 내리고 있었다. 아무리 선한 일을 한다 해도 주 안에서 하지 않으면 그것은 안 하는 것보다 못하다. 그래서 성경은 이렇게 말씀하신다. "자녀들아, 주 안에서 너희 부모에게 순종하라." "주 안에서와 그 능력으로 강건하여지고", "주 안에서 항상 기뻐하라. 내가 다시 말하노니 기뻐하라."

무슨 일을 하든지 그리스도 예수 안에서 생각하고 계획하고 기도로 성령의 지시를 받으면 후회할 것이 없는 하나님의 의를 이룰 수 있다. 나 역시 말씀으로 감동받아 기도하며 성령의 감화로 예수님의 계명을 따라 이웃 사랑을 실천해 왔다. 이 일이 거칠고 힘들며 자기희생과 자기 부인이 따라야 하는 삶인 줄 알면서도, 오직 예수님을 닮으려는 진심 어린 결정으로 오늘 하루를 징표 삼았다. 누구의 말에 의존하지 않고 발걸음을 따라 바람 따라 여기까지 미친 사람, 바보 인간으로 걸어와 생소부지의 땅에 이르렀는데 돼지똥 냄새만 진동하니 하나님은 이것을 징표로 보이셔서 그의 뜻을 알게 하신 것이라고 생각했다. 더 이상 앞으로 나아갈 것도, 생각할 것도 없이 되돌아가기 위해 발길을 돌렸다. 너무나 허망했다. 돌아가는 길은 다리도 힘이 풀려 걸음이 더디고 주리고 목말라 허기졌고 봄 햇볕이 얼굴을 따갑게 했다.

오던 길을 다시 거슬러 비포장 길을 약 20분쯤 걸어가는데 왼쪽 건너편으로 보이는 건물이 눈에 들어왔다. 조금만 더 걸어갔어도 산에 가려 그 건물을 보지 못하고 지나쳤을 것이다. 관심 없이 걸어오다가 왠지 모르게 백여 미터 떨어진 그 건물을 한동안 바라보게 되었고, 호기심이 발동해 한번 가보고 싶은 생각이 들었다. (성령께서 주신 생각) 논길 소로를 따라 가까이 가서 안으로 들어갔는데 사람은 보이지 않았다. 남의 집을 허락 없이 살피는 것은 주거 침입이 되는 줄 알지만, 마당은 잡초로 덮여 있고 그 형태로 보아 비어 있고 사람이 살지 않는다는 것을 곧 알 수 있었다. 건물은 문이 열린 채였다. 슬그머니 안을 들여다보니 얼른 보기에도 축사였는데, 짐승의 배설물이 말라 있는 걸로 봐서 이전에 돼지를 키웠던 것 같았다. 백여 평 건물 천장의 목재를 보니 보통 목재가 아니었다. 나중에 들었지만 학교를 새로 신축하면서 철거한 목재라는데 최고의 건축 자재로 축사를 세운 것이었다. 지붕은 그대로 학교의 기와를 가져와 덮었는데, 조금만 손을 보면 일반 축사가 아니라 훌륭한 집이 될 수 있을 것 같았다. 환경은 마을과는 1㎞ 거리를 두고 중간에 산이 있고 건물 뒤에도 야산이 있어 이정도로 내 생각과 딱 맞는 장소는 어디에도 없을 것 같았다.

전기가 설치돼 있어서 전기를 가설할 필요도 없고 먹을 우물도 있고, 포장은 안 됐어도 건물로 오는 진입로까지 있었다. 아이들이 다닐

학교는 약 30분 거리여서 약간 멀지만 걸어서 다니면 운동도 되겠다 싶었다. 거기다 10분 정도 걸으면 버스정류장이 있어서 아주 마음에 쏙 드는 곳이었다. 백여 평의 넓은 건물은 입소 시설로 사용하기에 적합하고, 옆으로는 축사 관리자를 위한 주택이 있는데 크지는 않고 날림으로 지어졌지만 이것도 손을 보면 가족이 살 정도는 되어 보였다. 70%는 준비해 놓으시고 내 발걸음을 이곳으로 인도하신 분은 하나님이시다.

나는 축사 안으로 들어가서 무릎을 꿇고 전능하신 하나님께 기도를 드렸다.

사람의 마음을 살피시는 하나님!
은밀한 기도를 들으시며
약하고 천한 자의 간구를 물리치지 않으시며
외로운 나그네의 벗이 되시고

지친 자의 발걸음을 인도하시어
안전한 뽈라에 이르게 하사
생전에 보지도 알지도 못한 곳
바로 이곳에 무릎 꿇게 하시니
하나님, 당신이 이곳을 감추었다가
제 눈으로 보게 하시나이까?

이곳이 과연 기이하고 아름답도소이다.

이 땅과 건물이 뉘 소유이며 어디에 사는지
내 알지 못하나,
당신의 종이 일할 땅이라면
이 땅을 저에게 주옵소서. 아멘.

정말 간절한 기도를 드릴 때 감격과 눈물이 흘러 하늘에 올라가는 느낌이었다. 추운 겨울, 찬바람을 쐬며 전국을 도보로 돌고 돌아 3개월을 허탕 치고 새벽에 산에 올라 오늘 하루 징표를 주시라고 기도한 뒤 정처 없이 버스에 올라 갈아 타기를 몇 번, 목적지 없는 발걸음이었고 최종 막장에서 돼지 똥으로 낙심하여 발길을 돌렸었다. 그러나 똑같은 길이었는데도 보지 못한 것을 돌아가는 길에 보여주시고, 보았어도 그냥 지나칠 수 있었는데 성령께서 마음을 끌어 이 땅을 밟게 하셨으니 이는 징표 중의 징표요 기적 중의 기적이 아닐 수 없다.

이런 땅이 있으니 거기 가보라고 소개받은 바 없고 누구의 안내와 동행자도 없었으나 성령께서 종의 걸음을 인도하사 에벤에셀의 하나님이 김천에서 여기까지 인도하셨음을 감사하며 높으신 하나님께 찬송을 올렸다.

하지만 땅 임자는 누구며 어디에 살며 팔지 말지도 모르는지라 사람을 만나기 위해 앞산 언덕에 올라 보니 멀지 않은 곳에 마을이 보였다. 즉시 마을로 내려가 사람을 만나 자초지종을 얘기하였더니 그 땅을 팔려고 오래전에 내놓았는데 아직 팔리지 않고 있다는 것이다. 마을 사람의 이야기로는, 그곳은 흉가여서 매수할 사람이 없고 그 집 주위의 논밭에서 일하는 사람들은 무서워서 해가 지기 전에 작업을 중지하고 돌아온다고 말해주었다. 좀 더 궁금해서 왜 흉가인지 물었더니 집주인이 그 집에서 목을 매 죽었고 외딴집이라 그 후부터는 사람들의 접근이 끊어졌다는 것이다. 집주인의 아들을 만나려면 지금은 출타 중이니 내일 만날 수 있을 것이라고 일러주어 전화번호를 받고 돌아오기 위해 버스정류장으로 향하였다.

버스를 타고 돌아오면서 마을 사람이 들려준 말을 생각해 보니 이 모든 일은 하나님의 개입과 준비가 있었다는 것을 알았다. 만일 자살 사건이 없었다면 그 땅을 팔지도 않았을 것이고, 그가 다른 곳에서 사고를 냈다면 그 땅은 벌써 다른 사람에게 매도 되었을 것이었다. 또 그 집이 흉가이므로 아무도 접근하지 못하도록 막았다가 3개월간 고생하며 찾을 때 응답하지 않으시더니 징표를 보이시라고 떼쓰는 기도를 들으시고 이 땅을 보여주시기 위하여 특별히 준비해 두신 여호와 이레 하나님의 은혜를 깊이 깨달았다. 돼지똥 냄새 때문에 그냥 지나칠 수도 있었건만 성령께서 멀리 있는 건물을 보게 하시고 그 건물로 이끌어 주신 하나님이시다.

다음날 주인과 전화로 통화를 했다. 그도 땅 살 사람이 나타나니 여간 기쁜 듯 즉시 계약하기로 하고 절차를 따라서 잔금과 소유권 등기를 마치면서 그동안 기도한 대로 모든 일이 잘 이루어졌다.

이 눈에 아무 증거 아니 뵈어도 믿음만을 가지고서 늘 걸으며
이 귀에 아무 소리 아니 들려도 하나님의 약속 위에 서리라

이 눈에 보기에는 어떠하든지 이미 얻은 증거대로 늘 믿으며

이 맘에 의심 없이 살아 갈 때에 우리 소원 주 안에서 이루리

주님의 거룩함을 두고 맹세한 주 하나님 아버지는 참 미쁘다
그 귀한 모든 약속 믿는 자에게 능치 못할 무슨 일이 있을까

후렴
걸어가세 믿음 위에 서서 나가세 나가세 의심 버리고
걸어가세 믿음 위에 서서 눈과 귀에 아무 증거 없어도

7. 유년 시절과 신앙훈련

내가 태어난 곳은 전라남도 진도군 고군면 고성리이다. 먼저 진도는 어떤 곳인가? 우리나라에서 세 번째 큰 섬으로, 1개 읍과 6개 면의 행정 구역으로 구성됐고, 진도, 상조도, 하조도, 가사군도 등 45개 유인도를 포함 256개 섬으로 이루어졌다. 1984년 진도대교가 착공되었는데 총길이는 484m이며 교량은 11.7m로, 육지와 같은 교통의 편의성은 물론 화물 운송 시간이 단축되고 관광 인구가 늘어나게 되었다. 수산물보다는 농산물의 비중이 더 크며 농산물의 생산량은 외부 수출이 아니면 진도 군민이 3년을 먹을 수 있는 수확량을 생산한다. 관내 학교는 고등학교 2개 교, 중학교 6개 교, 초등학교 39개 교이다. 완도나 신안은 해산물 생산으로 유명하지만, 진도는 역사적이거나 문화적, 예술적으로 알려져 있다.

삼별초의 용장성

역사적으로는 삼별초 대몽 항쟁의 근거지로 진도 용장성이 있는데, 전체 길이가 12.75㎞, 높이가 4m로 산 능선을 따라 용장산을 빙 두르고 있다. 석축으로 사용된 어마어마한 크기의 큰 바윗돌을 기계 장비도 없이 어떻게 운반하여 쌓았는지 궁금하기도 하다.

삼별초는 몽고에 항복한 고려 조정이 강화도에서 개경으로 환도를 결정하자 이에 불복하고 반발해 끝까지 싸울 것을 주장하며 항쟁을 지속적으로 하기 위한 근거지로 진도 용장성으로 옮겨 난을 일으켰다. 삼별초가 여몽 연합군에 패해 제주도로 퇴각하기까지 원종 11년 (1270년) 8월부터 9개월 동안 항몽의 근거지였다. 삼별초는 배중손을 지도자로 하고 왕족인 승화후 왕온을 새 왕으로 세워 받들어 관부를 구성하고 관리를 임명하여 적에게 항복한 고려 조정에 대립하는 정권을 세웠다. 용장성에 터를 잡은 후 산성을 개축하고 성 안의 용장사를 궁궐로 삼고 각종 건물을 짓고 왕을 황제로 칭했다. 오랑이라는 연호를 사용하고 왜에 국서를 보내 자신들이 유일한 정통 고려 정부임을 표명하기도 하였다.

이들이 진도로 온 것은 해전에 약한 몽고군과 싸우는 데 적합했으며, 섬이 크고 땅이 기름져서 오래 버티기에 자급자족할 수 있기 때문이었다. 몇 차례 진도 공격에 실패한 여몽연합군은 원종 12년 고려 장수 김방경과 몽고 장수 홍다구를 지휘관으로 하여 총공세를 펼쳐 격렬한 싸움을 벌였다. 이 전쟁에서 삼별초의 임금 왕온이 죽임을 당하고 배중손도 전사하자 김통정은 남은 군사를 이끌고 제주도로 건너가 2년을 항쟁하였으나 원종 13년에 여몽연합군에 진압되고 말았다. 용장성은 사적 제126호로 지정되어 있다.

명량대첩의 울돌목

명량해협 또는 울돌목은 전남 해남군 화원반도와 진도군 군내면 녹진리 사이의 해협으로, 길이 약 1.5km이며 폭이 가장 좁은 곳은 약 300m가 된다. 밀물 때에는 넓은 남해의 바닷물이 한꺼번에 명량해협을 통과하여 서해로 빠져나가 조류가 5m/s 이상으로 매우 빠르다. 이를 이용하여 정유재란 당시 명량해전에서 이순신이 이끄는 조선군이 승리하였다. 물길이 암초에 부딪쳐 튕겨 나오는 소리가 매우 커 바다가 우는 것처럼 들려 울돌목이라 부르는데, 유속은 시속 120km 정도라고 한다.

이순신 장군이 모함을 받아 옥에 갇혔다가 풀려난 후 국난이 다시 닥쳐 삼도수군통제사(三道水軍統制使)로 재임명을 받고 배 12척을 수습하여 해남 우수영에 도착했다. 이때 왜군은 400여 척의 배에 2만 명의 대군을 싣고 울돌목을 통과해 한양으로 올라가려고 했다. 울돌목의 지형 조건을 파악한 장군은 1597년 9월 16일 새벽 쳐들어온 일본 수군을 조수를 이용하여 133척의 왜선을 대 격파시켜 세계 해전 사상 유례없는 대승리를 거둔 것으로 유명하다.

문화 예술의 보배

진도 무형문화재는 국가와 도 지정을 합해 10종목이고 유형문화재는 국가 지정 9건, 도 지정 18건이나 된다. 운림산방(雲林山房)은 조선 후기 남종화의 대가인 소치(小癡) 허련 선생이 살면서 그림을 그리던 곳인데, 그의 스승인 추사 김정희가 타계하자 한양에서 고향으로 돌아와 작품에 몰두하였으며, 미산, 남농 화가 등 5대가 그림 예술 활동을 하고 있다. 추사는 소치의 그림을 화법이 동인(東人)의 누습을 벗어나 압수(鴨水) 이동(以東)에서는 그 류(類)가 절무(絶無)하다고 극찬하며 중국 원나라 4대 화가의 한 사람인 대치(大癡) 황공망에 견주어 허유 선생을 소치(所癡)라 했다고 한다. 운림산방의 현판은 추사의 글씨라 한다.

고성리는 내가 태어난 마을로, 고성, 신리, 오일시리 3개 마을을 묶어 고성리라 하는데, 고려 때 진도 읍성이 있었으므로 고성이라 하였다. 여러 기의 고인돌이 있는 것으로 보아 신석기 또는 청동기 시대부터 사람이 거주한 것으로 볼 수 있다. 이 성은 아주 오래된 성터로 현재는 많이 무너져 그 형태만 남았고, 이 성 안에 초등학교와 농토가 있다.

1944년 이 마을에서 곽우옥과 장선연의 2남 3녀의 장남으로 태어났으며, 부모님은 전통적 유교와 농사를 업으로 하는 가정으로, 아버지는 매우 상냥하고 매사에 옳고 정의로우며 마을에서는 사람들의 인기가 많았다. 말솜씨가 좋아서 사랑방 이야기의 중심이 되어 사람들을 즐겁게 해 주므로 인기가 좋았다. 어렸을 때를 추억해 보면 자식들을 사랑하고 양 팔에 나와 동생을 껴안고 재미있는 고대사를 비롯한 역사 이야기, 예를 들면 오성과 한음의 이야기, 고려 때의 전쟁 이야기들을 들려준 기억이 있는데 공부도 안 한 분이 어떻게 그런 역사 이야기를 알고 있었는지 궁금하였다.

여섯 살이던 1950년 6.25전쟁이 일어났다. 진도의 섬에도 인민군들이 들어와 특별히 우리 마을은 많은 학살과 피해를 당했는데, 작은 마을에 면장, 면서기, 교장, 교사, 관공서 공무원이 많았기 때문이다. 지금도 37호 가구가 사는 이 작은 마을에는 서울대 출신 박사가 3명, 이화여대, 연세대 등 명문대 출신이 나오고 정부 고위 관직을 지낸 분들이 있다. 전쟁 당시 마을은 피의 학살에 가족 전체가 몰살을 당해 빈집의 폐허를 목격하였고, 어렸을 때 빈집을 보면 무섭고 두려웠다.

전쟁으로 인해 밤에는 옷을 벗고 자지 못했다. 비상 종소리가 울리면 산으로 속히 대피해야 했기 때문인데, 산에서 두려움에 떨며 며칠 밤을 보내기도 했다. 산에서는 불을 피우거나 담뱃불도 보이지 말라는 엄중한 경고를 들었고, 식사는 미숫가루로 대신한 기억이 있다. 아버지는 한 번도 군사 훈련을 받은 적 없이 징집돼 민병대로 기간을 채우다가 돌아오셨다.

전쟁은 어린 나이로 받아들이기에는 공포와 두려움이 컸고, 심리적 불안과 위축감을 갖게 하는 요소로 작용한다. 전쟁이 계속되는 사이 8세가 되어 초등학교에 입학하였는데, 학교는 앞에서 말한 고성 안에 있는 고성국민학교였다. 부모님이 학교에 함께 동행한 기억은 없고, 보자기에 싼 책을 어깨와 등에 묶어 메고 집으로 돌아오는데 새까만 B-29 제트기가 귀가 찢어지는 듯한 굉음을 내며 낮고 빠르게 지나가곤 했다. 그럴 때면 무서워서 논길 언덕에 바짝 엎드려 한참 동안 일어나지 못했다. 어렸을 때 이런 전쟁이 일어나 동네 사람들이 죽고 공포와 두려움 속에 피난을 다니던 일로 마음이 위축되었다.

믿음의 길

사람마다 인생길의 변곡점이 있는데, 아직 세상 물정을 알지 못하던 어릴 때 하나님은 나를 주의 길로 부르셨다는 것을 생각하며 감사하고 또 감사한다.

"곧 창세 전에 그리스도 안에서 우리를 택하사 우리로 사랑 안에서 그 앞에 거룩하고 흠이 없게 하시려고 그 기쁘신 뜻대로 우리를 예정하사 예수 그리스도로 말미암아 자기의 아들들이 되게 하셨으니… 모든 일을 그 뜻의 결정대로 일하시는 이의 계획을 따라 우리가 예정을 입어 그 안에서 기업이 되었으니"(엡 1:4-5)

이와 같이 하나님의 예정 안에서 유년 시절부터 나를 부르시고 믿음의 길로 인도하여 주신 하나님께 감사하며 영광을 돌린다. 조상들은 예수를 알지도 부르지도 않았던 전통적 유교주의였다. 전통 행위 신앙으로 조상들에게 복을 비는 가정에서 곽 씨 시조 경(鏡)자의 대조

부의 13세(世) 손인 사람을 하나님의 예정 안에서 조상들이 알지 못한 예수 그리스도의 복음의 빛을 비춰주셔서 구원의 은혜와 영생의 복을 주셨으니, 이는 특별하신 하나님의 사랑이며 복 중의 복이다.

마을에 복음이 들어오면서 유년 시절에 교회를 처음 접하게 되었다. 복음의 시작과 교회 설립을 이야기한다면 우리 마을은 곽 씨들이 많이 살고 있는 동네로, 믿음의 스승이요 신앙의 멘토인 곽우불(郭牛佛)이라는 친척이 복음의 씨앗을 뿌림으로 시작되었다. 그는 전통적 유교 가문의 사람으로 관내 면장의 장남이었다. 그의 어머니가 아들을 얻기 위해 절에서 수없이 불공을 드려 얻은 아들이었는데, 그래서 불(佛)자가 들어간 이름을 지었다고 한다. 휘문고보와 일본 동경 중앙대 법정학부를 졸업하고 귀국하여 미군정청에 근무하다 육사 5기로 입대하여 군 법무관, 사단 군법회의 심판관으로 일했다. 6.25전쟁 때 낙동강 전투에서 적들과 싸우다 부상을 입고 대구 제3육군병원에 입원했는데, 고향에서는 군인 장교 가족이라는 이유로 동생 가족이 6명이나 인민군에게 학살당했다. 이 소식을 듣고 피가 끓는 괴로움과 분노를 분출하며 술에 만취된 채 기물을 부수고 고함을 치다 지쳐 쓰러졌다. 그때 누군가 침대 옆에서 기도해 주는 분이 있었는데, 지송암 목사였다고 한다. 목사님은 곽 소령의 상처를 함께 슬퍼하며 복음을 전했는데 그때 처음으로 예수를 알게 되고 믿게 되었다.

곽 소령은 마음을 추스르고 지 목사님과 함께 병원 마당에 천막을 치고 날마다 집회를 열었다. 전투가 심해짐에 따라 병원에는 군인 환자가 3천 명에 이르게 됐고 곽 소령은 병원 내에 정훈과를 설치하여 창광(蒼光)이라는 잡지를 발행해 환자들을 위로했다. 천막 집회는 날로 뜨겁게 환자들의 신앙을 불붙게 했는데, 이 집회는 권세열, 아담스, 손의선 선교사들이 강사로 3개월간 계속되었다. 곽 소령은 1951년 3월 25일 부활주일에 세례를 받았고 자녀들도 유아세례를 받고 성찬식에 참여하여 완전한 그리스도인이 되었다. 그는 부상과 심장병으로 전역을 했다. 고향 진도로 낙향할 때 가진 것 없이 빈손으로 왔지만 예수 그리스도의 복음을 들고 왔노라고 증언하였다.

그가 살던 기와집은 50평으로, 집안에는 조상에게 제사하는 넓은 제실이 있었는데 제단을 헐고 수리하여 예배실로 만들어 거기서 처음으로 예배를 드렸는데, 1951년 4월 29일 부활주일에 장등교회가 시작되었다. 그는 마을 골목마다 두부 종을 흔들며 사람들에게 예수를 믿으라고 외치며 전도에 열심을 다했다. 군인 교회에서 회개하고 받은 은혜를 마을 사람들에게 쏟았다. 어떤 사람은 금의환향이 아니라 빈손으로 왔다며 비방하기도 했고, 생전 듣지 못한 이상한 종교로 마을을 어지럽게 하고 망하게 한다고 떠들기도 했다. 마을은 전쟁으로 학살의 피해가 컸고 상처받은 가족들로 민심은 뒤숭숭한데 복음으로 치유 받을 수 있는 기회를 주신 것이다.

나는 시작할 때부터 교회가 좋았다. 1951년 일곱 살부터 이 분이 시작한 개척 교회에 나갔다. 찬송도 신기했고 기도와 설교도 새로워 어린 나이에도 신기해서 따라 했다. 찬송가가 없어 큰 창호지에 붓으로 쓴 가사를 따라서 불렀다. 찬송 중에는 금주가도 있었는데, "아! 마시지 마라, 그 술. 아! 보지도 마라, 그 술. 우리나라 복 받기는 금주함에 있느니라."

어려서 술도 모르면서 어른들과 함께 부르던 노래가 기억에 남아 있다. 예배당은 사람들이 넘쳐서 교회를 건축해야 했는데, 건축비가 없어 곽우불 전도자는 건축비 모금을 위해 전국의 지인을 찾아 모금 여행을 하였다. 학연과 육사 동기, 정관계 인사 등 폭 넓은 지인들로부터 두 차례의 헌금을 지원받아 교회를 건축하게 되었다. 산에서 소나무를 끌어내려 교회를 세웠는데, 한옥 기와집 교회가 세워지고 '장등교회'라는 이름이었다. 그는 집사로 교회를 위해 헌신했다.

간혹 외지로부터 전도사나 신학생들이 복음 전파를 위해 교회를 찾아와 성경 이야기를 들려 주었는데, 나는 참으로 흥미로웠고 열심히 귀담아 들었다. 교회는 건축되었지만 목회자가 없었기에 곽우불 집사가 설교와 예배를 인도하였고, 그 분도 신앙 연조나 신학적 기초가 없었기 때문에 성경적 깊은 진리를 공유할 수는 없었다. 교인들 역시 대부분 초신자였으므로 큰 문제 없이 교회에 나오는 것으로 기독교 신앙에 적응할 수 있었다. 초등학생이었지만 교회 생활이 마냥 즐겁고 기쁘기만 하였다.

3학년 어느 날 학교 운동장에 있는 철봉대에 올라갔다가 떨어지면서 기절했다. 아무 정신이 없는 상태로 누군가 선생님께 연락하였는지 정신을 차려보니 선생님이 배에 올라가 인공호흡을 하시고 계셨다.

"성현아, 정신 차려라! 괜찮냐?"라는 소리가 가늘게 들려올 뿐 기운이 다 빠지고 일어설 힘이 없었는데 바지에 대소변까지 한 모양으로 죽을 뻔하다 살아났다. 학교 수업을 못 하고 부축을 받으며 집에 왔는데 이때부터 나에게 이상한 증세가 생기기 시작했다. 긴장을 하거나 어머니께 꾸중을 들으면 심장에 어떤 표현할 수 없는 증세가 오고 바로 쓰러져 정신을 잃고 마는 것이었다. 이런 증세로 학교에서도 쓰러지고, 후에 주일학교나 중고등부 부장으로 설교할 때도 곤란을 당하고, 군대에서나 민방위 훈련, 직장과 익산에서도 이 증세는 계속 따라다니며 나를 괴롭혔다.

어렸을 때 방 뒷창문이 있었는데, 누워있으면 사람도 아니고 짐승도 아닌 괴물체가 나를 노려보는 것이 보였다. 환상도 아니고 눈을 뜬 채로 보이는데 두렵고 공포스러웠다. 이것은 분명히 귀신의 역사로 그때부터 나를 죽이려고 했던 것이다. 대대로 조상신을 섬기던 가문에 예수 믿는 아이가 생기니 그냥 두면 이 아이로부터 믿는 사람이 일어나고, 멀리 보면 하나님의 사역자가 될 것이니 싹을 잘라버리겠다는 마귀의 장난이었다는 것을 후에 깨달았다. 그뿐 아니라 연탄가스를 마셔 두 번 죽을 뻔했고, 광주 민주화 항쟁에서 두 번, 사다리에서 떨어진 것과 나무에서 떨어져 죽을 뻔한 일들은 다 마귀의 역사로 나를 해치려 한 것이었다. 한 번은 몸이 너무 아프고 일어설 힘조차 없어서 학교에 3일을 결석했는데, 선생님 두 분이 가정 방문을 하고 보시더니 영양실조라고 하셨다.

아버지께서는 갑자기 등창이 생겨 등허리에 달걀만한 혹이 생겼는데 마을의 침쟁이가 칼로 찢는 바람에 문제가 크게 확산되었다. 침쟁이는 노인이었는데 돌팔이 중의 돌팔이였다. 무심코 몸을 맡긴 것이 잘못이었고 침쟁이는 나 몰라라 방관한 채 상처는 날마다 나빠지게 되었다. 당시 진도에는 병원다운 의료 시설이 없었고 한의원도 거리가 먼 곳에 있었다. 교통 사정도 좋지 못한 때이며 그렇다고 육지에 있는 병원을 찾을 형편도 못 되었다. 아버지는 움직일 수 없을 정도로 상태가 나빠졌고, 어머니가 30리나 떨어진 한의원에 가서 종기에 바를 약을 가져와 상처에 바르는 수준이어서 병은 오히려 악화되어 갔다. 그래도 어머니는 약이 떨어지기 전에 약을 타러 그 먼 길을 걸어 다니는 고생을 감수하셨다. 어머니는 아버지가 해야 할 농사 일까지 하면서 많이 힘들었지만 한 번도 내색하지 않으셨다. 초등학교 3학년이었던 나는 학교에서 돌아오면 아버지 병시중을 들었는데, 환부에 약 넣는 일과 대소변을 받아내는 도우미 일을 하였다. 종기가 깊어져 7-8㎝ 깊이의 심지에 약을 넣어 살 속에 넣어야 하는데, 그럴 때마다 피고름이 흘러 마음을 아프게 했다.

지금이면 쉽게 고칠 병이지만, 그때의 형편은 가난했고 섬이라는 지역적 한계가 있었다. 어머니도 여자로서 이러지도 저러지도 못하고 자식들도 어려서 대책 없이 병은 악화되어 갔다. 아버지는 아버지대로 고생하시는 어머니와 아이들을 생각하며 눈물 흘릴 때가 많았다. 어린 나이였지만 교회에 가서는 아버지를 위해 기도했다.

"하나님! 아버지의 병을 고쳐주세요."

어떻게 기도할지 몰라 몇 마디로 끝낼 따름이었다. 6학년 겨울. 크리스마스를 앞두고 교회에서는 성탄 준비를 하느라 저녁마다 모여서 노래, 율동, 연극을 연습했는데 지도 교사도 없이 학생들 스스로 각자 맡을 것을 정했다. 나는 연극의 주인공 역할을 하며 전체를 지도하였다. 어느 날도 여전히 저녁 연습을 마치고 동생과 함께 집에 왔는데 분위기가 이상했다. 방문을 열고 들어왔는데 이웃집 아저씨가 앉아 계시고 어머니는 울고 계셨는데 아버지가 돌아가셨다는 것이다. 슬픔에 겨워 소리를 높여 울고 있을 때 아저씨가 "울면 안 된다. 울지 말라"며 제지시켜 어린 나는 정말 울면 안 되는 줄 알고 울음을 그쳤다. 후에 어머니께서 "너는 아버지가 돌아가셨는데도 울지 않더라"고 하여 많이 속상했다. "어머니, 저는 정말 울면 안 된다는 아저씨 말씀을 그대로 믿고 울면 아버지께 안 좋은 것인 줄 알았어요. 저는 정말 철없는 바보예요."

어린 나이였지만 아버지 병수발을 4년을 하면서 아버지의 고통을 함께 나누었고 아버지는 우리를 지극히 사랑해 주시던 것을 잊을 수가 없다. 부모님은 가난했지만 가정이 화목했고 한 번도 싸우는 것을 보지 못했으며 자식들을 사랑하셨다. 아버지가 없는 어머니와 5남매는 너무나도 슬프고 힘든 생활을 시작하게 되었다. 아버지는 44세에 돌아가셨는데, 어머니는 40세, 나는 13세, 동생들과 막내는 겨우 3세였는데, 세상 물정을 모르는 자식들을 위해 일하시는 어머니의 힘든 모습을 볼 때마다 마음이 힘들었다. 나는 어머니께 최선을 다하겠다는 마음을 갖고 순종하며 어머니를 도우리라고 다짐했다.

겨울이 지나고 봄이 되어 중학교에 들어갔다. 학교 수업이 끝나고 집에 오면 책가방을 던져 놓고 어머니의 농사일을 도왔다. 아버지의 병을 치료하느라 다섯 마지기(1,000평)의 논을 팔았기 때문에 남은 논 여덟 마지기와 밭 500평으로 우리 식구가 살아가기에는 턱없이 부족한 살림을 해야 했다. 생활필수품이나 비료 대금을 준비하느라 곡식을 오일장에 내다 팔아야 했고, 가을 추수 후에는 조합에서 빌린 농자금을 갚기 위해 벼 가마니를 10개씩 묶어서 공판장에 내놓아야 했다. 이럴 때면 헛농사를 짓는 것 같아 허전하기만 하였고, 때문에 식량도 항상 부족해 어머니의 한숨 소리는 지금도 마음의 상처로 남아 있다. 더구나 흉년이 들어 너 나 할 것 없이 배곯은 사정은 다 같이 겪은 일이지만 생보리 가루 죽을 하도 많이 먹어서 죽을 보기만 해도 질렸다. 그러나 그것마저 없어 어떤 때는 풀씨를 삶아서 먹기도 하였다. 학교에서 돌아오면 배가 고파 부엌으로 가서 솥뚜껑도 열어 보고 여기저기 그릇들을 들춰봐도 먹을 것은 아무것도 없었다.

어머니는 식사를 했는지 아닌지 새벽부터 일터로 나갔다가 저녁 어두워서야 돌아오셨는데, 밤에는 뼛골이 아파 앓느라 잠을 이루지 못하셨다. 자다가 들으면 어머니의 울음소리에 가슴이 미어질 때가 많았다. 그럴 때마다 아들로서 어머니께 잘해야 한다고 속으로 다짐하며 아버지를 대신하여 가장의 역할을 잘 해야 한다는 책임 의식을 가졌다. 어머니는 너무 힘들면 뒷산의 아버지 묘를 찾아서 눈물로 한바탕 한을 풀고 오셨다. 그럴 때마다 아들은 어머니께 대들어 말하기도 하였다.

"어머니! 그렇게 묘에 가서 우시면 아버지가 알아들어요?"

그런 어머니의 모습이 불쌍하고 가련해서 어머니께 못마땅한 말을 하기도 하였다. 어머니로서는 어린 자식들에게 한을 풀 수 없고 살아 있는 그 누구에게도 힘든 것을 말하지 못하니 듣지도 보지도 못하는 죽은 남편에게 가서 무덤의 풀을 쥐어뜯으며라도 폭로해야 마음이 한껏 풀릴 것이라고 생각했다. 어린 나이에도 학교에서 돌아오면 교회를 꼭 한 번은 돌아보는 것이 일과였다. 교회가 우리집 이상으로 좋앉는데 내가 생각해도 특별한 학생이었다. 목사님도 없는 교회, 마을에서 거리가 있는 외딴곳이며 사택도 없고 관리자도 없어서 정규 예배만 모였는데, 평일에는 아이들의 놀이터가 되어 예배당은 난장판이 되었다. 아이들을 쫓아내고 더럽혀진 예배당을 쓸어내고 걸레질로 청소하고 마당의 잡초를 뽑고 화단을 만들어 꽃을 심었다. 전기가 들어오지 않아 석유램프를 사용했는데 하루 저녁 사용하면 새까맣게 그을음이 끼어 옆 냇가에서 다섯 개의 램프를 씻어 끼우기도 했다. 그러면 램프가 참 깨끗해 보였다. 누가 시켜서도 아니요 그냥 좋아서 했다. 저녁 시간에 외로울 때면 평일에도 혼자 교회당에 가서 기도하는 시간을 보냈다. 교회는 나의 전부요 일체가 되었다. 아버지가 안 계시는 집보다 교회에서 외로움을 달랬다.

전쟁 후 미국에서 보낸 구호물자가 진도까지 전달돼 크리스마스 선물로 옷과 구두를 마당에 쌓아 놓고 나누는데, 교회 출석을 제일 잘한 사람부터 우선권을 주고 마음에 맞는 것을 골라 가지라고 했다. "한 번도 결석하지 않은 사람은 곽성현"이라며 우선권을 주어 흰 구두와 노란색 상의를 골랐는데, 구두와 옷이 너무 커서 몸에 맞지 않아 폼이 나지 않았다. 그때 구두는 처음 신어 봤고, 미국 사람들은 키가 커서 옷도 도무지 맞는 것이 없었다. 또한 출석 개근상으로 옆면이 빨간 성경과 찬송가를 상으로 받았는데 어찌나 좋은지 집에 와서 보고 또 보고 성경을 읽으며 보물로 여겼다.

목사님, 목사님, 우리 목사님

우리 교회도 목사님을 모시게 되었다. 곽우불 집사님이 우연히 목포에서 진도로 오시는 지방회 중진 목사님 세 분을 만났는데, 그 목사님들은 진도로 성결교단 교회 물색 차 오시는 분들이었고 곽 집사님과 우연히 만났지만 이야기가 통했다. 집사님은 교회에 목사님 모시기를 기도했고, 성결교단 목사님들도 교회 설립을 목적으로 진도에 오셨다. 그런데 교회까지 세워진 곳에서 목사를 찾는다니 이것이야말로 성령의 인도와 도우심으로 알고 즉시 목사님을 파송하기로 약속하였다. 그리하여 오신 목사님이 유기련(柳基連)목사님으로, 장등교회 초대 교역자이시다. 목사님이 오신 후 교회는 활기차고 예배에는 은혜가 넘쳤고, 성도들의 결속은 더욱 굳어졌다. 목사님의 고향은 전북 익산군 용안면 화정리로, 사모님이 함께 오시지 못했다. 교회 형편이 어려워 목사님의 사례를 조금밖에 못 드렸고, 사모님도 고향에 농사가 있고 자녀들 학교 때문에 쉽게 오실 수 없기 때문이었다.

교회 사택이 없어서 목사님의 거처로 마을 윗집 방 한 칸을 얻었다. 하지만 방이 너무 작아 불편할 뿐 아니라 부엌을 집주인과 같이 써야 했다. 얼마나 불편했을까 생각하니 참으로 미안할 뿐이다. 이러한 목사님을 생각하여 학교에서 돌아오면 저녁때쯤 나무를 가져다가 목사님 방에 날마다 군불을 떼 드렸다. 목사님이 산에 가서 나무를 할 수도 없고 매일 아궁이에 불을 떼느라 옆집 주인에게 보이는 것도 안 좋을 것 같은데, 교인 중 누구도 관심을 보이지 않아 이 봉사를 하기로 자청했다. 나무는 어머니가 먼 산에서 무겁게 머리에 이고 온 것인데, 어머니께 꾸중을 들으면서도 목사님 방에 불 떼는 것을 계속했다.

어머니는 불신자였기에 내가 교회에 가는 일과 교회 일에 시간을 보내는 것을 늘 못마땅하게 여겼다.

하지만 나는 교회가 항상 좋았고 목사님은 꼭 아버지처럼 좋아서 목사님을 위한 일이라면 어떤 것도 할 수 있었다. 목사님도 아들처럼 돌봐 주시고 챙겨 주셔서 목사님과 교인의 관계 이상의 사랑과 정을 느꼈고, 목사님도 가족과 떨어져 있기에 나를 특별히 아껴 주셔서 아버지 없는 내게는 꼭 아버지 같고 힘이 되고 즐겁기만 하였다.

여름과 겨울에는 특별 부흥집회를 가졌는데, 그때마다 집회가 기다려지고 3개월 전부터 기도와 준비를 하느라 교인들은 마음이 들뜨게 된다. 유명한 이성봉 부흥 목사님이 오셨을 때는 교회에 대부흥이 일어나고 불신자들도 믿기로 작정하는 사람들이 많아졌다. 나는 처음 교회를 알고 신앙생활을 시작할 때부터 성령의 이끄심을 받았는데 이성봉 목사님의 집회에서 더욱 뜨겁게 성령의 임재를 확신하게 되었다.

중학교 2학년부터 주일학교 반사로 임명 받아 봉사하였다. 중학생이지만 일곱 살부터 교회로부터 배운 것이 있어 반사들 중에서도 1급으로 인정해 주었다. 그리고 당시 우리 교회에는 찬양대가 없었는데, 예배 때는 대중 앞에서 찬송가 지휘를 하도록 맡겨서 예배를 도왔다. 중학생 어린 나이였지만 성도들은 나를 교회의 큰 일꾼으로 봐주셨고 사랑도 많이 받았다. 하지만 어머니는 늘 교회 가는 것이 못마땅해 하셨다. 교회가 싫어서가 아니라 일요일에는 어머니 농사일을 도와야 하는데 일을 시키려면 교회로 가버리니 그랬다. 그래서 많은 욕을 하셨는데 "교회 가면 밥이 나오냐, 옷이 나오냐. 일을 해야 밥이 나오지!" 이 말을 하도 많이 들어서 교회에서 집으로 돌아올 때는 항상 욕먹을 것을 각오해야 했다. 나는 나대로 어머니를 돕지 못하는 것이 죄송스럽지만, 하나님에 대한 신앙은 어머니 그 이상을 향했기에 어쩔 수 없었다.

마을에서는 효자라며 칭찬을 많이 해 주셨는데, 어느새 동네 사람들로부터 '예수에 미친 놈'이라는 말로 대체됐다. 그리고 교회 일 외에는 어머니를 거역한 일은 한 번도 없었다. 집안 4, 5, 6촌은 가까운 친척으로 명절이거나 대소사, 제사에는 언제나 함께 식사를 나누었고 30여 명이 모이면 대가족 잔치를 벌였다. 우리 집에서도 제삿날은 시끌벅적 모이고 제사 후에는 마을 사람들을 초대하여 술과 식사를 대접하는데 그날 저녁 아무도 모르게 집을 빠져나와 교회로 갔다. 오늘 밤은 제사에 참석하지 않으려고 단단히 마음을 정하고 교회에서 하룻밤을 지나기로 하였다. 겨울이라 밖에는 눈이 내려 쌓였다. 예배당은 찬기가 가득하고 마룻바닥은 얼음장 같은데 덮을 것도 없고 내복도 입지 않은 채 밤을 지니려니 추워서 견디기가 어려웠다. 제사 자리에 있으면 절하라는 큰아버지의 호통과 집안 어른들의 재촉에 꼼짝 못 할 것 같아 차라리 없는 게 상책이라 생각했다. 교회에 다니면서 '우상을 섬기지 말라', '주일을 지키는 것'을 계명으로 알았기 때문에 그때부터 지금까지 성경대로 살 것을 굳게 결심하고 신앙생활을 해왔다. 밤새 떨다 보니 온몸이 얼음장 같은데 아침이 밝아 눈길을 밟으며 집에 갔더니 온갖 화살이 쏟아졌다. 이미 각오가 된지라 조금도 개의치 않고 받아들였다. 처음에는 욕을 먹고 박해가 있어도 흔들리지 않고 믿음을 지키면, "성현이는 예수 믿는 사람이야"라고 인정해 주니 그 후부터는 아무도 괴롭히지 않았다. 상가(喪家)에서도 죽은 자에게 무릎으로 예를 표한 적이 없고 술로 시험을 당하지 않았다. 마을에서는 예수에 미친 놈이라고 비방을 많이 받았어도 그 말이 기분 나쁘지 않았고, 오히려 "당신들은 어디에 미쳤냐?"고 마음으로 반문하기도 하였다. 어렸을 때부터 하나님 외에 우상이나 사람 앞에 무릎 꿇어본 적이 없고 죽은 자의 무덤이나 제사에서 절을 하지도 않았다.

중학교에 다니면서 가난 때문에 상처를 많이 받았다.

운동화가 낡아서 고무풀이 떨어지고 앞쪽은 크게 입을 벌려서 발가락 오 형제가 바깥 구경을 하겠다니 어찌하랴! 걸을 때마다 철거덕거리는데 운동화 살 돈이 없었고 학교에서도 창피해 견딜 수 없었다, 그때는 운동화 재질이 면이었고 고무풀도 약해서 얼마 못 신어도 금방 낡았다, 교복도 면으로 만들어서 무릎과 팔꿈치가 구멍 나기 일쑤였다. 도시락을 싸가는데 쌀은 없고 잡곡이었다. 찬도 변변치 않아 도시락 먹는 것도 창피해서 쩔쩔맸다.

그보다 더 힘든 것은 학교 납부금이었다. 매일 학급 조회와 수업 종례 시간에 미납자를 호명하여 일으켜 세우고 납부금 독촉을 하는 것이다. 10명 이상은 서서 독촉 훈시를 받아야 했다. 때로는 수업 중에 집에 가서 부모님께 납부금 받아 오라며 돌려보내기까지 했는데 그때마다 속상하고 스트레스를 많이 받았다. 집에 간들 돈이 없고 어머니도 일하러 가서 집에 안 계실 터이니 들판 한쪽에 웅크리고 앉아 하늘만 쳐다보다가 두어 시간 지나서 다시 교실에 들어간 적이 여러 번이다. 다른 학생들도 빈손으로 돌아오기는 마찬가지였다. 지금과는 달리 농사 외에 일거리가 없어서 돈 만지기가 어렵던 때이다.

어머니는 담배 농사를 지으셨다. 담배 농사로 아이들 학교에 보내려고 봄 여름 고생하여 이파리를 따서 말리고 손질하는데 여간 일손이 많이 가는 작업이다. 어머니를 도와 어린 나도 밭에서 담뱃잎을 따다가 지푸라기로 엮었다. 이파리를 지푸라기로 몇 개씩 길게 엮어서 햇빛에 말리는데 비가 오면 거둬들이고 다시 말리고 하면서 몇 개월씩 건조를 잘해야 색깔이 황금빛으로 나와 우수 등급을 받을 수 있다. 동생들까지 온 식구가 매달려 고생한 끝에 가을 공판에 판매하여 4만 원을 매상금으로 손에 쥐었다.

이 소식을 들은 마을 아저씨와 학교 앞 하숙집 아주머니가 찾아와 높은 이자를 제 달에 꼭꼭 줄 테니 빌려 달라고 사정하는 바람에 어머니는 그들의 말을 믿고 돈을 2만 원씩 나누어 내주었다. 그러나 그들은 이자는커녕 원금도 주지 않고 철저히 가난한 우리 어머니를 속였다. 어머니께 납부금 얘기만 하면 나를 그들 집으로 보내며 돈을 받아 오라니, 그 집을 수 없이 들락거렸어도 빈손으로 돌아왔고, 그 집에는 가기도 싫어졌다.

나는 납부금도 걱정이지만 어머니가 불쌍했다. 봄 여름 밭에서 햇볕에 그을려 가며 땀 흘려 농사지어 수고한 것을 여자라고 얕보고 사기를 쳐 떼먹다니, 울고 싶도록 그들이 원망스럽고 속상했다. 가난은 우리 가족들 모두에게 구석구석까지 파고들어 시련의 불가마로 태우려고 했다. 그러나 예수 그리스도에 대한 열심은 빼앗지 못했다.

초등학교와 중학교 졸업식에는 송사와 답사를 나에게 맡겨 모두 4번의 순서를 담당하였다. 선생님은 국어 성적이 좋고 목소리가 맑아서 졸업 순서에는 꼭 내 이름을 넣어 송사와 답사를 읽으라 하셨다.

"성현이는 앞으로 성우가 되는 게 좋겠어."

중학교 졸업식 날 답사를 하기 위해 원고를 여러 번 읽어 준비하고 시간이 되어 순서에 따라 답사를 읽어 나갔다. 낭랑한 목소리에 식장은 엄숙하고 여학생 쪽에서는 몇 학생이 흐느끼는 것을 느끼며 원고지의 마지막 장을 읽어 가는데 갑자기 심장이 뛰기 시작하더니 눈앞이 캄캄해지면서 정신을 잃고 앞으로 쓰러지고 말았다. 갑작스러운 일에 식장의 분위기는 엉망이 되고 정신이 돌아온 후에는 이미 졸업식은 끝나 있었다. 나는 강당 끝에 누워있었는데 견딜 수 없는 수치와 부끄럼에 몸 둘 바를 몰랐다.

쓰러진 이후에는 무아의 세계로 들어간 듯 아무 정신도 기억도 없고 한동안 지나서 정신이 돌아오는데 온몸이 땀으로 젖고 기운이 없어 축 늘어져 있을 뿐이다. 철봉대에서 떨어진 이후 이런 증세는 나를 심약하게 했다. 그래서 무슨 일을 맡을 때는 혹시라도 쓰러질까 겁이 나 소심해지게 되었다. 어찌 이런 병이 내게 있는 것인지 혼자 걱정한들 대책도 없고 소용도 없었다. 집에 돌아와서는 어머니가 걱정하실 것 같아 아무 말도 하지 않았다. 어머니는 일이 너무 많아 졸업식에는 오실 생각도 안 하시고 동생들도 어려서 아무도 오지 않았는데 오히려 다행이었다. 이런 모습을 보았으면 얼마나 놀랐을지 모르기 때문이다. 이러한 체질 때문에 또 무슨 일이 생길까 봐 항상 초조하고 자신이 없고 울적하기만 하였다.

졸업식도 끝나고 고등학교에 들어가야 하는데 여간 걱정이 아니었다. 중학생 때 납부금으로 인한 수치와 부끄러움 때문에 트라우마가 생기고 어머니의 사정을 너무나 잘 알기에 어머니께 학교 진학을 말하기가 어려웠다. 며칠을 혼자 고민하다 말씀을 드렸더니 아무 말씀도 하지 않고 밖으로 나가셨다. 돈을 알아보려고 여기저기 사정을 했지만 어렵기는 다들 마찬가지라 돈 줄 사람은 아무도 없다고 한숨만 쉬셨다. 대책이 없었으나 무조건 입학원서를 학교에 접수시켰다. 아직 얼마의 날짜가 있으니 어떻게 할 수 있겠지. 그러던 중 어느 날 어머니가 밭에서 일하시다 갑자기 쓰러진 것을 근처에서 일하던 마을 사람이 발견하고 경운기에 싣고 왔다. 이것이 또 웬일인가? 읍내 병원에서는 간과 신장이 많이 나쁘고 과로와 영양실조로 일을 삼가고 치료와 요양이 필요하다고 진단했다. 며칠 입원 치료를 했지만 입원비 때문에 병원에 오래 있을 수 없어 약 처방을 받아 퇴원했다. 하지만 어머니는 그대로 누워계실 수밖에 없어서 어머니 대신 가사를 돌봐야 할 처지가 되었다. 몸이 성하지 못한데 입학금 문제로 신경을 많이 쓰시다가 쓰러진 것이다.

입학 날짜가 되었으나 입학금과 등록금은 마련하지 못하였다. 그냥 학교에 가서 입학만 시켜주면 등록금은 어떻게든 납부하겠다고 간청을 하였으나 거절당하였다. 내 생각대로 되는 일은 하나도 없었다. 내 곁에는 아무도 없는 고아처럼 느껴졌다. 학교 정문을 나오는데 앞이 캄캄하고 어지럽더니 그 후 정신을 잃었다. 쓰러지는 병으로 조금이라도 마음에 쇼크가 생기면 오는 나쁜 증세였다. 정신이 들었을 때는 온몸이 식은땀에 젖었다. 20리 길을 버스도 타지 못하고 집으로 돌아오는 길은 많이 침울했고 온갖 생각에 젖어 어떻게 왔는지 모르게 돌아왔다.

그 후 아주 오래 뒤에 고등학교 검정고시에 합격했다. 학원 한 번 가보지 못하고 혼자 공부해서 한 번에 좋은 성적으로 합격하니 그나마 조금은 위로가 되었다. 무엇보다도 어머니가 걱정되었다. 홀로된 어머니의 건강과 그동안 아버지의 병고와 5남매 자식들로 쉼 없이 뼛골이 닳도록 애쓰신 것을 봐 왔기에 더 이상 고생하도록 해서는 안 된다는 책임의식이 강해졌다. 가난으로 인한 어머니의 고생과 자식들에 대한 책임 때문에 흘린 눈물을 곁에서 많이 봐왔기에 이제는 장남인 내가 그 눈물을 씻어 드리고 무거운 짐을 져야 할 것이라고 생각하였다. 농사일은 잘 모르지만 힘으로 할 수 있는 일은 무엇이든지 덤벼들었다.

농기계가 없던 때라 몸으로 해야 했던 노동은 견디기 어려웠고, 아직 숙련되지 않은 청소년기의 일은 너무나 힘들고 피곤했다. 세상 사람들은 이것을 운명이라고 한다. 나는 과연 이런 운명으로 살도록 결정된 것인가? 가난과 쓰러지는 병으로 인한 고통은 정녕 하나님이 이렇게 살도록 운명지어 준 것인가? 흙수저 중의 흙수저이며 아버지는 제대로 치료 한 번 받아보지 못하고 일찍 가시고, 어머니는 육신의 연약함과 가난에 시달리셨다. 어린 자식들의 생계를 위해 그 무거운 짐을 홀로 감당하면서 눈물 흘리던 어머니의 모습은 나에게 적잖은 고통이었다. 이런 나에게 하나의 위로와 힘이 있다면 오직 교회와 하나님뿐이었다. 교회는 나의 집이요 안식처요 위로요 피난처였다. 하나님에 대한 신뢰와 믿음에 따른 봉사와 성경 말씀 중심의 신앙으로 심령을 다지게 되었다. 마을 사람들은 나에게 '예수에 미친 놈'이라는 별명을 붙였고, 어머니에 대한 효자라는 별명 또한 하나님의 말씀으로 생겨난 것들이었다.

믿음의 시련

어느 주일이었다. 아침부터 하늘은 새까만 먹구름으로 금방 비가 쏟아질 것만 같았다. 어머니는 밭에 보리를 베어놓은 것을 비가 오기 전에 묶어서 비를 맞지 않도록 해야 한다며 새벽부터 나가시며 속히 밭으로 오라고 당부하고 가셨다. 마을 사람들은 모두 들판으로 나가 큰비를 대비해 작업을 하느라 시간을 다투며 난리법석인데, 나는 주일 예배를 드리기 위해 교회로 향하였다.

교회로 가는 길이 어머니께 큰 잘못인 줄 알면서도 하나님께 예배하는 것이 그보다 훨씬 중요한 일로 여겼기에 둘 중에 하나를 택한 것이다. 구약 시대에는 안식일을 철저히 지켰으나 오늘날의 교회는 주일을 자기 편의에 따라 할 일 다하며 산으로 강으로 세속의 오락과 즐기는 일로 변질시키고 있다. 내 귀에서는 "교회 가면 밥이 나오냐, 옷이 나오냐. 일을 해야 밥이 나오제"라며 어머니가 평소 하시던 말씀이 벼락처럼 들리는 것 같았다.

내가 밭으로 오기를 얼마나 기다리고 기다렸을까를 생각하니 마음이 아파서 속으로는 울고 있었다. 오전 예배를 드릴 때 장대 같은 폭우가 쏟아졌다. 예배당 한옥 기와지붕에서 물줄기가 폭포수처럼 쏟아지는 것을 보는데, 어머니의 애타는 모습이 떠올라 예배를 드릴 수 없도록 목이 메었다. 다른 집은 식구가 있는 대로 나가서 비 오기 전에 방비를 하는데 어머니 혼자인 줄 알면서도 내 믿음만 중히 여겨 말씀을 거스르고 교회에 왔으니 어머니의 원망과 아들에 대한 증오심이 얼마나 컸을 것인가? 물론 집에서 어머니께 혼날 것은 당연한 일이나 돕지 못한 아들의 불효는 두고두고 마음이 아팠다. 하나님에 대한 믿음과 사랑이 사람들에게서는 미움과 경제적 손실을 당하게 되었다. 그때 보리는 물에 젖어 싹이 나고 계속 비가 내려 썩어서 곡식으로 사용할 수 없어 어머니의 한숨과 아들에 대한 원망으로 몇 해를 두고 입에 오르내렸다.

농사하는 일을 몰라 실수를 거듭하였다. 마을 이장을 통해 석회질소라는 비료를 공급받았다. 새까맣게 생긴 비료인데 비료 성분도 잘 모르고 어느 정도 뿌리는 줄도 모르면서 어머니를 돕고자 하는 마음에 지시를 받고 논의 벼에 뿌렸다. 그런데 며칠 후 논에 가서 보니 벼들이 검붉은 색깔로 변한 것이다. 아뿔싸! 이게 어떻게 된 일일까? 겁이 덜컥 났다. 벼들이 전부 말라 죽어갔다. 어머니는 이것을 보시고 논두렁에 펄썩 주저앉아 절망하였다. 지나가는 사람들마다 혀를 끌끌 차며 "이 집 농사 망했군!"이라고 했다.

이 소문은 마을 전체에 퍼지고 사람들을 보기가 민망하여 얼굴을 들 수 없었다.

"교회에 미친 아들이 보리농사를 망치더니 벼농사도 망쳐놨어! 하나님이 지켜주지 않았나배. 밭농사 논농사 먹거리를 망쳐 놨으니 그 집 어메(어머니) 어쩐다냐!"

안타까워서 하는 말인지 비난하는 말인지... 사실 나의 일로 식량을 다 잃게 되면 우리 가족은 알거지가 될 것 같아 앞날이 걱정되었다. 속이 상한 채 들판의 논길을 따라 매일 매일 벼 상태를 보기 위해 논으로 갔다. 온 들녘이 푸른색인데 우리 논만 유일하게 붉은색으로 눈에 확연히 홍일점이다. 논두렁에 앉아서 나의 잘못과 무지함을 뉘우치고 기도하며 우리 어머니를 위로해 주시라고 기도할 뿐이었다. 어머니를 돕는다는 게 근심덩어리가 되었으니 나는 죽어 마땅하다고 자책하였다.

나는 전부터 들길을 걸을 때마다 늘 기도하거나 성경을 암송하면서 다녔다. 그것을 습관처럼 했기 때문에 길을 걸을 때나 산책을 할 때는 자동으로 기도가 나왔다. (후에 자동차가 생겼을 때도 기도하는 습관이 됐는데, 혼자 운전할 때는 30분 또는 한 시간을 기도하면서 운전하였다.) 성경은 암기장을 만들어 성경 구절을 베껴서 암송했다. 산상보훈이 있는 마태복음 5, 6, 7장은 물론 고린도전서 13장과 요한복음, 로마서와 시편들과 바울의 옥중 서신, 이사야와 에레미야서의 중요 구절들을 암송하였다. 이렇게 기도하며 주님 뜻대로 살려고 한 사람에게 하나님은 어찌 이런 아픔을 주시는지 궁금하였다.

죽은 벼를 바라보며 이미 죽었다고 생각했기 때문에 살게 해 주시라는 기도는 나오지 않았다. 모든 것을 포기하였고 눈앞이 캄캄하였다. 이로 말미암아 먹기도 싫고 잠도 잘 수가 없어 고민하고 울적하였다. 아버지가 계셨더라면 어머니가 고생을 덜 하시고 이런 불상사도 없었을 터인데 농사에 '농' 자도 모르는 어린놈이 무식하게 일을 저질러 놓으니 한없이 미안하고 서글펐다.

열흘이 지났을까, 죽은 벼에 이상한 모습이 보였다. 죽은 벼에서 파르스름한 색깔의 싹이 돋아나는 것을 보았다. 논을 돌아다니며 살펴보니 모든 벼에서 새싹이 돋아나는 것이 아닌가? 흥분되고 마음이 떨렸다. 이럴 줄은 상상도 못 했는데 싹이 돋아나는 것이 너무도 신기했다. 이리저리 뛰어다니며 하나님께 감사의 기도가 나오고 찬송이 저절로 나왔다. 마을 사람들이 예수에 미쳤다고 했지만 지금이 오히려 미친 사람이 다 되었다. 어떻게 집에 왔는지 모르게 어머니께 보고하였다. 어머니는 처음에는 믿지 않았으나 논에 가보고서야 새싹이 돋아 나오는 것을 보고서야 얼굴이 조금 펴졌다. 날이 갈수록 새싹은 무럭무럭 자라 논바닥을 파랗게 덮어갔다. 너무나 신기하고 기뻐서 감사의 기도를 드리며 찬양할 때 눈물이 흘러 뺨을 적셨다.

벼는 날이 갈수록 포기가 굵어지면서 자라 다른 집 농사보다 월등히 좋아 보였는데 가을에 곡식이 익어 대풍작을 이루니 마을 사람들에게 다시 한 번 소문이 났다. 그리고 "망한 농사를 하나님이 도와서 최고로 잘된 것"이라고 말하기도 하였다.

"그가 믿은 바 하나님은 죽은 자를 살리시며 없는 것을 있는 것으로 부르시는 이시니라."(롬 4:17)

믿음 안에서의 기쁨

교회는 목사님이 오신 후에 사택을 건축하고 셋방살이를 면하게 됐다. 목사님도 안정이 되고 나는 혼자 계시는 목사님 옆에서 언제나 아들처럼 교회의 여러 일들에 열심 있는 협력자가 되었다. 주일학교와 학생부를 맡아서 이끌었고 교회의 중요 행사에는 전심을 다해 봉사하였다. 교회 마당에 종탑을 세웠는데 이것은 정시채 집사님이 사법고시 합격을 기념하여 헌신한 것으로, 예배를 알리는 종을 맡아서 치고 새벽종도 그렇게 하였다. 그분은 후에 국회의원이 되었다. 새벽종을 칠 때마다 은혜가 내게 넘치는 것을 느꼈는데, 종소리가 7개 마을로 퍼져 나갈 때마다 보이지 않는 복음 전파로 마음을 일깨우리라 생각했기 때문이다. 그리고 종소리를 듣고 새벽잠에서 깨어 일터로 나갈 준비를 한다니 농민들의 시계 역할도 한 것이다.

하나님이 나를 사랑하신다는 확신을 가졌다. 어느 날 잠에 깊이 빠져 있을 때 누군가 내 이름을 불렀다.

"성현아! 성현아!"

깜짝 놀라 "예"하고 벌떡 일어났다. 정신을 차리고 주위를 둘러봤지만 아무도 없었다. 혹시 어머니가 부르셨는가 하여 어머니 방에 가서 귀를 기울여 봐도 조용하기만 하였다. 시계를 보니 새벽기도 시간이 약간 지나고 있어 나는 발걸음을 교회로 향하였다. 새벽종을 못 친 아쉬움이 있었으나 깊이 잠들었을 때 깨워주신 분이 하나님이시라고 생각했다. 그리고 이것은 혼자만의 비밀로 간직하기로 하였다.

세상에 가진 것 없고 나타낼 것이 없었지만 하나님이 나의 모든 것이라는 믿음이 굳어지면서 단독자로 하나님을 만나고 싶어 15일 후에 산으로 가리라 마음을 먹었다. 진도에서 가장 높은 산이 첨찰산인데 485m이며, 정상에서 제주도와 추자도 해남 대륜산이 보였다. 정상에 봉수대가 있었는데 불을 피워 봉화로 타 지역에 알리는 통신 수단으로 됐다.

이 산에서 기도하리라는 계획을 갖고 마음의 준비를 하였다. 산에 오르기 전날 밤 이상하게도 열이 오르고 온몸이 떨리며 기운이 없어 잠도 못 자 산에 갈 수 없을 것 같았다. 아침에 잠시 기도하는데 마귀의 방해라는 생각이 들어, 어머니께는 잠깐 어디 다녀오겠다고만 말하고는 산에 간다는 말도 없이 집을 떠났다. 물병 하나와 수건만 가지고 산을 오르는데 8월의 땅에서 올라오는 열기에 땀방울이 온몸을 적시고 밤새 앓던 몸과 먹지 못해서인지 경사진 산을 오르기가 힘들었다. 걸을 힘이 없어 속도를 못 내고 쉬고 또 쉬어 아침에 출발한 것이 오후 3시쯤에야 정상에 도착하였다.

"하나님과의 만남이 그렇게 쉽지만은 않구나."

오직 하나님을 만나기 위하여 이 산봉우리에 올라왔으니 "하나님도 저를 만나주세요!"

일곱 살부터 교회로 불러 주셨고, 그 후 철저한 하나님 중심으로 살아왔으며 성경을 읽고 그 계명의 말씀대로 살기를 힘썼다. 창조주요 전능자이시며 그리스도 예수로만 구원의 은혜를 얻게 하시고 영생의 복을 주시는 살아계신 하나님을 마음으로 믿고 만난 것이 확실하여도 더 가까이 하나님과 함께하고 싶은 마음에 이 산에 온 것이다.

산에 온 것은 아무도 모르며 돌과 바위와 나무들과 새들만 알 것이다.

정상의 봉우리는 비가 오지 않을 때 기우제를 지내려고 큰 돌들로 제단을 쌓아 놓아서 맨 꼭대기에 앉을 수 있는 돌판에 앉으면 기도하기에 안성맞춤이다.

높은 산봉우리에 앉으니 하늘과 맞닿은 것 같은 느낌이었다. 오후 다섯 시쯤 되니 맑던 하늘은 빽빽한 구름이요, 구름이 산 아래에 있으니 나는 구름 위와 구름 가운데 있고 산 아래도 구름이 덮여서 마치 구름 속 하늘에 앉아 있는 듯하였다. 예수 그리스도의 갈릴리와 가버나움, 나사렛에서의 설교와 낭떠러지에서 밀어뜨려 죽이려는 사람들, 나병 환자와 각색 병을 치료하시던 예수님의 심정, 제자들을 부르시고 복음 전파에 파송하신 것들, 빌라도에게 심문을 받으시고 십자가에 달려 피 흘리신 일들을 묵상하며 기도하였다.

"하나님, 가난하고 알지 못하는 병으로 쓰러지는 이 가련하고 보잘 것없는 사람을 불쌍히 여기사, 저의 앞길을 부탁하오니 친히 인도하여 주옵소서. 이 세상에 아버지 외에는 나를 아는 자가 없고 지켜주거나 이끌어 줄 사람이 아무도 없습니다. 나를 낳아준 아버지는 이 세상에 없으니 하나님을 나의 아버지로 삼고, 아버지께서 하라는 것을 하고 하지 말라는 것은 아니 하겠습니다. 사람들에게는 미친 사람 대우를 받았으나 아버지는 저를 버리시지 않으시겠지요. 홀로 되어 고생하는 어머니를 위로해 주시고 고생의 눈물을 닦아 주시며 예수님을 믿도록 마음을 열어 주시고 어린 동생들을 보살펴 주소서."

기도하다 보니 눈물이 얼굴을 적셨다. 가슴에 뭉친 것들을 하나님께 호소하며 하늘 아래 홀로 서 있는 자신의 비천함을 하나님께 고하였다.

"내가 결코 너희를 버리지 아니하고 너희를 떠나지 아니하리라 하셨느니라."(히 13:5) 암송했던 성경 말씀이 응답하시듯 힘을 주었다. 기도하며 찬송하기를 거듭하니, 마치 천국에 와 있는 것 같았다. 어떻게 이 산에서 기도하려고 했는지, 이는 성령께서 주신 생각이라고 감사하였다. 구름과 안개에 싸여 사물은 볼 수 없었지만, 점점 어두워지며 산의 적막감과 여기저기서 들리는 짐승의 우는 소리가 귀에 거슬렸다. 내가 앉아 있는 돌 제단은 기우제로 산신이나 귀신에게 제사하던 자리인데 돌 제단에서 휘파람 소리가 들리기도 하며 괴상한 헛그림자가 나를 혼란하게 하여 두려움을 주었다. 이런 때에는 더 열심히 기도하고 찬송으로 두려움을 이겨야 하므로 목청을 높였다. 밤이 깊어갈수록 안개와 습기로 옷이 촉촉이 젖어서 몸에 달라붙고 여름인데도 높은 산이라서 찬 기운 때문에 춥기까지 하였다. 밤새도록 기도를 계속하려고 해도 휘파람 소리와 짐승들이 우는 소리에 마음이 혼란스러워 한 시간을 보내는 것이 열 시간 같이 느껴졌다.

그 밤은 기도의 시간이었으나 공포의 시간도 되었다. 예수님이 성령에 이끌려 광야에서 40일을 기도하셨다. 낮에는 뜨거운 햇빛, 밤에는 추위를 견디셨고, 짐승들의 살인적 울부짖음과 마귀의 시험을 물리치시고 끝까지 기도하셨다. 그러한데 나는 하룻밤이 어찌 그렇게도 힘든 시간이었는지 하나님과 인간의 한계를 체험하는 시간이었다. 어둠과 구름, 안개에 싸여 1미터도 분간 못할 상태에서 밤의 공포에 떨고 두려워하는 가운데 새벽이 오며 동편이 희미하게 밝아왔다. 구름과 안개로 해는 볼 수 없었지만, 어둠에서 빛을 보는 기분은 지옥에서 천국을 보는 것과 같았다. 어둠에서 빛을 보는 감사와 감격은 형용할 수 없는 감동이었다. 일어서서 춤을 추기 시작하여 할렐루야를 외치며 하나님의 이름을 외쳐 불렀다. 춤을 모르는 이 사람의 춤은 성령의 춤이며 하나님이 나와 함께 하심을 재발견함에서 나오는 춤이었다. 누가 보았으면 정말 미친 사람이라고 했을 것이다. 이 빛, 곧 하나님의 빛이 있는 사람은 복 있는 자이다. 나는 성령에 감동되었다.

"우리가 그에게서 듣고 너희에게 전하는 소식은 이것이니, 곧 하나님은 빛이시라. 그에게는 어둠이 조금도 없으시다는 것이다. 그가 빛 가운데 계신 것 같이 우리도 빛 가운데 행하면 우리가 서로 사귐이 있고, 그 아들 예수의 피가 우리를 모든 죄에서 깨끗하게 하실 것이요."(요일 1:5, 7)

이러한 미친 성령의 춤은 적어도 20분은 계속되었을 것이다. 제정신이 아닌 성령에 감동되면 이런 춤이 나오게 됨을 처음 알았다. 그리고 잠시 후 놀라운 일이 벌어졌다. 검은 먹구름으로부터 번개와 뇌성이 산을 진동하고 바위를 가르는 듯 찢어지는 우레에 고막이 터지는 것 같았다. 놀라움으로 춤은 멈췄고 돌 단 위에 꼬꾸라졌다. 두려움과 떨림으로 죽은 자와 같이 꼼짝할 수가 없었다. 높은 산, 구름 속에 엎드린 나는 구름 안에 있었는데 뇌성이 바로 내 옆에서 폭음을 때리니 그 두려움은 가히 형용하기 어려웠고 번개에 떨며 마치 죽은 자와 같았다. 이런 공포와 두려움의 체험은 전에도 없었고 후에도 없을 것이다.

"여호와께서 모세에게 이르시되, 내가 빽빽한 구름 가운데서 네게 임함은 내가 너와 말하는 것을 백성들이 듣게 하며, 또한 너를 영영히 믿게 하려 함이니라.… 뭇 백성이 우레와 번개와 나팔 소리와 산의 연기를 본 지라. 그들이 볼 때에 떨며…."(출 19:9, 20:18)

그때 주님의 음성은 들리지 않았어도 하나님은 충분히 나와 함께 하시며 빛으로 나를 인도하신다는 믿음의 확신을 갖게 되었다. 구름 속 내 옆에서 들리던 우레와 번개는 잊을 수 없는 신비의 체험이었고 일생의 신앙생활에 하나님이 나와 함께 하신다는 증거로 삼았다. 그런 다음, 그 먹구름에서 비가 내렸다. 밤알 크기의 비가 폭포수처럼 쏟아지는데 이런 빗방울은 한 번도 보지 못했다.

놀라운 체험과 빛이신 하나님을 재발견함으로 기도의 목적이 이루어진 것을 감사하며 하산하는데 산길 위에 떨어지는 빗방울이 하도 커서 흙이 패어 나가는 것이었다. 산을 올라갈 때는 쉬고 또 쉬며 몇 시간에 걸쳐 힘들게 올랐는데, 내려갈 때는 경사진 빗길을 달리는데 마치 바람을 탄 것처럼 순식간에 내려갔다. 골짜기는 물이 넘쳐흐르고 흠뻑 젖어 집에 도착하니 어머니께서 내 모습을 보셨다. "동네 사람들이 너보고 미쳤다고 하는데 정말 미쳤구나. 네 모습이 꼭 물에서 나온 생쥐 아니여?" 어머니가 나를 보시고 그렇게 말씀하실 만도 하셨을 것이다. 누가 뭐라 하든지 내 정신은 올바르고 세상에 가진 것은 없어도 내 안에는 천지의 하나님의 별이 빛나고 있음을 나는 알고 있다.

곽성현(郭星炫)이라는 이름은 별 성, 빛날 현으로, 아버지가 지어준 이름이다. 별같이 반짝반짝 빛난다는 뜻이다. 해와 달은 큰 광명으로 누구나 볼 수 있지만, 별은 하도 높이 있어서 보아도 작게 보이고 사람들에게 드러나지 않아 알아주지 않는다. 누가 알아주지 않아도 별빛은 빛나서 하나님께는 영광이니 내 이름이 내게 합당하다고 생각한다.

이후 그 산을 바라볼 때 특히 밤에 그 산을 바라볼 때는 어찌 그렇게 높은 산에서 밤을 세웠는지 스스로가 별난 사람 같았다. 그리고 그 산 기도 후 두려움이 하나도 없이 사라지고 밤에 공동묘지에서 기도해도 전혀 이상하지 않고 귀신 들린 사람을 대할 때도 담대하게 되었으니, 하나님이 함께하신다는 증거 때문이다.

무등산의 사색

한 잎 한 잎 나뭇잎으로
푸르고 노랗고 빨갛게
석양 빛살에 어울린
그 아름다움에 끌려
내 마음 다 열어놓고
그대 품속에 안긴다
산은 아무라도 수용하니
여기 오르면서
온갖 고뇌와 번민을 산에 묻고
어린애처럼 겸비해졌으리라

나무들은 아무 말도 없이

언제나 그대로인 것 같으나

숲을 이루어 그 웅장함으로

목마르고 지친 자들을 불러들인다

수많은 이들이

오르내리면서 나눈 대화들

사랑의 속삭임이라든가

세상사의 고달픔

인생의 넋두리들

산이 좋아서만이 아니라

괴로움과 슬픔

피곤한 영혼의 아픔 때문에

울다 가기도 했을 것이다

혼자라도 괜찮다

깊은 사색에 잠겨 있노라면

산은 또 다른 진리를 깨닫게 하여

삶의 길을 풍성하게 열어 줄 것이다

한 줌의 흙, 풀 한 포기, 우람한 바위

나무와 나무들이 덩어리가 되어

솟아올라 산을 이루듯

우리 또한 창조주의 섭리에 순응하여

살아야 하리라

(나의 시 중에서)

산을 좋아해서 그런지 새벽기도를 마치면 곧바로 산으로 간다. 날이 밝기 전이라 캄캄한 길을 더듬어 긴 등(산의 능선이 길다는 뜻)을 올라간다. 산봉우리까지는 30분으로 창조와 자연의 품으로 들어가노라면 정신도 맑고 상쾌해진다. 봉우리에 이르면 제2의 기도 시간을 가진다. 하나님과 나, 단 둘이서. 동이 트기 전 기도는 하나님과의 대화가 아름다워진다. 아름다운 하나님의 산에서 나무와 바위 억새풀 가운데서 기도는 영혼을 풍성하게 하여 하나님 앞으로 가까이 가게 한다. 잠시 후 동편에서 해가 올라와 내 얼굴에 비추면 입에서는 찬양이 넘치고 황홀감으로 나는 천사의 모습을 본다.

아침의 묵상과 기도, 산과 하늘, 하나님과 나.

"이 세상에서 가장 행복한 사람이 여기 있어요."

혼자서 하늘을 향하여 신호를 보내면 하늘은 내게 대답한다.

"그래, 아들아! 나는 너를 사랑한다."

목사님 사모님과 가족들이 간혹 찾아와서 얼마간 지내다 가시기도 하였다. 어느 날 교회에 갔는데 전에 보지 못한 아가씨가 목사님의 둘째라며 인사를 하였다. 예쁘게 생긴 얼굴에 미소가 가득하였고 처음 보는지라 수줍어서 뭐라고 대꾸했는지 모르겠다. 시간이 지나면서 친구처럼 대하였고 그녀도 나를 편하게 대해 주었다. 예배당에 있는 작은 오르간 앞에서 동심초를 부르기도 하고 왈츠를 연습하고 이야기로 시간을 보내는 것이 좋았다. 한여름 푹푹 찌는 날 첨찰산을 오르면서 나뭇가지를 헤치며 등반의 추억을 만들기도 하였다. 슬퍼지고 홀로 외로울 때 대화할 사람이 없었는데 이야기 친구가 생겼다는 것으로 그 시간 그때가 행복하고 좋았다.

사랑이라는 단어를 몰랐으나 그 의미를 느끼게 하는 감정을 가질 수 있었고, 너무 수줍어서 겉으로 표현이 잘 안됐지만 마음은 그녀 가까이 있었다. 사랑은 국경도 초월한다지만 내가 처한 환경에서 사랑을 표현하지 못하고 주저했다. 그리고 그에 따른 준비와 책임성으로 많은 생각을 하게 만들었다. 내가 헤쳐가야 할 일이 첩첩산중인데 사랑을 고백해서 한 사람을 붙잡아 놓으면 어떻게 한단 말인가? 그러므로 서툰 생각은 나를 더욱 고민스럽게 할 것이라고 생각하였다. 그녀 또한 내게 사랑의 고백을 한 바 없으니 그저 친구요 우정으로만 대하리라 생각하였다.

목사님은 8년 정도 시무하시고 교회를 떠나시게 되었다.

내가 아버지로 섬긴 목사님의 전출은 충격이요 나를 슬프게 하였다. 마지막 이별의 시간이 오고 벽파진항에서 목포로 향하는 명륜호를 타면 영영 이별이었다. 목사님이 배에 올라 손을 흔들 때 너무도 슬퍼서 눈물로 통곡하니 갑판에 있는 승객들에게 구경거리가 되었다. 목사님과의 이별은 산이 무너지는 것 같은 허전함과 슬픔이었다. 사택에 돌아와 텅 빈 방에 앉았지만, 더 큰 상심으로 울고 또 울었다.

외롭고 힘들었을 때 아버지의 역할을 해 주셨고 목사님이 홀로 계실 때는 군불을 지펴드렸다. 몸이 불편하실 때 가족이 멀리 있는 관계로 밤을 함께하며 수발과 시중을 들던 일, 미국에서 원조로 보낸 구호물자(밀가루, 옥수수가루, 분유와 간유, 약품)들을 분배해 줄 때 일곱 마을 사람들의 가구와 가족의 숫자를 기록해 목사님과 함께 배급하면서 흐무했던 일들, 규격대로 벼 가마니를 새끼줄로 묶어 농협 공판장에 갖고 가야 했는데 어떻게 해야 할지 몰라 우왕좌왕하고 있었을 때 목사님이 새벽기도를 마치고 우리집에 오셔서 열 개를 손수 작업해 주신 것들, 목사님이 오신 후 중학교 때부터 무슨 일이든지 시키면 순종한 일들, 이러한 얽힌 사랑과 정으로 울었다.

무엇보다도 대화할 친구와의 이별과 다시 못 볼 것이 슬퍼졌다. 또한 이처럼 바람과 같이 사라진 그녀는 나만 홀로 그리움과 정을 남겨두고 떠나갔다.

군에 입대하다

입대할 나이가 됐지만 영장이 나온다는 소식은 없었다. 그래도 기왕이면 빨리 가는 것이 좋을 것 같아 지원하기로 마음을 먹고 알아보니 해군과 공군만 지원이 가능했다. 공군이 좋아 보여 공군에 가리라 생각하고 지원 내용을 알아보니, 시험을 거쳐야 하고 시험은 광주 모 고등학교에서 치러야 한다는 것이다. 날짜에 맞춰 시험을 치러 갔는데 응시자가 엄청나게 모였다. 시험 과목도 영어, 수학, 국어, 과학, 지능 검사 등 군대 가는 것도 쉽지 않다고 생각하였다. 응시자가 많아서 떨어질 것이라고 생각했는데 용케 합격하여 입대 날짜에 대전 공군기술교육단에 입교하였다.

훈련을 마치고 수원 제10 전비로 전출되어 본 특기인 행정부서에 배속되었다. 수송기를 타고 저녁 시간에 도착하여 내무반에 들어가야 했지만, 낯섦에 떨리고 새로운 환경에 대한 두려움, 그리고 졸병으로 상급자들의 엄한 군기를 생각하며 문을 열었다.

신참 졸병이 들어와 전입 신고를 하니 환영의 박수 소리가 요란했지만 졸병 노릇을 해야 할 것을 생각하니 하나도 반갑지 않고 두렵기만 하였다. 하필 그날 내무반 회식이 있었는데, 양쪽 침상에 군인들이 쭉 앉아 있고 가운데 통로에는 안주와 음식, 큰 술통이 준비되어 있었다. 그때 고참 병장이 나를 부르고 큰 술 사발에 막걸리를 가득 부어 내밀며 오늘 회식의 술잔은 신참부터 받으라는 것이었다. (이걸 어쩌지) 나는 예수님을 믿으면서 부정한 일과 술, 담배는 해 본 일이 없으므로 고참이 주는 잔을 받을 수가 없어 사양하였다. 그는 계속하여 엄포를 놓으며 술잔을 입 가까이 내밀었다.

"이 새끼, 까라면 까는 게 군대야! 첫날부터 이 새끼가 고참에게 반항이야!"

계속해서 쏟아내는 험한 말을 들으면서 내가 신병으로서 거절하는 것이 미안하고 잘못이라고 생각했지만 여기서 내 신앙이 무너지면 안 된다고 결심하고 끝까지 거절하였다. 침상 양쪽의 선임병들도 개구리처럼 떠들며 복종을 외쳤다. 이렇게 거북한 자리는 첫날부터 나의 내무반 생활의 곤고함이 어떠하리라는 예측을 충분히 가늠할 수 있게 했다.

고참병은 "너, 두고 보자"며 술잔을 내 던지면서 소리쳤다. 이때 내무반장이 손가락으로 나를 자기 앞으로 불렀다. 내무반장이라면 호랑이보다 더 무섭다는 것을 모르는 사람이 없다. 그는 나를 노려보며 "이봐, 신참. 내가 주는 술은 받겠지?" 하고 말했다. 모든 병사들의 눈이 내게로 향하고 나의 다음 행동을 주시하였다. 나는 여전히 거절하며 술잔을 받지 않았다. 내무반장은 자존심이 상했는지 고참 병장에게 "김 병장! 신참 교육을 단단히 하라우. 어찌 이따위 놈이 왔어!"라며 얼굴을 일그러트리고는 욕을 내뱉었다. 고참은 내무반 밖으로 나를 끌고 갔다. 어둠이 사방을 덮어 캄캄한 저녁이다.

"야, 이 새끼. 팬티만 입고 엎드려!"

나는 명령에 복종하였다. 그의 손에는 야구 방망이가 들려있었다. 그가 내려치는 방망이는 힘의 무게와 함께 엉덩이와 허벅지에 내려꽂혔다. 눈에서는 불꽃이 튀었다. 몇 대 때리고 말겠지 생각했는데 매질은 계속됐고 나는 견디지 못하고 땅바닥에 뻗었다. 그는 "자세 똑바로 하지 못해!"라고 소리치고 다시 일으킨 후 한풀이라도 하듯이 허벅지와 엉덩이를 가격하였다. 몇십 대를 맞았는지 세지 못했지만 죽을 것만 같았다. 그는 제풀에 기운이 빠져 숨을 헐떡거리며 땅바닥에 주저앉더니 언어 폭력을 쏟아냈다. "야, 이 새끼야. 군대가 뭔지 몰라? 명령에 절대 복종하는 것이 군대여! 죽으라면 죽는 시늉까지 해야지, 왜 술잔을 거절해! 군대 고참의 말이 그리 우습게 들리나?"

그는 나를 일으켜 세우고 주먹으로 치고 손으로 뺨을 갈겼다. 피가 터져 얼굴을 적셨다. 이 사건으로 나는 귀 고막이 터지고 평생 청각장애로 살게 되었다.

그날 밤 얻어맞은 통증으로 잠을 자지 못하였고 몸은 지탱할 수 없었지만 오직 믿음을 지키려다 당한 일에 속으로 울며 감사했다. 다음날 화장실에 갔을 때는 허벅지가 터져서 멍과 피가 맺히고 부어서 앉아 일을 보지 못하고 서서 용변을 보려니 여간 곤란한 것이 아니었다.

며칠이 지나고 주일에 부대 안 기지교회에 가서 앞자리에 앉아 예배 시간을 기다리고 있었다. 군목이 강단에 서고 군인들이 몰려 들어오는 소리에 머리를 돌려 뒤를 보았는데 우리 내무반장과 나를 때린 병장의 얼굴이 나와 마주쳤다. 나는 얼른 얼굴을 돌이켰다. 아! 그들도 기독교인이었구나! 예배를 마친 후 내무반으로 돌아가고 다음 날 내무반장이 나를 불렀다. 나는 약간 두려우면서 조심스럽게 그의 앞에 부동자세로 경례로 손을 올렸다.

"곽 일병!" "예" 부르는 소리가 상상 외로 부드러웠다.

"너, 예수 믿어서 술 안 먹었니?" "예, 그렇습니다."

"그랬었구나! 그러고 보니 내가 미안하다. 나도 교회 나가면서 네게 술로 얼차려를 주게 했으니 내가 잘못했구나! 주일 예배 때 네 얼굴을 보고 그 일에 대해 회개하고 나도 술을 먹지 않겠다고 다짐했다."

내무반장은 그날 후로 나를 친절히 대하고 주일에 사역이 있어도 교회에 가도록 배려해 주었다. 또한 나를 때린 병장이 어느 날 할 이야기가 있다고 부르더니 사과를 하면서 "곽 일병, 미안해. 나도 교회 학생회장도 하고 아버지도 장로인데 군대 와서 믿음도 까먹고 네가 신앙 때문에 그런 줄 모르고 때린 거 잘못했어"라고 말했다. 그는 나를 부둥켜안고 포옹하며 "앞으로 잘 할게 용서해 줘"라고 했다.

신앙 문제가 아니라면 내무반장이나 고참 병장이 어찌 졸병 하급자에게 용서라는 표현을 할 수 있겠는가? 피할 수 없는 환경과 처지에서도 믿음으로 행하면 역전승한다는 사실을 아는 것이 지혜요 능력이다. 우상숭배와 주일 예배, 술과 담배, 여러 가지 시험이 닥쳐와도 믿음 안에서 얼마든지 이겨낼 수 있는 것이다. 그 일 후 내무반 생활은 편하게 할 수 있게 해주었고 나의 후원자는 내무반장과 고참 병장이어서 아무도 나를 건드리지 않았다.

제대 후 고향 교회를 섬기며 주일학교 부장과 학생부를 담당하였다. 학생부를 소년회라고 명칭을 바꾼 것은 중고등학교에 진학하지 못하는 학생들이 많아서 차별을 두지 않으려는 것이었다. 진학하지 못하는 소년들을 위하여 독서운동을 시작하고 책 읽기를 권장하였는데 읽을 책들이 부족한 것이 문제였다. 여러 고민을 하다가 생각한 것이 박정희 정부에 육영수 여사가 설립한 '양지회'라는 비영리 단체였다. 그곳으로 편지를 보냈다. 편지를 보낸 한 달쯤 후 1970년 5월 19일 청와대 마크가 있는 편지가 집배원을 통해 전달됐는데, 그 집배원의 말이 이런 높은 데서 보낸 편지는 처음이라며 나를 쳐다봤다. 또한 책을 보내왔는데 사람 키 정도 되는 박스 2개가 청와대로부터 내 이름으로 온 것을 보고 우체국 직원들조차 놀라는 것이었다.

교회 곽우불 장로는 일본 중앙대 법대 출신으로 진도번영회장과 여러 단체의 고문 역할과 국회의원 출마를 하신 분인데, 청와대에서 보낸 화물에 놀라며 나를 칭찬해 주었다. 소년회 소년 소녀 30여 명은 책을 나누어 읽으며 믿음을 굳혀 나갔는데, 지금 그들 중에 목사, 장로, 권사들이 많이 배출되어 주님의 교회를 섬기고 있다.

박정희 정부 당시 국가재건운동본부가 있었다. 본부에서 전국 시, 군의 유능한 청년들을 상대로 신용조합에 대한 교육을 추진하였는데 진도 대표로 서울에서 7일 동안 교육을 받았다. 신용조합의 설립과 운영, 법인, 회계 관리, 조합원 등 제반 교육을 받고 내려와서 교회를 중심으로 조합을 설립하였다. 이사장을 곽우불 장로로 하고 이사 등 법적 조직을 구성하여 장등신용조합이 탄생했고, 교인들과 아랫 장터가 있어서 조합원 모집은 어렵지 않았다. 장날은 각 상점을 돌며 예수금을 수집하고 장부를 정리하여 점점 규모를 갖추어 나가니 보람과 흥미가 있었다. 앞으로 자산이 늘어가면 상인들과 농업인들에게 사업 자금과 농사비를 대출할 수 있다는 꿈에 부풀어 마냥 즐거웠다.

신용조합을 설립하였으나 하는 일은 무보수여서 내게는 확실한 직업이 필요했다. 당시에는 직업을 구한다는 것이 쉽지 않았는데, 진도는 도서 지역이라 일자리가 없었고 도시에는 백그라운드가 없는 한계 상황으로 꼼짝을 못했다. 직업이 있어야 어머니를 돌보며 결혼도 할 수 있는데 이러다가는 실업자가 될 것 같아 마음이 조급하였다. 공무원 시험도 몇 번 응시했지만 떨어지고, 섬에서 태어나 가난의 굴레를 벗지 못하는 내가 못난 것 같아 애를 태웠다. 할 수 있는 것은 새벽에 하나님께 기도하는 것이었다.

"하나님, 저에게 할 일을 주옵소서. 직장을 얻으면 이 한 몸 다하여 충성으로 일하겠습니다. 하나님밖에 나의 백이 없으니, 저를 도와주세요."

새벽마다 간절히 기도하고 또 기도하였다. 몇 개월 후 우연히 신문을 보니 목포에 있는 기업체의 사원 모집 광고가 눈에 들어왔다. 광고를 오려서 주머니에 넣고 원서 접수와 시험 날짜를 확인하고 계속 기도로 매달렸다. 드디어 시험 날이 오고 단단히 준비해서 목포 어느 학교 시험장에서 기도로 답안지를 썼다. 직장에 대한 갈망이 컸기에 발표 날을 기다리는 심정은 간절했고 걱정되기도 하였다. 더 걱정됐던 이유는 20명 모집에 무려 200명이나 응시했기 때문이었다.

어느 날 마을 이장이 찾아와 "너, 무슨 일 있어? 경찰서에서 신원조회가 나왔더라. 그래서 우리 동네 모범 청년이고, 소문 난 효자라고 말했어."

나는 신원조회라는 말에 시험에 합격했음을 미리 짐작하고 하나님께 감사를 드렸다. 미미한 사람의 기도를 들어 주신 하나님, 그저 눈물이 나도록 감사하고 기뻤다. 큰 시험은 아니지만 이 촌놈도 직업을 갖게 된 것을 생각하니 국가고시에 합격한 것 이상으로 기분이 좋았다. 실상 그 당시는 직장 구하기가 하늘의 별 따기 같이 어려웠다. 어머니도 기뻐하시며 마을 사람들에게 소문내셨는데, 마을 사람들이 다들 칭찬해 주었다. 교회에서는 내가 떠나게 되자 걱정이 많았는데 '담임 목사님도 안 계시는데 누가 대신해서 일할 것인가'를 두고 염려를 많이 하였다. "신용조합도 시작 단계지만 잘 되고 있는데 이를 인수하여 이끌어 갈 사람도 없으니 어떡하냐"며 장로님(후에 목사가 됨)은 나를 붙잡고 떠나지 말라고 하였다. 하나님께서 기도를 들으시고 직장을 주신 것을 포기할 수 없었기에 이래저래 마음이 힘들었다. 신용조합은 후임으로 맡아서 일할 사람이 생겨 지금은 건실한 조합으로 발전하여 지역 경제와 농, 상인들의 금융기관으로 자리 잡았다.

8. 새로운 삶과 연단

　명륜호를 타면 2시간 걸려 목포에 도착한다. 명륜호 갑판에 올라 목포를 향하여 떠나는 마음은 감사가 넘쳤지만, 어렸을 때부터 기독교 신앙으로 불러주신 하나님의 사랑과 믿음을 성장시켜 주신 교회와 그 은혜를 생각할 때 눈물이 얼굴을 적셨다. 가난으로 일의 노예처럼 고생한 어머니의 눈물과 아버지 없는 동생들의 초췌한 얼굴, 장남이었지만 아무 도움도 주지 못한 무능함을 돌아보며 두고 온 가족들을 생각하니 가슴이 저렸다.

신입 사원들은 본사 군산 공장에서 3개월 교육을 받고 목포 공장으로 발령을 받았다. 목포 공장은 신축 후 완공을 앞둔 상태로, 신입 사원들이 주축이 되어 가동할 준비를 하는 것이어서 모든 것이 새롭기만 하였다. 이 회사는 미국과 캐나다에서 밀을 직수입하여 대형 화물선으로 목포항에 있는 회사 사일로에 옮겨 제분하는 회사였는데, 목포에서는 제일 가는 기업이다. 공장 가동의 중심 역할은 교육받은 20명의 신입 사원이며, 기타 관리팀을 포함해 약 200명의 사원이 일했다.

직장은 해결되어 교육을 받고 목포에 왔지만 숙식할 방도 얻어야 했다. 그러나 수중에 돈이 없어 어찌해야 할지 걱정이 태산이었고, 아는 사람도 빌릴 사람도 없으니 난감하였다. 회사 뒤 삼학도 마을 이곳 저곳을 찾았으나 방이 없는 것이 아니라 돈이 없어 산꼭대기에 있는 집의 토굴 방을 소개받았다. 방이라기보다는 산에 땅굴을 파서 출입문만 연결해서 창고로 쓰려던 공간으로, 창문도 없고 환기통도 없어 깜깜했다. 사람이 살 방이 아니어도 그나마 머리라도 둘 곳을 구하게 된 것에 감사하며 식사는 하숙 형태로 그 집 아주머니의 도움을 받았다. 집에서 떠날 때 어머니가 약간의 용돈을 주셨으나 여비만 받고 돌려드렸기에 월급을 받기까지 궁핍하게 살아야 했다. 토굴 방은 방바닥과 시커먼 천장뿐 TV도 라디오도, 오락, 문화거리는 아무것도 없었다. 가지고 온 성경 외에 몇 벌의 옷을 담은 가방뿐 잠만 자고 아침에 나가는 거지 같은 생활이었다. 퇴근하고 돌아오면 희미한 전깃불만 나를 반겼고, 아무것도 할 수 없어서 기도하다 잠이 들었다. 예수님은 "여우도 굴이 있고 공중의 새도 깃들일 곳이 있으나 인자는 머리 둘 곳이 없다"고 하셨으니, 이러한 경험도 나쁘지는 않다고 스스로 위로했다. 급여를 받은 후 바로 토굴 방과는 이별하였다. 회사 생활은 기도의 응답이었다. 하나님께서 주신 선물에 감사하며 열심을 다하여 맡은 일에 충성하고 그리스도인의 자세를 지키며 본이 되기를 힘썼다.

목포중앙성결교회에 출석하면서 한 달도 되기 전 일을 맡았다. 주일학교 부장과 찬양대에서 봉사하고 얼마 후 중고등부 일도 맡겨서 힘들어도 순종으로 섬겼다. 집에서 교회까지의 30분 거리를 걸어서 다녔다. 해변에 정박한 어선들, 생선 냄새와 갈매기의 날갯짓을 보며 바쁘게 움직이는 어시장을 이리저리 돌아 높은 계단 숫자를 세면서 교회로 올라 가는 것이 좋았다. 목사님과 교인들은 친절했고 시간이 갈수록 나에 대한 기대와 관심으로 인기가 높아졌다. 그러던 중 목사님의 소개로 교단 지방회 소속 목사님의 딸과 선을 보고 결혼하여 새 가정을 이루게 되었다. 아내는 강진 우체국에 근무했는데, 결혼 후 거리상 출근이 어려워 사직하고 신혼살림을 하기로 의논하였다.

회사 창립 20주년으로 우수 사원에 추천되어 회장상(이용구 회장)을 받는 기쁨을 누렸다. 상금이 입금된 통장과 도장까지 받으니 그동안 성실히 일한 것에 대한 인정을 받았다는 사실이 기뻤고 하나님께 감사와 영광을 돌렸다. 이백 명 사원 중에 두 사람에게 주는 상으로, 값싼 상이 아니라는 동료들의 응원에 마음으로만 간직하였다. 회사 상사로부터 "미스터 곽은 대한민국 일등 국민이야"라는 말을 자주 들었는데, 그 공로는 오직 예수님 덕분이었다. 어렸을 때부터 예수 정신과 성경 중심으로 내 삶과 생활을 이끌었으므로 마을에서도 교회에서도 직장에서도 순전한 그리스도인으로 인정받게 된 것 같다. 삶의 우선 순위를 하나님으로 정하고 살아왔으므로 때로는 어려움과 박해를 받았으나 개의치 않았고 불의와 타협하지도 않아서 오해를 당하기도 하였다. 예수님을 닮은 사람으로 살려면 성경을 알고 가르침대로 살아야 한다. 너희는 세상의 빛, 소금이라 하셨으므로 …

그리스도인이란 절대 잘못을 저지르지 않는 사람이라는 뜻이 아니라, 넘어질 때마다 회개하고 다시 일어나 몇 번이고 다시 새롭게 시작할 수 있는 사람이다. 이것이야말로 그리스도인이 선하게 살려고 노력하는 여타의 사람들과 구별되는 이유이다. 그리스도인은 자신의 선한 행동은 모두 자기 안에 있는 그리스도의 생명에서 나온다고 생각한다. 그리스도인이 선하기 때문에 하나님이 우리를 사랑하는 것이 아니라, 하나님이 먼저 우리를 사랑하셨기 때문에 우리를 선하게 만드는 것이다. 창 자체가 밝아서 햇빛을 끌어당기는 것이 아니라, 햇빛이 먼저 창을 비추었기 때문에 밝아지는 것이다.

'내 안에 생명이 있다'는 것은 단순히 정신적이거나 도덕적인 의미에서 하는 말이 아니라는 점을 분명히 해야 한다. '나는 그리스도 안에 있다'거나 '그리스도가 내 안에 있다'는 말은 단지 머릿속으로 그리스도를 생각하고 있다거나 그를 본받고 있다는 뜻이 아니다. 이것은 그리스도가 실제로 그들을 통해 움직이고 있다는 뜻이다. 그리스도인의 전체 무리는 그리스도가 활동하는 물리적 유기체, 즉 우리가 그 몸의 세포이며 손가락이자 근육을 이루고 있다는 것이다.[15]

그리스도께 복종한다는 것은 말처럼 쉬운 것이 아니다. 예수님은 하나님의 뜻에 온전히 복종하셔서 십자가를 개의치 않으시고 죽기까지 순종하심으로 하나님의 의를 이루셨다. 복종은 자기희생이며 자기를 묶는 밧줄이다. 달리 말하면 십자가에서 죽지 않으면 하나님께 굴복할 수 없으며 그리스도의 형상을 닮을 수 없다. 사람이나 천사가 가장 효과적으로 쓰임을 받는 방법은 하나님의 명령에 순종하는 것이다. 그리스도를 소유한 사람은 그리스도에게 있는 무궁무진한 영적 풍성함을 소유한 사람이므로, 세상의 환경에 따라 믿음이 변질되지 않으며 가난과 궁핍도 견디는 힘을 얻게 된다. 나는 가난했지만 그것을 불평하거나 원망하지 않았다.

우리에게는 주 예수 그리스도라는 가장 확실한 표본이 있다. 그분은 사람의 마음을 아는 분이시기에 그분의 능력과 주관하심에 자신을 맡긴 사람은 누구나 그로 인해 복을 받는다. 그분이 무엇인가를 주실 때에는 언제나 풍성하게 부어 주셨으며, 책망하실 때에는 온유와 자비로 하셨다. 그분의 초청에는 언제나 인간을 초월하는 자비심이 함께 하셨다. 또한 그분의 시선은 언제나 한 곳에 고정되어 있었고, 그분의 마음은 일편단심 진실하셨으며, 사랑으로 가득하였다. 그분의 생각과 정신은 언제나 순수하고 맑았다. 그러므로 우리 모두 예수 그리스도를 닮아야 한다. 그분을 닮는 자가 진정한 그리스도인이다.

회사 동료들은 자주 회식을 하였는데 그 자리에는 언제나 각종 술이 나왔다. 술이 빠지면 회식이 아니라고 할 것이다. 술과 담배는 입에 댄 일이 없어서 당연히 안 하지만 동료들은 '딱 한 잔만은 괜찮지 않냐'고 생각하는 척 권한다. 술 한 잔을 먹어서 죄가 되는 것은 아니지만, 그러다 보면 다음 회식 때에도 피할 길이 없으니 아예 거절하는 게 유익이다. 신앙에도 정절을 지키고 성도의 거룩성을 보전하여 자기 몸을 욕되게 하지 않아야 한다는 신앙관으로 믿음의 정절을 지켜 나가야 하기에 거절할 것은 처음부터 단호히 거절하지 않으면 다음에 피할 길이 없게 된다. 그것이 인정되면 다음부터는 내 앞에 콜라나 사이다가 준비된다. 제사 문제도 마찬가지다. 처음에는 가족과 친척에게 집안 망할 놈이라는 소리를 들어도 참고 견디며 이겨나가면 나를 굴복시키지 못하고 오히려 그들이 굴복하고 포기하게 된다.

믿음을 불신자들 앞에 드러내 보이고 당당하게 크리스천임을 인정받으면 그 이후에는 아주 자연스럽게도 "저 사람은 신실한 기독교인이야"라며 그들도 알아서 인정한다. 직장 상사들이나 동료들도 내 신앙과 그리스도인임을 인정하니 함부로 대하지 않았다. 그리고 직무에 있어서도 빈틈없이 일했기에 일등 국민이라는 말을 듣게 된 것이다. 하나님의 백성으로 산다는 것은 하나님의 뜻, 곧 기록된 말씀을 지켜 순종하며 오직 하나님의 영광을 위해서만 생각하고 말하고 행동하는 것이다. 세상에 가진 것이 없고 부족하여도 이것은 나의 신앙 자산이요 힘과 능력이요 행복의 요소이다.

다니엘은 포로로 타국에 잡혀갔으나 그 신분의 비참을 원망하지 않고 신실하신 하나님을 의지하고 계명을 지키며 법도와 규례를 따라 행했다. 하나님이 그와 함께 하심으로 느부갓네살→벨사살→다리오 왕들의 연대적 신임과 사랑을 받고 신분 상승의 은혜를 받았으니, 그는 왕의 명령보다 하나님의 명령을 더 귀하게 여겼기 때문이다.

"이 다니엘이 다리오 왕의 시대와 바사 사람 고레스 왕의 시대에 형통하였더라."(단 6:28)

그가 다른 관료들의 시기와 모함을 받아 사자 굴에 던져짐을 당하였어도 하나님이 사자들의 입을 봉하셨고, 위기에서 살아난 것은 하나님을 전적으로 신뢰한 믿음을 보셨기 때문이다.

신앙의 결단

회사는 번창했다. 기계를 24시간 풀가동을 하여도 제품을 수송하는 트럭이 70여 대나 대기할 정도로 제품 생산이 따라가지 못하였다. 일요일, 휴일도 없이 전 직원은 비상 상태로 출근해야 했고 업체는 즐거운 비명을 질렀다. 하지만 나는 주일에 출근해야 하는 문제(시험)로 심각한 고민을 할 수밖에 없었다. 이때까지 어떤 중대사에도 주일을 무엇보다 중히 여겼다. 보리 농사를 망쳐 비난을 받으면서도 하나님과의 관계를 무너뜨리지 않겠다는 결심으로 신앙을 지켜왔는데 직장은 내 맘대로 행동하기에는 한계가 있어 적잖은 고민이었다.

이를 위해 기도하며 일단 상사에게 면담으로 사정을 이야기했으나 오히려 조직 생활에서 개인의 사정에 대한 이해를 요청하는 자체가 잘못된 것이라는 비아냥 같은 대답만 들었다. 상담을 할 때 먼저 교회에 가서 살아계신 하나님께 기도하고 전도용으로 성경을 사서 선물로 주면서 탁상에 두고 읽으라고 권하였으니 그가 성경을 버리지는 않았으리라. 한두 주일도 아니고 계속하여 교회를 못 간다면 철저한 믿음으로 세워진 내 신앙관으로는 견디지 못할 것이라는 생각에 더욱 힘들었다. 직업이 없을 때 얼마나 간절히 기도하며 새벽 시간을 보냈던가. 이런 날이 얼마이며 직장 구하기가 하늘의 별 따기처럼 어려울 때 하나님께 기도함으로 간신히 얻은 직장인데, 여기서 어떻게 하는 것이 옳은 것인지 이 문제로 가슴앓이를 많이 하였다.

일생의 삶에 생업이 귀하고 영원한 세계를 향한 신앙은 죽음과도 바꿀 수 없이 중요했다. 양자 간에 어떤 선택을 하든지 나는 치명적인 손해와 실패를 감수해야 하는 문제였기에 중대한 결단을 해야 하는 기로에 서서 고민하였다. 기도 중에 나의 결단이 서게 되었다. 이 문제로 직장을 그만둔다는 것도 신앙적 이해가 없는 회사에서는 비난거리요, 어떤 대책도 없이 그만두면 결혼한 지 얼마 안 된 아내의 실망과 함께 어린아이를 생각할 때 쉽게 결정할 문제가 아니었다. 하지만 아무리 어렵게 구한 직장이라도 믿음을 지키지 못하고 신앙을 상실해서는 안 된다는 무거운 마음의 결심을 하기에 이르렀다.

일단, 사직하지 않고 주일에는 회사 동의 없이 결근하기로 했다. 그 이유로 해고를 당하면 하나님이 굶어 죽게 하시지는 않으리라는 믿음을 갖고 주일에는 무조건 회사의 허락 없이 교회에 나갔다. 다음 월요일에 출근을 하니 여기저기서 충고와 비난이 쏟아졌다. 변명도 하기 어려워 입을 열지 않고 침묵으로 일관하였다. 뭐라고 변명한들 개인 신앙 문제를 이해해 줄 사람은 아무도 없었고 오히려 비난만 당할 것이 뻔했기 때문이다. 그러나 각오한 해고까지는 이르지 않았으나 급여에 차질이 있으리라는 생각은 했다. 주일에 결근한 대신 평일

근무는 정말 열심히 하여 결근에 보충하려고 했다.

당시 회사에서는 급여를 인상할 때 동일하게 인상한 것이 아니라 근무 성실성에 따라 인상율을 차등으로 적용했는데, 근무 성적에 따라 A, B, C급으로 분류하였다. 어찌 보면 비상식적이요 비인격적인 방법으로 근무하기를 요구하는 보이지 않는 조건부 압력 행위다. 나는 해고까지도 각오한 터라 당연히 C급에 해당한다고 생각했는데 A급 인상을 받고 깜짝 놀랐다. A급은 전체 직원의 소수이기에 이럴 것이라고는 생각도 안 했기 때문이다. 하나님께 감사와 찬송으로 영광을 올려드렸다.

"무릇 자기 목숨을 보전하고자 하는 자는 잃을 것이요, 잃는 자는 살리라."(눅 17:33)

주일에 교회에 가서 예배를 드려도 마음은 편하지 않았다. 직장 동료들은 근무하느라 정신없이 바쁠 텐데 하나님을 향한 믿음과 존엄성에 대한 사랑의 계명을 지키려고 직장에서 해야 할 내 의무를 다하지 못한다고 생각하니 회사의 질서와 규율을 배반한 것 같아 마음이 불편했다. 전에 보리가 비에 젖어 다 썩을 때처럼 교회에서 예배는 드리지만 밭에서 혼자 보리 작업을 하며 울고 있을 어머니를 생각하며 예배가 불편했던 것처럼 말이다. 그리하여 그때부터 기도하기를 "하나님, 마음에 부담 없이 교회에 나올 수 있게 해주세요. 내 마음이 불편하여 예배가 안 됩니다. 해고될 각오로 교회에 오지만 이렇게 불편하여 예배도, 직장 일도 힘드니 견디기 어렵습니다. 하나님, 이 일에 간섭하여 주소서." 아주 절박하고 간절한 심정으로 하나님의 도우심을 구하는 기도였다.

이 기도는 계속되었다. 약 1개월이 지났을 때 하나님은 놀라운 일을 행하셨다.

1973년 10월, 전 세계 각국에 경제적 타격을 준 유류 파동(Oil Crisis)이 그것이다. 4차 중동 전쟁 발발 이후 페르시아만의 6개 산유국들이 가격 인상과 감산에 돌입했다. 배럴당 2.9달러였던 원유(두바이유) 고시 가격이 4달러를 돌파하고 3개월 후에는 11.6달러까지 올라 2-3개월 만에 무려 4배나 폭등하였다. 이 파동으로 주요 선진국들은 두 자릿수 물가 상승과 마이너스 성장이 겹치는 전형적인 '스태그플레이션'을 겪어야 했다. 국내 생산 기업들은 석유값 인상으로 가동을 중지하는 사태가 되고, 내가 일하는 회사도 이 영향을 피할 수 없게 되었다. 24시간 풀가동하던 공장이 가동을 멈추고 주 3-4일 단축 가동에 들어가면서 가동을 안 하는 날은 인건비 문제로 오히려 회사에서 출근을 시키지 않고 휴무로 정하여 쉬도록 하였다.

하나님께 기도한 것이 이루어지지 않았는가? 주일에 부담 없이 교회에 가서 예배하기를 구한 기도가 이루어진 것이다. 어떤 이가 "그건 우연일 뿐이야!"라고 말한다 해도 내겐 결코 우연이 아니다. 하나님께서 나의 기도를 들으심으로 세계적 파동을 일으키심에 그의 권세를 사용하셨다는 믿음이다. 유류 파동보다 더 큰 사건들을 행하심을 보라. 모세의 기도를 들으시고 홍해를 가르신 일, 광야 길을 행할 때 베푸신 기적들과 허다한 기적들을 보라.

"주의 만나가 그들의 입에서 끊어지지 않게 하시고, 그들의 목마름을 인하여 그들에게 물을 주어 사십 년 동안 광야에서 기르시되, 부족함이 없게 하시므로 그 옷이 헤어지지 아니하였고 발이 부르트지 아니하였으며, 또 나라들과 족속들을 그들에게 각각 나누어주시매 그들이 시혼의 땅, 곧 헤스본 왕의 땅과 바산 왕 옥의 땅을 차지하게 하셨나이다."

헤스본 왕 시혼과 바산 왕 옥은 강대국으로 이스라엘 군대만으로는 당할 수 없는 나라였지만 하나님은 능력으로 그들을 물리치셨다.

이와 같이 부족하고 약한 사람이지만 석유 파동이라는 엄청난 사건을 만들어서라도 기도를 들으신 하나님의 능력을 의심하지 않는다. 그리하여 아무 부담 없이 교회에 갈 수 있었고 예배를 드릴 때는 다른 성도들이 모르는 감격을 품고 눈물을 흘리며 예배에 임하였다. 이러한 체험을 통하여 먹고 사는 문제, 직장 문제는 하나님의 손에 달려 있다는 것을 깨닫게 되었으며, "그런즉 너희는 먼저 그의 나라와 그의 의를 구하라. 그리하면 이 모든 것을 너희에게 더하시리라"는 말씀의 힘을 경험했다.

당시에 각 산업체에는 발전적 측면에서 '분임 토의'라는 제도가 있었다. 각 부서에 분임반을 조직하여 업무와 관련된 발전과 향상, 생산적이고 효율적이며 물자 절약 등을 위한 새로운 아이디어를 분임 토의를 통해 창출해 냈는데, 직장 분위기와 근무 의욕, 제품의 품질 향상을 도모하기 위한 그룹형 토의체였다. 나는 분임장이 되어 많은 연구활동과 함께 분임반의 아이디어를 실제 업무에 적용하고 종합 발표를 하여 최우수 분임상을 받았다.

주일에 교회에 다니는 일로 해고당할 것을 각오했지만 오히려 회사에서는 높이 평가해 주며 동료와 상사로부터 인정받는 사람이 되었다. 이것을 자랑하려는 것이 아니다. 그리스도인으로 살아가려는 참된 기독교인이 되겠다는 신앙의 결심과 성경 중심의 삶과 행위를 통하여 너희 빛을 사람 앞에 비치게 하여 그들로 너희 착한 행실을 보고 하늘에 계신 너희 아버지께 영광을 돌리게 하라는 말씀을 따를 뿐이다.

출장 시에 생긴 일

어느 날 회사로부터 출장 명령을 받았다. 며칠이 아닌 3개월의 장기 출장으로, 전국의 시장조사를 하는데 도, 시, 군, 면까지 전국의 제품에 대한 소비 상황을 조사하는 것이었다. 이를 위하여 자동차와 운전기사를 붙여주며 조사 기간 동안에는 회사 출근의 의무는 없고 간혹 보고를 위해 내사하는 업무였다. 이 출장 명령에 대한 대가는 회사로부터 어떤 언급도 받은 일이 없었다. 하지만 어떤 사원을 통해 이번 출장 업무가 끝나면 좋은 자리에 승진시킨다는 말을 듣기도 했으나 개의치 않았다. 이 업무는 쉬운 일이 아니었고 장거리 승차와 육체의 피곤은 말할 수 없었다. 하루 이틀도 아닌 3개월을 뛰어다녀야 했는데, 회사의 요구에 부응하는 정확하고 합리적인 조사를 해야 하기에 성실 부담도 컸다. 하지만 나를 해고하지 않고 인정해 주며 일을 맡겨 주신 것에 감사하며 열심히 출장 업무에 최선을 다하였다. 주일에는 집에 와서 쉬면서 교회에 나갈 수 있었다. 출장 3개월째 시장 조사의 목적이 성공적으로 이루어지고 성과 보고를 위해 회사에 들어갔는데 분위기가 아주 살벌했다. 이유를 알아보니 회사 내에 노동조합이 설립되면서 사내가 발칵 뒤집혔고 분위기가 뒤숭숭했다. 서로 말도 조심하고 끼리끼리 모여 비밀리에 무슨 얘기들을 하는지 조심스러웠다. 처음 입사할 때 대표이사는 노동조합 설립을 절대 불허했다. 만일 이런 일을 꾸미려는 사람이 있다면 지금 그만두는 것이 좋을 것이라면서 엄포를 놓았던 말이 생각났다. 1970년대 이전부터 박정희 정부에서는 노동조합 3권을 인정하지 않고 노동자들의 권리를 제한했다. 경제개발이라는 미명으로 노동자들을 혹사시키고 장시간의 근로와 저임금으로 인권을 말살했고, 열악한 근로 환경 개선을 주장하지 못하도록 법으로 막았다.

노동조합 설립은 엄두도 내지 못하고 한다 해도 목숨을 걸고 하지 않으면 불가능하고 성공하기도 어려운 일인데 관리부서에 속한 현장 사람들이 설립을 주도하였다. 회사에서는 온갖 방법을 다해 노조 설립을 막으려고 했고 어용 노조까지 만들어 방해했다. 또한 경찰서 형사들까지 동원되어 회사를 지원하고 방해 공작을 하면서 살벌한 분위기에 힘없는 근로자들은 불안과 초조함 속에 숨을 죽여야 했다. 나는 이 일에 절대 관여하지 않으려 하였다. 주일 예배를 마친 오후 노조 설립 위원들 여섯 명이 집으로 찾아왔다. 그들은 설립 취지를 설명하고 나를 설득하려 하였다.

"형님, 먼저 말씀 못 드리고 일을 저질러서 죄송합니다. 사실 선배님들이 할 일을 우리가 하게 되었으니, 형님은 이 일에 뛰어들지 말고 가입 서류에 도장만 찍어 주세요."

그들은 목이 잠겨 소리도 안 나올 정도로 애썼는데, 회사의 방해를 무릅쓰면서 일하는 것을 보니 안쓰러웠다.

"그대들 하는 일이 성공할 것 같은가? 뜻대로 안 되면 자네들은 희생할 각오를 가져야 해! 나는 애초부터 그런 일에 관심도 없었어. 왜냐하면 실패하면 직장을 그만둬야 하거든."

그들은 다른 사람 몇십 명 가입보다 나 한 사람 가입을 중하게 여긴다며 간절히 부탁하였다.

"그래요, 도장은 찍어 주겠지만 나는 아무것도 안 할 테니 알아서 잘해 보세요. 하지만 가입은 비밀로 해 주세요."

도장을 찍어 준 것은 노조가 노동자의 권리를 위한 최소한의 법적 장치인 것을 알기에 같은 근로자의 입장에서 차마 거절할 수 없는 정의로운 판단 때문이었다. 기독교인이 아니었다면 그들의 요구를 들어주지 않았을 것이다.

내가 가입 서류에 도장을 찍었다는 소문은 3일도 안 되어 알려지고 (그들은 내가 날인한 것을 천군만마를 얻은 듯 자랑하였다.) 회사 사무실 상사들은 나를 주목하기 시작하였다. 나를 불러 개별 면담으로 협박성 충고를 하고 견디기 어려운 압력을 했다. 고향 사람들 사원이 7-8명 있었는데 내가 설득해서 노조에 들어가게 했다는 둥 출장 중에 암암리에 노조 활동 조종을 했다는 둥 여러 가지 가짜 말을 만들고 사실과 다른 구실을 만들어 괴롭혔다. "곽성현, 너 무서운 놈이더라. 어떻게 출장 다니며 노조 설립을 뒤에서 조종했어?"

노조의 노자도 생각하지 않았는데 마치 내가 한 것처럼 소문은 퍼져 나갔다. 억울해도 변명할 수조차 없고 하기도 싫었다. 도장 찍은 것이 죄도 아니고 잘못도 아니다. 그것은 나의 권리이며 근로자 전체의 생존에 해당하기 때문이다. 회사로부터 우수 사원으로 상도 받고 일등 국민이라는 별명도 있고 출장에 특별한 의미도 있어서 장래를 생각한다면 회사가 원치 않는 일에 개입하는 것은 어리석은 일이 된다는 것을 잘 알고 있다. 날인한 것은 기독교인으로 개인의 유익보다 모두의 유익을 위한 오직 '옳다'는 판단 기준에서 한 일이다. 하지만 노조 일에는 일체 관여하지 않았다.

"누구든지 자기의 유익을 구하지 말고 남의 유익을 구하라."(고전 10:24)

"... 사랑은 자기의 유익을 구하지 아니하며"(고전 13:5)

회사는 수백 명의 노조 가입자들은 크게 문제 삼지 않으면서 나에 대해서는 집중적으로 압력을 가하였다. 나에 대한 기대치가 컸는데 실망했다는 것이다. 본사, 군산에서 대표이사 사장이 나를 부른다고 하였다. 출장 중 마무리 단계로 충청도에서 본사로 가서 사장실에 들어갔다. 그는 키가 크고 몸집도 좋아 사장다운 풍채로 앉아 있었다. 그 얼굴에서 웃는 모습은 한 번도 보지 못했는데 그날도 굳은 얼굴로 나를 바라보았다.

이미 짐작은 하였지만 무슨 말을 할지 긴장된 자세로 그의 앞에 서 있었다. 인간적 배려가 있다면 소파에 앉으라고 할 수도 있을 텐데 그냥 세워두니 '주인과 종의 관계, 갑과 을의 관계가 바로 이것이구나'라고 생각하였다. 그는 근로의 대가로 임금을 주고 나는 일을 제공하므로 양자의 관계는 동등하건만 세상은 둘의 관계를 구분한다.

"곽성현 씨, 노조에 가입했나요?" 사장은 거침없이 창을 던졌다.

"예." 낮은 소리로 대답하였다.

"곽성현 씨, 믿는 도끼에 발등 찍힌다는 말 알지요? 모두 당신을 칭찬해서 우리 사람으로 키우려고 했는데, 이번에 보니 실망이네요."

사실과 다르다고, 실수를 용서해 주시라고 한다면 오해를 풀 수 있을까? 지금이 기회일 수도 있어! 그러나 용서라는 말이 나오지 않았다. 내가 한 일이 회사에 해가 되지도 않고 손해도 끼치지 않았으며, 정의로운 판단에서 한 것이기 때문에 용서받을 일이 아니었다.

"사장님, 노조는 회사와 근로자에게도 필요하며 근로자에 대한 처우는 오히려 회사 발전의 요인이 될 것입니다. 나쁘게만 보지 마시고 긍정적으로 보시면 어떨까요?"

사장은 나의 말뜻을 알아들었을까? 부자들은 가난한 자의 사정을 모르고 자기 이익만 따지므로 이상한 말로 들릴 것이다. 제품 생산을 위해 풀가동을 해도 출하를 기다리는 트럭이 칠팔십 대이니 사업 수익이 어마어마할 것이었지만 근로자에게 인색하다면 장기적으로 어떻게 경영 상태를 유지할 수 있을 것인가? 기업 경영의 목적이 이윤이지만 그보다 더 중요한 것이 사람이라는 것을 모르는 것 같다.

현대의 기업 정신은 사람 존중을 넘어 사회 공익에 기여하는 경영 철학으로 변하고 있음을 모르는 것 같다. 기업 이미지는 사장 이미지 (President Identitiy) 에 의해 결정된다. 최고 경영자의 사상과 철학이 기업의 경영 이념과 경영 철학이 된다. 이것은 매우 당연하고 자연스러운 일이다.(16) 그러므로 최고 경영진은 회사의 이미지와 평판에 대한 책임이 있다.(17) 최고 경영자의 이미지는 외부적으로 기업 이미지와 얼굴이지만 내부적으로는 경영 이념과 경영 철학이 된다. 이는 그 일에 종사하는 근로자들에게 동기 부여가 되고 일하는 자세와 참여의 여부, 기업 성장에까지 영향을 미친다. 기업은 결국 사람 관계이기 때문이다.

입사 초부터 주어진 일뿐 아니라 매일 회사를 위하여 기도하였다. 회사를 위하여 누군가 기도하는 사람이 있다면 곧 곽성현 홀로일 것이다. 이것을 아는 사람은 아무도 없을 것이다. 또 나를 위한 기도는 이것이었다.

"하나님, 이 회사에서 일하지만 회사의 종은 되지 않게 해주세요. 이 회사의 종으로 끝날 수는 없습니다."

그렇다고 어떤 목표가 따로 있는 것도 아니었다. 인생의 전부를 한 개인의 사업에 바친다는 것이 아깝다고 생각했다. (직업이 생업에 관한 일이라 할지라도) 사장실에서 나온 발걸음이 무거웠다. 사장님은 나 때문에 기분이 상했을까?

회사에 돌아온 며칠 후 인사 발령 공고가 붙었다.

'곽성현, 1개월 대기 발령'

이 징계는 최고 경영자의 지시로, 올 것이 온 것이다. 마음으로는 준비하고 있었으나 충격이 컸다. 노조 가입자가 수백 명인데 다른 사람은 아무렇지 않고 노조 주동자도 그대로인데 나는 뭔가? 날인 도장 하나 때문에 이런 가혹한 중벌을 준 것이다. 이제부터는 근무처에 들어가지도 못하고 출근부터 퇴근 시간까지 휴게실 책상 앞에서 일과를 보내는 신세가 되었다. 가지고 온 도시락으로 점심을 때우노라면 내 모습이 처량할 뿐이었다. 휴게실을 들락거리는 사람도 많은데 꼭 죄인 같은 생각에 수치심을 느끼며 시간을 견뎌야 했다. 아내에게 미안해서 말도 안 했는데 그런 줄 모르고 새벽잠 설치며 도시락을 싸주는 아내에게 미안하여 먹으면서 목이 메었다. (당시에는 도시락을 지참했다)

하루 이틀도 아니고 한 달을 이렇게 해야 한다고 생각하니 살아있으나 죽은 거나 마찬가지였다. 지금 같으면 인권 침해요 학대로 오히려 사업주가 처벌을 받아야 할 것인데 시대적 차이에서 당하는 억울함을 호소할 상대도 기관도 없었다. 이는 본보기로 모욕을 주기 위한 것이며, 전 사원에 대한 경고성 주의를 주려는 폭력행위이다. 발에 차꼬를 채우고 손을 묶는 것과 같이 견디기 어려운 일이어도, 이럴수록 믿음에서 흔들려서는 안 된다고 스스로 다스리며 예수 그리스도의 십자가와 고난을 생각하며 이겨나갔다.

"의를 위하여 박해를 받는 자는 복이 있나니, 천국이 그들의 것임이라."(마 5:9)

대기 발령의 목적은 이제 당신은 우리 회사에 필요치 않으니 자진 사퇴하라는 뜻이다. 해고할 수 있으나 해직 수당도 줘야 하고 이미지에 안 좋으니 스스로 나가라는 것을 모르는 바 아니어도, 아내에게 말하기도 힘들고 버틸 대로 버티겠다는 오기도 생겨 그만두기도 어려웠다.

한 달을 일 년 같이 보냈다. 자진 사퇴도 않으니 다른 발령을 내렸다. 이번에는 한직으로 보내어 제품 포장 부서 파카실에서 일하라고 하였다. 이 작업은 계량기에 무게를 고정하여 포장지를 대주면 자동 포장되어 컨베이어를 타고 창고 야적장으로 이동한다. 종일 서서 하는 작업으로 쉽지 않은 일이다. 요셉은 죄없이 감옥에도 들어갔는데, 이 일도 못하랴! 어찌 보면 보이지 않는 싸움(전쟁)을 하고 있다. 몸도 힘들지만 마음은 더 힘들고 회사를 위하여 성실을 다하였고 보이지 않게 회사 번영을 위해 기도했건만 내게 돌아오는 것이 이런 것인가 생각하니 슬퍼지기도 하였다.

어느 날 야간 근무를 마치고 집에 쉬고 있는데 회사에서 보낸 사람이 찾아와서 회사에 들어오라는 것이다. 무슨 일인지 궁금증을 갖고 들어갔더니 청천벽력 같은 애기를 하였다. 어젯밤 야근에서 포장 중량이 포장당 200그램이 미달 상태로 포장됐는데, 기계 여섯 대 중 내 라인에서 사고가 났다는 것이다. 그 숫자가 천 포대 이상으로, 이를 다시 작업하려면 수작업으로 포대를 풀어 중량을 채우고 다시 포장하는데 인력을 보충해야 한다는 것이다. 이것을 징계에 불만을 품은 고의적 행위로 몰아갔다. 포장기계는 작업시간 전 22킬로그램을 확인하고 시작하는데 아무 문제가 없었다. 고의적 행위는 상상할 수 없는 일이며, 보복하기 위한 행위로 몰아가니 어떻게 해명해야 좋을 것인가? 지금껏 살면서 거짓으로 속이거나 보복한 일이 없건만, 이 사건은 분명히 알지 못하는 누구의 손이 꾸민 음모라는 생각이 들었다. 밤 시간에는 교대로 한 시간씩 수면을 하는데 내가 없는 시간에 누가 저울 조작을 한 것은 아닐까? 내가 손대지 않은 이상 누군가 나를 곤경에 빠트리려고 한 것이라면 이는 분명히 음모. 이런 모욕과 비양심적 사람으로 손가락질 당하는 일은 견딜 수 없는 고통이었다.

세상은 악하고 이기주의와 물질주의로 타인의 인격 따위는 안중에도 없다. 철저하게 혼자가 된 자신의 모습이 어미를 떠난 오리 새끼처럼 외로워진다. 내 편을 들어줄 사람이 없고 모두들 회사 눈치를 보면서 자기 보신에 몸을 사린다. 다른 물증이 없으니 정황만 가지고는 항변할 도리가 없다. 억울한 누명이며 모략이다. 그리스도는 죄가 없으나 죄인으로 취급되어 사람들에게 멸시와 곤욕을 당하셨다. 그러나 변명도 부인도 없이 모든 것을 받아들이셨다.(사 53:3, 7)

"나는 벌레요 사람이 아니라. 사람의 비방거리요 백성의 조롱거리니이다. 나를 보는 자는 다 나를 비웃으며 입술을 비쭉거리고 머리를 흔들며, 그가 여호와께 의탁하니 구원하실걸, 그를 기뻐하시니 건지실걸 하나이다."(시 22:6-8)

결국 압력과 방해 공작으로 노조 설립은 무산되고 어용 노조가 조합으로 등장하였다. 나의 입사 동기는 회사에서 지명한 어용 노조 위원장이 되어 융숭한 대우를 받으며 원 노조를 설립한 자들을 비난하고 나한테도 냉정하게 대하였다. 그는 나를 대할 때마다 피하는 태도를 보였는데 내가 지금 당하는 처지를 은근히 비웃고 있는 듯하였다. 정상적인 노조위원장이라면 조합원이 회사로부터 부당한 대우를 받을 때 앞장서서 해결하는 것이 당연했지만 그는 회사를 위한 노조위원장으로 내 문제를 외면하였다.

서명 날인 하나가 삶을 무너뜨리고 인격까지 짓밟는 사회제도. 성실과 정의와 정직은 묻히고 가려지고, 오히려 불법과 돈이 우선하는 세상. 말로는 민주주의를 외치고 자유를 부르짖어도 세상에는 우는 자가 많고 억울해도 참아야 하며, 부자는 가난한 자를 멸시하고 권세자는 약한 자를 무시한다. 누구를 원망하리요. 이것이 내가 받아야 할 잔이라면 순순히 물러가는 것이 나를 위한 길이요 회사가 원하는 일이라고 마음을 정하였다. 앞길이 험하고 막연해도 주만 의지하고 기도하리라.

내 갈 길 멀고 밤은 깊은데 빛 되신 주
저 본향 집을 향해 가는 길 비추소서
내 가는 길 다 알지 못하나 한 걸음씩 늘 인도하소서

이전에 나를 인도하신 주 장래에도
내 앞에 험산 준령 만날 때 도우소서
밤 지나고 저 밝은 아침에 기쁨으로 내 주를 만나리

앞에서 쓴 바와 같이 이윤보다 사람을 존중히 여기며 사회 공익을 위하여 환원하는 경영 철학이 되어야 성장과 발전을 이루며 그렇지 못하면 퇴보한다고 하였다. 나는 이 회사의 앞날이 어떠하리라는 것을 예측하고 있었다.

참고로 이 회사의 역사와 경영 상태를 들여다보자. 1957년 이용구 회장이 호남제분 군산 공장을 창업하여 제분과 사료를 생산하는 사업으로 크게 성장하였다. 호남제분은 국내에서 두 번째로 설립된 제분 회사로, 하루에 6,000포를 생산하고 직원은 700여 명(군산 공장 포함),

기계시설도 우수하였다. 정치적으로는 박정희 정권하에서 1967년 제7대 총선에 즈음하여 목포는 최대 격전지였고, 당시 박정희 대통령이 공화당(여당) 후보 첫 지원 유세를 목포에서 가질 정도였다. 유세에서 정국 안정을 역설했던 박 대통령은 중앙정보부와 내무부 간부들을 청와대로 불러 여당 후보 10-20명이 떨어져도 야당 후보 김대중을 절대 당선시켜서는 안 된다고 지시했다는 일화가 있다. 박 대통령은 김대중 후보를 낙선시키기 위해 관계 장관들을 데리고 목포로 내려와 목포 개발이라는 주제로 국무회의를 주재한다. 그리고 다양한 장밋빛 공약을 쏟아낸다. 그 속에는 삼학도(국유지) 관리권 목포 이양과 함께 제분공장 설립도 들어있었다. 목포 시내에는 천문학적인 현금과 막걸리가 홍수를 이루고 국수로 다리를 놓았다는 말이 유행할 정도였다. 손꼽히는 향토 기업으로 군산 경제 발전에 이바지했던 군산 호남제분은 박정희 정권의 요청으로 1971년 공장을 목포로 이전하면서 군산 공장은 생산이 중단된다.

공장과 본사를 목포로 옮긴 호남제분은 공장을 증설하여 1일 생산 능력 1,000톤, 국내 3대 제분업체의 하나로 성장한다. (이 무렵 필자는 회사 1기로 채용되고 노조 설립 사건 시 박정권 경찰서 형사들이 방해 공작을 함.) 1970년대 말에는 제일사료, 일양피혁, 한국농업, 대상, 유성물산, 전진산업, 제일피혁 등의 계열사를 거느린 중견 그룹으로 거듭난다. 잘 나가던 이용구 회장은 전두환 신군부가 권력을 장악했던 1980년 증권거래법 위반 및 공갈 혐의로 검찰에 구속된다. 이용구 회장(창립 20주년 내게 우수사원 상을 주신 분)은 일본 게이오대학 부곡병원에서 세상을 뜨고 그해 막내아들이 아시아나 항공기 추락 사고로 숨지는 불상사가 겹쳤다. 3남 이희상이 경영권을 물려받아 회장이 되고 그는 전두환과 사돈 관계가 된다. 그리고 2013년 검찰 수사를 받게 된다.(전두환 일가 미납 추징금 특별환수팀. 환수금 일부를 추징당함) 호남제분 목포 공장은 2011년 충남 당진으로 옮기고 공장 기계 설비를 이전하였다. 그는 본 사업 외에 수입 자동차 사업, 수입 술 사업, 수입 의류 사업 등 30여 개의 계열사로 사업을 확장했으나, 경영권 악화로 매각 처분되어 결국 워크 아웃되었다. 목포 공장 자리는 시의 항구 정화 작업으로 공장의 모습은 완전히 사라지고 다른 모습으로 변모한 것을 볼 때 옛날 사장 앞에서 했던 말이 생각난다.

"기업의 이윤보다 사람을 더 귀하게 여기시라."

사직을 하고 나니 앞이 캄캄하였다. 생업을 위하여 무엇을 할 것인가? 가장의 책임과 아내와 아이들을 생각하니 중압감이 심신을 짓눌렀다. 실업자라는 명찰을 달고 살아야 한다니! (이런 경험을 당하지 않은 사람은 그 절박함을 이해하지 못할 것이다.) 전에 출근할 때는 며칠 푹 쉬고 싶을 때가 많았는데 집에 박혀 있자니 답답하고 신경질만 나고 날이 갈수록 지옥이 따로 없다는 느낌이 들었다. 사람은 일을 해야 사는 맛이 난다.

일은 축복이요 거룩한 사명이다. 아침에 출근하고 일을 마치고 저녁에 퇴근하여 가족에게 돌아가는 행복을 감사하며 살아야 한다. 실업율이 증가하고 청년들이 일자리 찾기가 하늘의 별 따기라니, 이는 정부가 경제 산업 분야의 고용정책에 획기적인 변화를 모색할 문제다, 우리 산업체들이 외국으로 공장을 이전하는 이유가 무엇인가? 고

임금, 고비용, 까다로운 행정절차, 지가 상승, 강경 노조 등 기업 환경에 애로가 많기 때문이다. 외국 자본의 유입으로 투자 유치를 순환적으로 이끌어 높은 수준의 기술과 한국이 가진 장점들을 활용하여 기업하기 좋은 나라로 정책을 지향한다면 일자리가 생기고 실업율은 감소할 것이다. 더불어 결혼과 출산, 인구문제에 긍정적 반응을 가져올 것은 자명한 일이다.

에덴에서 추방된 아담과 하와에게 "너는 평생에 수고하여야 그 소산을 먹으리라. 네가 흙으로 돌아갈 때까지 얼굴에 땀을 흘려야 먹을 것을 먹으리니"라고 하신 말씀은 저주라기보다 축복이다. 인류는 번성하여 증가하고 넘치는데 사람에게 일이 없다면 어떻게 될지 상상해 보라. 일이 없는 세상이 더 지옥같이 될 것이다.

"사람마다 먹고 마시는 것과 수고함으로 낙을 누리는 그것이 하나님의 선물인 줄도 또한 알았노라."(전 2:24)

주일에 교회 가는 것 외에 밖에 나가고 싶지 않아 집안에서 맴돌았다. 밖에 나가서 아는 사람이나 회사 사람을 만나면 곤란할까봐 통 나가고 싶지 않고, 집에 있자니 아내에게 미안해 견디기 어려웠다. 바닷가는 인적이 드물어 파도 소리를 들으며 바위에 앉아 깊은 고뇌에 빠지기도 하였다. 소풍 온 것이라면 기분이라도 좋으련만 답답증에 나온 산책은 그리 즐겁지도 않았다. 나를 이해해 줄 사람은 하늘 아래 아무도 없다는 것이 마음을 슬프게 하였다. 하늘을 쳐다보며 소리친다. "아버지! 나, 어떡해요!" 외침은 허공으로 사라질 뿐 아무 대답도 없다.

생각나는 대로 한 편의 시를 만들어 본다.

파도가 밀려와 바위에 부딪치면
흰 거품을 품고 또 부서져
흩어지고 맴돌고 이리저리 돌아
다시 하나가 되고
바윗돌 틈새 작은 고동을 쓰다듬고
다시 흩어지고
생물체들은 바닷물에 적시어
생기를 얻어 살아간다
파란 게 뭘까, 바다 이끼?
아니오 난 파래랍니다
파릇파릇 파래서 파래지요
바다는 마르지 않고 부족하지도 않아
생물의 젖이 되고 양식이 되어
살게 하고 살린다
그렇게 살면 되는 것이지
그대는 무엇이 괴로워 한숨짓나요
하늘도 땅도 바다도 전부가
당신을 위해 있는 거라오
가슴에 부딪치는 파도 소리
심장에서 부서지는 은빛 물결

그대 안에 소망의 휘파람

혼자가 아니라면 둘이요

그는 위엄이요 전능자

그러므로

두려워 말아요 괴로워 말아요

흐리고 비 오고 천둥소리 너머

태양은 언제나 그대로이니

빛이 비칠 때

바다는 더 푸르고

파도 소리 은빛 물결은

그대 가슴에서 부서지리니

아는 사람으로부터 신학교 소개를 받고 원서를 제출하였다. 새벽에 올라가서 밤에 올 수 있어서 큰 비용 없이도 가능하였다. 내 공부의 목적은 주일학교와 중고등부 학생 지도, 장로의 역할에 도움과 개인의 신앙생활에 유익이 되리라고 생각했기 때문이었다. 결코 목회를 위한 목적은 아니었다. 그럴 수 없는 것이, 쓰러지는 병이 있어 강단에 서는 목회는 불가능하다는 것을 알고 있기 때문이다. 각 지방에서 많은 학생들이 수업을 들으려고 모여들었다. 그중에는 나이 많은 노인, 중년, 전도사, 목회 사역자들, 부부 사역자도 있었다.

교과목은 조직신학, 구약신학, 신약신학, 역사신학, 교회사, 히브리어, 헬라어, 실천신학(예배학, 설교학, 전도학, 목회학, 목회상담학) 한국교회사, 개혁주의 신학사상, 교회음악, 영어 등이었다. 과제를 많이 주어 집에서도 공부하지 않으면 성적에 차질이 생기므로 열심히 공부해야 해야 했다. 교회와 목사님께는 공부하는 것을 알리지 않고 알릴 필요도 없다고 생각했다. 또한 직장을 그만둔 것도 말하고 싶지 않았다. 갑작스런 변화로 생활이 엉망이 되고 심신에 안정이 없이 우울해질 때면 갈 데라고는 바닷가 밖에 없어 거기서 마음을 추스르는 것이었다. 넓은 바다는 모든 것을 수용한다. 온갖 찌꺼기, 홍수로 밀려오는 불순물은 바다에서 정화되고 해체되고 녹아서 생명체들의 놀이터와 집합체로 어우러진다. 고요한 것 같으나 요란하고 죽은 것 같으나 살아서 옛적부터 변함없이 그대로 출렁이고 움직인다. 바람이 불면 더 요란하고 파도는 높아져 길을 막는다. 언어가 없어도 속삭이고 스승이 아니어도 가르치고 역사가 없어도 증거하며 프로그램 없이 즐기게 한다. 예수님은 바다(호수)를 좋아하셨을까? 갈릴리, 벳세다, 디베랴, 요단강을 거니시면서 사람들을 만나시고 거기에서 제자들을 부르시고 복음을 전하시고 병자들을 고치셨으니, 바다를 좋아하신 거야! 고기를 잡아 어부 베드로에게 입이 벌어질 정도로 놀라게도 하셨지. 풍랑은 또 어쩌고! 거친 파도타기를 하는 것도 흥미로웠을 거야. 아마도 폭풍의 바다에서 바람과 누가 이기나 힘도 겨뤘으나 바람이 패배했지.

 디베랴 호수 강변에서의 떡과 생선 파티는 어떻고. 밤새 고기를 잡느라 떨던 친구들에게 숯불 캠프파이어로 몸도 녹여주셨지. 아무튼 예수님은 바다를 좋아하신 거야! 바다만 좋아했다고? 산은 또 어떻고! 산 위에서 부는 바람 시원한 바람 산 위에 오르실 때면 사람들이 거기에도 따라갔어. 매미와 쓰르라미 합창단의 찬양 속에 예수님의 설교는 복된 말씀으로 진짜 꿀맛이야. 그런 설교는 요즘 듣기 힘들어요. 그것뿐만이 아니야. 변화산의 멋진 광경에 세 제자들은 천국을 경험했잖아. 그들은 예수님의 광채로 빛나고 흰 모습을 본 적이 없거든. 그래서 거기에 집을 지으려고도 했어. 그들이 모세(주전 14세기)와 엘리야(주전 9세기)를 본 적이 없는데, 주님이 옛날 사람들을 직접 데리고 오셔서 보여 주시고 예수님이 하나님 되심을 알려주신 거야.

산은 숙소 겸 기도실이었어. 여우도 굴이 있고 새들도 깃들일 곳이 있는데, 예수님은 단칸방도 없어서 산으로 가셨고 누울 만한 자리도 없어서 그냥 이슬을 맞고 기도로 밤을 지새셨지. 감람산도 자주 가시고 겟세마네 동산에서 최후의 기도를 드리시고 마지막에는 갈보리 산으로 가셔서 최후를 보내셨는데 말이야. 그건 말하기조차 너무 기가 막혀! 나와 우리의 죄값을 대신하여 피 흘려 죽으셨다는 사실이야.

찬송 144장

예수 나를 위하여 십자가를 질 때
세상 죄를 지시고 고초 당하셨네

후렴) 예수님 예수님 나의 죄 위하여
　　　보배 피를 흘리니 죄인 받으소서

십자가를 지심은 무슨 죄가 있나
저 무지한 사람들 메시아 죽였네

피와 같이 붉은 죄 없는 이가 없네
십자가의 공로로 눈과 같이 되네

아름답다 예수여 나의 좋은 친구
예수 공로 아니면 영원 형벌 받네

 하나님은 양들을 푸른 풀밭으로, 쉴 만한 물가로 인도하시며 평탄한 길로 인도하신다. 때로는 골짜기를 지나게 하시며 메마른 지경에서 헐떡이는 고난의 쓴맛을 당하게도 하시므로 양면적 은혜를 베푸신다. 양면적 은혜가 다 필요하기 때문에 어느 한 편을 허락하지 않으며 이를 통하여 온전한 그리스도인으로 만들려고 하신다. 이 은혜를 모르는 사람들은 고난이 닥쳐올 때 그것을 없애달라고 울고불고 부르짖어 기도한다.

 고난에 대한 생각과 고난의 기쁜 복음을 파악하기 위해서 고난을 견디고 실제적으로 고난으로부터 유익을 얻기 위해서 고난을 선택하고 이것이 실제로 영원한 행복으로 이끄는 지혜를 얻기 위해 사람들은 이 길을 걸으신 예수 그리스도께 배워야 한다. 고난은 영혼을 완전히 깨끗하게 하는 통과의식이다. 결과적으로 청결은 통과 뒤에 남겨 놓은 흔적이다. 금이 불 속에서 깨끗해지듯이 영혼은 고난 속에서 깨끗해진다. 그러나 불은 금에서 무엇을 제거하는가? 이것을 제거한다고 부르는 것은 이상한 말일 수 있다. 왜냐하면 금은 불 속에서 모든 비천한 것들을 상실하고 있으니까. 다시 말해 금은 불을 통해 이득을 얻는다. 기독교는 진리로 인해 고난을 당하기보다는 고난을 회피하기 위한 도구로 진리를 활용하려 했다. 이것은 가장 깊은 타락으로 사회에 아무런 힘을 발휘하지 못하는 그리스도인만을 양산할 뿐이다.(18)

성경은 우리에게 고난을 제거하고 피하라고 말하지 않는다. 온전히 받아들이고 고난을 통하여 영혼의 찌꺼기들을 깨끗하게 하여 흠이 없는 그리스도인으로 살도록 명령하신다. 그러므로 고난은 슬픔이나 낙심도 아니요, 우리에게 유익을 준다. 요셉이 죄없이 감옥에 갇혔으나 그 길은 영광의 길이었으며, 바울이 빌립보 감옥에서 손과 발이 차꼬에 묶였으나 오히려 간수의 가정이 구원을 받고 빌립보 교회가 탄생한 계기가 되었다. "주 안에서 항상 기뻐하라. 내가 다시 말하노니 기뻐하라."

'항상'이라는 단어를 기억해야 한다. 기쁠 때나 슬플 때, 건강할 때와 병들었을 때, 성공할 때와 실패할 때, 부요할 때와 궁핍할 때. 분별없이 항상 기뻐하는 사람은 하나님의 양면적 은혜를 알고 감사하는 사람이다.

고난의 길이라고 말할 때 마치 고난과 길을 분리할 수 있는 것처럼 보인다. 하지만 기독교는 고난 자체가 길이다. 바로 이것이 기독교가 말하는 진리이신 그분이 가신 길의 본질이다. 고난 자체가 길인 경우 고난을 제거하면 길이 사라진다. 따라서 고난은 이 길을 가는 자에게 필연적이다. 결코 제거할 수 없을뿐더러 제거하기를 바라는 것은 말 그대로 지옥행 열차를 타겠다고 결심하는 것과 같다. 하지만 우리의 삶 속에서 우리는 얼마나 고난을 제거해 달라고 기도했는가? 인간적으로 말해 고난을 원할 사람이 몇이나 되겠는가? 이것이 맨정신으로 가능할까? 물론 아닐 것이다.

그러면 어떻게 고난 중에 기뻐할 수 있을까? 키르케고르가 1838년 5월 19일 그의 일기에서 "주 안에서 항상 기뻐하라. 내가 다시 말하노니 기뻐하라"(빌 4:4)고 외쳤던 것만큼, 설명 불가능하게 우리 사이로 빛을 밝히는 형용할 수 없는 기쁨이 존재한다. 이 기쁨은 이런저런 기쁨이 아닌 심연에서 나오는 입과 혀를 가진 영혼의 충만한 외침 (outcry)이다. "나는 기쁨으로 즐거워한다. 나의 기쁨으로, 기쁨을 통해, 기쁨 가운데, 기쁨에 의해." 말하자면 갑자기 우리의 다른 노래를 방해하는 어떤 천상의 후렴이다. 산들바람처럼 시원하게 하고 상쾌하게 하는 기쁨, 평원을 가로질러 영원한 처소로 불어오는 무역풍에서의 미풍이다.

영혼을 일깨워 새롭게 단장하는 일이야말로 기독교인의 양식이며 필수적 요건이라면 이것은 고난을 어떻게 자기 안에서 소화하는 것이 될 수 있는가에 대하여 우선 말씀에서 교훈을 얻어야 한다. 이는 스스로의 결심이나 판단으로는 결코 불가능한 문제이다. 그러므로 자기 안에서가 아니고 '주 안에서'라는 성경이 제시하는 방향으로 키를 맞추어야 한다. 하나님이 제시하는 방법으로 생각을 돌린다면 그것은 어렵고 견디기 어려운 것이 아니라 얼마든지 기쁨으로 온전히 받아들일 수 있을 것이다.

그리스도를 본받아 고난당하므로 순종하는 자는 주님의 영광을 선포한다, 따라서 순종하는 그리스도인의 삶은 주님의 영광을 위한 찬양의 노래이다. 순종은 하나님의 뜻이 이 땅 위에 울려 퍼지게 하는 천상의 노래이다. 공간의 정복은 역설적으로 예수 그리스도를 닮아 시간적인 모든 것을 포기할 때만 가능하다. 스스로를 고난의 현실에서 이겨내려면 마음의 부담과 물질적 궁핍을 어떻게 극복해야 하는 것이 필요한 것인가를 찾아야 한다. 사방을 둘러보아도 도움이 될 아무것도 찾을 수 없다. 기독교인의 무기는 오직 하나님이 주신 성경 말씀밖에 없다.

"너희는 마음에 근심하지 말라. 하나님을 믿으니 또 나를 믿으라."(요 14:1)

"너희 염려를 다 주께 맡기라. 이는 그가 너희를 돌보심이라."(벧전 5:7)

이 얼마나 풍성한 복된 말씀인가? 우리가 해야 할 일은 오직 그 말씀을 믿고 의지하는 것이다.

교회에서는 충성심과 믿음을 보았는지 장로 피택을 하였다. 내 주관적인 평가가 아니라 교직자들이 객관적으로 그렇게 본 것이라고 해야 할 것이리라. 나는 이 선택에 동의할 수 없었다. 어려서부터 기독교 안에서 성장하고 섬기는 일을 했다 하더라도 부족하고 갖추어야 할 부분이 있다. 믿음의 덕성을 위하여 준비하고 경건과 성결, 거룩을 향한 신앙의 분량을 채워나갈 일들을 더 진작시켜야 한다고 생각했다. 또한 나이로 보더라도 35세의 젊은 사람이 덜컥 이 직분을 받겠다고 하기에는 지나치게 이기적인 욕심에 끌려가는 것이라고 생각했다. 교회의 직분은 쉽게 생각하고 받아서는 안 된다는 평소의 생각이었기에 동의할 수 없었다. 또한 장로가 되면 교회 재정을 위한 헌신의 의무를 담당해야 하는데 직장도 없는 형편에 이를 감당하기에 너무나 짐이 될 것 같았다.

이러한 내 생각을 알지 못하는 교직자들은 내 뜻과는 달리 4명의 피택자들의 장로 취임 준비와 날짜를 의논하고 있었다. 나는 이 취임에서 빼달라고 말할 분위기도 아니었으니, 4명의 피택자 중 1번으로 피택되어 당연히 그렇게 하는 것을 당위로 여기고 있었다. 나는 이 일에 많은 고민을 하면서 탈출구를 찾기 시작하였다. 그리하여 생각한 것이 목포를 떠나야 하겠다는 잔꾀였다. 여러 이유가 있었는데 직장에서 해직당한 이후 나의 실직을 드러내고 싶지 않아 이 지역을 떠나고 싶은 충동을 여러 번 느꼈기 때문이다. 광주에 특별한 생업의 길이 있는 것도 아니며 연고도 없고 막연하게 탈출구의 수단으로 택한 피치 못할 사정이었으니, 이 일이 믿음 안에서 된 것이 아니라는 것을 나도 알고 있었다. 기도 없이 교회의 사역에 불순종으로 탈출한 것에 죄책으로 탄식하며 자복하였다. 이 일로 인하여 광주에서 죽을 뻔한 큰 환난을 당했다. 그리하여 내가 몇 사람에게만 광주로의 이사를 알리고 떠났으니 내 속마음을 모르는 교인들과 직원들은 곽성현 집사의 돌발적 행동에 적잖이 놀라고 궁금해 하였다.

이러므로 원치 않는 여러 변화에 내몰린 자신의 내적 갈등과 새로운 삶을 개척해야 하는 심리적 스트레스로 정신적, 영적 타격을 받아 심히 피곤하였다. 그래도 겨자씨만한 믿음이라도 있었으니 다행이지 그것조차 없었으면 지탱하지 못하고 쓰러졌을지도 모른다. 믿음이 크든지 작든지 고난의 골짜기에 빠지면 절망과 낙심의 두 날개를 가진

새가 날아와 사로잡으려 한다. 하나님에 대한 믿음이 없으면 새의 밥이 되어 삶을 잃게 된다. 단언컨대 문제없는 사람은 아무도 없으며, 성공자보다 실패자가 많고 행복하다고 자처하는 사람이 많지 않다는 것이다. 항상 따뜻한 날만 있는 것이 아니요 추운 겨울이 있고 웃을 때가 있고 울 때도 있으니 고난을 예비하여 신앙 훈련으로 다져진 영혼은 하나님의 말씀으로 능히 극복할 수 있을 것이다.

주일학교와 교사들, 중고등부 학생들, 찬양대, 장로님들과 온 성도들의 사랑을 받은 것이 큰데 정식으로 인사도 못하고 도망치듯 떠난 것이 마음 아팠다.

하나님 아버지, 사랑하던 그분들을 지켜주시고 평강을 주옵소서.

9. 사랑의 실천

사랑의 진실

사랑은 하나가 아니고 둘이다
하늘 위를 향한 사랑
하늘 아래에 있는 사랑

둘인줄 알았는데 하나이네

위를 알면 아래도 알고
아래를 모르면 위도 모르네

위를 향한 사랑은
마음도 목숨도 바칠 수 있고
아래에 있는 사랑은 자신을 사랑하듯 하는 사랑

누가 이런 사랑을 할 것인가
사랑 받은 사람이 줄 수 있고
사랑 주는 사람이 받을 수 있네
위의 사랑이 우리게 왔으니
우리도 서로 사랑하자

사랑은 여기 있으니 우리가 하나님을
사랑한 것이 아니요 하나님이
우리를 사랑하셨으니
우리도 서로 사랑하는 것이
마땅하도다

이전까지는 개인적 삶을 살았으나 이제부터는 하나님의 일, 곧 공적으로 부름의 사역에 임해야 한다는 충성과 헌신에 각오를 새롭게 하여야 했다. 나는 지금이야말로 사랑의 실천을 위하여 일을 해야 할 때라고 생각하였다. 나무 묘목을 심으면 순이 나오고 연한 가지가 뻗어나와 이파리와 꽃을 피워 열매 맺는 것이 자연의 섭리이듯, 사람 특히 그리스도인의 생애도 별반 다름이 없다.

내 삶의 과정도 일곱 살 때 하나님의 부르심 안에서 믿음의 싹을 틔우고 교회로부터 영적 보호를 받게 하셨고, 진리의 성경 말씀으로 양육을 받아 사랑의 계명에 순종하며 하나님 중심과 예수의 정신으로 사는 훈련을 받게 하셨다. 그리고 세상의 법과 도덕성에 의존하지 않으며 우리의 구주이신 예수 그리스도를 닮은 사람으로, 사람에게나 물질에 굴복하지 않고 살아온 바탕이 내 자산이요 보배라는 것을 의심할 수 없다.

하나님은 나를 훈련시키고 준비하게 하셨다. 조상들이 알지 못한 하나님을 알게 하시고 극한 가난의 쓴잔을 마시면서도 원망과 불평의 사슬에 메이지 않게 하시며 우상을 멀리하고 거룩한 주일에 하나님 예배를 중하게 여기게 하셨다. 어머니의 불신앙의 언어에도 개의치 않았고 교회를 섬기는 일에는 전심으로 열정을 바쳤으며, 예수에 미쳤다는 비난을 들으면서도 마을에서는 효자라는 칭찬을 들으며 성장했다. 군대 생활을 하면서는 걷지 못할 정도로 매를 맞고 귀 고막이 터져 청각장애까지 왔지만, 신앙의 정절을 지켰다. 첨찰산 봉화대에서 기도드릴 때는 빽빽한 구름 속 바로 그 가운데서 번개와 천둥 뇌성의 진동으로 두려워 떨며 하나님의 임재를 체험했다. 직장에서는 약자의 유익을 위한 정의감 때문에 모함과 버림을 당해 삶의 방편을 잃었고, 광주에서는 목숨의 위협과 함께 쓰러지는 질병의 곤고를 겪으면서도 약하고 보잘것없는 사람을 여자수양관에 보내셔서 사명을 주셨다. 이런 과정들 모두가 하나님께서 내게 할 일을 맡겨주시기 위함이었지만, 다른 사람들은 아무도 알지 못했다. 그러나 나는 하나님의 훈련하심이었다는 것을 확실히 알고 있다. (직장의 노조 문제로 거기서 나오게 된 일은 하나님의 개입이었으니, 나를 다른 방면에서 쓰시려는 뜻을 나중에야 알게 되었다.) 그러나 이 사명은 세상적으로나 개인적으로 영광스럽거나 대단한 것이 아니니, 내 삶을 이웃을 위하여 바치고 죽는 힘한 일이요 아무도 알아주지 않는 천한 일임을 이미 알고 있었다.

이제부터는 이러한 믿음의 터 위에 사랑의 실천적 열매를 위한 제2의 삶을 살도록 하나님께서 맡겨준 사명이 있었다. 마가가 전해준 복음 12장 19절을 통해 이렇게 말씀하셨다.

"예수께서 대답하시되 첫째는 이것이니, 이스라엘아 들으라. 주 곧 우리 하나님은 유일한 주시라. 네 마음을 다하고 목숨을 다하고 뜻을 다하고 힘을 다하여 주 너의 하나님을 사랑하라 하신 것이요, 둘째는 이것이니 네 이웃을 네 자신과 같이 사랑하라 하신 것이라. 이보다 더 큰 계명이 없느니라."

하나님의 속성 중 최고는 사랑이라 할 것이다. 성경 전체의 흐름과 지침은 사랑의 계명에 대하여 말씀하셨으니, 이 계명을 떠나서는 진정한 그리스도인이라 말할 수 없다.

내 믿음의 지침은 바로 이 말씀의 토대 위에 세워졌으며, 내 카카오톡 프로필에 '오직 하나님 사랑, 이웃 사랑'으로 신앙관을 표방하고 있다. 교회 명칭(사랑의교회)과 시설 이름(사랑의 집)을 사랑이라는 명칭으로 정한 것도 순전히 하나님 사랑과 사람 사랑을 위해 살고 일하겠다는 기독교적 가르침과 신앙관에서 붙여진 이름이다. 이것은 지식으로 아는 신앙이 아니며 표면적 그리스도인으로 인정되려는 것이 아닌, 실천적이며 내면적 하나님과의 관계에서 자아를 무너뜨리고 오직 예수 정신으로 삶을 바치겠다는 결의에서 발로된 것임을 밝혀 둔다.

'땅을 주소서' 앞에서 쓴 것과 같이 하나님은 징표를 구한 기도에 응답하사 큰 선물(땅)을 주셨는데, 하나님께서 나와 함께 하신다는 확신을 갖고 소유권 이전과 함께 시설 보수 공사의 대작업에 착수하였다. 목수와 벽돌공, 미장공이 들어와 먼저 우리 가족이 거처할 집을 수리하여 손보는데, 내가 거주하여 작업을 지도해야 했지만 몸 둘 거처가 없어 마을의 어느 가정에 일주일을 머물며 숙식의 신세를 지게 됐다. 그 집 방문 위에 부적이 붙어 있는 것을 보고 전도했는데 후에 교회에 나오게 된 일도 있다. 그 집에 있는 동안 생면부지의 사람인 내게 숙식과 함께 친절하게 대해 준 것에 감사하여 형제처럼 가깝게 지내게 되었다.

거처가 수리되어 먼저 가족이 이사를 했다. 여덟 번째 이사였고, 언제나 형편이 초라하기만 했다. 큰 집, 곧 호화롭지는 않아도 이사하면서 형편이 조금씩 나아져야 하는데 궁핍한 양상이 그저 그렇다 보니 가족에게 미안한 마음이 들지 않을 수 없었다.

이곳으로 올 때 반대하는 친척들이 있었는데, 그중에서도 고향의 어머니가 심하게 반대하였다. 어린아이들을 공부시키려면 도시에서 무얼 해야지 시골 산자락 황무지 땅 보잘것없는 촌구석에서 뭘 먹고 살려는 것인지 도저히 알 수 없다는 것이었다. 그래서 어머니로부터 또 한 번 미친놈이라는 말을 듣게 되었다. 또한 여기 마을 사람들도 젊은 사람이 뭐 할 일이 없어서 시골 구석 흉가까지 흘러 들어왔는지 이상한 사람으로 취급면서 말들이 많았다. 참 말도 많은 세상이다. 그들이 내 맘을 모르기 때문에 그런 말을 할 수도 있었을 것이다.

사실 누가 봐도 이 버려진 땅, 황무지 같고 생존의 터전이 될 만한 것이라곤 하나도 찾을 수 없는 땅에 누가 오겠는가. 하지만 이곳은 하나님이 준비하신 복된 뿔라요. 그들이 보지 못하고 알지 못하는 사랑의 실천장이요 생명을 살리는 영육의 에덴이 될 것이라는 것을 나만 알고 있었다. 제정신으로는 이곳에 올 수 없었을 것이다. 생존의 목적이 아니라 하나님의 사랑의 실천이라는 목표를 가슴에 품었기 때문이었다. 내가 무모하게 이 길을 택한 것은 자의로 된 것이 아니요, 오직 말씀과 성령의 인도하심으로 된 것을 알고 있기 때문이다.

하나님의 뜻에 순종하는 사람은 이불리를 따지지 않는다. 불리하고 손해가 된다 해도 그것이 하나님의 명령이요 뜻이라면 계산 없이 복종해야 한다. 이곳에 올 때 무얼 먹고 살 것이며, 아이들의 장래는 어떻게 될 것인지를 계산하지 않았다. 적지만 내가 갖고 있는 물질이 비용으로 모두 사용되고 다 없어져 빈털터리가 된다 해도 후일을 염려하지 않았다.

처음 직장에 들어갈 때 방 한 칸 얻을 돈이 없어 토굴에서 시작하면서 집 없는 설움 당했고 이사도 수차례 다녔다. 겨우 작은 집 하나를 마련했어도 큰 방은 세로 내주고 작은 방에서 고생하던 집, 목포를 떠날 때 팔았던 집값과 직장에서 받은 월급, 비록 작지만 절약한 돈, 퇴직금 등을 모두 합해 이곳에 땅을 사고 건축하는 데 사용했다. 그리고 앞으로 이곳에 들어와 살 이웃들을 위해 바친다는 데에는 대단한 결단이 필요했고, 그 일을 지금 하고 있는 것이다. 아무 협력자도 후원자도 없고 정부와 기관의 도움 없이 홀로서기의 마당에 뛰어든 것이다. 이 일은 나 혼자서 계획하거나 믿음의 선한 사업에서 착안한 것이 아니라 강력한 주권자의 명령과 뜻에 따라 행하는 일이었다. 그랬기에 어떤 어려운 상황에서도 전능자가 나와 함께 하신다는 믿음으로 힘을 얻을 수 있었다.

하나님이 없는 사람은 인생을 어떻게 살아가고 있을까? 아침 해가 뜨면 일어나 먹고, 살기 위해 육신의 일을 도모하다가 저녁에 잠든다. 영혼의 양식에는 무관심한 채 영원에 대한 소망과 기대 없이 그날 그날 인생을 낭비하며 타락의 삶을 이어가고 있다. 멸망의 길을 모르고, 그래도 여기에서 행복을 찾는다니 인생이 가련하고 불쌍할 뿐이다.

믿는다고 하는 사람들은 또 어떤가? 그리스도인의 삶의 표준은 성경인데, 살아 있는 하나님의 말씀으로 전적으로 믿고 받아들이는지 알 수 없다. 선하게 살아가라는 충고나 조언 정도로 생각하는 것은 아닌지 의심스럽다. 복음은 충고나 조언과는 다르다. 복음은 우리 스스로 하나님 앞에 나아갈 길을 우리가 획득할 필요가 없다는 소식이다. 예수님이 이미 우리를 위해 획득해 주셨다. 그 길은 우리가 순전히 은혜로 받는 선물이며, 자격을 따지지 않고 주시는 하나님의 사랑을 통해 주어진다. 그저 예수님을 절대 목적으로 삼아 그분을 섬기기를 원한다. 우선순위가 자신보다 낮은 사람도 깔보지 않고 섬기려 한다. 왜 그런가? 복음은 조언이 아니라 왕을 따르려는 부름이기 때문이다. 우리의 왕은 해야 할 일을 지시만 하는 분이 아니라 우리가 해야 할 일, 곧 죄책을 대신하여 짐을 지시는 분이다.

"나를 따라 오너라. 나는 만물의 창조자이나 너를 위해 낮아졌다.

네 믿음과 행동이 엉망일 때 내가 너를 위해 십자가에서 죽었노라. 나는 네 조언자가 아니라 이 소식을 가져다 주었다. 내가 너의 진정한 사랑이요 생명이다. 그러니 나를 따라 오너라"라고 예수님이 그렇게 말씀하신다.(19)

시설 보수 공사는 여섯 명의 건축 전문 기술자들이 열흘간 진행하고 나는 잡부들이 할 일, 즉 배수로 땅을 파는 일, 페인트칠과 문짝을 사포로 문질러 니스칠을 하는 일 등을 아내와 함께하면서 인건비를 절약하였다. 전기 공사와 보일러 시공 작업도 손수 하느라 육신이 피곤했다. 과로로 몸뚱이가 여기저기 쑤시고 아파도 쉴 여유조차 얻지 못하고 일에 전념하였다. 집과 여자는 꾸미고 가꿀수록 예뻐진다고 했는데, 노력을 기울인 결과 이전의 버려진 건물이 완전 새 모습으로 변했다. 마을 사람들이 구경을 오고 놀라서 칭찬을 아끼지 않았다.

그리하여 1985년 4월 5일 개원식을 하여 하나님께 감사와 영광을 돌리게 되었다. 하나님의 뜻에 합한 일이라면 어떤 어려운 조건에서라도 기도를 통해 성취되며, 넘지 못할 산, 건너지 못할 강이 없다고 믿는다. 새로운 땅, 새로운 일을 시작하자 이 일을 위해 기도해야 한다는 성령의 지시가 왔다. 10일을 작정하고 금식 기도에 들어갔다. 영적으로 성령께 의존하며 여기까지 인도하신 하나님이 앞으로도 인도해 주시기를 기도했다. 기도 중에 영이 맑아지고 하나님의 깊으신 뜻과 말씀을 묵상하는 은혜로 충만하였다. 한편, 꿈을 통해 장래의 일을 미리 보이시는데 예사롭지 않은 징조가 보였다. 내 방 벽 모퉁이에 큰 구렁이가 똬리를 틀고 나를 노려보는 것이었다.

앞으로 이 일을 하는데 마귀의 시험이 있을 것이라는 해몽을 금방 하게 되었다. 꿈대로 그럴 수 있으리라는 마음의 준비도 했다. 예수님도 사역 전 광야에서 사십일 주야로 금식하실 때 마귀가 찾아와 시험하며 장래의 목적을 수행하지 못하게 하려 했다. 하나님의 일에는 언제나 마귀의 방해가 있었다. 내가 하려는 일이 개인의 작은 일이 아니라 많은 사람들을 복음으로 인도하며 하나님의 사랑으로 영육의 전인구원을 위해 실천하는 것이기에 이것을 모를 리 없는 사탄의 방해가 어떠하리라는 것을 짐작할 수 있다. 이를 이기기 위한 것은 기도밖에 없었다. 그래서 더욱 힘써 기도하리라는 결심과 각오를 다졌다.

칠목산기도원

시설의 이름은 세 개나 된다. 칠목산기도원, 사랑의교회, 사랑의 집이 그것이다. 맨 먼저 사용한 이름이 칠목산기도원이다. 옆에 있는 산이 칠목산인데, 그리 높지 않은 아담한 동산이었고, 이 산이 시설의 배경으로 한몫을 했다. 봄, 여름, 가을, 겨울, 철을 따라 색이 달라지면서 아름다움을 더했는데, 이 산이 없었다면 시설이 폼이 나지 않았을 것이다. 하나님이 이런 배경의 땅을 준비해 두시고 나를 기다리신 것은 정말 신비스럽다.

기도원이라는 명칭을 붙인 것은 이곳에 입소할 사람들을 알리는 방법이었는데, 이것도 하나님께 기도하며 얻은 명칭이다. 이 산자락 외딴곳까지 누가 알아서 찾아오겠는가. 어렵고 힘든 사람들, 의지할 데 없는 사람들, 병든 사람들이 찾는 곳이라는 생각으로 기도원이라는 명칭을 붙였다. 이 산에서 목사 일곱 명이 나온다고 하여 오래전부터 칠목산이라 전해 온다고 불신자인 마을 사람이 알려주었다.

이 산 위에는 쟁반처럼 생긴 넓적한 바위가 있었는데 이십여 명은 족히 앉을 수 있을 정도로 넓었다. 그래서 기도하기에 아주 적합했는데 이것까지도 준비해 주신 기도 장소인가 하여 감사가 넘쳐흘렀다. 나는 이 장소를 기도처로 삼고 밤마다 찾아왔다. 아무도 없는 적막하고 고요한 시간에 어둠 속에서 하나님과 만나는 시간은 마치 대화하는 것 같았고 그 자체로 좋았다. 이 산 아래 씨족 종친들의 공동묘지가 산허리를 덮고 있었지만 조금도 겁나거나 두렵지 않았다. 전에 고향의 제일 높은 첨찰산에서 기도하며 밤을 샌 적이 있는데, 그 후부터 두려움이 없어졌다.

기도 제목은 여러 가지였으나 그중에 하나는 "하나님, 제가 어디로 가야 할지 몰라 방황할 때 오직 하나님이 길을 인도하사 이곳에 오게 하셨습니다. 그러나 이곳에 아는 사람 하나도 없고 의지하고 대화할 사람 하나 없으니, 하나님이 앞으로 저의 길을 인도하여 주세요." 외딴곳에 와서 홀로 있다 보니 모든 것이 낯설고 외로워서 힘들었다. 기도하는 시간이 없었다면 견디기 어려웠을 것이고 그래서 더 하나님을 찾아 기도하였다.

시작은 했지만 사람이 없으니 우선 가까운 교회를 찾아 주일예배를 드리기 위해 아내와 함께 교회를 찾았다. 교회까지의 거리는 도보로 30분 정도로, 소나무가 울창한 산길을 따라 걷는 것도 괜찮았다. 90년의 역사를 가진 교회였는데, 200명의 신자들로 시골 면 소재지 교회로는 교세가 넉넉해 보였다. 교회에서는 등록을 요구했지만 그 교회 등록 교인으로 온 사람이 아니어서 예배만 참석하겠다고 하였다. 담임 목사로부터 구역예배를 인도해 달라는 부탁을 받았다. 처음에는 사양했으나 거절하는 것도 아닌 것 같아 승낙을 하고 구역을 인도하면서 전도를 했다. 전도가 잘 되어 주일에 새 신자 소개는 거의 우리 구역이었고 구역이 부흥하니 목사님이 너무 좋아하셨다.

"곽 전도사님이 오셔서 큰 일을 해 주시니 감사합니다. 밥이라도 살 테니 꼭 허락해 주세요."

구역은 3개 마을로 7, 8명이 모이던 숫자가 30명 정도로 늘어나니 가정에서 모임을 갖기도 힘들 정도였다. 구역 성도는 새벽기도에 나가는 사람이 하나도 없었다. 교회까지 거리가 있고 자동차도 없어서 새벽기도는 아예 안 하는 것 같아 "성도 여러분, 신앙생활은 기도가 중요합니다. 가까운 기도원이 있으니 기도하시는 것이 어때요?"라며 의중을 물었더니 다들 좋다고 하여 곧 새벽기도가 시작되었다. 텅 빈 시설에 기도하는 사람이 25명이나 모이니 나는 힘써 성경 말씀으로 인도하여 그들의 믿음에 불을 지폈다. 그리고 공식 예배는 본 교회로 인도하여 그들의 신자 됨에 무리가 되지 않도록 노력하였다. 겨울에 눈이 오면 기도원으로 오는 3개 마을 길을 새벽 3시부터 쓸었다.

성도들의 신앙 수준이 말이 안 될 정도로 놀라웠는데, 권사의 입에서 "천국이 있는지 없는지 죽어서 가 봐야 알아요"라는 말이 서슴없이 나올 정도였다. 신자들의 가정이었지만 죽은 자를 위한 제사에 열심이었다. 4월경 옆 산에서는 시제라는 조상 제사를 드렸다. 그때 집사, 권사들이 제사용 음식을 머리에 이고 나르며 장로도 제사에 참여하는 것을 보면서 오래된 교회, 숫자만 많으면 뭘 하나? 목회자는 어떻게 신앙교육을 하는지 많이 궁금하였다.

이런 와중에 그 교회는 내가 모르는 문제들로 분위기가 어지러웠는데, 담임 목사님과 당회 및 제직회 간의 불협화음으로 분란이 있었다. 담임 목사는 주일 예배에 설교가 금지되었는지 않아눕고 전도사가 설교를 담당하였다. 담임 목사를 내보내려는 것 같은데 갈 임지가 없어 피차 팽팽한 갈등과 대립으로 곤란한 상태가 유지되고 있었다.

결국 다른 교회 목사와 맞교환 방식으로 청빙 절차도 없이 일을 해결하는 모양이었다. 새로 온 목사는 60명 교인, 떠나는 목사는 200명 교인, 60대 200이라는 목회자 교환 형식이 이루어졌다. 새로 부임한 목사는 큰 교회로 왔으니 영전이라고 자랑하였다. 부임한 목사의 첫 설교는 자기를 불러준 장로들에 대한 찬양 일색으로 비행기를 태워 하나님을 위한 영광의 예배가 장로님 찬양의 예배가 되었다. 기도원에서 새벽기도가 불이 붙었다는 것을 전해 들은 장로들은 기도원에 가지 못하도록 엄포를 놓았다. 내가 신자들을 도둑질할 것으로 오해했다. 엄연히 내가 교회에 출석하며 예배하고 오직 선한 마음에서 기도하기를 권한 것일 뿐 다른 사욕은 절대 없었다. 그리고 내가 이곳에 온 목적은 일반 교회가 아닌 세상에서 버려지고 병들고 갈 곳 없는 강도 만난 사람들만을 위한 특수한 일을 하기 위한 사명을 받아 온 것일 뿐이다.

처음부터 내 사역은 일반 교회를 세우고 목회 차원의 일을 하려는 것이 아니었다. 전에도 말했듯이 넘어지는 병이 있어서 일반 목회는 할 뜻도 없었고 할 수도 없는 사람이다. 교회를 세우려는 생각이 있었다면 사람이 많은 도시로 가야지 외딴 산골짜기로 오지도 않았을 것이다. 교회 장로들은 새로 부임한 목사에게 기도원 출입을 막도록 온갖 방해를 하였고 새로 부임한 목사는 큰 교회로 영전해 왔으니 장로들의 말을 하나님 말씀을 따르듯 복종하였다. 나는 이 일과 관련해 아무 사욕이 없고 기도만을 권장했다고 했지만 계속되는 교회의 요구에 교인들의 기도를 중지시키게 되었다. 그리고 나는 기도원에서 예배드리는 것이 타당하다고 생각하여 그날부터 우리 가족 다섯 명이 예배를 드렸다. 다음 날 새벽기도에 왜 그리 눈물이 나오는지 주체할 수가 없었다. 그날 주일 오후 교회에서 장로들과 권사, 부임한 목사가 찾아와 전과 같이 교회 나올 것을 요구하였다. 그래서 나는 "구역예배 인도를 부탁받고 섬기면서 성도들의 기도 생활을 돕기 위해 한 일을 장로들이 결사적으로 막아 시비를 걸고 온갖 거짓 선동을 하더니, 이제는 나를 교인으로 삼으려고 하느냐"고 대답하였다. 나의 목적과 뜻을 이해시키고 구역 성도들의 신앙 향상을 위해서 한 일이니 오해하지 말라고 하였다. 이럼에도 불구하고 목사는 나를 밖으로 불러내 일장 훈시를 하였다. 이 일이 훈시를 들어야 할 일인가?

훈시와 격려를 구분하지 못하면 기독교의 진리도 올바르게 전하지 못할 것이다. 나는 조용히 말했다.

"목사님, 기도를 장려하는 것은 성령의 일이요 못 하게 막는 것이 잘못이 아닐까요. 기도원에 성도들이 다시 올 일은 없을 테니 내게 뭐라 하지 마세요." 그러자 목사는 웃옷을 벗어 던지며 한 대 치려는 자세를 취했다. 너무 기가 막혀 이런 일에 휘둘리면 나만 손해라 자리를 피하였다.

"그러므로 내가 너희에게 이르노니, 사람에 대한 모든 죄와 모독은 사하심을 얻되 성령을 모독하는 것은 사하심을 얻지 못하겠고, 또 누구든지 말로 인자를 거역하면 사하심을 얻되 누구든지 말로 성령을 거역하면 이 세상과 오는 세상에서도 사하심을 얻지 못하리라." (마 12:31)

그 후 그는 계속 방해하면서 온갖 가짜 뉴스를 만들어 나를 깎아내렸다. 이후 많은 방해로 인해 설움을 당했어도 일일이 말하는 것은 덕이 안 될 것 같아 그만하겠다. 여러 가지로 비방하면서 망신을 주었는데 마음이 아프면 산으로 가서 하나님께 울부짖었다.

"내가 한 일이 그렇게 잘못됐나요. 아닙니다. 저는 무언가 하나님 앞에서 그들의 신앙심을 돕고 싶었어요. 그런데 하나님의 이름을 부르는 자들이 나를 비방하고 멸시하나이다."

어머니는 힘들면 아버지 묘 앞에서 울부짖었는데, 나 역시 그런 모습을 보면서 어머니의 아픈 마음을 알 수 있을 것 같았다. 하나님은 나를 어루만지시고 위로해 주셨다. 하나님의 아들 예수도 멸시와 업신여김을 받고 희롱과 채찍질, 침 뱉음과 죽임을 당했다. 그들은 하나님을 부르며 율법으로 사는 사람들이었지만 하나님의 아들을 죽였다. 하나님의 이름을 부른다고 다 기독교인이 아니요, 교인이라 자처해도 행위를 보아 참과 거짓을 분별할 것이다.

"무릇 표면적 유대인이 유대인이 아니요 표면적 육신의 할례가 할례가 아니니라. 오직 이면적 유대인이 유대인이며 할례는 마음에 할

지니 영에 있고 율법 조문에 있지 아니한 것이라. 그 칭찬이 사람에게 서가 아니요 다만 하나님에게서니라."(롬 2:28-29)

할례의식은 고대 세계에서 널리 행해졌는데, 바벨론과 앗시리아인을 제외한 대부분의 셈족 사람들과 이집트인들 가운데서 행해졌다. 할례의 시작은 하나님께서 아브라함을 선택하시고 언약을 세우실 때 그 언약에 대한 인간의 순종과 충성의 맹세로 요구하신 사건이다. 다시 말해 할례란 몸과 마음을 정결케 하여 하나님과의 언약 관계를 형성한다는 상징적인 의미를 내포하고 있다. 이는 신약 시대의 세례와 그 의미가 유사한 것으로, 하나님의 백성으로 새롭게 태어남을 의미한다. 한편, 할례와 세례는 모두 그것이 계속되는 순종과 충성으로 연결될 때만이 참된 의미를 발휘할 수 있다.

이러한 언약 관계의 특별한 은혜를 입은 기독교인들이 마음대로 남을 정죄하고 비방하여 모독한다면 하나님의 백성으로서의 자격을 상실하게 될 것이다.

"네가 어찌하여 네 형제를 비판하느냐. 어찌하여 네 형제를 업신여기느냐. 우리가 다 하나님의 심판대 앞에 서리라. 기록되었으되, 주께서 이르시되 내가 살았노니 모든 무릎이 내게 꿇을 것이요 모든 혀가 하나님께 자백하리라 하였느니라. 이러므로 우리 각 사람이 자기 일을 하나님께 직고하리라."(롬 14:10)

이 말씀은 믿음이 강한 자와 연약한 자의 음식과 날에 관한 로마 교회의 판단에 대해 바울이 지적한 것이지만, 모든 비판을 포괄하여 남을 비판하거나 업신여기지 말라는 경고의 말씀이다. 믿음이 약한 자가 강한 자를, 믿음이 강한 자가 약한 자를 비판하고 업신여기는 태도는 어느 쪽도 정당화할 수 없다. 이러한 행위는 하나님만이 갖고 계신 심판의 고유 영역을 침해하는 것으로, 하나님의 권위에 반역하며 자신을 하나님의 자리에 올려놓는 우상숭배의 올무에 빠지는 행위라는 의미가 내포되어 있기 때문이다.

또한 비판은 언제나 건설보다는 파괴를 가져오기 때문이다. 믿음이 있다고 하여 모든 성도가 하나님의 최후 심판을 면제받는 것은 아니다. 예외 없이 각각 자기가 행한 일을 하나님 앞에서 자백할 뿐만 아니라 계산해야 한다는 진리를 각 단어마다 각인, 자기 일을, 하나님께, 직고하리라고 강조하여 선언하고 있다. 왜냐하면 우리가 다 하나님의 심판대 앞에 서야 하기 때문이다.

심판의 대상자들은 모든 사람들이다. 모든 사람들이란 산 자든 죽은 자든, 의인이든 악인이든 상관없이 모든 사람을 포함하며, 또한 악한 천사들도 심판의 대상이 된다.

대요리문답 제89문에서도 "마귀와 그 천사들"이라고 말한다. 심판의 때에 죽은 자들은 살아날 것이요 산 자들은 변화되어 모두가 그리스도의 심판대 앞에 서게 될 것이다. 그러나 하나님의 아들을 믿는 자는 정죄의 심판을 받지 아니한다. 이미 이 세상 가운데 있으면서 예수 그리스도를 믿음으로 말미암아 정죄에 따른 형벌을 사함받았기 때문이다. 그러므로 심판이라는 단어를 정죄의 심판과 무죄 심판, 모두를 포괄하는 넓은 의미로 이해해야 한다.

믿음에서 벗어난 자들은 무작정 자기의 판단과 의지적 잣대를 들이댄다. 신앙생활의 표준이 성경임에도 불구하고 하나님의 지식이 아닌 자기 지식으로 믿으려 하니 하나님의 의를 모르고 자기 의를 세우려고 한다.

"내가 증언하노니, 그들이 하나님께 열심히 있으나 올바른 지식을 따른 것이 아니니라. 하나님의 의를 모르고 자기 의를 세우려고 힘써 하나님의 의에 복종하지 아니하였느니라. 그리스도는 모든 믿는 자에게 의를 이루기 위하여 율법의 마침이 되시니라."(롬 10:2-4)

올바른 지식이란 삼위일체되시는 성부 하나님과 성자 예수 그리스도, 성령의 하나님 되심을 알며 성경의 가르침에 순종하여 하나님의 영광을 위해 살며 그의 뜻을 준행하고 즐거워하며 기뻐하는 온전한 믿음(마 5:48)을 갖는 것이다.

"내 백성이 지식이 없으므로 망하는도다. 네가 지식을 버렸으니 나도 너를 버려 내 제사장이 되지 못하게 할 것이요, 네가 내 하나님의 율법을 버렸으므로 나도 네 자녀들을 잊어버리리라. 그들은 번성할수록 내게 범죄하니 내가 그들의 영화를 변하여 욕이 되게 하리라."(호 4:6-7)

하나님에 대한 지식이 없거나 충분하지 않으면 믿음이나 영적 생활을 잘못할 수 있으므로 계시된 말씀을 읽고 연구하여 하나님이 인간에게 의도하시는 뜻이 무엇인지를 알아야 한다. 하나님에 관한 기본적인 주제들, 곧 하나님의 신성들, 즉 하나님을 인간과 구분해 주고 창조주와 그 분의 피조물의 차이점과 간격을 표시해 주는 신성의 특성들을 알아야 한다.

이는 하나님의 무한하심, 영원하심, 불변하심과 같은 특성이며 하나님의 능력, 곧 전능하심, 전지하심, 편재하심이며 하나님의 완전하심, 말씀과 행동에서 나타나는 하나님의 도덕적 성품의 측면, 즉 거룩하심, 진실하심, 신실하심, 선하시고 오래 참으심, 그리고 무엇이 하나님의 진노를 불러일으키는가, 무엇이 하나님께 기쁨과 만족을 드리는가에 대해 아는 지식을 갖추어야 한다.

웨스트민스터 소요리문답의 제4 질문인 '하나님은 어떤 분이신가?'에 대하여 확실하게 대답할 수 있어야 한다. 하나님은 영이시며, 무한하시고 영원하시며, 지혜와 능력과 거룩함과 정의와 선하심과 진리가 변치 않으시는 분임을 알아야 한다.

'당신은 하나님에 대한 지식을 갖게 되면 그 지식을 가지고 무엇을 하려고 하는가?'

이 질문에 대하여 동기와 목적에도 올바른 대답이 필요하다. 신학적 지식 자체를 위하여 지식을 추구한다면 그것은 반드시 우리에게 나쁘게 작용할 것이라는 것이다. 그것은 우리를 교만하게 하고 우쭐하게 만든다. 주제의 위대함 자체에 도취되어 그것에 관심이 있고 그것을 파악했다는 것 때문에 다른 그리스도인들보다 한 단계 위에 있다고 생각할 것이며, 그들보다 미숙하고 부족한 신학 개념들을 가진 사람들을 경멸하고 가련한 자들로 치부할 것이기 때문이다.

바울이 우쭐해하는 고린도 사람들에게 말했듯이 "지식은 교만하게 하며… 만일 누구든지 무엇을 아는 줄로 생각하면 아직도 마땅히 알 것을 알지 못하는 것"(고전 8:1-2)이기 때문이다. 신학적 지식 자체를 목적으로 지식을 얻는 일에 몰두한다면, 단지 정답을 모두 알려는 열망만으로 성경 공부에 착수한다면, 곧장 자기 만족적인 자기기만의 상태에 이를 것이다. 우리는 그런 태도를 갖지 않도록 마음을 지켜야 하며 그렇게 되지 않도록 기도해야 한다. 교리적 지식 없는 영적 건강은 있을 수 없다. 하지만 교리적 지식이 있어도 영적 건강이 없을 수 있다는 말 역시 똑같이 옳다. 잘못된 목적으로 그것을 추구하며 잘못된 기준으로 그것을 평가한다면 그렇다는 것이다. 이렇듯 교리 연구는 영적 생활에 위험할 수 있으며, 우리 역시 예전에 살았던 고린도인들과 마찬가지로 이 점에서 조심할 필요가 있다.(20)

계시된 진리의 사랑과 할 수 있는 한 그 진리를 많이 알고자 하는 열망은 거듭난 사람이라면 누구나 자연스럽게 갖는 것이 사실이다.

시편 119편에서 이렇게 말씀하신다.

"주의 율례를 내게 가르치소서."(12절)

"내 눈을 열어서 주의 율법에서 놀라운 것을 보게 하소서."(18절)

"내가 주의 법을 어찌 그리 사랑하는지요."(97절)

"주의 말씀의 맛이 내게 어찌 그리 단지요. 내 입의 꿀보다 더 다니이다."(103절)

"깨닫게 하사 주의 증거들을 알게 하소서."(125절)

또한 하나님의 진리에 대해 묵상함으로 하나님을 알 수 있는 지식으로 바꿀 수 있다. 하나님에 대해 배운 각각의 진리를 하나님 앞에서 묵상하는 내용으로 바꾸어 하나님을 향한 기도와 찬양으로 이루어지도록 하는 것이다. 묵상이란 하나님의 사역과 도(道), 목적과 약속들에 대해 자신이 아는 것을 상기하고 숙고하고 깊이 생각해 보고 자신에게 작용하는 활동이다. 이것은 하나님의 임재 안에서 하나님이 보시는 가운데 하나님의 도우심으로 하나님과 교통하는 수단으로써 의식적으로 수행하는 거룩한 사고 활동이다. 묵상의 목적은 하나님에 대한 우리의 정신적, 영적 시각을 밝히는 것이며, 하나님의 진리가 우리의 마음과 뜻에 충분하고도 적절히 영향을 끼치도록 하는 것이다. 그것은 종종 자신의 싸움, 의심과 불신의 풍조에서 벗어나 하나님의 능력과 은혜를 분명하게 이해하도록 설득하는 것이다. 묵상은 어떤 결과를 낳는가? 우리는 하나님의 위대하심과 영광, 그리고 우리 자신의 하찮음과 죄성을 묵상함으로 겸손해진다. 또한 우리 주 예수 그리스도 안에 드러난 신비로운 하나님의 자비를 묵상함으로써 격려받고 평안을 얻는다. 즉, 묵상은 우리를 위로해 준다. 우리가 이처럼 겸손해지고 고양되는 체험 속으로 깊이 들어가면 갈수록 하나님을 아는 우리의 지식은 점점 증가하며 그와 함께 우리의 평화, 힘, 기쁨도 증가한다. 하나님을 아는 지식으로 인해 우리 모두가 참으로 여호와 하나님을 알게 되는 은혜를 얻게 된다.

바울은 이렇게 썼다. "그러나 무엇이든지 내게 유익하던 것을 내가 그리스도를 위하여 다 해로 여길 뿐더러 또한 모든 것을 해로 여김은 내 주 그리스도 예수를 아는 지식이 가장 고상하기 때문이라. 내가 그를 위하여 모든 것을 잃어버리고 배설물로 여김은 그리스도를 얻고 그 안에서 발견되려 함이니, 내가 가진 의는 율법에서 난 것이 아니요, 오직 그리스도를 믿음으로 말미암아 온 것이니, 곧 믿음으로 하나님께로부터 난 의라."(빌 3:7-10)

하나님을 아는 지식이 없으면 자기중심의 판단과 편견에 따라 행하게 되고 삼위일체의 역방향으로 치우쳐 주와 상관없는 방향으로 흘러가게 된다. 하나님과 상관없는 신앙은 자기중심적이기 때문에 어떤 교직을 받았다 해도 하나님의 영광에 이르지 못하고 마지막 날에는 주로부터 거절당할 수밖에 없다.

신성을 연구하는 목적은 하나님을 더 잘 알기 위해서여야 한다. 우리의 관심사는 하나님의 속성에 대한 교리들만이 아니라 그 속성을 지닌 살아계신 하나님을 더 잘 아는 것이 되어야 한다. 제임스 패커(James Packer)(21) 가 '하나님을 아는 지식'을 저술했는데, 이 책은 교리적이며, 그리스도인의 믿음과 거룩한 삶, 하나님을 향한 예배, 영광의 찬송, 섬김과 봉사, 도덕적 행위, 구속의 은혜로 살아가기를 일깨워준다. 죽음, 영원, 심판, 영혼의 중대함, 순간의 결정에 따른 영속적인 결과 등은 현대인이 보기에 유행에 뒤처진 것이다. 교회가 세상 사람들에게 잊혀져 가는 것들을 소리 높여 상기시키는 대신, 세상 사람들과 똑같은 방식으로 이런 주제들을 과소평가한다면 현대인들의 풍조에 항복해 버리는 자살 행위와 같다.

하나님은 세상 저 멀리 계시는 분이 아니라 오직 영혼 속에 계시기에 각자의 종교적 견해들은 외부에 존재하는 것들에 대한 과학적 지식과는 아무런 상관도 없다. 현대의 특징인 하나님에 대한 확신의 결여와 혼란은 2세기의 영지주의 접신론이 기독교를 삼키려고 했던 이래 다른 무엇보다 나쁜 것이다.

제임스 패커가 하나님을 아는 지식을 저술했다면 조나단 에드워즈(Jonathan Edwards)는 '그리스도를 아는 지식'을 저술하여 영적 각성과 부흥을 위해 헌신하였다. 또한 그의 설교를 통해 진정한 회심과 영적 각성, 소생함의 변화가 일어났다. 믿음은 두말할 것도 없이 하나님과 그리스도를 아는 지식에 기초한 것으로 터 위에 서지 않은 믿음은 사도적 믿음이 아니다.

에드워드는 그의 책에서, 하나님은 그리스도께서 값을 주고 사신 모든 선한 것의 총체라고 말했다. 성도들의 기업이요 영혼의 분깃이요 부요시며 식물이며 생명이다. 그리고 그들의 거처시요 장식이시요 면류관이며 영원한 명예와 면류관이시다. 그들은 하늘에서 하나님 외에 아무것도 소유하지 않으며 구속함을 받은 자들이 죽을 때까지 받는 위대한 요청이요 하나님의 동산 가운데로 흐르는 생명수 강이시며 그 동산 가운데서 자라는 생명나무이시다. 하나님의 영광스러운 탁월하심과 아름다우심은 성도들의 마음을 언제나 새롭게 하고 위로해 주시며 하나님의 사랑은 그들의 영원한 잔치상이다.

하나님은 당신의 아름다우심, 곧 그의 아름다운 형상을 그들의 영혼에 투영시키시며 하나님의 성품, 하나님의 도덕적인 형상에 참여하게 된다. 하나님의 거룩하심에 참여하게 됨으로 거룩한 존재들이다. 성도들은 하나님의 거룩하심과 기쁨을 전달받음으로써 아름답고 복된 존재들이다. 마치 달이나 항성들이 태양 빛으로 말미암아 밝게 되는 것과 같이 영혼에 자신을 분출시켜 주심으로 신령과 기쁨과 즐거움을 가지게 된다.

성도들은 성령의 은사와 성령께서 그들 안에 거하심으로 영적인 탁월함과 복락을 소유하게 된다. 성령께서 거주하게 되셔서 영혼 안에 생명의 원소가 된다.(22) 그리스도께서 값 주고 우리를 위하여 사신 모든 것의 총체는 요한복음 4장에서 말한 샘물이고 7장에서 말한 생명수 강이다. 구속받은 자들이 하늘에서 받게 될 모든 복락의 총체는 하나님과 어린 양의 보좌에서 흘러나오는 생명수의 강이다.

기도원은 영적으로나 육적으로 고달픈 사람들이 와서 내, 외적 문제들을 하나님께 폭로하고 부르짖으며 기도함으로 하나님의 뜻을 알기 위해 기도하는 장소다. 기도원이라는 명칭을 갖게 된 것은 일차적으로 이웃을 위한 소명과 목적을 이루기 위해 대상자들을 모으기 위한 것이었으며, 두 번째로는 어느 누구보다도 나 자신을 위한 기도처로 삼기 위한 소망 때문이었다. 옆 산은 기도처로 최적의 조건을 갖추고 있어서 시간이 있는 한 낮과 밤을 가리지 않고 산을 찾았다. 기도원은 이제 시작이라 사람이 없었기에 기도와 성경을 나의 일상 먹거리로 삼고 장래 할 일의 준비 기간으로 생각하며 영성을 위한 일에 전심을 다했다.

기도, 기도원.

기도는 하나님과의 관계에서 사용되는 언어다. 그것은 언어 중에서도 보편적인 언어, 인간 영혼의 공통어다. 기도는 말할 수 없는 탄식(롬 2:6)에서부터 서정적 시와 장중한 산문으로 지어진 간구와 감사,

"시와 찬송과 신령한 노래"(골 3:16), 주의를 집중하는 예배 가운데 하나님 앞에 앉은 침묵(시 62:1)에 이르기까지 다양하다. 모든 기도의 기본 전제는 하나님이 언어를 통해서 자신을 인격적으로 계시하신다는 것이다. 하나님은 말씀으로 우주를 창조하시고 우리 존재도 말씀으로 창조하셨다. 하나님은 말을 사용해 우리를 부르시고 우리에게 말씀하시고 우리에게 속삭이신다. 그리고 인간 피조물인 우리에게 언어의 선물을 주셨다. 우리는 하나님이 말씀하실 때 그것을 듣고 이해할 뿐만 아니라 하나님께 말할 수 있다. 반응하고, 대답하고, 대화하고, 논쟁하고, 질문할 수 있는 것이다. 하나님은 그분과 우리 사이의 쌍방향의 언어를 시작하셨고 그것을 보증하시는 분이다. 하나님이 우리에게 말씀하신다는 것은 신비이며 하나님이 우리의 말을 들으신다는 것도 그에 못지않은 신비다.

하나님은 항상 우리 말을 들으신다. 우리가 인식하든 그렇지 않든 기도는 삼위일체의 사귐에서 시작되고 끝나며 그 안에 존재한다. 우리가 기도하는 성경은 우리에게 자신을 계시하는 하나님께 다가가는 최고의 규범적 접근 방식이다. 성경은 영혼의 언어, 즉 하나님이 우리에게 말씀하시는 방식을 배우는 청음 초소다. 성경과 분리된 기도, 하나님의 말씀을 듣는 것과 분리된 기도, 우리에게 주시는 하나님의 말씀에서 끊어진 기도는 관계의 언어인 기도를 방해한다. 기도는 하나님을 끌어들이는 것이다. 기도는 우리 자신을 있는 모습 그대로 바치는 것이다. 기도는 하나님이 우리를 위해 가지시는 모든 속성, 곧 거룩, 정의, 자비, 용서, 주권, 축복, 변호, 구원, 사랑, 위엄, 영광에 접근하는 길이다. 시편은 기도가 있는 모습 그대로 관대하게 내어주시는 하나님의 따뜻한 임재로 우리를 인도한다는 사실을 보여주는 예시다. 루터는 시편의 서문에 쓴 글에서 이렇게 말했다. 빛나는 색으로 채색된 거룩한 기독교회를 정말로 살아 있는 형태로 보고 싶다면 그리고 그것을 축소된 모형으로 보고 싶다면 반드시 시편을 붙잡아야 한다. 거기에서 당신은 기독교가 정말로 무엇인지를 보여주는 맑고 깨끗하고 순수한 거울을 얻을 것이다. 거기서 당신 자신의 모습을 발견하게 될 것이고 진정한 너 자신과 하나님, 그의 피조물도 보게 될 것이다.

기도할 때 우리는 가장 자기답다. 기도는 우리가 전적으로 자기 자신일 수 있는, 그리고 반드시 자기 자신이어야 하는 유일한 행위이다. 그러나 그것은 또한 우리가 자신을 넘어서는 행위이기도하다. 그 '넘어서는' 행위에서 우리는 자기 경험의 총합이 아니라 우리가 기도하는 대상이자 우리가 그 이름을 의지해서 기도하는 성부, 성자, 성령에 의해서 형성되고 규정되어야 한다. 예수님이 기도를 가르쳐 주신 유일한 경우는 제자들이 "기도를 우리에게 가르쳐 주옵소서."라고 요청한 것에 대한 응답이다. 우리가 주기도문이라고 부르는 기도는 그리스도인들을 인격적이고 정직하고 성숙한 삶으로 인도하는 교회의 최고의 기도이다.[23]

당신이 하나님 앞으로 가까이 가기를 원한다면 기도하라. 당신의 영혼이 맑고 깨끗해지기를 원한다면 기도의 동산으로 가라. 기도는 당신을 훨씬 높은 수준의 세계로 안내할 것이다.

유대인의 회당에서 낭송되는 유대인의 기도문을 '콰디쉬(Qaddisch)'
라고 한다.

그의 기쁘신 뜻을 따라 그분께서 창조하신 세상 가운데서
그분의 위대하신 이름이 영광을 받으시고 거룩히 여김을 받으시기
를 원하노라.
그의 왕적 통치를 확립하시고 그의 백성들을 구원하시기를 원하며
그의 메시아를 보내사 너희들이 살아 있는 때에
이스라엘의 온 집의 생명의 때에 신속히 그리고 조만간에
구원하시기를 원하노라. 너희들은 아멘 할지어다.

그해 7월 여름, 집회를 열어야겠다는 생각으로 기도하던 중 강사가 정해져 집회 준비에 들어갔다. 처음으로 가지는 집회이므로 하나님의 역사가 일어나기를 전심으로 기도하며 준비하였다. 돕는 청년들이 현수막을 달고 전단지와 벽보를 준비하여 시내와 각 지역에 광고물을 붙이는 일을 하였다. 초등학생 아들도 청년들과 함께 전단지를 전하는 일에 나갔는데 그만 교통사고를 당한 것이다. 병원으로부터 속히 내원하라는 전화에 너무 놀라 앞이 캄캄할 정도로 힘이 빠졌다. 집회를 앞두고 시험하는 자가 하나님의 선한 일을 방해하려는 시도임을 직감하였다.
버스를 타고 가면서 여러 가지 생각이 교차했다. 사고의 정도는 어떠하며 신체에 치명적 부상으로 오는 장애 같은 불안감이 머리를 혼란하게 하였다. 의사의 검사 소견으로는 3주 정도 입원 치료를 받으

면 큰 문제는 없으리라는 말에 안도하며 하나님께 감사하였다. 사고를 낸 운전자는 큰 잘못을 사과하며 머리를 숙여 용서를 구했다. 나는 그를 안심시키며 크게 다치지 않아서 다행이라고 오히려 감사하다는 인사를 하였다. 사고를 낸 운전자는 나를 만나기 전 자기 동생과 함께 사고 수습을 준비하며 시골 사람들은 이런 사고를 당하면 무리한 보상을 요구할 것을 대비하여 미리 협상을 준비하였는데 나의 태도에 안심하며 적당한 보상을 의논하려 하였다. 나는 웃으며 대답하기를 "걱정하지 마세요. 실수로 일어난 사고인데 보상은 원하지 않으니 염려하지 않아도 됩니다"라고 했다. 그 형제들은 깜짝 놀라며 나를 쳐다보았다.

큰 부상이 아닌 것에 감사가 되고 장애를 걱정했는데 괜찮다니 어찌 감사하지 않으랴. 가해자는 이런 분은 처음 본다며 어디서 무얼 하시는 분이냐고 물었지만 대답하지 않았다. 돈이 필요하지만 자식의 사고 보상으로 무얼 해보겠다는 생각은 마음이 허락하지 않았다. 집회 광고로 어린 아들이 다친 보상은 하나님께서 해주시리라고 생각하며 거절했더니 가해자는 병원을 자주 오가며 아들의 병세를 살피며 친절히 보살펴 주었다. 그들도 가정과 생계를 위해 일하다 생긴 사고인데 그들의 핍절함을 알면서도 물질로 짐을 지운다는 것이 썩 옳은 것이 아니라고 생각했다. 사고에 대한 피해 보상은 당연한 대가였고, 어느 누구에게나 합리적 원칙대로 주어지는 것이었다. 그리고 그즈음 실제로 시설 보강과 집회 준비로 돈이 많이 필요했지만 나는 이 원칙을 원하지 않았다.

첫 집회

　이곳에 오게 된 목적은 '이웃 사랑'의 실천이었다. 하나님께서 주신 말씀의 사명만을 의지해 황무지, 버려진 땅으로 하나님이 인도해 주셔서 정착하게 됐다. 이 일을 실행하기 위해 기도하면서 사람을 모으기 위하여 기도원이라는 이름으로 시작한 것은 전에 말한 것과 같다. 처음부터 기도원 사명으로 온 것이 아니었으며 기도원 간판을 달았다고 해서 목적이 달라진 것은 아니다. 또한 기도원은 한 번도 생각하거나 기도해 본 적도 없었다. 기도원 원장은 특별한 영성과 성령으로 충만하고 각양 은사를 갖추어 기도원을 찾는 자들을 도와 하나님의 말씀과 뜻으로 인도하는 역할을 하는 것으로 알고 있다. 나는 그 역할을 할만한 은사를 가지지 못했으므로 기도원 원장으로는 부적격한 사람이다. 집회 강사와는, 헌금에 연연하지 않겠으니 집회에 큰 역사, 곧 은혜 넘치는 성공적 집회를 인도해 주기를 부탁하였다.

　집회 첫날 의외로 사람들이 몰려와서 예배실 자리가 비좁아 다 들어오지 못하고 밖에 있는 사람들이 더 많았다. 광고를 열심히 한 효과가 있었다. 다음 날은 밖에 포장을 치고 야외 집회를 하는데 오전, 오후, 저녁. 월요일부터 금요일까지 연속 집회를 가졌고 매 집회 시 약 700명의 사람이 참석하여 대성황을 이루었다. 뒷산에서는 밤새도록 기도 소리가 끊이지 않았는데, 이런 큰 역사가 일어나리라고는 한 번도 생각지 않았다. 주변의 여러 마을에서는 지금까지 조용하던 칠목산에 무슨 사람들이 몰려와 떠들썩하냐고 큰 난리라도 난 것처럼 바라보았는데, 긍정적, 부정적 소문들이 퍼져 나갔다. 아랫마을에는 남

묘호랜게쿄 신자들이 많았는데 산에서 기도하는 소리가 시끄럽다며 떼를 지어 몰려와 징과 꽹과리를 치며 집회를 방해하였다. 또한 신문사 지국장이 민원이랍시고 찾아와 집회를 방해하며 곤란하게 하였다.

예상한 이상으로 집회는 은혜롭게 마쳤고 강사 일행은 그들의 수고에 만족하며 헌금은 그들의 몫으로 가져갔다. 그 많은 성도들의 헌금은 내가 관리하지 않고 강사 일행이 관리하여 몽땅 가져갔는데 아무리 내가 헌금을 목적한 바 아니라도 한 푼도 주지 않고 가져가서 섭섭한 맘이 들었다. 집회에서 어느 성도분이 소형 강대상을 헌물로 드렸는데 차마 강대상은 들고 갈 수 없었는지 그 강대상은 기도원에 꼭 필요한 것으로 남겨졌다. 물질을 보지 않고 연 집회를 통해 하나님은 다른 방면에서 일하심을 보여주셨다.

광고를 위하여 봉사한 청년이 군대를 가고 그의 어머니가 홀로 계셨는데, 새벽 기도 중 그 집에 가서 그 어머니를 전도해야겠다는 생각이 떠 올랐다. 아내와 함께 그 집에 가서 처음으로 인사를 하고 예수님을 믿으라고 전도했다. 창세기의 아담과 하와가 범죄한 후 수풀 속에 숨어있을 때 하나님이 아담을 부르시며 "아담아, 네가 어디 있느냐" 하시면서 찾으시는 말씀으로 예배를 드렸다. 성령께서 함께하시면 말씀이 그 영혼을 일깨워 하나님을 찾게 되는 역사가 일어난다. 그는 그 시로 예수님을 믿게 되어 나를 박해한 교회로 보내 신앙생활을 하게 하고 그 후 집사로 섬기게 되었다. 그 집에서 전도하고 나오는데 그 옆집 대문 앞에 두 여인이 서서 나를 보면서 간절한 눈빛으로 자기 집에서도 예배를 드려주면 어떻겠냐고 청하여 쾌히 승낙하고 방으로 들어갔다. 그 집 여주인이 갑자기 통곡을 하면서 울음을 그치지 않기에 "어찌하여 그러시나요. 사정이 있나본데 말씀하시지요"라고 말하자 그녀는 울음을 멈추고 말했다.

"원장님, 내 아들이 공무원인데 병이 들어 전주 예수병원에 간경화로 입원 중입니다. 의사의 말로 6개월 시한부로 얼마 못 산다니 내 아들이 살 수 있게 기도를 부탁합니다."

그 때 하나님께서 즉시 지혜의 말씀을 주셨다. 마침 그 방에 TV가 켜있었다.

"자매님, 이 텔레비전이 고장 나면 우리는 고칠 수 없어도 이것을 만든 사람은 고칠 수가 있어요. 이와 같이 사람이 병들면 우리는 고칠 수 없지만 사람을 만드신 하나님은 얼마든지 고칠 수가 있어요, 이것을 믿으시나요?"

"예, 그렇지요." 그녀가 희미하게 대답했다."

"그렇다면 이제부터 하나님과 그분의 아들 예수님을 믿으세요. 그분은 전능하셔서 못 하시는 것이 없으시며 죽을 병도 고치십니다."

그녀의 얼굴이 약간 밝아지는 것을 느꼈다.

"머뭇거리지 말고 지금 결단하시고, 내일 새벽 기도에 나오세요."

그녀와 며느리는 다음 날 새벽 기도에 나왔는데, 열심을 다하여 말씀으로 그들의 심령에 빛의 말씀을 전하였다. 그들은 엎드린 채 통곡과 눈물로 회개하며 기도하였다. 다음날, 또 다음날, 그녀들은 아침마다 울며 기도하면서 살려달라고 호소하였다. 나는 말씀으로 그들을 일깨우며 죄를 회개해야 하나님이 기도를 들으신다며 그들의 심령에 성령의 검을 꽂았다. 그들은 아침마다 회개의 눈물로 얼굴을 적셨다.

"원장님 앞에서 내 죄를 말해도 되나요?" 환자의 어머니가 손으로 얼굴을 반쯤 가리고 물었다. "그럼요."

"원장님, 저는 결혼하기 전 세례 교인이었어요. 믿지 않는 가정에 시집와서 완고한 시아버지와 남편 때문에 교회에 못 나가고 40년 이상 하나님 없이 살았어요. 여기 기도원에 와서 기도하려니 염치가 없고 원장님이 설교하신 하나님의 말씀 들으니 내가 잘못 살아온 죄가 너무 커서 눈물만 납니다. 내 죄 때문에 아들이 병들어 죽게 된 것 같습니다. 어찌하면 좋습니까?"

그녀는 다시 눈물을 흘리며 자기 아들을 고쳐 달라고 애원하였다.

잠시 후 며느리가 회개하였다.

"원장님, 저도 결혼하기 전 세례 받고 성가대원으로 교회를 섬겼어요. 우리 시어머니께서는 아시다시피 믿지 않는 가정에 시집와서 교회에 안 나간 지 10년이 넘었어요. 그동안 교회에 못 가서 괴로웠는데, 저는 정말 죄인입니다."

시어머니와 며느리가 번갈아 죄를 회개하는데, 그들이 불쌍하게 보였다. 성경의 여러 말로 죄 사함의 은혜의 말씀을 증언해 주고 그녀들의 회개와 용서를 하나님께서 받으심을 알려주고 그들을 위하여 간절히 기도할 때 성령의 역사가 새벽 기도에 임하심을 감사하였다. 15일이 지났을까, 그의 아내가 병원에 검사 결과를 보러 갔는데 의사로부터 깜짝 놀랄 말을 들었다. 간경화 수치가 450이었는데 54로 급격히 떨어졌다는 것이었다. 의사도 놀라 어찌된 영문인지 모르겠다는 것이다. 아내는 대답하기를 예수 믿기로 하고 병 낫기를 기도했다며 신앙 이야기를 하니, 예수병원은 의사들도 믿는 자들이라 "그러면 그렇지, 하나님이 아니시라면 절대 이런 수치가 나올 수 없다"며 열심히 믿으라고 권함을 받았다는 것이다.

며느리의 얼굴에 꽃이 피고 시어머니가 좋아서 감사와 감격에 기뻐하였다. 나는 궁금하여 아들의 병든 원인과 언제부터 병을 앓았는지 물었다. 며느리가 먼저 대답했다.

"원장님, 기도원 집회할 때 스피커 소리에 남편이 온갖 욕을 하고 집회를 멸시하면서 예수 믿는 사람들 미친놈들이라고 날마다 욕을 했어요."

"아니, 우리 기도원과 그 마을과는 1킬로미터 이상의 거리인데 그렇게 시끄러웠나요?"

"그렇게 시끄럽지는 않고 멀리서 들려 별문제는 없었는데, 남편이 예수 믿는 걸 싫어해서 그렇죠."

"그러면 그때도 몸이 아팠나요?"

"아닙니다. 그때는 괜찮았고 직장에도 출근했어요. 그 후 갑자기 열이 나고 기운이 없고 식사도 잘 못해서 동네 병원에서 진료받고 두 달쯤 약을 먹었는데 몸 상태가 좋지 않아 큰 병원에 갔더니 급성 간경화라네요."

나는 이 가정에 하나님의 간섭하심이 있다는 것을 알게 되었다. 그리하여 그 환자를 만나고 싶어 그의 어머니께 연락하여 내게 방문해 줄 것을 부탁하였다. 그 집으로 찾아갈 수도 있었으나 오라고 한 것은 그로 말미암아 하나님을 찾게 하려는 의도가 있었기 때문이다. 그는 어머니의 재촉에도 불구하고 오지 않았다. 집회 때 집에서 욕을 한 것 때문에 어머니와 아내한테 부끄러웠고, 이제 죽게 되니 하나님을 찾는다고 할까봐 오는 것이 어려웠던 것이다. 그래도 나는 계속해서 만날 것을 요구했는데 혼자 오기가 거북했던지 시내의 매제를 불러 같이 찾아왔다. (매제는 교회 집사였으므로)

나는 처음으로 인사를 나누고 "당신을 위해 얼마나 기도한 줄 아시느냐? 내용은 다 알고 있으니 이제부터 하라는 대로 순종하면 살 것이요 거역하면 죽을 테니 어떻게 하시겠소"라고 했다. 그는 하라는 대로 순종하겠다고 대답했다. 즉시 그에게 전할 성경 구절이 떠올랐다. 그의 앞에 성경을 펴고 요한계시록 2장 21절부터 23절을 직접 읽으라고 권했다. 나는 이럴 때는 단호하고 권위 있게 명령적 언어를 사용해 그를 사로잡고 있는 악의 영들을 주장해야 하며 영적 권위를 나타내야 한다는 것을 알고 있다. 그는 머뭇거리며 약간 어색한 표정으로 나를 쳐다봤지만, 나는 그의 내적 심리 상태를 읽으며 주저 말고 성경을 읽으라고 다그쳤다.

"또 내가 그에게 회개할 기회를 주었으되 자기의 음행을 회개하고자 하지 아니하느니라. 볼지어다 내가 그를 침상에 던질 것이요 또 그와 더불어 간음하는 자들도 만일 그의 행위를 회개하지 아니하면 큰 환난 가운데 던지고 또 내가 사망으로 그의 자녀들을 죽이리니 모든 교회가 나는 사람의 뜻과 마음을 살피는 자인 줄 알지라. 내가 너희 각 사람의 행위대로 갚아 주리라."

그는 성경을 읽으며 두려워 떨고 있었다. 한 번도 가까이서 성경을 본 적도 읽은 적도 없던 그가 입을 열어 성경을 읽게 된 것이다. 그는 무릎을 꿇었다. 그에게 필요한 것은 그 무엇보다도 그 속에 자리 잡은 불신앙과 죄를 폭로하게 하는 것이다. 다음으로 기회를 연기해서는 안 되며 그의 입으로 자기 죄를 고백하도록 촉구하여 말씀으로 굴복시켜야 한다.

그의 어두운 영혼에 빛이 들어가도록 속으로 기도하며 읽은 말씀을 풀어 증언하였다. 회개할 기회, 음행(우상 섬김), 침상(질병), 환난, 죽임, 행위대로 갚음, 이와 같은 단어를 자세히 풀어 전할 때 그는 자기가 죄인으로 살아온 것을 회개하였다. 그를 위해 기도하며 함께 회개할 때 성령께서 나와 그의 마음을 어루만지는 손길에 감사하며 찬송하였다. 그리고 예수 그리스도를 믿기로 약속하고 새벽 기도에 어머니, 아내와 함께 나올 것을 약속했다. 그의 가족, 어린 두 딸과 함께 다섯 식구를 나를 박해하던 교회로 등록시키고 새벽 기도는 기도원에서 기도하라고 권고하였다.

전에 말한 바와 같이 앞으로 교회 간판을 붙여도 일반인 교회가 아닌 버려지고 병든 사람들 만의 특수 교회로 일할 것을 하나님께 서원하였으니, 일반인을 전도해 가까운 교회로 보내는 것을 독자들께서는 이해해 주시기를 바란다. (일반인과 함께 모일 수 없는 것은 이곳에 오는 사람들은 대소변 관리, 예배 중 소리를 지르고 떠드는 사람, 별별 상상할 수 없는 기이한 일들로 일반인과 섞여 함께하기가 곤란한 것을 미리 알아두기를 바람.)

한편, 그 집 사촌 할머니가 암 환자로 딸과 함께 살고 있는데 그분을 위해서 기도해 주기를 요청했다. 전도의 문이 열린 것을 감사하며 찾아가 예수님을 전했다. 병든 사람에게는 전도가 잘 되어 말씀을 순순히 받아들였고 즉시 예수 믿기를 작정하였다. 암이 전이되어 생존 기간이 얼마 안 된다는 진단을 받은지라, 날마다 그의 집을 방문하여 복음을 전하고 기도하여 하나님 나라를 전파하였다. 그의 딸이 직장에 나가느라 병원 진료 동행이 어려웠는데 할머니를 내 차에 모시고 한 시간 걸리는 전주 예수병원에 가서 모든 검사를 동행하여 내 일처럼 돌봐 드렸다.

세상을 떠나기 전에 천국에 가시도록, 예수님을 의지하고 믿음을 가지도록 매일 매일 그 집을 찾아가 기도하였다. 그리고 그 할머니도 교회에 등록하였으니 내 교인이 되는 것에는 관심을 두지 않았다. 어느날도 전과 같이 할머니 기도 시간에 그의 집에 있었는데 교회에서 여러 집사와 함께 새로 부임한 목사가 심방을 온 것이다. 심방을 왔으니 당연히 예배와 기도를 해야겠죠. 그리고 하는 말이, "우리 교회 신자이니 곽 전도사님은 앞으로 이 집에 오지 마세요."

예수님을 알지 못한 할머니를 전도하여 내 일처럼 병원에 다니며 사랑의 수고를 아끼지 않았고, 그 교회에 등록까지 시켜드렸는데 내가 그 할머니 만나는 것이 거슬리는가보다. 내가 전도사라서 목사는 그렇게 해도 되는 것인가?

"저분이 나를 전도하여 예수님 믿고 차를 태워 병원에 다니고 매일 기도해 주셨는데, 저분이 오셔야지 안 오면 교회 안 나가요." 할머니도 목사의 말이 서운한 모양이다. 나는 할머니께 부탁하였다 "새 목사님이 오셨으니 나 대신 목사님이 오신다니 잘 되었어요. 저도 바빠서 더 이상 올 수 없으니 목사님 지도를 받고 교회는 열심히 나가셔요."

예수를 믿는 것은 참고 견디며 인내로 세상을 거슬러 가는 좁은 길, 십자가의 길이다. 사소한 일로 싸우고 으르렁거리고 욕심대로 살면 언제 그리스도의 형상을 이루고 거룩한 의인의 삶을 살 수 있을 것인가? 그 할머니를 전도한 것으로 할 일을 했음을 만족하게 여길 뿐이다.

간경화 김ㅇ기는 예수를 믿기로 약속하고 교회로 등록하도록 하여 그 가정이 모두 교회 신자가 되었고, 그 마을에서 벌써 아홉 신자를 전도하니 하나님의 은혜에 감사와 영광을 돌렸다. 어찌 사람의 열심이 하나님의 일을 할 수 있으랴. 오직 일하시는 이는 성령 하나님이시니 성령의 도우심을 구하면 하나님은 약한 자와 유명하지도 않은 자를 통하여서도 당신의 동역자로 삼으시고 구원을 이루시는 하나님이심을 나타내신다.

간경화는 정상 상태로 좋아져 병가를 마치고 신년이 되어 복직을 해야 하는데 직장에 나가기를 주저하고 집에 머물러 있다며 그의 어머니가 전화로 연락을 해왔고, 도와달라는 것이었다. 전화를 받고는 단호하게 꾸짖고 "왜 그리 마음이 약하시오. 오늘 출근 못 하면 내일은 더 어려우니 용기를 내서 출근하세요. 당신의 병은 다 나았으니 환자라는 생각을 마음에서 싹 지워버리세요. 알겠습니까? 대답하세요, 꼭 출근해야 합니다." 그는 간염 증세도 있었으므로 직장 동료들이 자기를 멀리할까 염려하며 출근을 두려워했던 것이다. 그리고 내 권면에 억지로 출근하고 다음 날도 출근하게 되니 그의 가정에 기쁨과 평화가 넘치게 되었다. 하나님은 참으로 좋으신 분이시다. 그 가족들을 구원해 주시고 6개월 생존이라는 죽을 병을 고쳐 주셨으니 어찌 찬양 안 할까?

그들은 이제 교회의 일원이 되었고 기도원에 오는 것도 차츰 멀어지더니 기도도 중단되었다. 몇 개월이 지났는지 아마 일 년쯤 지났는지 나도 그 사람들은 잊어버렸다. 어느 날 그 댁의 꿈을 꾸었는데 예감이 좋지 않아 전화로 어머니를 찾았더니 그렇지 않아도 원장님께 전화를 하려던 참이었단다.

"원장님, 큰일 났어요. 아들이 오늘 서울대학병원에 실려갔어요."
거반 울음을 터트리며 급한 목소리로 헐떡거렸다.

"왜 그러세요?"

"아들이 직장에도 잘 나가고 건강해서 이것저것 집안일을 손보며 굴삭기를 운전해 조상님들 산소에 비석을 세우고 묘지 관리와 함께 제사를 지내고 술과 제사음식을 먹었어요. 그런데 먹은 걸 토하고 쓰러져 집에 며칠 쉬었는데 갑자기 상태가 안 좋아 죽게 생겨 큰 병원으로 갔어요. 거기서도 손 못 댄다고 서울로 가라고 해서 서울대학병원에 입원했는데 가망이 없어 퇴원하라고 하여 응급차로 집에 오는 중이랍니다."

그의 목소리는 꺼져가는 촛불처럼 힘이 없었다. 집으로 달려가 응급차 오기를 기다렸더니 오는 중에 숨이 멈추었다. 그의 아내는 그가 십일조 드리는 것을 아까워하며 자기를 살려준 하나님의 은혜를 잊어버리고 세상적으로 흘러갔다며 눈물을 흘렸다.

"여호와께서 이스라엘 족속에게 이와 같이 말씀하시기를 너희는 나를 찾으라. 그리하면 살리라."(암 5:4)

집회에 많은 사람들이 몰려왔으므로 기도원 소문은 순식간에 광고

효과를 내고 그 후 입소자들이 찾아오기 시작하였다. 사람의 지혜가 아닌 하나님께 기도하여 한 일은 반드시 하나님이 책임져 주신다는 것을 보여주셨다. 잘못한 것 없이 교회로부터 무시와 멸시를 받았으나 원망하지 않고 오직 기도로만 내 할 일을 하며 외롭지만 주를 의지하는 마음으로 기도했더니 하나님은 나를 혼자 두지 않으셨다.

첫 입소자

제일 먼저 우리 시설에 찾아온 입소자는 50대 남자로, 오랫동안 정신병으로 이곳저곳을 옮겨 다니며 고생을 많이 하신 분이었다. 아내는 도망가고 어린 중학생 아들이 있었는데 아들도 아버지를 멀리해 늙은 어머니와 함께 살았지만 술을 먹으면 어머니를 폭행하는 난폭함이 심한 사람이다. 그의 모친은 나이 많은 권사로 아들의 폭행으로 얼굴을 얻어맞아 멍이 들어 있었고, 무서워 집에 들어가지도 못하여 남의 이웃집에서 며칠을 보냈단다.

늙은 어머니는 아들과 함께 살 수 없으니 내 아들을 사람 되게 해달라고 애원하였다. 그로부터 한 달 후 두 청년이 아들을 밧줄로 묶어 택시에 태워 데려왔다. 발은 한 번도 씻지 않았는지 새까맸다. 누구의 간섭도 받지 않고 제멋대로 살았고 폭력 때문에 누구도 그와 가까이 하려고 하지 않았다. 그리고 때 묻은 수염과 머리카락, 더러운 의복으로 정상적인 사람이라고 볼 수 없었다. 그는 폭력자였으나 내게는 함부로 대하지 않았다.

더운물을 대야에 담아 발을 담그고 오래된 때를 내 손으로 씻기 시작하였다. 이것이 "이웃을 네 자신과 같이 사랑하라"는 첫 시작의 실천 행위이다. 바로 이 일을 하기 위해 기도하며 이곳에 온 것이다. 이것이 나의 사명이요 주님이 보내신 목적이다.

더러운 발은 전혀 더럽게 보이지 않았고 다른 사람은 그를 외면하고 함께 하기를 싫어했으나 나는 그렇지 않았다. 첫 번 입소자로 천사를 대하는 기분이었다. 더운물을 몇 번 바꾸어 가며 발을 씻는데 오랫동안 씻지 않아 쉽게 씻어지지 않았다. 그리고 몸을 씻기고 머리털을 깎고 새 의복으로 갈아입히니 전혀 다른 사람, 새신랑 같았다. 새로 단장한 따뜻하고 깨끗한 방이 준비되어 있으니 지금까지 준비한 것이 이를 위한 것이 아니었던가. 그는 일생을 하나님을 몰랐고 예수와 상관없이 살면서 악령에 사로잡혀 정상적인 삶을 살지 못했다. 아내는 도망가고 가족들에게도 대접받지 못하고 술로 인생을 낭비하며 탕진했으나 오늘부터는 하나님의 동산에서 영육 간에 치료받고 하나님의 사랑 받는 자로서 삶의 환경과 방식이 달라지게 되는 것이다. 그의 닫힌 마음을 열게 하려면 무엇보다 따뜻한 사랑이 필요하며 친구와 같이 동등해져야 한다.

"내 계명은 곧 내가 너희를 사랑한 것 같이 너희도 서로 사랑하라 하는 이것이니라. 사람이 친구를 위하여 자기 목숨을 버리면 이보다 더 큰 사랑이 없나니, 너희는 내가 명하는 대로 행하면 곧 나의 친구라. 이제부터는 너희를 종이라 하지 아니하리니, 종은 주인의 하는 것을 알지 못함이라. 너희를 친구라 하였노니, 내가 내 아버지께 들은

것을 다 너희에게 알게 하였음이라."(요 15:12–15)

사람을 사랑해야 할 이유는 모든 인류가 하나님의 형상대로 지음을 받았기 때문이다. 하나님의 사랑은 차별이 없으며 의인이나 악한 자나 죄인까지도 차별하지 않으신다. 방탕하고 흉악한 사람도 하나님의 품에 안기기를 원하신다. 순전한 기독교는 예수님의 가르침과 사랑의 정신을 배우고 본받아 세상에 있는 사람들 모두에게 실천하고 나타내야 한다. 믿음은 말에 있지 않고 행함에 있기 때문이다.

"어떤 율법사가 일어나 예수를 시험하여 이르되, 선생님 내가 무엇을 하여야 영생을 얻으리이까. 예수께서 이르시되, 율법에 무엇이라 기록되었으며 네가 어떻게 읽느냐. 대답하여 이르되, 네 마음을 다하며 뜻을 다하여 주 너의 하나님을 사랑하고 또한 네 이웃을 네 자신과 같이 사랑하라 하였나이다. 예수께서 이르시되 네 대답이 옳도다. 이를 행하라. 그러면 살리라. 그 사람이 자기를 옳게 보이려고 예수께 여짜오되, 그러면 내 이웃이 누구니이까. 예수께서 대답하여 이르시되, 어떤 사람이 예루살렘에서 여리고로 내려가다가 강도를 만나매 강도들이 그 옷을 벗기고 때려 거의 죽은 것을 버리고 갔더라. 마침 제사장이 그 길로 내려가다가 그를 보고 피하여 지나가고 또 이와 같이 레위인도 그곳에 이르러 그를 보고 피하여 지나가되, 어떤 사마리아 사람은 여행하는 중 거기 이르러 그를 보고 불쌍히 여겨 가까이 가서 기름과 포도주를 그 상처에 붓고 싸매고 자기 짐승에 태워 주막으로 데리고 가서 돌보아 주니라. 그 이튿날 그가 그 주막 주인에게 데

나리온 둘을 내어주며 이르되, 이 사람을 돌보아 주라 비용이 더 들면 내가 돌아올 때에 갚으리라 하였으니, 네 생각에는 이 세 사람 중에 누가 강도 만난 자의 이웃이 되겠느냐. 이르되 자비를 베푼 자니이다. 예수께서 이르시되 가서 너도 이와 같이 하라 하시니라."(눅 10:25-37)

제사장과 레위인은 성전에서 하나님을 가까이 섬기는 직분을 가진 사람이지만, 그들은 강도 만나 죽어가는 사람을 피하여 지나간 사람들이다. 제사와 최고의 계명을 지키며 유대 사회의 존경받는 자리에 있었지만 계명에는 실패한 자들이다. 오늘날에도 계명에 실패하고 복음에 합당하게 살지 못한 교직자들은 이 말씀 앞에서 자신을 돌아봐야 할 것이다.

다음, 사마리아 사람이 등장하는데 제사장과 레위 사람은 특정한 직무로 하나님의 주요한 일을 하는 사람으로 밝혀졌으나 사마리아 사람은 어떤 직무도 없는 평범한 사람이며 유대인이 멸시하는 사람이었다. 이 사람은 죽어가는 사람 곁으로 가까이 갔다. '가까이 가는' 이 행위가 기독교인들이 가져야 할 최고의 사랑이며 계명의 실천이다. 우리 주변에는 가까이 가야 할 사람들이 널려 있다.

'기름과 포도주를 그 상처에 붓고.' 이것은 치료 행위이다. 사마리아인이 이런 물품을 지니고 있었다는 것은 언제 어디서나 이웃을 도울 수 있는 준비를 하고 있었다는 것이다. 나는 언제 어디서나 이런 일을 할 준비된 사람인가?

"자기 짐승에 태워 주막으로 데리고 가서 돌보아 주니라."

그는 여행 중에 있던 사람으로 사업상 시간을 지체할 수 없는데도 바쁜 일을 제쳐 두고 이 사람을 돌봤다. 죽어 가는 사람을 살려야 한다는 위급하고 우선적 일에 시간을 바쳤고 밤을 새워가며 상처를 돌봐주었다.

"주막 주인에게 돈을 주며 아픈 사람을 부탁하며 돈이 더 들면 돌아올 때 갚겠다"고 하였다.

사람을 살리기 위하여 자기 돈을 아낌없이 내주는 사랑의 실천이다. 그는 시간과 물질과 돈을 선한 일에 쓸 줄 아는 사람으로, 예수께서 칭찬하는 그리스도인의 본보기이며 사랑의 모델이라 할 수 있다. 예수님은 율법사에게 "누가 강도 만난 사람의 이웃이냐"고 물으심으로 율법사의 마음에 진정한 사랑의 실제를 깨달아 사마리아인의 행위를 본받으라는 교훈을 주고 있다. 그리고 결론은 "너도 이와 같이 하라"고 비유를 마치신다.

"가서 너도 이와 같이 하라."

믿음은 하나님의 말씀을 머리로 아는 것이 아니라 실천하는 것이다. 오늘날 가르치는 사람은 많고 선생도 많으나 제사장과 레위인처럼 현장에서는 슬그머니 자리를 피하는 사람이 많다. 보고도 못 본 척, 들어도 못 들은 척 눈을 가리고 귀를 막고 발을 빼는 것이야말로 양심의 소리, 성령의 말씀을 무시하고 나만 살겠다는 이기주의적이며 소심한 사람의 행태이다. 주께서는 모든 그리스도인들에게 "가서 너도 이와 같이 하라"는 명령을 하셨다.

율법사가 예수님의 이 명령을 따라 그렇게 했는지는 알 길이 없다. 그는 율법사로서 누구보다도 율법에 정통한 선생이므로 이를 행했다면 지식과 행위의 양면을 갖춘 진정한 그리스도인의 표상이 될 것이다. 수레의 양 바퀴는 굴러가는 중심축을 이루기 때문에 그 수레는 천리 길을 가지만 양쪽 바퀴가 다르면 십리 길 가기도 어렵다. 우리의 신앙도 이와 같으니, 하나님의 말씀을 알거나 들었으면 이를 지키며 행해야 하나님의 기쁘신 뜻을 이루고 제자의 삶을 살게 된다. 우상 숭배하지 말라, 주의 날을 거룩하게 하라, 계명을 지키라, 복음을 전하라, 회개하라, 사랑하라 등의 명령은 성경 어디에서든지 쉽게 찾아볼 수 있다.

"주의 손이 나를 만들고 세우셨사오니 내가 깨달아 주의 계명을 배우게 하소서."(시 119:73)

"내 소유는 이것이니, 곧 주의 법도들을 지킨 것이니이다."(시 119:56)

주의 계명을 배웠으면 주의 법도를 지키는 것이 성도의 삶이어야 한다. 알고도 행치 아니한 것이 죄라고 했으니, 죄의 개념을 확실히 알고 지극히 작은 것 하나라도 흘러 떠내려가지 않도록 조심해야 한다. 그렇다면 연약한 인간이 하나님의 법을 다 지키기에 완전한가?

당신은 하나님 앞에서 완전한가? 창세기 17장 1절에 "아브람이 구십구 세 때에 여호와께서 아브람에게 나타나서 그에게 이르시되, 나는 전능한 하나님이라. 너는 내 앞에서 행하여 완전하라"는 말씀을 하셨다. '완전'이란 흔히 도덕적 인격의 무죄성(無罪性)을 뜻하는 것으로 생각한다. 그러나 이같은 생각은 기껏해야 부정적 개념에 그치는 것으로, 이 위력적인 말씀이 지닌 적극적 의미를 이끌어내지 못한다. '완전'은 죄가 없다는 이상의 중요한 뜻을 지니고 있다. 이 사실을 인정하고 나아가 '완전'이 도덕적 완성의 개념을 품고 있음을 인정한다면 자기 자신에 관하여 '완전'을 주장하는 것이야말로 여하한 인간의 어리석기 짝이 없는 일이다. 완전을 주장하는 자체가 그 사람이 완전을 결여하고 있음을 보여주는 것이고, 영적 삶과 죄의 본성에 대하여 지식이 천박함을 드러내 보인다. 우리가 완전한 지식을 갖고 있지 않는 한 죄가 없다는 것이야말로 절대 불가능한 개념이다.

사도 바울은 "내가 이미 얻었다 함도 아니요, 온전히 이루었다 함도 아니라. 오직 내가 그리스도 예수께 붙잡힌 바 된 것을 잡으려고 좇아 가노라"(빌 3:12)고 절규하였다.

그러면 이 엄숙한 명령 "너는 내 앞에서 행하여 완전하라"는 말씀 가운데서 '완전'의 참된 의미와 중요성은 무엇인가?

이 말씀을 '전심(全心) = 완전한 자기 굴복'의 개념을 바탕으로 생각할 것이다. 내 마음은 하나님께 완전한가? 나는 하나님께 전심을 드리고 있는가? 하나님이 내 계획들과 즐거움과 교제와 생각과 행동 가운데 으뜸인가? 하나님의 뜻이 나의 법이고 하나님의 사랑이 나의 빛이며 하나님의 일이 나의 목표이고, 하나님께 "잘하였도다, 나의 충성된 종아"라고 인정받고 이것을 지극히 큰 상급으로 생각하는가? 나누어지지 않은 순전한 마음이 그 중심이요 원천인 삶과 비교될 수 있는 삶은 결단코 없다.

왜 지금 당장 이같은 삶을 구하지 않는가? 부디 거룩하고 경건한 마음 가운데 하나님께로 돌이켜 마음속의 모든 영역을 오직 하나님의 지배 아래 두실 것과 우리 마음의 한 조각도 남김없이 영원히 하나님의 것으로 붙잡아 주실 것을 기도해야 한다.

"너는 내 앞에서 행하여 완전하라."

우리는 하나님이 함께 하심을 끊임없이 깨닫도록 애써야 하고 솜털 같은 구름 한 조각일지언정 한순간이나마 하나님의 얼굴을 가릴 때는 즉각적 깊은 경각심을 가져야 한다. 그리고 행여 그 원인이 우리가 좀처럼 깨닫지 못하는 어떤 죄 때문은 아닌지 자문해야 한다. 지구가 태양에 이끌리는 만유인력의 법칙에 순종하기 때문에 저 맑은 빛의 달이 지구 주위를 정확하게 돌고 있는 것처럼, 우리 하루하루의 삶의 모든 궤도 또한 깨뜨릴 수 없는 질서와 아름다움 가운데서 움직이는 것이다. 우리는 이제부터 하나님 앞에서 참으로 행해야 한다. 진실로 하나님 앞에서 행하기 원한다면 하나님의 거룩하고 연민에 풍요로운 감찰하심 앞에 펼쳐 보이지 않는 것이 우리 마음이나 삶 가운데 하나도 없도록 해야 한다.(24)

"내 앞에서."

직역하면 '내 앞에서 걸어가라(walk before me)', 곧 '목전(目前)에서 행하라'는 의미의 말이다. 따라서 이 말은 하나님께서 우리의 일거수일투족을 지켜보고 계신다는 의식하에 매사에 하나님의 전능하심을 믿는 신앙과 그분의 말씀을 따라 행동하라는 교훈이다. '완전하라'는 원래 전혀 비난할 것이 없거나 흠이 없는 깨끗한 상태를 가리킨다. 그러나 이것은 타락한 인간으로서는 도저히 이르지 못할 영역이다. 여기서 요구되는 완전은 무한성을 가지는 하나님의 완전(마 5:48)과는 달

리 완전을 지향하는 노력을 가리킨다.(25)

첫 번째 입소한 형제의 이름은 최ㅇ길이다. 이곳에 왔다고 해서 처음부터 사람이 변할 수 있는 것은 아니다. 수십 년 동안 마귀의 지배 아래 살았으므로 많은 시간을 갖고 그의 영혼과 육체의 상처와 병을 치료해야 한다. 세상의 약이나 과학적 방법으로는 이 병을 고치기 어려우므로 살아 계신 하나님의 말씀의 능력과 사탄의 권세를 무너뜨리는 성령의 검과 보좌를 움직이는 기도만이 죽은 자의 생명을 살릴 수 있다.

나는 이 일을 할 수 있는 믿음의 힘을 어려서부터 준비하였고, 하나님은 이 일을 하라고 이곳으로 보내셨다. 지금이야말로 영적 싸움이 시작되는 것을 나 외에 아무도 알지 못한다. 마을 사람들이 말하는 뭘 해 먹을 게 없어서 사람 살 곳이 못 되는 이곳에 온 것이 아니다. 육신의 양식을 위하여 온 것이 아니라 하나님의 일을 하러 왔으며, 잃어버린 양을 찾으신 주님의 심정으로 버려지고 소외되고 병들어 고통하며 어둠의 세력 안에서 떨고 있는 자들을 복음으로 구원하기 위한 대사명을 수행하려는 것이다. 최ㅇ길은 앞으로 '최'라는 간편 명칭을 사용하겠다.

새벽 기도에 최와 아내와 함께 셋이서 기도하였다. 앞으로 이 예배실이 가득 채워질 것을 상상하니 마음이 벅차고 감격에 넘친다. 최에게는 먼저 자기가 해야 할 생활 규칙을 가르치고 그 가르침에 순종할 것을 명한다. 예를 들면 아침에 스스로 일어나 침구를 정돈하고 세면과 양치를 하고 방 청소와 자기 식기를 씻는 일이다. 지금까지 무질서로 씻지도 않고 질서도 없이 마음대로 살았으나 생활 방법이 달라지지 않으면 다른 부분을 고칠 수 없기 때문이다. 새벽 기도에 그를 위해 기도하면서 치유를 돕고 빛으로 인도하여 마음에 쌓인 찌꺼기들을 제거해야 한다.

내가 보지 않을 때 그의 눈이 허공을 보며 눈꺼풀이 빠르게 움직이는 현상은 귀신의 역사이며 내 앞에서는 그 증세를 보이지 않는다. 간혹 혈기를 부리며 대항할 태세를 보이기도 하지만 그에게 당해서는 안 된다. 영적으로 그를 이기지 못하면 귀신이 나를 이기려고 할 것이기 때문이다. 그의 어머니는 그 후 두어 번 아들을 보러 왔으나 세상을 떠나고 말았다.

연로한 어머니가 평생 아들을 걱정하다 쓸쓸하게 떠난 것을 생각하면 아들과 똑같은 인생을 살면서 함께 겪은 슬픔과 고난의 삶이 불쌍하다. 어머니가 마지막 운명할 때 어찌 아들을 잊었겠으며 편안히 잠들 수 있었겠는가? 어머니와 아들은 모두 강도 만난 인생으로, 남모를 눈물과 한숨으로 세월을 보냈으리라. 누가 그들의 눈물을 닦아주며 위로의 손길로 만지고 함께 울어 줄 것인가? 먼저 하나님의 사랑을 받은 자들이 아니겠는가?

그의 어머니는 신체가 약했고 이곳에 올 때는 걸음도 잘 못 걸을 정도였으며 흰머리에 얼굴은 멍이 들어 있었다. 예수님은 십자가에서 운명하시기 전 어머니 마리아를 요한에게 부탁하셨다. 육신을 낳아준 어머니의 노후를 걱정하시는 하나님의 아들 예수의 연민의 정을 보여주는 인간적 모습을 보며 우리는 누구나 이별의 아픔과 못잊어하는 정으로 눈물을 흘린다. 그의 어머니가 가신 후 여동생이 간혹 와서 헌 옷을 두고 가기도 했지만 오빠 얼굴은 보지 않았다. 같은 혈육이라도 사랑이 없으니 보는 것이 두려워 그냥 떠나는 것이다. 그리고 다시는 오지 않았다. 한 생명을 나에게 맡기고 나는 그의 보호자가 되고 가족이 되어 그의 생을 마칠 때까지 보살피며 먹고 마시는 것은 물론 치료와 경비를 책임져야 하는 사람이 되었다. 무일푼으로 한 사람을 맡았으나 하나님께서 내게 주신 가족을 위하여 필요한 양식과 마실 것을 주시리라고 믿으며 이 또한 축복으로 여기게 되었다.

어느 정도 시간(몇 개월)이 지난 다음 그의 완고한 심령이 약간 다듬어진 후 성경을 읽으라는 숙제를 주었다. 구약 성경을 창세기부터 하루 3장, 신약 성경을 마태복음부터 하루 3장을 읽도록 숙제를 주었다. 그는 내 말에 순종하여 성경을 읽었다. 그의 난폭한 성격은 점점 부드러워지고 내 말에는 절대 순종하여 신구약 성경을 3번 읽는 기염을 보였다. 생각해 보라, 매일 예배에서 말씀을 듣고 기도하며 성경을 읽고 연속해서 신앙 훈련을 받으면 어찌 변화가 없겠는가? 순종 하나만으로도 변화됨의 증거가 확실하다는 것을 입증할 것이다. 반대로 불순종과 반항적 기질 그대로는 결코 변화를 기대할 수 없다. 시간이 지나면서 그의 마음은 양과 같이 순해지고 어떤 지시에도 거역한 적 없이 따라주었다. 그의 특징은 말을 잘 안 하고 묻는 말에만 대답하며, 방에 앉으면 그 자리에서 움직이지 않고 하루 종일 앉았다가 밤에 잘 때 외에는 눕지 않는 것이었다.

"최형, 앉아만 있으면 허리도 아프고 몸에 좋지 않으니 피곤하면

누어계세요"라고 하면, "괜찮아요" 이렇게 대답하고 절대 눕지를 않았다. 그럴 때면 밖으로 나오게 하여 나와 같이 채소밭에 풀이라도 뽑게 하여 몸을 움직이게 하고 햇볕을 쬐게 하여 비타민D로 건강을 관리하였다. 나는 그의 머리를 깎았다. 한 달에 한 번, 37년이면 12개월×37년=444회를 헤어 케어를 한 셈이며, 여자 수양관부터 42년 동안 매월 20여 명의 머리를 깎았으니 총 10,082회의 머리를 깎았고 그들의 목욕을 도와 등을 밀어주고 내 몸을 닦듯 하였다.

최ㅇ길 씨가 노년에 이르러 파킨슨병과 부정맥으로 입원할 때는 병간호로 자리를 지키고 밤을 함께 보내며 보호자 역할을 다했다. 자립심이 없어 혼자 독립하여 살 능력이 없으므로 내 곁을 떠날 수 없이 나와 함께 생활한 기간이 37년이다. 완전한 가족으로 하나가 되어 주를 믿으며 구원의 은총 안에서 집사 임명을 받고 주 안에서 살다가 임종하게 됐는데, 하나님께 그의 영혼을 맡기며 원 식구들과 직원들이 모인 가운데 예배로 임종을 마쳤다. 그는 분명히 천국에서 편히 안식할 줄로 믿으며 1번 입소자를 믿게 하여 하나님 나라로 인도한 것에 감사하지 않을 수 없다. 그가 떠나 장례를 치러야 하는데 여동생에게 연락해도 오지 않고 아들이 하나 있어도 37년 동안 아버지를 한 번도 찾아오지 않았다. 가족도 없이 쓸쓸한 장례를 치렀는데, 입관하고 운구하여 화장해서 공원묘지에 안장했다. 절차를 마치고 돌아오려니 못 잊어 눈물이요 그간의 정으로 살아온 한 사람, 버린 바 된 그분을 하나님께서 내게 보내시어 사랑의 가족으로 형제 되게 하셨으니, 이는 나를 사랑하신 하나님이 주신 복이요 사랑이시다.

산의 만나

광야 생활을 하던 이스라엘 백성에게는 수십만 명이 먹어야 할 양식이 있어야 했다. 계속 행진해야 했던 그들은 정착해서 한가하게 농사할 처지가 아니며 또 농사할 농토도 없으므로 하나님께서 그 백성들이 먹어야 할 양식을 내려 주신 것이 곧 만나이다. 만나는 하늘에서 내려 주신 하나님의 선물이며 양식이다. 영적으로는 하나님의 백성들은 오직 하나님이 주신 말씀을 먹고 살아야 한다는 의미를 담고 있다. 모든 것을 준비하시는 이는 하나님이시다.

칠목산에서 발견한 먹거리는 신비한 버섯이었다. 처음에는 이것을 잘 몰랐으나 알고 보니 식용 버섯으로, 일명 곰팡이버섯이라고 하였다. 아침에 산에 오르면 소나무 사이에서 예쁜 버섯이 이슬을 머금고 땅에서 머리를 들고 솟아난다. 하나하나 따서 그릇에 담는 기쁨이 여간 즐겁고 어느새 한 바구니 들고 내려가 아내에게 보이면 아내도 신기하여 버섯탕 요리를 하면 그 맛이 정말 환상적이다.

매일 아침 산에 가서 버섯을 따오고 그렇게 다음, 또 다음, 날마다 하나님은 우리에게 먹거리를 제공해 주셨는데 이것이 곧 하늘에서 내려 주시는 만나인 것이다. 우리가 돈이 없어 제대로 먹지 못할 때 먹을 것을 주시니 하나님은 필요한 것을 제공해 주시는 자비하신 분이시다. 버섯 역시 따서는 하루에 다 먹어야지 하루가 지나면 변질되어 버려야 하니 만나와 같은 성질을 갖고 있다. 버섯과 호박은 궁합이 최고요 여러 양념으로 요리하면 별미 중의 별미다.

집회에 오는 성도들에게 이 음식을 대접하면 모두가 좋아하여 하나님의 풍성하심을 감사하게 된다. 그런데 이상한 것은 어려울 때 몇 년은 이것을 내려 주셨는데 조금 여유로워지니 이 버섯을 거두셨다는 것이다. 그 이후 산에서 버섯 구경을 한 적이 없으니 이 또한 신비하지 않을 수 없는 일이다. 이곳에 오기 전부터 텃밭에 사과나무가 하나 있었는데, 과일을 못 먹을 때 하나님이 준비해 놓으신 나무의 열매를 아이들과 먹으면서 감사했다. 그런데 이것도 조금 여유가 생기니 사과나무도 병들어 죽는 것을 보고 참 신기해했다. 마당 앞에 오래된 보리수나무가 있고 가지가 찢어질 만큼 새빨간 열매를 맺어 아이들의 간식거리로 준비해 주셨다. 이스라엘 백성이 광야에서는 하늘에서 주신 만나를 먹다가 가나안의 소산물을 먹게 되니 만나를 거두신 것과 같다.

어느 날 아들이 학교에서 돌아오더니 말했다.

"아빠, 우리집에 과자가 열리는 나무가 하나 있으면 좋겠어요."

"왜 그런데?"

아이들이 초등학교 시절 수업이 끝나면 교문 옆 가게에 빵과 과자를 사 먹는 친구들을 보면서 돈이 없으니 구경만 하다가 집에 와서 한 말이다. 얼마나 먹고 싶었으면 이런 말을 하는지 마음이 아팠으나, "조금만 기다려! 앞으로 질리게 먹을 날이 올 테니까"라고 대답할 뿐이었다. 그러나 나의 이 말은 헛소리가 아니었고 아이의 말을 하나님이 듣고 계시사 후일에 과자며 과일이 넘쳐나서 질려서 먹지 않도록 부어주셨다.

학교에 우유 급식비를 못 내 다들 우유를 먹는데 내 아이들만 못 먹는 것이 마음 아팠다. 특별한 일을 하다 보니 아이들에게 소홀했던 것이 부모로서 미안할 뿐이다. 초등학교와 중학교는 면 지역에서 공부했어도 고등학교는 시내로 가야 하는데 시내에 자취방 한 칸을 얻지 못해 먼 거리를 통학해야 했다. 밤늦게 집에 돌아오는 길이 칠목산을 넘어야 하고 산에는 공동묘지가 있어서 아이들이 밤길에 얼마나 힘들었는지 모른다. 나 때문에 아이들이 고생하고 희생한 것을 생각하면 부모 노릇을 제대로 못 하고 애들 욕구를 채우지 못한 것이 마음 아파 이 늙은 사람 가슴이 미어진다.

어느 날 택시로 젊은 청년과 그의 어머니가 찾아왔다. 젊은 청년은 들어오자마자 방에 쓰러져 고통을 호소하고 그의 어머니는 아들을 살려달라며 매달린다.

"원장님, 내 아들을 살려주세요."

"어머니! 아프면 병원으로 가시지 여기는 병원이 아니어요. 그리고 난 의사도 아니니 속히 병원으로 가세요."

"병원은 수없이 다녔고 엑스레이도 수십 장 찍었어도 의사가 아들 병 못 고쳤어요. 소문을 듣고 왔으니 이제 살든지 죽든지 원장님께 맡기니 알아서 하세요."

그는 딸 여섯 중 아들로 태어나 귀하게 자라며 사랑을 독차지한 청년으로, 가난한 집이었으나 모든 명품으로 입히고 먹이고 보석처럼 소중하게 키운 아들이었다. 병들어 고칠 수 없게 되니 그 어머니의 마음은 아들로 말미암아 죽을 지경이었다.

우리 기도원에 와서 몇 사람 좋아진 일은 있어도 소문이 날 정도는 아닌데 막무가내로 와서 아들을 맡기고 가버리니 난감하기만 하였다. 다시 보내지도 못하고 청년은 일어나지도 못할 지경이니 어쩔 수 없이 억지로 떠맡게 되었다. 음식도 잘 먹지 못해 아내가 귀한 녹두죽을 쑤어 주니 그것은 한 그릇을 다 비웠다. 먼저 청년과 대화를 해봐야 정체를 알 수 있으므로 한 시간쯤 이야기를 들었다. 이런 때는 말을 하는 것 보다 듣는 것이 중요하다.

그는 모든 것을 숨김없이 말했다. 건달 조직의 한 패로 술과 여자, 도박, 깡패로 젊음을 탕진하며 멋대로 살아온 것을 털어 놓았다. 바짓가랑이 속에 항상 칼을 소지하고 조직원들과 온갖 나쁜 짓을 해 온 것이다. 그러면서 병이 들어 앰뷸런스에 실려 대학병원도 간 일도 셀 수 없이 많았다는 것이다. 이제는 큰 병원도 자기 병을 고치지 못했고 어머니가 이곳으로 데리고 왔으니 자기를 책임지고 고쳐 달라는 것이다. (아 이런 억지가 어디 있나.) 그의 이름은 하ㅇ근이라 하였다. 나는 걱정하며 청년에게 물었다.

"미스터 하, 앞으로 내 말에 절대 순종하겠어요?"

"예! 절대 복종하겠습니다" 그는 두 손을 모아 엎드려 절을 하였다.

"그렇다면 내일 새벽부터 기도회에 나오세요."

"예, 알겠습니다."

그에게 방을 하나 주어 쉬게 하였다. 우리 집은 깨끗하기로 소문나고 1인실 독방에 온돌로 따뜻하여 1급 숙소에서 하룻밤만 쉬어도 몸이 좋아질 수 있을 정도다. 한 사람의 생명, 곧 육과 영이 병들어 방황하다 의사도 아닌 나를 찾아왔다. 내가 의사는 아니어도 영적인 문제를 풀면 육신의 병도 해결된다고 믿으며 이 사람도 하나님이 보내 주신 잃은 양이라 여기고 첫날 새벽 기도회에서 죄에 대한 말씀의 검으로 그의 심령에 찔렀다.

언제 이 사람이 죄에 대한 설교를 들었겠으며, 하나님, 곧 예수 그리스도에 대한 사랑과 구원의 복음을 들은 적이 있었으리요. 이때를 위하여 필요한 일은 의사의 청진기나 엑스레이가 아니라 살아 있는 하나님의 말씀과 성령의 검이다. 이것이 그를 살리는 외과적 수술이며 내적 치료가 될 것이다. 면허를 받은 의사는 아니어도 영혼에 관한 한 치료의 효력이 말씀으로부터 나온다는 것을 나는 안다. 의사는 몰라도 내게는 있으니, 곧 내 아버지로부터 받은 것이다.

"여호와께서 이와 같이 말씀하시니라. 네 상처는 고칠 수 없고 네 부상은 중하도다. 네 송사를 처리할 재판관이 없고 네 상처에는 약도 없고 처방도 없도다. 너를 사랑하던 자가 다 너를 잊고 찾지 아니하니 이는 네 악행이 많고 네 죄가 많기 때문에 나는 네 원수가 당할 고난을 네가 받게 하며 잔인한 징계를 내렸도다. 너는 어찌하여 네 상처 때문에 부르짖느냐. 네 고통이 심하도다. 네 악행이 많고 네 죄가 허다하므로 내가 이 일을 너에게 행하였느니라… 내가 너의 상처로부터 새살이 돋아나게 하여 너를 고쳐 주리라."(렘 30:12-17)

"이는 그 상처는 고칠 수 없고 그것이 유다까지도 이르고 내 백성의 성문, 곧 예루살렘에도 미쳤음이니리"(미 1:9)

하나님은 선지자들에게 자기 백성들의 죄악을 상처와 병에서 치유받지 못할 상태로 고통받는 것을 예언하도록 하셨다. 육신의 병보다 죄로 인한 마음과 영혼의 병은 고칠 수 없는 중병이며, 영혼의 멸망과 함께 육신도 파멸에 이를 것이다.

누가복음 5장 17절에 다음과 같은 내용의 기사가 있다.

"한 중풍병자를 사람들이 침상에 메고 와서 예수 앞에 들여놓고자 하였으나 무리 때문에 메고 들어갈 길을 얻지 못한지라. 지붕에 올라가 기와를 벗기고 병자를 침상째 무리 가운데로 예수 앞에 달아 내리니 예수께서 그들의 믿음을 보시고 이르시되, 이 사람아 네 죄 사함을 받았느니라 하시니… 그러나 인자가 땅에서 죄를 사하는 권세가 있는 줄을 알게 하리라 하시고 중풍병자에게 말씀하시되, 내가 네게 이르노니 일어나 네 침상을 가지고 집으로 가라 하시매 그 사람이 그들 앞에서 곧 일어나 그 누웠던 것을 가지고 하나님께 영광을 돌리며 자기 집으로 돌아가니 모든 사람이 놀라 하나님께 영광을 돌리며 심히 두려워하여 이르되 오늘 우리가 놀라운 일을 보았다 하니라."

중풍병자는 예수님을 찾아갔다. 스스로는 걸을 수 없으니 그를 메고 간 사람들에 의해 예수께로 갔다. 하지만 사람들이 너무 많아 들어갈 수 없어 지붕을 뚫고서라도 예수님을 만나겠다는 의지가 강렬하였다. 그가 얼마나 오랫동안 중풍병을 앓았는지는 밝혀지지 않았으나 중풍병은 삶을 수렁으로 떨어뜨리는 무서운 병이다. 수족이 마비되고 입과 혀의 마비로 언어 장애와 식사가 어려워진다. 대소변 케어를 받아야 하며 식사의 조력을 요하며 휠체어 없이는 출입이 어렵고 욕창으로 피부가 괴사하는 병이다. 나는 수많은 중풍병 환자를 돌보았으므로 이 병이 얼마나 치명적이고 무서운 병이라는 것을 알고 있다.

예수님을 찾은 중풍병자는 병의 무게만큼 낫고자 하는 마음이 간절하였고 이 기회를 놓치면 다시 주님을 만나지 못할 것이니 지붕을 뚫고서라도 예수님을 만나야 했다.

예수님은 이 병자를 향하여 "네 죄 사함을 받았느니라"고 말씀하셨다.

'죄' 그리고 '사함.'

둘러선 사람들은 이 말씀을 알지 못해 의아해했고 서로를 쳐다보며 그 말씀의 의미를 몰라 궁금하였을 것이다. 의사들은 환자를 치료할 때 과학적으로만 병의 원인을 분석하지 그 외 다른 비과학적인 것은 이해하지도 용납하지도 않는다. 예수님은 과학이 아닌 그 사람의 내면적 문제를 보신 것이다. 내면적인 것은 현미경으로도 볼 수 없고 체혈 검사로도 불가능하며 오직 영혼을 지으신 하나님만이 볼 수 있기에 영혼의 병을 해결하면 육신의 병도 고칠 수 있다. 그렇다면 이 중풍병자는 정말이지 제대로 찾아온 것이다. 그는 자기 병의 원인을 몰랐어도 예수님은 알았고, 예수님의 진단은 죄가 그를 사로잡았고 죄의 포로가 되어 옴짝달싹도 못 하는 상태인 것을 아셨다. 그리고는 그에게 "네 죄 사함을 받았느니라"고 하심으로 죄의 용서의 선포와 함께 병자가 나아서 일어나 걷게 되는 기적이 일어난 것이다.

기적이란 무능하고 유한한 인간들에게는 기적이지만 전능자요 무한한 하나님에게는 기적이 아니라 일상인 것이다. 그러므로 인간의 문제는 죄보다 더 큰 문제가 없으며 죄의 삯은 사망이라 하였으니 이를 해결할 방법이 없는 인류는 멸망에 이를 수밖에 없으므로 인류를 구원하기 위하여 예수님이 육신을 입고 오셔야만 하신 것이다.

청년은 첫날 밤을 한숨도 자지 못하고 새벽기도에 나왔단다. 고통이 온몸을 찌르고 숨을 쉴 수 없어 괴로워하였다. 내가 할 수 있는 일은 하나님의 말씀과 기도밖에 없었고 하룻밤 사이에 치료될 일도 아니며, 심령에 변화가 오기까지 시간이 필요하였다. 할 수 있는 대로 대화를 많이 하여 그에게 필요한 것이 무엇인지 진단하고 그럴 때마다 생명의 말씀으로 영혼의 빈자리를 채워주었다. 낮에는 산에 올라 나무 아래 자연 속에서 이야기를 하노라면 어느새 가까운 친구가 되고, 이렇게 나의 시간을 한 친구를 위해 사용하게 되는 것이 감사했다. 3개월을 나와 함께 보내니 건강이 많이 좋아졌다.

처음 왔을 때는 걷지도 못했는데 이제는 아침마다 2킬로미터를 산책하고 뛰기도 하며 열심히 운동하니 얼굴색도 좋아졌다. 또한 예수를 찬송하고 그 심령이 믿음으로 채워졌다. 그의 어머니가 찾아와 아들의 모습을 보고 기뻐하며 감사했다. 그는 퇴원해서 그동안 못했던 결혼도 하여 새 가정을 이루었고 신앙생활을 하게 됐다. 하나님은 조직 깡패 탕자를 변화시켜 새 사람으로 만드시는 참 좋으신 하나님이시다.

기도원 명칭과 함께 '사랑의교회', '사랑의 집'으로 간판을 붙였다.

사람이 모여 예배를 드리니 교회이며 갈 곳 없는 이웃들이 모인 공동체이니 사랑의 집이다. 예배는 주일 오전, 오후, 새벽, 그리고 매일 저녁에 모여 예배하였다. 기도원을 찾는 사람과 함께하는 은혜의 시간과 날들이 귀하고 소중하였다. 공동체의 식구들도 늘어나며 작은 천국을 이루게 되니 이보다 더 좋은 목회가 없는 것 같아 늘 하나님께 감사하였다.

...

석양에 해가 질 무렵 한 자매가 찾아와서 기도할 수 있겠냐고 하였다. 3일만 금식하기를 원하여 방을 주고 그녀의 기도에 상관하지 않았다. 대개 기도의 목적과 신분을 공개하지만, 그녀는 자신을 노출시키려 하지 않아 그대로 두었다. 3일 후 기도를 마치고 가겠다고 인사하여 그를 불러 기도는 잘하고 응답은 받았는지 묻고, 왜 금식을 했는지 말해줄 수 있는지 물었다. 그녀는 차분히 이야기했다.

"저는 결혼 3개월째예요. 남편은 대형 트럭 운전기사로 장거리 운전을 하는데 도박을 좋아해서 밤새도록 도박을 하고 아침에 차를 몰고 나가요. 그러니 불안해서 안심이 안 되고 교회 가는 것도 싫어하고 반대해서 성경을 불태웠어요. 이런 일로 날마다 싸우니 결혼 생활을 지속하기 어려울 것 같아 기도해 보고 이혼하려고 여기 왔어요."

"그럼 어떻게 하실 건데요?"

"이혼할 것을 결심했어요."

"지금 어디로 갈 겁니까?"

"친정으로요."

"저는 기도하는 사람이며 기도원 원장입니다. 자매에게 하는 말을 사람의 말로 듣지 말고 성령의 말씀으로 들으시고 그대로 순종하시기 바랍니다. 오늘 친정으로 가면 자매의 앞날에 큰 후회와 어려움이 닥칠 것이니 신랑에게로 가시기 바랍니다. 그리고 신랑이 무슨 말을 하든지 어떤 구박을 하든지 절대 대항하지 말고 입을 열지 말 것이며, 따뜻한 식사로 부드럽게 대하시기 바랍니다."

자매는 결코 그럴 수 없다고 했다. "죽으면 죽었지, 왜 내가 그런 사람에게 당하며 살아야 하냐"며 친정으로 가서 결판을 내겠다는 것이다. 그녀는 내 말을 완강하게 거부하며 돌아갔다. 며칠이 지나 주일 오후 전화가 걸려 와 받았더니 어느 여자 목소리였다.

"누구세요?" 모르는 목소리였다.

"원장님, 저 며칠 전 금식 기도한 사람이에요. 그날 친정집으로 가 대문 앞에 섰을 때 원장님이 하신 말씀이 천둥 같이 내게 들려와 한참 생각하다가 발길을 돌려 신랑 집으로 가게 되었어요. 두려움 속에서 문을 열고 들어가니 신랑의 얼굴이 변하더니 쌍욕을 하며 나를 내동 댕이치면서, '사흘 동안 집 나가서 어디서 어떤 놈하고 붙어 지내다가 이제 오냐'고 행패를 부리며 폭행을 했지만, 원장님 말씀대로 말 한마디 않고 이를 악물고 참고 견뎠어요. 그리고 저녁 밥상을 차려 주었더니 다음 날 아침, 내 손을 붙들고 '잘못했다'고 용서를 구하고 오늘은 같이 교회도 갔다 왔어요. 남편이 '도박을 끊고 교회에 나가겠다'고 약속하여 얼마나 기쁜지 먼저 원장님께 전화하는 거예요. 감사드려요, 원장님."

자매의 목소리가 낭랑하였다. 이보다 기쁜 일이 또 있을까? 이혼을 막았고, 신랑이 도박을 끊고 예수 믿기로 했다니 일거삼득이군. 하나님은 참 좋으신 분이야. 할렐루야! 나는 혼잣말로 감격하였다.

...

기도원 집회는 자주 하지는 않았어도 계절을 따라 이름 있는 강사를 초청하여 지역 성도들의 영성을 위하고 고달픈 성도들의 기도와 신앙 향상을 위하여 준비하였다. 집회를 찾는 사람들은 대부분 어려운 문제를 안고 하나님을 만나려는 심정으로 오기 때문에 한 분 한 분

각별한 관심으로 대하여야 할 책임을 가져야 한다.

집회에 참석한 여자 성도 중에 몸이 너무 쇠약한 분이 있어 "어떻게 집회에 왔느냐?"고 물었다.

"저는 위암으로 판정받고 치료를 했지만 좋아지지 않았어요. 오늘도 대학병원 예약이 돼 있는데 집회 광고를 보고 병원 대신 하나님께 기도하러 왔어요."

"그렇군요, 집회에 은혜 받으시기 바랍니다."

첫 시간에 그 성도는 맨 앞자리에 앉아 있었다. 누가 봐도 시선이 갈 정도로 깡마르고 병색이 짙어 보였다. 강사 역시 그 성도의 모습을 보고 관심이 가는 눈치였다. 집회가 끝나기 전 강사는 그 성도를 지명하여 "성도님, 병 낫고 싶으세요?"

"예, 낫고 싶어요!"

"그렇다면 이 기도원에 피아노 한 대 드리세요."

그 성도는 아무 대답을 못 하고 머뭇거렸다.

"암을 고치려면 병원에 돈을 싸다 바쳐도 고치기 어려운데, 피아노 값 이백만 원 되는 것도 못 하느냐"고 다그쳤다. 그 성도는 "하겠어요, 병만 낫는다면요"라며 겨우 대답하는 눈치였다. 나는 이 말을 들으며 깜짝 놀라서 어찌할 바를 몰랐으나 집회 중이라 참고 있다가 끝난 후 강사실로 들어가 강사에게 따졌다.

"강사님, 어떻게 죽어가는 환자에게 그런 말씀을 하십니까? 제가 피아노를 달라고 하며 물품을 구합니까? 피아노는 필요 없고 연주자도 없으니 그 말씀은 합당치 않습니다."

강사 목사님은 난처한 듯 "강사가 미리 생각하며 말합니까? 인도하다 보면 나도 모르게 감동이 되어 말하는 것이지요"라며 불쾌한 듯 퉁명스럽게 말하니 나도 난처하기는 마찬가지였다. 점심 후 나는 그 여성도를 대면하여 상담하였다.

"성도님, 강사님이 말한다고 어려운 일을 그냥 대답하면 어떻게 해요. 정말 그렇게 하실 수 있어요? 집안 형편은 어떠신지요."

"내가 병으로 빚을 내서 이자 갚기도 어렵고, 어서 죽고 싶으나 그리도 안 되니 어찌해야 합니까? 아무튼 내가 약속을 했으니 시내에 사는 아들 셋을 불러 아들들의 말을 들어야겠어요."

그날 오후 그의 아들 셋이 어머니를 찾아왔다. 아들들은 말했다. "우리 어머니의 병이 낫는다면 무엇인들 못 하겠습니까?"

나는 일단 강사의 말과 가족들의 반응에 더 이상 관여하지 않기로 하였다. 일주일 후 그 성도로부터 전화가 왔다.

"원장님, 제가 약속한 것 때문에 죄송하고 고민으로 잠을 못 자니 어찌해야 할지 모르겠어요."

"성도님, 하나님께 약속한 것이나 서원한 것은 반드시 지켜야 합니다. 그러기에 신중해야 하며 지키지 못하면 하나님께 약속을 어기는 거예요. 하지만 하나님은 긍휼의 하나님이시며 성도님의 마음을 잘 아시니 약속하신 일이라도 강제로 지키라 하시는 분이 아니예요. 성도님이 약속할 때는 거짓으로 한 것이 아니며 진심으로 하신 것을 하나님은 아실 겁니다. 제가 하나님의 심정으로 짐을 가볍게 해드릴 테니 제 제안을 들으시고 결정해 보세요. 지금 우리 기도원은 피아노보다 작은 난로가 하나 필요한데 가격은 오륙만 원 정도입니다. 이 정도면 큰 부담이 안 되는데 어떠십니까?"

그는 너무 좋아서 감사하다며 즉시 아들에게 연락하여 약속을 대신하였다.

…

집회를 하다 보면 기도원의 의사와 관계없이 이상한 방향으로 흘러가는 경우를 종종 볼 수 있다. 나는 집회와 헌금을 연결하지 않고 순수한 마음으로 은혜 넘치는 시간으로 성도들의 신앙 향상만을 생각하고 준비하는데, 강사들의 돌발 발언으로 충돌을 일으킬 때가 종종 있었다. 시골 농촌 지역이라 농업에 종사하는 분들이 많고 나이 든 노년층이 집회에 오는데, 어느 강사는 쉬는 시간에 시골 권사를 강사실에 대면하여 이런 말을 하곤 했다.

"권사님 농토는 얼마나 가지고 계세요?"

"예, 칠천 평 농사를 하지만, 그게 얼마나 큰 땅입니까?"

"권사님, 죽을 때는 한 평도 가지고 갈 수 없는데 이 기도원에 천 평만 바치세요."

나는 또 깜짝 놀라 강사의 말을 제지하고 권사를 돌려보내고, "강사님, 어찌 그런 말씀을 생각 없이 하시나요. 시골 사람들 땅이 생명이고 한 평의 땅이라도 더 사려는 것이 농사꾼들인데, 그렇게 말한다고 해서 바칠 것도 아니며 오히려 집이나 교회 가서 기도원에 갔더니 땅 바치라고 하더라는 소문이라도 나면 큰일입니다. 강사님은 집회 마치고 떠나지만 엉뚱하게 기도원 이미지만 나빠질 터이니 그런 말씀 절대 하지 마세요."

어느 성도님이 내게 하는 말이, 어느 신설 기도원 집회에 갔더니 전화가 없었는데 전화를 가설하려면 거리가 멀어 오백만 원의 비용이 든다는 것이다. 안수기도를 해주면서 '하나님이 당신을 보내 주신 것은 전화 가설에 헌신하라는 하나님의 지시'라고 해서 기도를 받고 어찌해야 할지 몰랐다는 것이다. 본인의 뜻이 있어 헌신하는 것은 몰라도, 기도 한 번으로 하나님의 뜻이라고 강요하는 것은 성도에 대한 행패이며 강도짓이다. 기도하는 하나님의 집을 강도의 굴혈로 만든다는 주님의 책망을 들어 마땅한 것이다.

어느 교회에서 헌금 종류가 13가지나 되는 보았는데, 일천번제 헌금, 새벽기도 헌금 등 종목도 다양해 헌금으로 복 받는 길을 열어 놓은 것 같았다. 이런 일에 시비할 것은 없어도 가난한 자는 교회 나오기가 어려울 것 같다는 생각이 들어 하는 말이다. 교회가 성도들의 사정도 고려하지 않고 무리하게 헌금을 강요하거나 물품 헌신을 독려하는 것은 하나님의 뜻이 아니며 물질보다는 영혼 구원에 초점을 맞추어야 한다.

사랑의 집에 오신 분들은 본래 가난하고 가진 것이 없으므로 헌금은 시작도 안 했고 나중에 새 건물에서 직원들이 일할 때에야 원하는 직원들을 중심으로 한 것뿐이다. 그리고 헌금은 모두 다른 이웃들과 개척 교회로 다시 돌려보냈다. 사랑의교회에서는 내 목회비로 42년간 한 푼도 받지 않았으니, 돈과 물질에 관계없이 가난한 목회를 하였다. 어느 때는 가난하고 병든 이웃들을 위해 가진 것을 다 바쳤는데, 노후에는 살기 어려워질 것을 상상하기도 했으나 내일 일은 내일 염려할 문제라 생각하고 걱정하지 않기로 하였다.

집회에 아이를 업은 여자 성도가 참석하여 대화를 해보니, 어려서부터 간질을 하여 하루에도 두서너 번 발작을 한다니 말만 들어도 불쌍하기 그지없었다. 병으로 고통당하는 사람들이 어찌 이리 많은지 그런 사람을 만날 때마다 마음이 아프고 짠하다.

결혼을 해 아이를 낳고 살아도 사는 것이 행복하지 않고, 남 보기에 부끄럽고 시댁이나 친정에 떳떳하지 못해서 죽지 못해 산다는 것이다. 그는 고등학교를 나왔으나 남편은 초등학교가 전부였다. 자기 병으로 남편에게도 학대를 받고 멸시를 당했는데 괴로움으로 친정집에 머물러 있으려니 삶이 지옥이라고 한탄하였다. (예수님 이 여인을 불쌍히 여기시고 돌봐주세요.)

"성도님, 집회 기간 동안 숙식에 걱정 말고 끝까지 참석해서 은혜 받으세요."

그 자매는 어린아이와 함께 시간마다 말씀의 은혜를 받았는데, 날마다 몇 번씩 하던 간질을 한 번도 안 했다며 좋아하며 예배실 청소를 맡아서 하였다. 마지막 날은 시내에 사는 올케언니를 오라 하여 의논하고 결혼 목걸이를 바친 것이다. 강사님이 헌금 기도를 하면서 목걸이 광고를 하면서 기도할 때 알게 된 것이다. 모인 성도들도 간질 내용을 알고 있어 박수로 감사하며 격려하였다. 그 자매가 얼마나 좋길래 결혼 예물을 감사로 드렸을 것인가? 집회가 끝나고 일주일이 지난 어느 날, 그 자매가 나를 찾아와 말을 못 하고 부끄러워하며 어쩔 줄 몰라 하는 표정이어서 무슨 문제가 있는지 물었다.

"자매님, 무슨 일 있어요? 그러지 말고, 괜찮으니 말해보세요."

"원장님, 죄송한데… 목걸이 바친 거… 돌려줄 수 있습니까?" 그녀는 말을 더듬으면서 힘없이 말했다.

"무슨 일 있었나요?"

"교회에서 목걸이 바친 것을 알고는 목사님과 교인들이 찾아오라고 해요. 기도원에서 불쌍한 사람한테 목걸이 바치라고 한 것이라며 그런 곳에 다니면 안 된다면서 속히 찾아오라고 해서, 그런 게 아니라고 했지만 나만 혼나고 어쩔 수 없이 떠밀려 왔는데 안 주셔도 괜찮아요."

"자매님, 누가 목걸이 바치라고 했습니까? 올케와 둘이 의논한 일로 감사로 바칠 때 누가 부추기기라도 한 일 있습니까? 그런데 지금 다시 돌려 달라니 돌려드리는 것은 얼마든지 할 수 있지만, 알아들으세요. 옛말에 주었다 뺏으면 엉덩이에 뿔난다 했어요. 하물며 하나님께 드린 것을 도로 찾아간다면 하나님께서 기뻐하지 않아요."

나는 회수중을 받고 돌려주었다. 돌려주더라도 확실히 가르쳐야 할 문제이므로 책망을 하고 돌려주었다. 그 자매의 믿음과 감사를 교회 목사와 교인들은 간질의 치료보다 물질이 더 아깝게 여겨졌던 것이다. 하나님의 은혜를 물질보다 못 하게 여기는 기독교 신자들이 슬퍼진다.

...

여름 집회에 장환 목사를 모시고 은혜의 시간을 준비하였다. 장 목사는 서울 강서성결교회 목사님인데, 어렵게 개척하여 삼천 명 성도로 성장한 교회 목사님으로 청년시절부터 형제처럼 지내는 목사님이다. 스승이시며 아버지 같은 유기련 목사님의 애제자인 장 목사님과 나는 자연히 가까워졌고 거리는 멀리 떨어져 있어도 자주 상통하며 지냈다. 그래서 바쁜 중에도 시간을 내 집회 초청에도 응해 주셨다. 열정적이며 주께 충성하시는 것을 항상 봐 왔으나 집회 내내 열성으로 복음을 전하시고 특히 나에 대한 사랑과 격려를 아낌없이 보여주셨다.

집회를 마치고 어떤 사람이 면담을 요청하였으나 집회 후 사람들 만나느라 바빠서 30분 후 내 방으로 오라고 하였다. 그는 앉자마자 종아리 바지를 올리더니 회칼을 뽑아 앞에 놓고 무릎을 꿇고 울기 시작하였다. 갑자기 당한 일이라 놀라면서 형제의 울음을 멈추게 한 후 그의 사연을 듣게 되었다.

"원장님, 저는 죽을 죄인입니다. 오늘 이 집회가 아니었으면 살인을 저지를 판이었어요. 기도원 간판을 보고 기도원을 털려고 와서 보니 사람들이 많이 모이고 찬송 소리가 나서 뭐 하는 곳인가 살펴보았어요. 부흥 집회인 것 같아 나도 모르게 슬그머니 맨 뒷자리에 앉아 구경이라도 하리라 생각했는데, 강사 목사님 설교가 꼭 내게 하는 말 같아서 죄인 된 나를 발견하고 속으로 뉘우치며 울다가 원장님께 사실을 고백하고 싶어 만나기를 요청했어요."

그는 서독 광부로 가서 3년을 지하 갱도에서 일했다. 뜨거운 지열에도 이를 악물고 돈을 벌어 쓸 것 쓰지 않고 몽땅 아내에게 보냈다. 조금만 고생하면 지긋지긋한 가난도 끝내고 행복하게 살 것이라는 희망과 기대로 고생을 견디며 3년을 채웠고 고향집에 돌아와 노모와 어린 딸을 만나게 되었다. 그런데 누구보다 반갑게 맞아줄 줄 알았던 아내는 얼굴빛이 어두웠다. 눈치가 이상해 아내에게 물었다.

"여보, 그동안 나 없이 어머니 모시고 얼마나 고생이 많았소. 이제 고생은 끝났으니 딸과 함께 우리 잘살아봅시다. 그동안 보낸 돈은 은행에 잘 관리했겠죠? 통장을 좀 봅시다."

아내는 남편 앞에서 얼음덩어리가 되어 말을 못 하고 울고만 있었다. 사연인즉, 남편이 독일로 간 후 부인은 어떤 사내를 알고 지냈다. 남편이 보내오는 돈을 탕진하고 그 사내는 부인을 꼬드겨 있는 돈을 갈취해 통장은 비어 있었다. 너무나 기가 막히는 소리에 남편은 넋을 잃고 말았다.

3년의 고생 끝에 장래를 꿈꾸던 행복은 순식간에 물거품이 되고, 더구나 아내의 부정으로 인해 돈 잃고 아내까지 잃은 허탈감에 반 정신병자처럼 미쳐 돌아갔다. 억울함과 아내의 배신감으로 그의 마음은 독이 분출돼 그놈을 죽여야겠다는 보복심으로 불타올랐다. 기회를 찾던 중 살인을 저질렀고 수년 동안의 수감 생활을 마치고 나왔지만, 늙은 어머니와 딸의 생활은 핍절한 상태로 모든 희망은 사라진 뒤였다. 일자리도 구하지 못해 이판사판 제2의 범죄를 계획하던 중 기도원에 온 것이다.

그의 고백과 사정을 들으면서 눈물을 억제하려 해도 참을 수 없었다. 끓어오르는 분노와 인생의 고달픔, 강퍅한 세상에서 범죄는 또 다른 범죄를 낳고, 거기에 빠져 헤어날 수 없는 비극적 막장 인생으로 떨어지는 현상에 사회학자들은 어떤 해결책을 제시할 수 있을까? 강사 목사님과 함께 눈물로 형제를 위해 기도했다. "사는 길은 예수님을 믿고 의지하는 길밖에 없다"고 위로했는데, 형제는 예수 믿기를 결심하여 방에서 제2의 부흥회가 이루어졌다.

  나는 그에게 독방을 주고 샤워를 하게 했다. 내 옷을 주어 갈아 입히고 특별 대우를 하여 집회를 마칠 때까지 돌봐주었다. 집회가 끝나도 그는 돌아가지 않고 일주일을 더 함께 지내며 내 곁에 있기를 원했다. 부서지고 상한 영혼, 이들에게 나는 이웃이 되어 함께 울고 먹을 것을 나누고 대화하면서 영혼의 양식을 먹이고 새 삶을 살 수 있도록 위로하여 용기를 북돋아 주었다. 그가 돌아갈 때 위로금을 주어 씩씩하게 살아가기를 기도하니 또다시 눈물의 강이 흐르고 포옹으로 서로 사랑의 정을 나누었다.

  그 형제는 교회를 나가며 기회 있는 대로 나를 찾아 주었다. 잃어버린 양과 같은 사람을 찾고 만나고 힘이 되어 영혼까지 살펴 보듬어 주는 일을 하나님께서 부족하고 보잘것없는 사람에게 사명을 주셔서 불러 쓰심에 무한 감사와 기쁨을 올려 드린다.

  육신적으로 외로우니 하나님께 기도하는 시간이 많아졌다. 기도하러 온 사람 외에는 대화할 사람이 없으므로 자연히 산에 가서 기도하는 일이 일과이며 최선이었다. 기도하면 할수록 성령님의 충만함과 위로가 내 맘을 덮고 나는 이 일상이 행복하고 좋았다. 이런 일을 할 장소를 구하러 삼 개월을 헤매고 다닐 때 아무 응답도 없으서서 마지막 징표를 주시라고 최후 통첩 기도로 하나님께 다그쳤더니 이곳을 준비해 놓으시고 기다리신 하나님. 나의 하나님이시오, 우리들의 하나님은 참 좋은 하나님이시다.

  기도하게 되니 하나님이 곁에 가까이 계시고 마치 친구와 얘기하듯 무엇이든지 이야기로 시간을 보내며 내 귀에 속삭이는 듯 주님의 소리를 들을 수 있었다. 하나님의 영이 함께하시니 전과 달리 능력을 주시고 병이 나으며 귀신도 쫓게 되었다. 이런 일은 자의적으로는 절대 불가능하니, 전능하신 하나님의 능력이 함께 하심으로만 되는 일이다.

"이르시되, 기도 외에 다른 것으로는 이런 종류가 나갈 수 없느니라 하시니라."(막 9:29)

기도하는 시간에 아랫마을에 사는 할머니 한 분이 손녀딸을 데리고 왔는데 처음 보는 어르신이다. "원장님, 제 손녀딸인데, 제 말을 들으시고 병을 고쳐주세요. 손녀가 무슨 병인지 버스도 못 타고 밥도 한 상에서 못 먹으니, 무슨 이런 병이 있는지 답답해 죽겠어요."
"그럼, 손녀를 두고 가세요. 삼 일 동안 금식해도 괜찮겠어요?"
"금식은 안 해 봐서 걱정이네요."
할머니는 알아서 하라며 마을로 내려가셨다. 자매는 스물두 살이며 이름은 이ㅇ경. 부모님과 함께 살고 있으며, 버스를 타면 모든 승객이 자기를 쳐다보는 것 같아 가려는 목적지까지 가지 못하고 중간에 하차해야 하고, 가족과 식사도 못 하는 희귀한 병으로 시달리고 있었다. 병원에서도 고치지 못하고, 결혼할 나이에 가족들의 걱정거리였다.
교회에 가본 적이 없는 그녀에게 금식을 명한 것은 며칠이라도 예배를 통해 복음을 전하고 예수 이름을 전할 시간을 갖기 위해서였고,

주님을 의지하는 마음을 갖게 하려는 의도였다. 금식이라는 말에 걱정되었는지 할머니가 베지밀과 빵을 가져왔으나 놓고 가시라고 돌려보냈다. 삼 일은 그의 마음을 열고 예수님을 영접하도록 하는 결정적 시간으로 삼고 전력을 다해 기도와 말씀으로 상대해야 할 전투적 시간이다. 영적인 전투에는 상대해야 할 대상이 있으니, 곧 마귀요 또는 귀신이니 이 영들도 막강한 힘을 가지고 있어 쉽게 상대할 수 없다.

한 사람의 생명을 천하보다 귀하게 여기시는 주님의 뜻을 따라 우리 사역자들도 오직 말씀에 의지하고 한 영혼을 하나님의 품에 안겨드리려는 비장한 각오로 마귀와의 전투에 임해야 한다. 위경에 이르면 지푸라기라도 잡으려는 것이 약한 인간의 본능이기에 그녀의 마음에 말씀이 들어가 작은 불쏘시개가 되어 믿음을 고백하게 하고, 이때부터 집중적으로 회개를 일으키는 단계에 들어간다. 회개는 예수의 죽으심과 보혈의 대가로, 대속의 속죄함과 하나님의 긍휼과 자비로 용서의 은혜를 받게 되며 마음의 평화와 기쁨을 맛보게 되므로, 자기를 괴롭힌 영의 정체를 알려주고 전심으로 주만 의지하는 믿음을 갖도록 한다.

그녀는 금식 후에도 집에서 15분 거리여서 자주 와서 말씀과 기도로 치유를 갈망하고 병세는 점점 나아지게 되었다. 그 가정은 불교 집안이었는데, 절에 다섯 가족의 이름을 써서 기록하고 돈을 내고 올렸다고 했다. 그런데 할머니가 절에 가서 파명하고 왔다는 것이다. 이제 그 자매가 좋아져 버스도 걱정 없이 타고 밥상의 두려움이 없어지니 직장도 구해서 출근하고 그 가족은 모두 교회에 나가는 신자가 되었다. 박해하던 교회로 안내해 신앙생활을 하도록 이끌어 주었다. 나는 그 후로 그 자매의 일은 잊고 있었다. 자매가 정상적인 생활을 할 수 있게 되니 중매가 들어오고, 전라도 나주에서 사업하는 청년과 결혼 약속과 함께 날짜도 정했다.

이 소식은 광주에 사는 자매의 작은아버지가 장로인데, 그가 중매를 했고 자기 조카의 병을 낫게 해준 것을 감사해서 찾아와 전해주었다.

"원장님, 제가 장로이면서도 큰집 가족들이 불교 신자로 완고하여 전도하지 못했는데 조카의 병도 낫게 해주시고 온 가족을 교회로 인도해 주셔서 정말 감사합니다."

그런데 결혼 15일을 앞두고 자매가 찾아왔다.

"원장님, 저 결혼 못 할 것 같아요."

"왜요? 무슨 일로요?"

"결혼을 한다고 생각하니 마음에 두려움이 오고 결혼 후 시댁에서 병이 도지면 결혼에 파경이 올까 봐 지금부터 겁이 나고 실제로 전과 같은 증세가 나타나는 것 같아요. 이럴 거면 차라리 깨끗이 죽어버리는 게 나을 것 같아 죽기 전 원장님을 만나고 끝내려고 왔어요."

자매는 통곡하며 정신없이 쓰러져 울었다. 자매의 태도를 보니 그냥 하는 말 같지 않고 심각한 고통에서 터져 나오는 최후의 호소 같은 예감이 들었다. 자매를 안정시키고 성경으로만 해결할 문제이므로 여호수아 1장 9절을 펴고 읽으라고 명하였다.

"내가 네게 명령한 것이 아니냐. 강하고 담대하라. 두려워하지 말며 놀라지 말라. 네가 어디로 가든지 네 하나님 여호와가 너와 함께 하느니라 하시니라."

자매의 마음을 돌이키는데 두 시간은 지나간 것 같았다. 인간의 말로는 해결할 수 없는 사람의 심중 문제는 하나님이 주신 생명의 말씀으로만 해결할 수 있다. 상담자가 내담자의 깊은 내면을 살펴 적절한 말씀으로 터치하면 성령께서 일하시므로 자신의 지식이나 생각, 의견을 내세우지 말아야 한다.

"자매님, 절대 걱정하지 마시고 주님이 나와 함께 하신다는 믿음을 가지고 담대히 결혼하세요. 자매는 구원받은 하나님의 자녀요 하늘의 생명책에 이름이 기록되었으니, 마귀도 예수의 이름 앞에서는 떨게 됩니다. 언제나 혼자가 아니요, 천사들이 호위하고 지켜주십니다. 결혼식에 나도 가겠으니 힘을 내세요."

"원장님이 먼 길인데 오신다고요?"

결혼식에 갈 것은 생각지 않았으나 참석하는 것이 자매에게 힘과 의지가 될 것 같아 사랑의 수고를 하기로 결심했다. 결혼식을 하는 동안 속으로 기도하며 주례 목사의 마지막 축도가 얼마나 감사했는지 모른다. 그 후 소식에 의하면, 아들을 낳고 교회 집사로 신앙생활을 하면서 건강하게 산다며 그의 할머니가 전해 주었다.

시작할 때는 차가 없어서 외딴곳이라 물건을 사온다거나 시내를 오가는 것이 힘이 들었다. 입소자가 늘어가니 장을 봐야 할 먹거리의 양도 늘고 생필품도 사와야 하는데 버스 타는 정류장까지는 거리도 있어 정류장에서 물건을 나르는데 머리에 이고 들고 오느라 팔이 아프고 팍팍하였다. 버스에서 집으로 오는 길은 산을 넘어야 하므로 이럴 때 차가 있으면 일하기도 수월할 텐데 그림의 떡이요 상상의 그림자이다. 차 없이 몇 년을 살았는지 그것이 고생이었다.

어느 날 고향에 계신 어머니께서 연락도 없이 찾아오셨다.
"어머니, 연락도 없이 무슨 일이세요?"
어머니만 보면 마음이 찡하고 고생을 너무 하신 것을 알기에, 자식 노릇을 못 하는 것 같아 죄송스러운데 갑자기 오시니 뭔 일인지 한편 불안하였다. 힘도 없으신데 걸어오느라 숨이 거칠어 보였고, 다리 관절염으로 걷기도 어려우신데 겨우 오시는 것을 보니 마음이 아프다.
"아들아, 네게 기도 받으러 왔구나."
마루에 앉자마자 옷을 올리고 아픈 곳을 보여주시는데 사타구니에 달걀만큼 부어오른 붉은 혹이 보여 육감으로 나쁜 예감이 들었다.
"이 혹은 언제부터 생겼나요?"
"마을 제사 집에서 음식을 먹은 것뿐 다른 일은 없었는데, 그날 밤 바늘로 쑤시는 통증으로 아파서 견디다 못해 네가 병을 고치는 것을 보고 기도해 달라고 왔어."
교회 다니는 일로 그렇게나 욕을 하던 우리 어머니. 그동안 기도한 아들의 간구를 들으시고 교회는 물론 새벽 기도에도 열심을 내시고 감사헌금을 드리는 것을 보고 놀랐는데, 집사 임명을 받고 지금은 병원보다 아들의 기도를 원해서 그 먼 진도에서 나를 찾아오시다니, 참 좋으신 하나님 감사해요.
우리 어머니의 유명한 욕은 단 하나다.
"교회 다니면 밥이 나오냐, 옷이 나오냐? 일을 해야 밥이 나오제."
이 말은 이제 다시 하지 않지만, 그때의 욕은 욕이 아니라 지금은 어머니의 상징적 추억의 말로 나만 아는 언어일 뿐이다.

　이튿날 어머니를 모시고 병원으로 가려면 산을 넘어서 버스를 타는데, 산 위에 있는 평소에 기도하는 바위를 지나야 했다. 바위를 보면서 기도하고 가야겠다는 생각으로 어머니와 바위에 앉아 병 낫기를 간절히 기도하고 내려가 버스를 탔다. 어머니를 본 의사는 사진을 찍고 진찰하더니 "우리 병원에서는 손댈 수 없으니 대학병원으로 가라"고 소견서를 써 주었다.

　"원장님, 대학병원에 가려면 얼마의 돈을 준비해야 할 것 같습니까?"

　"이백만 원 이상은 있어야 할 것 같은데요."

　큰 일이다. 이백만 원은커녕 몇만 원밖에 없는데 어쩌지! 돈부터 걱정이 되었다.

　대학병원에서는 C.T를 촬영하고 엑스레이를 찍었는데 엑스레이 사진에 달걀만한 새까만 것이 보였다. 그게 뭔지 모르겠고 C.T 결과를 봐야 알겠으니 삼 일 후에 오라는 것이었다. 수중에 돈이 없어 병원비가 걱정됐고 그래서 3일 동안 열심히 기도해서 병이 나아야 되는 고로 밤낮으로 기도했다. 이상하게도 기도하는 가운데 통증이 사라지고 잠도 편히 주무셨단다. 그리고 삼 일 후 병원에 가니 의사의 말이, "이상하네요, 사진 찍을 때보다 혹이 줄어들었는데 자세히 알려면 MRI를 찍어 보자"고 하여, "선생님, 통증이 사라지고 아프지 않으니 며칠 지내보고 아프면 그때 사진을 찍으면 어떨까요?"라고 말했다. 그러자 의사는 "그럼 그렇게 하세요"라고 했다.

　그 후 어머니는 아프지 않았고 혹도 사라져 돈 없는 나를 불쌍히 여기시고 걱정 없이 하나님이 치료해 주신 것이다. 전부터 쓰러지는 내 병은 그대로이고 하나님은 고쳐주지 않으셨다. 예배 때 제일 신경 쓰이는 일이 바로 이것이었는데 남모를 고민이며 약점이어서 마음이 위축되었다.

"다른 사람은 고치시는데 나는 예외이니 하나님은 왜 그러시는지요?"

아무 대답이 없으시다. 사명을 주셔서 일을 하게 하시려면 먼저 나를 도우시고 일할 건강과 필요를 채우시고 더욱이 말씀을 전할 수 있도록 설교 강단에서만은 쓰러지지 않게 해주셔야 하지 않나요? 그래도 대답을 주시지 않으신다. 바울에게도 육체의 가시가 있어 늘 고통을 당한 것 같다. 이를 고쳐 달라고 여러 번 기도했어도 고쳐주지 않으시고 의외의 말씀으로 그를 교훈하셨다.

"내 은혜가 네게 족하도다. 이는 내 능력이 약한 데서 온전하여짐이라."

바울의 반응은 어떠했는가?

"그러므로 도리어 크게 기뻐함으로 나의 여러 약한 것들에 대하여 자랑하리니, 이는 그리스도의 능력이 내게 머물게 하려 함이라. 그러므로 내가 그리스도를 위하여 약한 것들과 능욕과 궁핍과 박해와 곤고를 기뻐하노니, 이는 내가 약한 그때에 강함이라."(고후 12:7)

바울은 자기의 치료가 거절당했을 때 화를 내거나 원망하기보다 오히려 기뻐하고 자랑하였다. 도대체 이런 경우 우리의 반응은 어떨까? 기뻐하고 자랑하는 일은 바울같이 높은 수준의 최고 신뢰 안에서 쌓인 신앙의 경지에서나 있을법한 것이지 보통 사람들은 원망하거나 시무룩해져 믿음이 해이해지는 것은 아닐지 모른다. 주님 뜻대로, 하나님의 영광을 위한다는 것은 좋든 싫든 이롭든 손해든 그분의 뜻에 따라 순종하는 것이다.

아내는 일도 힘들었지만 경제적으로 어려워하는 일을 그만두자고 했다. 어려운 사람들을 먹이고 수발하는 일이 육신적으로 여간한 수고로 감당하기 힘들었기 때문이다. 그래서 "땅과 집도 정리하고 하는 일도 이것으로 끝내고 좀 가볍게 살면 어떠냐"고 했지만, 쉽게 그만둘 수 없는 것은 나를 이곳으로 보내신 이가 하나님이셨으니 내 맘대로 결정할 일이 아니었다. 더구나 그동안 일하면서 새 생명의 삶으로 변화되고 구원의 은혜를 받은 사람들을 생각하면, 앞으로 해야 할 일 역시 영혼 구원과 이웃 사랑의 일이었다. 그리고 그 계명에 따라 성경적 교훈을 지켜 나의 일생을 주께 바치겠다는 생의 방향은 변경할 수 없는 일이다.

세상에는 가까이 가서 손을 내밀어야 할 사람들이 널려 있다. '기독교는 타인 지향적 종교'라고 키르케고르가 말했다. 그는 코펜하겐 대학에서 철학과 신학을 공부했으나 철학보다 신학에 더 많은 관심을 가졌고, 하나님의 사랑과 이웃을 향한 실천적 사랑을 강화하는 데 힘썼다. 하나님은 죄로 멸망할 인류에게 심판과 형벌을 주는 대신 회개와 용서를 통한 구원을 주셨고, 이를 위해 독생자 예수를 보내어 죄로 타락한 인류를 구원하시려는 일을 작정하시고 그대로 성취하셨는데, 이러한 구원은 하나님의 속성인 사랑으로부터 흘러나온 것이다.

하나님은 사랑이시라고 할 때 그 사랑은 하나님만의 것이 아니요,

그분의 형상대로 지음받은 인류 전체가 따라야 할 계명이요 지켜 행할 의무이며 나누어야 할 도덕율이다. 사랑은 원수라도 사랑하라는 지고한 인간애의 휴머니즘이다.

프레데릭 도날드는 현대인의 죄 일곱 가지를 정의하였는데, 원칙 없는 정치, 양심 없는 쾌락, 인격 없는 지식, 도덕성 없는 상업, 인도주의 없는 과학, 노동 없는 건강, 사랑 없는 종교 등이다. 일곱 가지 죄 중에 사랑 없는 종교를 지적한 것은 성경의 중심 교리가 사랑에서부터 시작되기 때문이다. 인류의 구원도 사랑에서 왔으며 예수의 죽음과 부활도 마찬가지이다. 그러므로 그리스도인들의 가장 중요한 목표점과 신앙의 여정은 사랑으로부터 시작해야 한다. 위로 하나님을 사랑하고 아래로는 사람, 곧 모든 이웃을 자신과 같이 사랑하는 것이다.

"그의 계명은 이것이니, 곧 그 아들 예수 그리스도의 이름을 믿고 그가 우리에게 주신 계명대로 서로 사랑할 것이니라. 그의 계명을 지키는 자는 주 안에 거하고 주는 그의 안에 거하시나니, 우리에게 주신 성령으로 말미암아 그가 우리 안에 거하시는 줄을 우리가 아느니라."(요일 3:23)

이 얼마나 아름다운 성경 말씀인가. 우리에게 주시는 최고의 면류관이며 타락한 인간을 향한 저주로부터 높은 수준으로 끌어올려 주와 사귐을 갖고 그 안에 거하게 하심으로 천사보다 귀한 하나님의 자녀의 영광의 자리에 앉게 하시려는 사랑의 계명의 말씀이다.

타인을 사랑하기에 앞서 먼저 자신을 사랑해야 한다. 이 말은 이기주의와는 다른 맥락이다. 자신을 사랑하는 사람이 타인을 사랑할 수 있기 때문이다. 하나님을 사랑하는 것 또한 자신을 사랑하는 것이다. 이 사랑을 간직하고 품고 사는 사람은 자기 영혼을 영원한 나라의 기업에 소망을 두고 살기 때문에 사랑의 실천을 등한시할 수 없다. 하나님은 각자 행한 대로 갚으시기 때문이다.

심야의 심령부흥회

사람을 외모로 보면, 멋있고 훌륭하며 아름답고 교양 있어 보인다. 각자 제 잘난 맛에 산다는 말이 있듯이 스팩을 많이 쌓아 높은 신분을 드러내고 유능함과 지식 수준을 과도하게 내세워 그것으로 지성인이라는 명패를 달고 사회의 한 축에서 지도자로 자처하며 대장 노릇을 하려고 한다. 인격 없는 지식이 개인의 삶의 존재 가치를 끌어올릴 수 없듯이, 주를 믿는 기독교인들이 지식적 신앙만으로 믿음이 있는 척 치장한다면 그것은 진정한 믿음이 아니며 올바른 지식도 아니다. 앞서 쓴 바와 같이 교회 출석에 열심을 내고 봉사에 적극적이며 물질을 바치는 것으로 참된 그리스도인이 되는 것이 아니다. 하나님은 사람의 중심을 보시기에 그렇다. 속사람은 그대로 부패한 상태인데 교회 직분이나 신앙의 연조가 어떻게 거룩한 성도의 신분에 합당한 보증이 될 수 있겠는가?

자정이 가까운 어느 날 밤, 잠자리에 들려고 하는데 밖에서 차의

엔진 소리가 들렸다. 밤에 오는 손님은 별로 없기에 누군지는 몰라도 약간 불안하기도 하였다. 몇 년 전 가까운 어느 기도원에 강도가 들어 원장 목사를 살해한 사건이 있었고, 아내는 미국에 가고 아이들과 혼자 있었기에 외딴집에 연락도 없이 찾아올 사람이 없는 터라 불안한 생각이 들었다. 아내는 앞서 말한 것 같이 기도원 일이 힘들어 더 이상 견디기 어렵다고 미국에 가 있을 동안 모든 것을 정리하기를 바라고 떠났다. 아내도 미국에서 6개월 동안 쉬지 않고 돈을 벌려고 식당과 아이 돌봄으로 고생을 많이 하였지만…

플래시를 들고 밖에 나갔지만 사람은 차에서 나오지 않고 있었다. 무슨 일로 왔는지는 몰라도 집주인이 나오면 그도 나와서 용건을 말해야 하는데 거의 3분 동안 나만 홀로 서있었다. 자꾸 이상한 생각이 들었지만 그가 차 문을 열기를 기다리니 한참을 차 안에 있다가 나왔는데, 마지못한 표정으로 나와서 아무 인사도 없이 차 앞에 서 있었다.

"어디서 오신 누구신가요?" 그는 한참 말이 없더니, "여기 기도원 원장입니까?"라며 물었다.

"예, 그렇습니다. 무슨 일로 오셨지요?" 약간 뜸을 들이더니, "아, 네. 저는 원장님이 나이 지긋한 여자 분일 거라 생각했는데 젊으신 남자 분이군요"라고 했다.

이젠 내가 할 말이 없었다.

"오셨으니 일단 방으로 가실까요?" 그는 마지못해 따라 들어왔다.

예배실이 있는 빈방으로 안내하고 인사를 나누었다.

"무슨 일로 오셨는지 모르지만, 기왕 오셨으니 기탄없이 말씀하세요."

"말씀드리기 죄송하고 부끄럽지만 여기까지 왔으니 저도 서슴없이 말씀드릴게요. 사실 저는 오늘 밤 자살을 하려고 헤매면서 여기저기 돌아다니다 기도원 간판을 보고 저도 모르게 차를 몰고 들어왔습니다. 들어오긴 했으나 내 문제가 워낙 심각하여 마음으로 갈등이 생겨 차에서 내리지 못하고 그냥 돌아갈까 하다가 늦게 내렸고, 또 젊은 원장님께 내 문제를 꺼내기가 쉽지 않아 머뭇거렸습니다."

"그렇군요. 당신의 문제가 뭔지 모르지만, 기도원을 찾은 걸 보니 당신도 믿는 분 같은데 어떤 문제를 사람이 푸는 것이 아니요 하나님께로부터 답이 온다는 것을 아실테지요?"

그는 아까와는 달리 안심하는 태도로 자신에 관한 이야기를 하기 시작했다. 그는 ○○교회 집사로 장로로 피택받고 취임을 기다리는 중이었고, 어머니는 권사, 아내는 집사이며 자녀들도 교회를 다니는 기독교 집안이었다. 교회 회계 일을 담당하고 모태 신앙으로 교회에서도 인정받는 사람으로 중소기업을 운영하는 CEO였다.

그는 석재를 자원으로 예술적 가공을 하여 국내 및 외국에 수출하는 사업을 했는데 기업 경영도 양호했다. 그런데 어느 시점부터 경영이 악화되면서 결국 부도에 이르렀고 전문 기술자들의 이탈로 더 이상 회복할 수 없는 지경에 이르자 빚만 지게 되어 집에도 못 들어가고 있었다. 희망이 없으니, 이럴 바에는 차라리 생을 포기하고 싶어 어떻게 죽을 것인가 고민하면서 차를 타고 전봇대를 들이받을까 아니면 낭떠러지에 떨어져 죽을까 하며 돌아다니다가 여기까지 오게 되었다는 것이다.

"집사님, 제가 묻겠습니다. 사업이 잘되다가 어느 시점부터 악화되었다는데, 그 시점, 그러니까 경영 악화가 되기 이전에 집사님의 신앙적 관점에서 삶에 어떤 문제가 있었는지 말씀해 주실 수 있겠습니까?"

그는 한참 뜸을 들이다가 입을 열었다.

"원장님, 제가 누구보다 저를 잘 압니다. 사업이 잘될 때 일본 등 외국 바이어들을 만나며 신앙의 기준에서 벗어나 방탕하게 살았습니다. 일본에 가면 바이어와 만나면서 독주를 마시고 호텔에서 여자와 음란한 생활을 계속하면서도 집에서는 착한 가장, 교회에서는 선한 성도로 이중생활을 했습니다. 이제 사업까지 망하게 되었으니 이 죄인이 살아서 무얼 하겠습니까? 집에 못 들어간 지 삼 일이고, 앞으로 '이런 빈털터리가 어떻게 장로 취임을 해서 성도들 앞에 설 수 있을까' 생각하면 두렵고 나는 죽어야 마땅합니다. 죽는 길이 최선이요 파탄한 사람이 앞으로도 살길이 보이지 않으니 죽는 것 외 다른 방법이 없어요. 내 소망은 다 끊어지고, 하나님도 나를 버렸습니다."

성령님은 이 사람에게 적절하고 필요한 말씀을 즉시 주셨다. 나는 히브리서 12장 3절부터 11절까지의 말씀을 펴서 그에게 읽으라고 내밀었고, 그는 펴진 성경을 읽었다. 그가 성경을 읽는 동안 말씀을 묵상하며 무언의 기도를 드렸다.

"성령님께서 이 사람을 말씀으로 깨닫게 하시어 자기의 죄를 토하여 내게 해주세요."

나는 그가 읽은 말씀을 강력하게 증언하여 설교했는데, 성령께서 내 입을 사용하신다는 것을 느꼈으며 성령의 불이 나를 뜨겁게 하였다.

"집사님, 집사님이 죄를 범한 일로 하나님께서 죄에 대한 형벌로 사업을 망하게 하셨다고 생각하세요?. 물론 그럴 수 있지요. 죄에 대한 형벌은 현세에도 받게 되지만 예수님이 재림하실 때 누구나 선악 간에 심판을 받게 됩니다. 인간은 누구나 연약하기 때문에 죄 지을 가능성에서 자유로울 수 없으며, 세상은 악하고 세상 주관자는 임금과 같은 권세로 믿는 자들까지도 시험하여 범죄하게 합니다. 그러나 우리가 범죄 했다 해도 하나님의 형벌이 즉시 떨어지는 것은 아니며, 하나님은 회개할 기회를 주시고 참고 기다리십니다."

"… 주께서는 너희를 대하여 오래 참으사, 아무도 멸망하지 아니하고 다 회개하기에 이르기를 원하시느니라."(벧후 3:9)

"하나님께서 참으시는 것은 회개를 원하시기 때문이며, 지고하신 하나님이 참으신다는 것은 회개할 기회를 주신 것인데 그 기회를 흘려보낸 것 같아요.(계 2:21) 처음 믿음에서 떠나 죄를 지었을 때 바로 돌이켰다면 이 지경에 이르지는 않았을 터인데, 계속해서 잘못된 길로 걸어가니까 하나님께서 집사님을 돌이키게 하기 위하여 매의 징계, 곧 채찍을 드신 것입니다. 이 채찍은 미워서 벌로 주신 것이 아니라 집사님을 사랑하시기 때문에, 이 방법이 아니면 집사님이 더욱 망가질 수밖에 없으니 징계를 통해서라도 하나님께 돌아오도록 사랑의 매를 드신 겁니다. 세상의 아버지들도 자식이 잘못하면 회초리를 들어 잘못을 돌이키게 하지 않습니까? 결코 미워서 맞아 죽으라는 것이 아니듯 지금 읽으신 성경 말씀이 바로 그 말씀입니다. 하나님은 죄를 미워하시지만 집사님을 미워하지는 않으시며 도리어 사랑하십니다. 지금 회개하시면 하나님은 받으시고 기뻐하십니다."

그리고 그때 그는 무릎을 꿇고 울기 시작하였다. 그의 통곡은 너무 커서 한밤의 예배실과 방안에 진동하였고 자신도 그 울음을 억제하지 못할 정도로 심령 깊은 곳에서 나오는 애통의 부르짖음으로 그칠 줄 모르고 절규했다. 나는 지금까지 그렇게 슬프게 통곡하는 것을 본 적이 없다. 그가 우는 것을 제지하지 않고 그대로 지켜보며 지금 한 사람의 영혼이 하나님의 사랑의 품에 안기는 모습을 보면서 은혜의 성령께 감사하였다. 그는 울다가 지쳐 방바닥에 쓰러졌다. 50대의 장정이 젊은 원장 앞에서 부끄러움을 개의치 않고 자기의 치부인 죄를 고백하며 회개의 눈물로 통곡한다는 것이 가능한 일일까? 자연인으로는 쉽지 않은, 오직 성령의 역사로만 가능한 일이다.

그는 일어나 숨을 길게 쉬면서 "원장님, 이제야 내 가슴에 막혔던 것들이 터져 숨을 쉴 것 같아요. 숨통이 열렸어요." 후~ 후~

그는 몇 번이고 긴 심호흡을 하였다. 이런 모습을 보니 완전히 어린아이가 되어 무엇이든지 말하는 대로 순종할 태세였다.

"집사님, 지금도 죽고 싶으세요?"

"아닙니다, 원장님. 오늘 원장님께로 나를 보내주신 분은 하나님이십니다. 나는 사업에 목숨 걸고 살아왔고 믿음은 그저 나의 일부분으로만 여겼는데, 이제부터는 사업이나 돈보다도 하나님을 최고로 알고 믿음 생활을 새로 시작하겠습니다. 죄가 내 영혼을 어둡게 하였고 내 삶을 빼앗아 갔으나, 앞으로는 주님만을 따르겠습니다."

"장로 임직은 그대로 받으세요. 그리고 주님의 몸 된 교회를 위하여 충성을 다하여 섬기세요."

"알겠습니다. 그리고 아까 원장님이 젊은 남자인 것에 실망했었는데, 원장님은 참으로 하나님의 멋진 종이십니다. 평생 잊지 않을게요."

그가 간 후 시계를 보니 새벽 3시가 지났다. 세 시간을 그와 둘이서 심야 심령부흥회를 한 셈이다. 야밤에 갑자기 찾아온 손님과의 시간은 잠은 설쳤어도 은혜와 감사로 인해 잊혀지지 않는다. 괴로움과 고통 속에서 어느 누구와도 드러내놓고 말하지 못하는 상태에서 자살이라는 극단적 길을 선택한 한 사람을 하나님 앞으로 돌아오게 한 일은 하나님께서 부족한 사람에게도 함께하심이었다. 이 일에 감사하며 더욱 낮아져서 상처 입은 영혼들을 섬기는 일에 자신을 드릴 것이다.

상담의 은사를 주신 것과 성경 말씀으로 문제를 해결하는 답을 제시하는 지식과 병을 고치며 귀신을 쫓는 일은, 사람에게 배운 것도 아니요 듣고 연습한 것도 아니며 혼자 외로울 때 밤이든 낮이든 산에 올라 하나님과 단독으로 만나 받은 은사였다. 그리고 내가 한 것은 "가진 것 없고 배운 것 없는 비천한 이 사람을 도우시라"는 기도 뿐이었다.

그 집사님은 며칠 후 다시 찾아와 며칠 더 기도하기를 원했지만, 더 크고 신령한 기도원이 있으니 그리 가서 기도하라고 돌려보냈다. 그에게 할 일을 다 했으니 내 몫은 그것으로 끝내고 싶었다. 그를 회심하게 한 것으로 나의 팬 또는 추종자로 삼지 않으려는 것이다.

요한이 본 천국

하나님은 참 좋으신 분이시다.

칠월 화창한 초여름, 초록빛 짙은 칠목산은 소나무와 참나무로 울창한 숲을 이루고 햇살에 반짝이는 이파리에 수목들은 산들바람을 타고 너울거리며 춤을 춘다. 다양한 색깔의 깃털로 옷을 입은 새들은 나뭇가지를 이리저리 옮겨 다니며 아름다운 소리로 노래를 부른다. 수꿩은 깃털이 여러 색깔로, 암꿩과 짝을 이루어 나무 사이를 산책하는데 나는 그늘진 나무 사이 바위에 누워 숲과 이파리에서 내뿜는 산소를 마시며 한나절을 묵상했다. 나뭇잎 사이로 흘러가는 흰 구름과 구름이 비껴간 푸른 창공을 바라보며 천지를 창조하신 우리 아버지의 아름다운 솜씨를 찬양하며 그 자연의 품에 안겨 있으려니 이것이 천국이요 행복인 것을 느끼며 감사한다. 이런 시간이야말로 마음이 편안해지고 정신이 맑아지며 영혼 깊은 데서 들려오는 천사의 찬송으로 나는 이미 천상의 세계에 온 것 같다.

요한은 하늘에 열린 문을 보았고 나팔 같은 소리를 들으니 그리로 올라오라는 것이었다. 그는 성령에 감동되었다. 인간의 죄악 된 이성과 지혜로는 오묘한 계시를 깨닫지 못한다는 사실을 아셨기에 사도 요한을 당신의 영으로 감동하게 하셨다.

그가 본 것은 이것이었다. 영광스러운 보좌와 거기 앉으신 이가 있는데, 그 모양이 벽옥(ἴασπις) 과 홍보석(σάρδιον) 같고 보좌를 둘린 무지개는 녹보석 같더라고 했다. 보좌 앞에는 수정과 같은 유리 바다가 있었으니, 우리는 지상의 자연 속에서도 천국 기분을 가지는데 하늘의 영광과 위엄 앞에 선다면 아마도 넋을 잃을 것이다. 그 광경을 본 요한은 참으로 행복자다. 요한은 예수님의 신성을 다른 제자보다 먼저, 또는 여러 번 눈으로 보았다. 계시록에서 본 천상의 비밀은, 인간의 언어로 표현할 수 없는 하나님의 나라에서 펼쳐질 장래의 사건, 사실들의 장엄한 현현이었다.

하나님의 보좌를 이 세상의 누가 본 사람이 있는가? 이 보좌는 분명히 하나님 통치의 중심이다. 이 보좌가 보이지 않고 실감 나지 않지만 사실상 그것은 모든 사람과 만유를 다스리는 중심부에 있다. 하나님의 초청에 의해 그리고 성령의 감동에 의해 이제 우리는 요한의 증거에 따라 이 보좌를 보게 될 것이다. 보좌 앞에는 이십사 보좌가 있고, 이십사 장로들이 흰옷을 입고 머리에 금 면류관을 쓰고 앉아 있는 모습을 보았다. 이 세상의 어떤 왕들도 이와 같은 보좌를 갖지 못했으며, 그의 권세와 능력과 지혜와 힘과 존귀와 영광과 찬송을 받지 못했다. 인간 세상에서는 가졌다 하는 부(富)도 오래가지 못하고 그 영광은 꽃과 같이 시들 뿐이며 귀히 여기는 목숨도 이슬같이 사라지겠으나, 천상에서는 가난한 자와 천한 자, 멸시받는 자들도 거룩한 찬송을 부르며 보좌 앞에 나아가 경배를 드릴 것이니, 이 세상의 시간 속에 머무는 동안 그리스도 예수를 구주로 삼고 믿는 믿음에서 흔들리지 않는다면 영원히 변치 않는 영생의 복을 누리게 될 것이다. 보이는 것은 잠깐이요 보이지 않는 것은 영원하리니, 현세의 보이는 것을 의지하지 말고 영원을 보는 눈을 가져야 한다.

"태초부터 있는 생명의 말씀에 관하여는 우리가 들은 바요, 눈으로 본 바요, 자세히 보고 우리 손으로 만진 바라. 이 생명이 나타나신 바 된지라. 이 영원한 생명을 우리가 보았고 증언하여 너희에게 전하노니, 이는 아버지와 함께 계시다가 우리에게 나타내신 바 된 이시니라."(요일 1:1)

예수님 시대의 요한은 그의 말씀을 귀로 들었고 눈으로 보았고 손으로 만졌으며, 예수님의 가슴에 안겨 사랑을 만끽했다. 그래서 어느 제자보다 사랑꾼으로 사랑을 설교하고 강화하였다. 당신은 과연 요한이 품었던 예수님의 사랑을 지니고 있는가?

사랑의 순도가 높을수록 요한이 하늘의 비밀을 보고 들은 것처럼 우리 또한 하늘의 하나님을 볼 수 있고, 예수 그리스도의 품에 안길 수 있다. 물체에 가까이 가면 갈수록 선명해지듯 보좌 앞으로 더 가까이 가는 걸음을 걷자. 사도 요한은 비록 죄수 아닌 죄수로 유배 생활을 하고 있었지만, 예수님은 그를 동역자로 삼으시고 인간의 감각을 초월한 세계로 인도하시는 영광을 허락하셨다. 그리고 성령의 도우심으로 하나님의 비밀한 진리를 깨닫게 하셨다. 이것이야말로 보잘것없는 인간들에게 내리시는 하나님의 은혜이다. 이 은혜는 종류는 다를지 모르나 하나님을 사랑하는 모든 자들에게 오늘도 공급되고 있다. 그러므로 우리는 우리를 초청하시고(Calling) 스스로 계시(Revelation)하시며 노출(Exposure)시키시는 하나님의 주권에 복종하고 감사할 뿐만 아니라 늘 주의 영이 함께해 주시기를 간구하며 살아야 한다.

하나님께도 비밀이 있었는데 오랫동안 감추어 두셨다가 계속 감출 수가 없어서 세상에 다 드러내셨다. 오랫동안 감추고 계셨을 때 드러내고 싶어서 얼마나 힘들었을까? 그러나 아무 때나 비밀을 공개할 수 없지 않은가. 하나님은 그의 비밀을 감추어 놓고 맛보기를 보이셨으나 사람들은 그런 맛을 보고도 수수께끼를 눈치채지 못했다. (구약에서 보인 것) 비로소 때가 됐을 때(갈 4:4) 그의 비밀을 통째로 공개했다. 조금도 남겨두지 않고 확실하고 자세히 알려주셨다. 요한과 그의 제자들이 먼저 그 비밀의 실체를 알았고 보았고 만진 것들을 책으로 만들어 후대의 여러 세대의 독자들에게 알렸다. 그러나 아직도 그 공개된 비밀의 실체를 모르는 자들과 문명사회의 과학과 지식이 오히려 지존자의 지혜를 앞서려는 어리석음을 드러내는데, 최후의 날에 소리치며 부르짖을지라도 전능자의 인내를 연장시킬 수는 없을 것이다.

'인류의 역사는 어느 때에 멈출 것인가?'라는 질문에 대한 답은, 세상의 석학들이나 천문학, 지질학, 물리학자들의 머리에 있는 것이 아니다. 20세기에서 21세기로 연대가 바뀌기 전 신학을 전문으로 연구하거나 강단에서 성경을 설교하는 목사들까지도 불확실한 미래를 점치는 예언을 하였으나 어리석게도 예언은 빗나가고 말았다. 도대체 그 얘기가 무슨 말이냐고 묻는다면 지금으로부터 25년 전으로 돌아가 보자.

첫째, 기독교의 지도자들이라고 자칭하는 목사들이나 기독교 언론에서는 1999년 말 2000년이 시작되기 전 이천년 그 해에 그리스도의 재림과 세상의 종말이 온다고 떠들었지만 현재까지 변한 것은 아무것도 없다.

둘째, 2014년 기독교 어느 대표 단체의 신년 하례 예배에 참석했을 때 어느 교단 총회장의 설교에 해방 후 70년이 되는 해 남북 통일이 이루어진다고 했지만 70년이 벌써 지났어도 변한 것은 하나도 없다. 구약의 바벨론 시대의 사건과 연결하여 현재의 당면한 문제와 대입하여 풀어보려는 시도는 하나님의 작정과 계획을 스스로 무너뜨리는 우를 범하는 것이다. 성경은 하나님의 말씀에 인간의 생각을 가감하는 것은 죄가 된다고 하였다.(계 22:18-19)

하나님의 비밀이 공개되었어도 주의 재림만은 비밀로 남겨 두셨다. 왜 그러신가?

믿음의 항상성이라고 생각한다.

어느 권사님의 간증

60대의 권사님이 기도하러 오셨다. 친히 도시락을 싸들고는 하루 동안 머물겠다는 것이다. 날씨도 좋으니 기도실보다는 산에서 기도하겠다고 해서 내가 찾는 기도처로 안내하였다. 시원한 그늘 아래 바위에 앉으면 세상 근심 사라지고 기도하기에 그지없이 좋고 가지고 온 도시락은 꿀처럼 맛있을 것이다. 오후 해지기 전 내려와서 신앙 상담을 하는데 자신의 간증을 이야기했다.

"저의 남편은 도의회 의장을 지내고 경제적으로 부족함 없이 살았어요. 돈이 있으니 아는 사람들이 돈을 빌려가고 친구들이 보증을 부탁하면 거절하지 못했는데 의장 임기도 끝나고 집에서 그럭저럭 쉬면서 밥이나 먹고 살았어요. 그런데 그놈의 보증이 한두 군데가 아니더라고요. 집이 날아가고 은행 잔고도 다 털어가니 먹고 살기도 힘들고 셋방 살 집도 얻지 못할 정도로 쫄딱 망했지 뭡니까. 이로 말미암아 남편은 화병으로 앓다가 세상을 떠나버리고 아들과 며느리가 살려면 방을 구해야 하는데 돈이 없으니 콧구멍만한 방에서 셋이서 살아야 했어요. 거지 같은 생활에 하루하루가 그야말로 지옥 같았는데 그때서야 깨달았어요.

교회에서는 오래된 권사요 남편은 도의회 의장이라는 특권의식을 갖고 나만큼 복 받고 잘사는 사람은 없는 것처럼 온갖 교만에 사로잡혀 나보다 못한 사람은 아래로 보고 나보다 더 잘난 사람에게는 질투했지요. 교회 신자라는 껍데기 신앙으로 이름만 권사였지 마음에서는 하나님을 중요하게 여기지 않고 오직 육신의 욕망을 채우는 것으로 행복을 찾았어요. 이런 나를 하나님은 어떻게 보셨을까요? 아마 대단히 실망하시고 화가 나셨을 것 같아요. 세상의 지위와 명예, 물질만 자랑하고 하나님께 등한히 한 나를 그대로 두면 내 영혼까지 멸망할 것 같으니까 저를 매로 치셨어요.

마치 손바닥에 있는 먼지를 입으로 후~~~ 불어버리면 다 날아가 버리듯 하나님은 남편과 집과 돈과 집안의 가구까지 하나도 남김없이 다 불어버리셨어요. 거지도 이런 알거지가 없을 정도로 쫄딱 망할 줄은 상상도 못했지요. 그리하여 도시에서는 돈이 없어 방도 못 구하겠고 사람 만나는 것도 부끄러워 시골로 가서 허름한 방 한 칸에 세 식구가 살려니 기가 막혔어요. 며느리는 나를 홀대했는데 날마다 며느리 눈치를 보려니 갈등의 골이 깊을 대로 깊어져 차라리 이렇게 살 바에야 죽어야겠다는 생각이 들어 죽으려고 했었지만 죽는 것도 내 마음대로 못 하겠더라고요.

그러던 중 '죽어도 하나님께 기도하다가 죽어야겠다'는 생각이 들어 어느 기도원에 갔고 거기에서도 숙식하는데 돈이 없으니 차라리 40일 금식을 하기로 작정했어요. 그야말로 목숨을 내놓고 기도했지요. 기도하다 보니까 내 죄가 떠 오르는데, 셀 수 없는 죄목으로 나는 마땅히 벌을 받고 멸망해야 할 더러운 죄인임을 발견했죠. 울 고 또 울면서 부르짖는데 내 속에서 더러운 것들이 빠져나가는 느낌이었어요. 한 번도 해보지 못한 금식을 하려니 많이 힘들었지만, 그때는 기도하다가 죽어도 괜찮다는 생각을 했기에 견디며 끝까지 나가기로 결심했지요.

30일이 되었을 즈음 며느리가 기도원에 찾아왔어요. 내 몸과 얼굴이 많이 상해 보였는지 걱정을 하고 돌아갔고, 마지막 40일을 마치니 기력이 쇠할 대로 쇠하여 일어나기도 힘들게 되었어요. 나를 데리러 온 며느리가 죽은 듯한 내 모습을 보고 나를 껴안고 울었지요. 그러니 나도 함께 울 수밖에 없었는데 눈물은 그럴 때 보약이더라고요. 하나님은 며느리와의 갈등을 부드럽게 하고 녹여주셨어요. 물론 나도 며느리에게 잘못한 죄를 회개하였고 하나님께서는 모든 기도를 들어주셨어요. 용서와 함께 이제는 돈보다 하나님을 더 사랑하고 가난해도 기쁘게 살 수 있는 마음을 가지게 되었어요."

나는 그의 말에 대답하였다.

"'하나님은 사랑이시라'고 하셨어요. 권사님은 잃은 것에 대한 슬픔으로 낙망하였지만 대신 하나님은 금보다 귀한 믿음을 선물로 주셨어요. 바울은 에베소 교회 성도들에게 편지를 보내면서 이렇게 썼어요.

'하나님의 성령을 근심하게 하지 말라. 그 안에서 너희가 구원의 날까지 인 치심을 받았느니라.' 권사님을 위하여 가장 많이 근심하신 분이 누구신지 아세요? 바로 성령 하나님이세요. 권사님이 믿고 세례를 받을 때 성령께서 기뻐하시고, '너는 이제부터 내 것'이라는 보증으로 인을 치셨는데 그것을 모르고 성령을 섭섭하게 하니까 '이래서는 안 되겠어' 하시고 믿음으로 돌이키게 하시려고 고난을 당하게 하신 겁니다. 이제 금식으로 기도하시면서 그것을 깨닫고 회개하셨으므로 이제는 첫사랑을 가지고 주와 함께 살면 새로운 길을 열어주실 겁니다.

권사님, 제가 광주제일성결교회 나갈 때 우리 교회 권사님이 계셨는데, 그분의 이야기를 들려드릴게요. 그분은 광주의 제일 번화가인 금남로에서 비단 옷감, 포목 장사를 하였는데, 어느 날 화재가 발생해 그 큰 가게와 물건들이 잿더미로 변했어요. 화마가 모든 것을 삼키고 남은 것이 재밖에 없을 때 얼마나 기가 막히고 허망함에 울었겠습니까? 그런데 말이죠, 다음 주일예배에 나와서 감사헌금을 드렸어요. 그리고 앞으로 나와서 걱정해 주신 교회와 성도들에게 인사를 하면서 간증을 하는데요, 하나님께 정말 감사하다는 간증이었어요.

그 권사님이 직분은 있으나 주일날은 평일보다 장사가 세 배는 더 잘 되어 주일예배는 빼먹고 저녁에만 나오는 것이 항상 마음에 걸렸는데, 이번 화재를 당하여 깨달은 것이 먼저 주일보다 돈을 우선한 것, 곧 하나님보다 물질을 더 중히 여긴 잘못을 깨닫고 회개하게 되었으니 앞으로는 그렇게 살지 않겠다며 기도로 응원해 주시라고 한 간증입니다."

기도원 사역이 목적은 아니었으나 기도하면서 이 일을 하다 보니 느끼는 소감은 첫째, 자신이 기도하게 된다는 것이다. 그래서 생각하기를, 기도원은 다른 누구보다 자신의 기도처로 삼고 기도할 때 영성이 쌓이고 하나님과 더 가까이 나아가게 되며, 하나님은 당신의 일을 할 수 있는 은사와 능력을 주신다는 것이다. 기도 없이는 아무것도 할 수 없다는 것을 깨닫게 되었다.

둘째는, 기도원에 오는 사람은 기도를 통하여 하나님의 뜻을 묻고, 알고서 올바른 믿음으로 나아가게 되며, 혼자 해결하지 못하는 문제를 하나님의 동역자와 함께 기도함으로 도움을 받게 된다. 교회는 생명을 살리는 일, 곧 구원의 복음을 선포하여 죄로 범벅된 영혼을 예수의 십자가로 구속함을 얻게 한다. 그리고 믿음으로 말미암아 죄인의 삶에서 부활과 의로움으로 거듭나고 영생에 이르게 하는 삼위일체의 사역을 하게 하신다. 기도원 역시 기도에 전념하지 못하거나 어떻게 기도할지 모르고 개인적인 시험이나 고난, 환난의 문제를 혼자서 풀지 못할 때 하나님께 나아와 단독자로 직접 대면하여 기도하면서 하나님의 뜻을 깨닫는 중요한 시간을 가질 수 있다.

한가지 첨부해 하고 싶은 말은, 기도원의 책임자는 기도원을 찾는 사람의 영혼을 사랑하고, 세상 삶 속에서 찢기고 상처받은 자들을 위로하고 싸매고 품어주며, 그의 현재 상황을 예수님의 말씀 안에서 힘을 얻도록 도와주는 역할을 해야 한다. 물질이나 헌금에 메여서는 안 된다. 그리고 올바른 믿음을 심어주고, 올바른 기도와 향후의 삶을 선하게 살도록 안내하고 이끌어 주어야 한다.

한 자매가 찾아와서 자기의 장래를 위한 기도를 부탁했다. 어느 기도원에 가서 기도를 받았더니 신학교를 가서 목사가 될 것을 예언해 주었는데 정말 그런지 몰라서 다시 기도해 주기를 부탁하였다.

"자매님, 그것은 내가 기도해서 될 일이 아닙니다. 자매가 신학교에 가서 공부해서 되는 일도 아니고, 자매를 일꾼으로 쓰시겠다면 하나님께서 성령으로 자매에게 감동하게 하실 것입니다. 그러니 하나님의 말씀을 들으시고 그대로 행하세요. 그런데 여기 오기 전 거기 기도원은 무슨 일로 가셨나요?"

"그것은 말하기가 곤란한데요."

나는 곤란하다는 대답에 궁금증이 생겼다. 무언가 말하기 곤란한 문제가 있어 보였다. 그녀가 감추고 있는 비밀이 무엇인지를 꼭 알아야 할 것은 아니어도 기도원장이라는 특수한 일을 하는 이에게는 그의 내면의 문제를 덮어두는 것도 잘하는 일이 아니기 때문이다.

"자매의 문제를 여기서 풀지 않으면 아마 두고두고 후회가 될 겁니다."

그녀는 한참 뜸을 들이더니 입을 열었다.

"원장님, 저는 천하에 큰 죄를 지었습니다. 저는 어느 직장에 취업을 했는데 몇 년 근무하다가 직장 사장과 좋아져서 남모르게 연애를 했어요. 몇 년을 그러다가 그의 부인에게 꼬리가 잡히고 그 부인은 그 일로 남편과 다투다 자살을 했어요. 이 사건으로 소문이 났고, 부끄러워 도피처로 찾아간 곳이 기도원입니다. 그 기도원에서는 나의 죄를 말하지 않았는데 원장님께 하게 되네요. 그런데 나 같은 죄인에게 신학교 가서 목사가 되라니 원장님께 확인하고 싶었어요."

나는 이 자매의 말을 들으며 어떤 말을 해야 할지 묵상했다. 이 자매의 문제를 지금 풀지 않으면 정말로 두고두고 잘못될 수 있다고 생각했다. 그리고 내가 말했다.

"자매님, 자매님이 여기 오기 전 기도원으로 도피했다는데 실상은 도피보다 잘못을 깨닫고 뉘우치는 마음으로 간 것 같아요. 하지만 철저한 회개 없이 그냥 도피처로 시간을 보내다가 저한테 온 것 같아요. 자매는 정말 큰 죄를 범했어요. 간음의 죄와 살인의 죄, 그 가정을 파탄낸 죄, 그의 자녀들을 상심하게 한 것과 사장을 몰락시키는 죄를 지었어요. 하나님은 불꽃 같은 눈으로 우리의 실상을 속속들이 보고 계시므로 어떤 비밀도 감출 수가 없어요. 이런 일을 하고서도 아무런 회개 없이 신학교에 가라는 소리에 혹하여 내게 확인하고 싶었습니까?"

나도 모르게 호통을 치게 되었다. 자매는 방바닥에 엎어져 눈물을 흘리며 통곡하였다. 나는 통곡을 말리지 않았다. "자매는 앞으로 일주일을 금식하며 회개하세요. 그것만이 사는 길입니다. 기도한 후 할 말을 할 수 있을 것 같습니다."

그녀는 순종하며 금식하였다. 일주일은 그녀에게 중요한 시간이다. 이 기간에 그녀를 하나님의 말씀을 증언하여 완전히 변화시켜야 했다. 이 일은 성령께서 하실 것이다. 나는 성령의 입이 되어 증거할 따름이다. 한 사람의 영혼이 사느냐 죽느냐, 주님의 용서를 받느냐 버림받아 지옥에 떨어지느냐는 지금 이 순간이 결정하게 된다.

"우리의 씨름은 혈과 육을 상대하는 것이 아니요, 통치자들과 권세들과 이 어둠 위 세상 주관자들과, 하늘에 있는 악의 영들을 상대함이라…. 성령의 검 곧 하나님의 말씀을 가지라."(엡 6:12)

이 싸움은 그녀 혼자서 하는 싸움이 아니요 나와 함께 싸워야 하므로 함께 기도하며 말씀, 곧 성령의 검으로 악의 세력을 물리쳐 그리스도 예수의 품으로 돌려드려야 하는 것이다. 그녀의 금식 기도와 회개는 하나님의 용서와 죄 사함으로 위에서 흐르는 은혜가 빛으로 마음의 어둠을 쫓고, 그녀에게 달린 주홍색 꼬리표를 잘라버리는 효력을 발휘하는 것이다. 누가 이 사망의 골짜기에서 죽어가는 한 영혼을 위하여 구원의 밧줄을 던져주겠느냐? 이 세상에서는 아무도 그런 밧줄을 가지고 있지 않으니 구원의 여망을 기대할 수 없다.

멸망할 인류를 구원하기 위해 하나님께서 성육신(incarnation) 하여 오시지 않으면 다른 길이 없으므로 독생자 예수님이 하늘의 영광 보좌를 떠나서 인간 세상에 오신 것이다. 그리스도 예수는 유대 귀족이나 부자의 가문에서 탄생하지 않으시고 가난한 목수 요셉의 가정을 택하셨다. 빌립이 나다나엘에게 예수를 말하매 "나사렛에서 무슨 선한 것이 날 수 있느냐"고 말할 정도로 나사렛은 이름 없는 시골 마을이며 구약에서는 한 번도 거명된 적이 없는 동네이다. 예수의 유년 시절에 대해서는 기록된 것이 없지만, 가난한 가정에서 먹는 음식과 의복은 변변치 못했을 것이라는 짐작을 하게 된다. 요셉은 목수였기에 예수께서도 목수 일을 도왔을 것이다. 하늘과 땅을 지으신 분이 세상에 오실 때 왕관을 쓰고 백마를 타고 오신 것이 아니라 자기를 낮추어 가난한 모습으로 오셔서, "그가 세상에 계셨으며 세상은 그로 말미암아 지은 바 되었으되 세상이 그를 알지 못하였고 자기 땅에 오매 자기 백성이 영접하지 아니하였으나…"(요 1:10-11)라고 하셨다.

창조주가 친히 만드신 자기 땅에 내려오셨는데 사람들은 그분을 영접하지 않고 박대하고 멸시하며 미친 사람 취급을 하고 희롱하고 때리고 침 뱉어 십자가에 매달아 죽였다.

"예수는 우리가 범한 죄 때문에 내어줌이 되고 또한 우리를 의롭다 하시기 위하여 살아나셨느니라."(롬 4:25)

그 자매에게는 무엇보다 하나님의 말씀이 들어가야 한다. 살리는 것은 영이니 육은 무익하다고 하셨다. 죄를 지은 것은 과거이며 장래로 이어가면 멸망이므로 지금 현재에서 마침표를 찍고 다시는 죄를 지어서는 안 되도록 권하고 경고하고 경계해야 한다.

"가령 내가 악인에게 말하기를 너는 꼭 죽으리라 할 때에 네가 깨우치지 아니하거나 말로 악인에게 알려서 그의 악한 길을 떠나 생명을 구원하게 하지 아니하면 그 악인은 그 죄악 중에서 죽으려니와, 내가 그의 피 값을 네 손에서 찾을 것이고 네가 악인을 깨우치되 그의 악한 마음과 악한 행위에서 돌이키지 아니하면 그는 그의 죄악 중에서 죽으려니와 너는 네 생명을 보존하리라."(겔 3:18)

이 엄중한 하나님의 말씀은 하나님이 에스겔에게 이스라엘의 파수꾼으로 세우시고 "너는 내 입의 말을 듣고 나를 대신하여 그들을 깨우치라"는 명령으로 주신 말씀이다. 하나님의 말씀을 전파하는 자들은 죄 범한 사람을 깨우쳐 돌아오게 하지 않으면 죄 지은 자의 피 값을 자신이 치루어야 한다는 것을 명심하고 두려워할 것이다.

요한복음 8:3-11 성경을 펴서 자매에게 읽도록 하였다. "나도 너를 정죄하지 아니하노니 다시는 범죄하지 말라"는 말씀은 그녀를 정죄하지 않는다는 것이다. 그것은 곧 사죄의 선언이며, 여인과의 대화는 인간과 인간의 관계 회복을 뜻하고 하나님과 인간과의 관계 회복을 의미한다. 예수께서는 여인이 용서받고 자유로워야 할 소중한 인격체로 보신 것이다. 죄 없는 자는 하나도 없다. 그러므로 어느 누구도 남을 정죄하거나 고소할 수 없다. 모든 인류는 첫 사람 아담 안에서 죄인이다(롬 5:12). 그러므로 누구든지 자신을 죄 없는 자라 하면 거짓말하는 자가 되고 하나님을 만홀히 여기는 죄악을 범하게 된다. 그러므로 우리는 남의 허물과 죄를 들추기 전에 나 역시 그들과 동일하게 죄악 된 본성을 갖고 있다는 사실을 겸허히 인정하고 내 모습부터 살피는 자세를 가져야 한다.

우리는 그 여인보다 더하면 더했지 덜하지 않은 죄악을 행한 자들이다. 그러므로 우리는 고소하는 자, 즉 율법과 사탄에게 넘겨져 멸망 받아야 할 존재였다. 그러나 우리는 주의 구속하심에 의해 정죄의 심판에서 벗어났다. 그러므로 "나의 나 된 것은 하나님의 은혜로 된 것"(고전 15:10)이라는 바울의 고백이 오늘 우리의 신앙고백이 되어야 한다.

맥스 루카도(Max Lucado)는 그의 책 〈예수님처럼〉에서 다음과 같은 글을 썼다.

"하나님은 당신을 있는 그대로 사랑하신다.
그러나 그대로 두시지는 않는다.
하나님은 당신이 예수님처럼 되기를 원하신다."

하나님은 당신을 있는 그대로 사랑하신다. 믿음이 커지면 하나님의 사랑도 더 커질 줄 생각한다면 그것은 오산이다. 묵상이 깊어지면 하나님의 사랑도 함께 깊어질 것으로 생각한다면 그 또한 오해다. 하나님의 사랑을 사람의 사랑과 혼동하지 말라. 잘할 때는 후해졌다가 실수하면 줄어드는 것이 사람의 사랑이다. 하나님의 사랑은 그렇지 않다. 하나님은 당신을 있는 그대로 사랑하신다. 하나님의 사랑은 끝없는 사랑이다. 영원히 우리가 그분을 상대하지 않아도 무시해도, 퇴짜를 놓아도, 멸시해도, 불순종해도 그분은 변하지 않는다. 우리의 악이 그분의 사랑을 줄어들게 할 수 없다. 우리의 선이 그분의 사랑을 더 커지게 할 수도 없다. 하나님의 사랑은 우매하다고 잃는 것도 아니요, 믿음으로 얻어 내는 것도 아니다. 하나님은 우리가 실패한다고 덜 사랑하고 성공한다고 더 사랑하시지 않는다. 하나님의 사랑은 끝없는 사랑이다.(26)

예수님이 우리 마음에 와 계신다면 우리는 예수님을 모시고 사는 사람이다.

예수님은 우리가 당신을 닮고 형상을 이루며 의롭고 진실하고 거룩한 사람이 되기를 원하신다. 예수님은 우리를 위하여 자신의 몸을 내어주시기까지 모든 것을 아낌없이 주셨는데 우리는 주를 위하여 무엇을 드렸는가? 예수님을 모시고 산다면서 왜 그리 불안과 염려 속에 살며, 왜 두려워하며 왜 행복하지 못하는가?

오래전 아일랜드 해변에 작은 집 한 채를 갖고 있던 한 여자의 이야기에서 그 답을 찾아보자. 여자는 아주 부자이면서 아주 검소했다. 여자가 자기 집에 일착으로 전기를 들여놓겠다고 하자 사람들은 놀랐다. 전기를 가설한 지 한 달이 지나 계량기 검침원이 찾아왔다. 검침원이 전기가 잘 들어오고 있는지 묻자 여자는 그렇다고 했다. 검침원이 말했다. "어떻게 된 일인지 영문을 모르겠군요. 부인의 계량기는 거의 제자리에 머물러 있습니다. 전기를 쓰고 계신 겁니까?"
"물론이죠. 저녁마다 해가 지면 촛불을 붙이는 데 필요한 시간만큼만 전기불을 켜지요. 그리고 꺼버려요."

전기가 들어오지만 사용하지 않는 것이다. 여자의 집은 전기는 연결되어 있지만 사용하지 않는다. 우리도 똑같은 실수를 범하고 있지는 않는가? 우리 역시 영혼은 구원받았지만 마음은 변하지 않은, 연결되어 있지만 변하지 않은, 그리스도의 구원은 받았으나 변하지 않은, 어쩌다 스위치를 올릴 때도 있으나 그냥 어둠 속에 갇혀 지내는 그리스도인, 불을 계속 켜두면 어떻게 될까? 스위치를 올리고 계속 그 빛 가운데 산다면, 그리스도의 광채 안에 거하는 작업을 시작한다면 어떤 변화가 일어날까? 하나님은 우리를 향해 원대한 계획을 갖고 계신다. 당신을 구원하신 그분이 당신의 마음을 재창조하기 원하신다.

아내의 미국행으로 나의 일은 두 배, 세 배로 늘어나 일의 무게로 인해 힘들고 피곤했다. 입소한 분들의 식사와 목욕, 세탁, 청소, 장보기 등 한 시도 쉴 틈 없는 일에 세 아이들 도시락까지 준비하느라 매일의 일상은 버겁고 힘들었지만, 그래도 하나님이 건강을 주셨기에 이 모든 것을 참고 견디며 내게 주신 일을 다 하기 위해 힘써 노력했다. 아내는 아내대로 미국에서 식당과 유아 케어에 고생이 많다는 것을 알지만, 육 개월의 긴 시간을 나 혼자 두고 떠나버려 야속했고, 여러 이웃과 가족들을 위한 내 사역에 함께하지 않아 피곤한 내 몸과 마음을 누구와 이야기하며 나눌 상대도 없었다. 하지만, 보통 사람 같았으면 견디지 못할 어려움도 하나님을 의지하는 믿음과 어려서부터 다져진 신앙이 나를 굳건하게 했다. "모든 것을 참으며 모든 것을 믿으며 모든 것을 바라며 모든 것을 견디느니라"는 성경 말씀의 가르침과 교훈을 따라 내 사명과 책임에 진실히 행하고자 하는 마음뿐이었다.

밥을 하고 반찬을 만들어 아이들과 입소자들의 먹거리를 준비할 때도 몸은 힘들지만 기쁜 마음으로 할 수 있었음은, 목자는 양을 위하여 목숨을 버린다는 말씀과 나의 수고가 다른 이들의 생명을 살린다는 사랑의 본질에 동참한다는 기쁨 때문이다. 갓김치, 물김치도 정성껏 담고 콩나물국도 정성을 다하니까 아이들의 말이 "엄마보다 아빠가 만든 것이 더 맛이 있어요"라고 한다. 이 말이 꾸밈없는 아이들의 진심인 것 같아 내가 만든 밥상이 괜찮다는 게 신기하고 놀라웠다. 그래, 내 밥상이 맛이 있으면 내가 돌보는 입소 이웃들도 맛나게 먹을 것이고, 평안과 즐거움에 사랑의 집, 사랑의 교회는 작은 천국이 될 것이다.

참된 행복이란, 무엇을 누구에게 받는 것이 아니라 누구에게든지 주는 것이요, 그것이 땀과 수고를 겸한 희생이라면 더욱 아름다운 가치로 빛날 것이다. 아내는 6개월 만에 돌아왔고, 서로가 고생한 이야기로 위로를 나누었다.

사랑의 집에는 그때 20여 명의 입소자가 한 공동체를 이루고, 그들은 스스로가 자립생활을 할 수 없는 신체적 장애를 갖고 있었기 때문에 한 분 한 분 특별한 돌봄이 따라야 했고, 더욱이 성격장애는 상당한 인내가 따르는 일이다. 우리 집에 오신 분들은 정상적인 사람은 한 분도 없다. 정상적인 분들은 올 이유도 없고 오지도 않는다. 가정에 자녀들이 있어도 성격장애로 함께 살지 못할 분들이 어디 갈 데가 없으니 우리 집으로 온다.

나는 이 일을 하면서 멱살도 여러 번 잡히고 파출소도 불려 가고 얼굴에 침 뱉음도 당하고 뺨도 맞았다. 기저귀를 갈 때 자기 똥을 내 얼굴에 바르는 일도 당하고 심한 욕을 먹기도 하였다. 중풍병 환자는 자신이 식사를 못하기 때문에 먹여드려야 하는데 재채기로 내 얼굴에 음식물을 품을 때가 수없이 많았다. 그런 환자는 식사를 잘 못하기에 마치기까지 한 시간 이상을 도와드려야 했는데, 다른 환자들도 있어서 이분 저분 왔다 갔다 하면서 식사를 보조하다 보면 나는 언제나 식은밥이다. 입소자들보다 먼저 식사한 일이 한 번도 없었다. 하루에도 시도 때도 없이 배설 사고로 샤워실에서 몸을 씻겨드려야 했기에 내 옷에는 언제나 냄새가 찌들어 하루에도 몇 번을 갈아입어야 했다. 밤에도 잠을 안 자고 소리를 지르고 소란을 피우는 일로 제대로 쉬지 못

할 때가 많았다. 가족이 없는 분들은 그렇다 쳐도 있는 가족들도 환자를 맡기고는 한 번도 찾지 않으면서 가끔 전화로 언제쯤 돌아가시냐고 물을 때는 대답하기도 민망하다. 자기 어머니임에도 불구하고 "그 노인네, 언제쯤 돌아가시느냐"고 물을 때는 할 말이 없어진다. 간병인을 찾아도 이런 일을 싫어하고 구한다 해도 힘들다며 곧 떠나버리니 혼자서 일을 짊어져야 한다. 누가 하라고 해서가 아니고 하나님 앞에서 받은 사명이니 이 일은 곧 하나님의 일이며 하나님의 종으로 부득불 해야 할 일이기에 내 생각대로 좋다 싫다 할 그런 일이 아니다. 예수님이 제자들의 발을 씻어 주면서 하신 말씀이 무엇인가?

예수님은 주와 선생으로서 제자들의 발을 씻어 주시며, 내가 너희에게 행한 것 같이 너희도 행하게 하려 하여 본을 보여 주셨다고 하셨다. 발을 씻기는 일은 아랫사람이 윗사람에게 하는 일이지만, 예수님은 주와 선생으로서 본을 보이시고 "너희도 그렇게 하라"고 말씀하셨다. 예수님을 닮는다는 것은 바로 이 교훈에서 배우고 실천해야 한다. 자신을 높이거나 교만한 사람은 발 씻기는 일을 하기 어려우며 하지도 않는다.

기도원 간판을 내리다

기도원 사역이 본래 목적이 아니고 내가 할 일은 강도 만난 자처럼 이웃 사랑의 실천장으로 일하는 것을 목적으로 사명을 받았다. 그래서 기도했고 땅을 구하여 하나님의 인도하심으로 이 자리에 온 것을 앞서 기술한 바, 입소자들이 채워졌으니 이제 본연의 임무에 전념하기 위하여 기도원 사역은 접기로 하고 간판을 내리게 되었다.

우리는 사람과의 만남에서 처음에는 어색해질 수 있어도 자주 만나는 시간 속에서 가까워지고 친해진다. 그리고 친구가 되고 떨어질 수 없는 깊은 우정의 관계로 나아간다. 에로스적 사랑도 마찬가지로 사랑이 짙어지면 죽을 때까지 함께하며 때로는 목숨까지도 두려워하지 않게 된다. 기도원을 할 때는 제1의 목적을 위한 방편으로 시작하였고, 특별한 은사 없이 그리고 겁 없이 뛰어들었는데 진짜로 겁이 나서 기도할 수밖에 없었다. 이를 위해 주야로 시간 나는 대로 산에 올라 기도했더니 사랑의 하나님은 나의 어리석음과 당돌함을 보시고 불쌍히 여기사 일할 성령의 무기를 허락하셔서 병든 자들, 이혼하려던 자들, 자살하려던 자들, 생의 가운데서 방황하던 자들의 삶의 길을 열어주시는 데 나를 사용하셨고, 이를 생각하니 기도원 간판을 내리는 데 적잖은 연민의 마음을 갖게 되었다. 마치 사랑하는 사람과 이별하는 느낌이라고 해야 할까? 기도원도 사람을 살리는 일이고 사랑의 집에 오는 분들을 위한 행위적 사랑의 실천도 사람을 살리는 일이며, 이 두 가지 일은 모두가 전인 구원에 목표를 두고 기획되고 하나님이 주신 사명과 사역이다. 이미 나 자신에 대해서는 현재 일이나 장래의 일에 육신의 목숨을 위한 대책을 바라지 않고 생계의 보장을 계산하지 않았다. 오직 그것을 하나님의 명령으로 받아들이고 이 황무지 시골 산자락으로 인도하심을 받아, 가진 재산은 많지 않지만 전부를 들여 땅을 사고 건물을 짓고, 입소자의 생계비로 사용했다는 것을 세상 사람들은 몰라도 사람의 중심을 살피시는 하나님은 아실 것이다. 정부의 지원이나 개인 후원자 하나 없었고, 운영에 필요한 물적 인적 자원이 전무한 가운데 혼자서 감당하기에는 한계상황에 이를 때가 있었다. 그래도 참고 견딜 수 있었던 것은 이 일이 나 개인적 사고와 선한 일이라는 데서 출발한 것이 아니라 하나님으로부터 받은 영감으로 비롯된 것이며, 하늘 아버지께서 이 일을 할 사람으로 나를 택하셨기 때문이다. 이 일은 쉬운 일이 아니어서 아무나 할 수 있는 일이 아니다. 자기희생과 수고와 믿음이 복합적으로 준비되어야 하기 때문이다.

어려서부터 교회를 통해 신앙을 배우고 말씀의 계명을 지키며 살기를 결단한, 오직 하나님 중심, 예수로만 살겠다는 나의 신앙고백이 있었기에 오늘의 나를 이 협곡으로 부르신 것이 아닌가 생각한다. 내 신앙을 스스로 평가하려는 의도는 하나도 없다. 이 일을 42년 동안 하면서 외부적으로 드러내거나 자랑하거나 후원자를 의식해 광고한 일이 없었다. 산골 외딴집에서 목사가 되기 전에는 업무 외에는 사회적이거나 교회 단체의 행사에 참여한 일이 없으므로 나라는 사람은 이름 없이 묻힌 존재요 더구나 목사의 직임도 없었으므로 더욱 그렇다. 내 사역이 진정한 목회 사역이면서도 전도사라는 직임은 아무도 알아주지 않았다. 오히려 무시와 차별적 대우를 받을 따름이다. 그러나 그게 뭐 중요한가?

하나님과 나 사이의 관계이며 행위에 대한 열매로 그 마지막의 상급은 하나님이 정하실 것이다. 기도원을 하면서 보는 것은, 이 세상에는 슬픈 자가 훨씬 많고, 병든 자들은 고통 속에 몸부림치며 살고, 교회 목사들도 알지못하는 말 못하는 문제들을 지닌 채 매여 있는 자가 많다는 것이다. 몇 년에 불과한 짧은 기간이지만 이 사역에도 하나님이 함께하셨다는 강한 확신은 사랑의 집, 사랑의교회 사역과 운영에도 성령의 인도와 보살핌이 있으리라는 믿음이 확실해진다.

앞서도 말했듯이 사랑의교회는 일반인이 아닌 자들, 곧 병들고 갈 데 없이 버림당한 자들만이 모인 공동체 교회이므로, 일반인을 전도하면 다른 교회로 안내하여 보낸다. 나는 특수한 사역으로 부르심을 받아 그들의 구원과 육체의 연약함을 담당하는 일을 하는 사람이다.

쉽게 말하자면 주일에 예배를 드리기 위해 정장을 하고 설교단에 올라가려는데 어떤 분이 예배실에서 배변 실례를 했다. (이런 일은 자주 있다) 냄새를 맡으며 예배를 진행할 수 없지 않은가? 나는 양복을 벗고 그분을 보듬어 목욕실에서 씻어 새 옷을 갈아입혀 예배실에 앉히고 다시 내 옷을 입고 예배를 드리는데, 예배 시간을 30~40분 이상 초과한다면 일반인들이 그 예배에 함께하겠는가? 예배 전이라면 몰라도 예배 중에 실례를 했을 때는 또 어떻게 하겠는가. 그뿐 아니라 예배 시간에 소리를 지른다거나 침을 뱉는 일도 있으니 말이다. 일반 예배와는 다른, 상상도 못 할 사역을 해 오면서 그분들을 복음으로 구원받게 하는 사역은 결코 쉬운 일이 아니며 과소평가할 일도 아니다.

성경이 말씀하신 "자기를 십자가에 못 박고 나를 따르라"는 말씀을 쉽게 설교하면 안 된다.

그 말씀대로 설명하면 자기는 죽어야 한다. 즉, 나는 없다. 그 말대로 나를 존재하지 않는 것처럼 여겨야 하는데 그럴 수 있는가? 목사가 자기 명예를 높이고 단체의 장이 되어 권력의 힘을 발휘하고 돈에 따라 마음이 움직인다면 십자가와는 정반대로 향하는 것이다. 예수께서 세상에 계실 때 당신의 이름을 나타낸 일이 있는가? 모든 영광을 아버지께 돌리고, 아버지를 나타내시고 그분이 전한 복음은 내 말이 아니요, 나를 보내신 아버지의 말씀이라고 하셨다. "나는 사람에게 영광을 취하지 아니하노라"(요 5:41)고 하셨다면 우리도 그렇게 해야 한다. 사람들이 내게 "원장님은 착한 일을 하니 꼭 천국에 들어갈 거예요"라고 말한다. "천만에요, 내가 이런 일을 해서 천국에 들어가는 것이 아니고 예수님을 믿음으로써 천국행은 이미 확보하였답니다."

하나님의 방식은 인간의 방식과 다르다. 인간은 자신의 노력으로 스스로의 가치와 자격을 갖춰야만 하나님의 축복과 은총을 얻을 수 있다고 생각한다. 인간은 하나님의 축복이 인간의 행동과 선한 행위에 근거하고 있다고 생각한다. 그러나 이것은 하나님의 방식이 아니다. 하나님의 방식은 인간의 성취가 아니라 '받아들임'에 관계되어 있다. 하나님께서는 우리가 하나님의 은혜와 의의 선물을 넘치게 받아들일 때 생명 안에서 왕 노릇하게 될 것이라고 약속하셨지 하나님의 은혜를 획득할 만한 성과를 올리고 우리 자신의 의를 성취할 때 그렇게 될 것이라고 말씀하지 않으셨다. 그러나 무슨 이유에서인지 수많은 그리스도인들이 '성취 시스템'에 근거하여 살아가고 있다.

세상은 성취하는 것, 행하는 것, 우리의 노력에 의지하는 것에 집중하라고 계속 가르쳐왔다. 우리는 무언가를 하고 또 하고 또 하는 데 온 정신을 쏟을 뿐, 기독교 신앙이 '실제로 이미 행해진 일'에 관한 것임을 망각한다.

세상은 더 많이 행할수록, 더 열심히 일할수록 더 많은 시간을 투자할수록 더 많은 노력을 해야 한다고 말한다. 신자들은 성취를 근간으로 한 세상의 이런 성공 시스템을 그대로 가져다가 자신들의 신앙 생활에 적용한다. 그들은 하나님의 자비와 축복이 그들의 삶에 넘치도록 하나님의 은혜를 의지하는 대신, 하나님의 자비와 축복을 얻어낼 만한 자격을 갖추기 위해 자신들의 노력을 의지한다. 그러나 인간이 자기 노력으로 하나님의 축복을 얻는 것은 하나님의 방식이 아니다. 우리 자신의 노력이나 행위로는 하나님의 축복을 얻을 수 없다. 하나님의 축복은 전적으로 하나님의 은혜에 근거한다. 우리 삶에 임하는 하나님의 축복은 우리의 자격이나 노력이나 성과와 전혀 무관하다. 다시 말해 하나님의 축복을 얻을만한 자격과 가치를 갖추기 위해 우리가 할 수 있는 일은 아무것도 없다. 하나님의 축복은 전적으로 예수님을 받아들이는 것, 즉 예수님이 십자가에서 끝마치신 일을 통해 은혜와 의의 선물을 넘치게 받아들이는 것에 바탕을 두고 있기 때문이다. 하나님께서는 우리가 우리 자신의 노력과 힘으로 축복을 받으려고 애쓰는 것을 즉각 중단하고 예수님께서 십자가에서 이루신 은총과 축복과 치유를 받아들이기 시작할 것을 원하신다.

예수님께서는 이천 년 전 십자가에 달리셨을 때 큰 소리로 "다 이루었다!"고 외치셨다. 예수님은 우리가 생명 안에서 왕 노릇하는 데 요구되는 모든 것을 갈보리에서 성취하셨다. 그래서 예수님이 십자가에서 하신 일을 가리켜 '예수님이 끝마치신 일'이라고 일컫는다. 그렇다. 예수님은 끝마치셨다. 완료하셨다! 다 이루셨다! 우리 삶에서 역사하는 유일한 일은 십자가에서 마치신 일뿐이다. 예수님께서 이미 이루신 일을 이루려고 애쓰는 것을 즉각 중단하고 받아들이라.[27]

사람들이 내게 말하기를 "원장님은 정말 작은 예수님이셔요"라고 한다. 때로는 목사님들도 그렇게 말하기도 한다. 그럴 때마다 내 마음은 불편하다. 그런 말을 함부로 아무에게나 해야 하는가? 더구나 이 작은 사람이 뭐라고 그런 말을 들어야 한단 말인가? 허물과 죄로 가득한 사람이 감히 천부당 만부당하게 도저히 그 앞에 설 만한 자격조차 없는 자에게 어떤 착한 일을 한다고 해서 그런 말을 하는 것은 하나님 앞에 불경한 것이다. 우리가 행한 일에 대해서는 사람들이 몰라줘도 상관없다. 그것은 하나님만이 아시고 각각 선악 간에 행한 대로 갚아주시기 때문이다. 그러므로 그런 말은 나와 전혀 어울리는 말이 될 수 없고 바라서도 안 된다. 또 어떤 이는 천사 같다고 한다. 천사는 흠결이 있으면 하나님을 수종들 수 없는 사자들이다. 이점에서는 우리 인간보다 월등 우월하다고 할 수 있다.

그러나 성경은 우리에게 무엇을 말하는가?

"모든 천사들은 섬기는 영으로서 구원받은 상속자들을 위하여 섬기라고 보내심이 아니냐"(히 1:14)

천사와는 달리 인간은 죄와 흠이 많고 불완전한 존재임에도 불구하고 하나님은 독생자를 보내셔서 우리 죄를 담당하게 하셨다. 천사보다 인간을 사랑하시기 때문이다. 만일 천사가 흠이 있다면 하나님은 용서 없이 그 자리에서 축출하실 것이다. 천사가 범죄하고 타락해 땅으로 쫓겨나 세상 왕 노릇하는 마귀로 활동하는 것이다. 그러므로 우리는 천사보다 월등하며 하나님의 사랑의 용서와 함께 하늘에서 왕 노릇할 존재이다. 이런 점에서 믿는 성도는 천사보다 우월하다.

믿음은 어떤 대가를 바라고 그것을 얻기 위한 것이 아니다. 하나님은 창조자이시며 우리는 피조물이라는 당연하고 확실한 사실과, 하나님을 향한 경배와 찬양, 영광을 돌리는 데 있다. 선한 행위에 대한 보상은 전적으로 하나님의 소관이며 자기를 찾는 자들에게 상 주시는 이에게 속한 것이므로, 우리가 바라고 기대하지 않아도 그 행위에 대한 상급은 그분의 뜻대로 주실 자에게 주어질 것이다. 그러므로 성도가 어떤 행위에서 주어질 자기 몫을 구하는 것이 아니라 하나님의 은혜를 받고 누린 축복에 감사하는 마음으로 자연적으로 하나님의 의와 선한 일에 참여하여 그분의 영광에 이르도록 힘쓸 것이다.

작은 예수라든가, 천사라는 칭찬에 마음이 끌려서는 절대 안 된다. 우리는 선한 행위가 아니라 예수를 믿음으로 구원을 얻기 때문이다. 예수님은 "나는 사람의 증언을 취하지 아니하노라"고 하셨고, "나는 사람에게서 영광을 취하지 아니하노라"고 거듭 말씀하셨으니, "너희가 서로 영광을 취하고 유일하신 하나님께로부터 오는 영광을 구하지 아니하니 어찌 나를 믿을 수 있느냐."(요 5:44)

성경대로 믿고 성경대로 살고 성경대로 행한다는 것이 쉬운 일이 아니다. 연약한 인간이 자기 의지와는 달리 세상의 유혹과 욕심에 끌려 믿음의 경계선을 이탈하여 자기중심의 방향으로 미끄러져 나간다면, 그것은 이미 신앙의 궤도를 탈선한 것이다. 자기 사상이나 지식을 성경과 혼합하면 신앙의 순수성을 잃은 맛 잃은 소금이다.

예수께서는 성경대로 우리 죄를 위하여 죽으시고 장사 지낸 바 되었다가 성경대로 사흘 만에 다시 살아나셨다. 구약과 신약의 언약이 하나도 틀림없이 다 성경대로다. 그렇다면 우리의 신앙 노선은 성경대로 나아가고 있는가? 순례자의 길이 좁고 협착하여도 그 끝이 천국 문이라고 한다면 그 문에 도달하기까지 다른 길, 쉽고 편한 길, 지름길을 엿보지 말고 한길로만 걸어가야 한다.

예수님이 가신 길도 오직 한길이었다. 그 길의 끝이 갈보리 언덕이었고, 그 마지막은 십자가에서의 죽음이 있는 길이었다. 세상의 눈으로 보면 그 길은 망하는 길이요 실패이고 멍청한 바보짓이다. 다른 종교의 창시자들은 고상하고 품위 있고 일반 대중보다 훨씬 높은 경지의 위엄과 풍채를 드러내 보인다. 이사야 선지자의 말을 빌리면, "그는 주 앞에서 자라나기를 연한 순 같고 마른 땅에서 나온 뿌리 같아서 고운 모양도 없고 풍채도 없은즉 우리가 보기에도 흠모할 만한 아름다운 것이 없도다. 그는 멸시를 받아 사람들에게 버림받았으며, 간고를 많이 겪었으며, 질고를 아는 자라. 마치 사람들이 그에게서 얼굴을 가리는 것 같이 멸시를 당하였고, 우리도 그를 귀히 여기지 않았도다."(사 53:2-3)

이게 말이 되는가? 천지의 주재이시요 왕 중의 왕이신 분을 그런 모습으로 묘사하다니! 그 선지자가 잘 못 본 것은 아닐까? 기왕이면 멋지고 아름답게, 귀티 나게, 사찰의 불상처럼 자비와 인자한 모습으로 눈과 코, 입이 반듯하고 귀가 쭉 늘어진 인류의 최고 표상으로 세계의 유명한 장인 미켈란젤로를 데려다 최고의 걸작으로 예수의 상을 조각해야 하는 것 아닌가?

하나님은 창조주이시며 전능하신 분이신데, 어째서 베들레헴 마구간이어야 하는가? 이름 없는 시골 가난한 목수의 집을 선택한 이유는 무엇인가? 아마도 이런 질문을 할 사람도 있겠다. 그렇다면 이렇게 한번 생각해 보자. 예수님은 부자나 귀족, 권세자, 지식인, 의인을 위해서 오셨는가? 아니면 가난하고 병들고 버림받고 비천한 죄인들은 상관없나? 여기에 대한 정답을 성경이 말씀해 주신다.

"우리 주 예수 그리스도의 은혜를 너희가 알거니와, 부요하신 이로서 너희를 위하여 가난하게 되심은 그의 가난함으로 말미암아 너희를 부요하게 하려 하심이라."(고후 8:9)

더 이상 무슨 설명이 필요한가? 예수는 가난한 자, 병든 자, 죄인들을 위하여 오셨고, 그들을 친구와 같이 대하셨고 마지막에는 목숨을 버리셨다. 예수님의 탄생이 그렇고 마지막은 어떠한가? 인류 역사상 가장 비참하고 처절했다. 부끄러움과 수치, 멸시와 천대, 피투성이로 유대 최고형 십자가에 매달려 아무 힘없이 축 늘어지셨다. 그를 따르던 제자들까지 외면하고 그의 형제, 가족들은 다 어디에 있었을까? 그분의 머리 위에 쓴 죄패, '유대인의 왕'은 비방의 패인가? 왕을 그렇게 비참하게 대우해도 괜찮은가?

프란치스코 교황이 마지막 선종할 때 교회 지도자들이 그의 곁을 떠나지 않고 찬양과 영광의 기도와 절차를 따라 장례식을 거행하는 것을 보았는데 최고의 위엄과 예식으로 호화로운 성당의 분위기를 한층 돋보이게 하였다. 170개국의 정상, 귀족, 고위 관료들이 참석하였으니 세계적인 장례식이 아닐 수 없다. 예수님의 죽음과 장례와는 비교할 수 없는 장면이었다.

성 베드로 성당을 간 적이 있는데 하나님의 교회라고 하기엔 예술품의 종합 궁전이라고 해도 무방하다. 벽과 천장에는 그림과 조각품으로 장식해 매일 관광객으로 들끓는다. 신은 신이고 인간은 인간이다. 피조물이 조물주를 능가할 수 없고 어떤 언어와 수식어로도 하나님을 높이거나 낮출 수 없다. 하나님은 본래 그대로이기 때문이다. 그분을 높인다고 더 높아지는 것도 아니요, 낮춘다고 내려지는 것도 아니다. 그런데 철학이라는 학문의 옷을 입은 자들이 신의 실존을 부정하고 신 대신 그들의 뇌 속에 있는 이상적 세계관이랍시고 다른 사상의 씨를 뿌리고 물을 주어 자라게 해서 강의실의 젊은이들에게 무신론, 유물론, 허무주의(Nihilism) 염세주의, 세속주의 사상을 인식시키려 한다.

대표적인 사람으로 옥스퍼드 대학의 유명한 진화 생물학자 리처드 도킨스(Richard Dawkins)는 〈만들어진 신〉(The God Delusion)을 출간했는데, 이 책은 아주 오랫동안 뉴욕타임즈 베스트셀러 목록에 올랐다. 도킨스는 종교적 가르침은 일종의 학대라고 생각하며, 따라서 정부는 종교 교육을 금지해야 한다고 주장하였다. 다니엘 데넷(Daniel Dannett) 교수는 종교는 신자들에게 해를 끼치는 위험한 독이라고 주장한다. 또한 크리스토퍼 히친스(Christopher Hictchens)는 〈신은 위대하지 않다〉는 책을 내놓았다. 월 스트리트 저널(Wall Street Journal) 에 따르면 이 책들이 1년에 백만 권 가까이 팔린다고 한다. 반유신론과 이슬람 원리주의의 도전이 교회에 몰아닥치고 있는데 그리스도인들이 무엇을 믿으며, 왜 믿으며, 왜 그것이 중요한지도 모르면서 어떻게 기독교를 실천할 수 있겠는가?

한때 유럽에서 가장 강력한 국가였던 스페인은 겨우 한 세대 만에 가장 세속화된 나라가 되었다.(28) 청교도 신앙을 토대로 건설된 아메리카는 성경에 반하는 사회적 문제로 위험 수준에 이르고 있다. 왜 그런가? 기독교인들이 성경을 읽지 않기 때문이다. 하나님보다는 세상 문화가 깊숙이 교회 안으로 들어와 성경의 가르침보다는 세속의 단꿀을 먹이기 때문이다. 중국이 2025년 5월 1일부터 외국인 종교 활동을 엄격히 통제하는 중국 내 외국인 종교활동관리규정 시행세칙을 시행함에 따라 중국 내 선교활동이 중단될 위기에 처했다. 중국은 이미 2017년부터 종교 활동에 대한 통제를 강화해 왔으며, 수많은 선교사들이 추방되거나 비자 갱신이 거부당해 현장을 떠났다. 일부 지역에서는 교회가 철거되고 십자가가 불태워지기도 했다. 중국에서 모택동이 문화혁명을 일으켰을 때 홍위병과 대학생들이 도시와 마을로 몰려들어 모택동 사상에 따르지 않는 사람들은 누구든지 조직적으로 박해했다. 수많은 교인들이 고문과 수용소의 강제 노동에 희생되고, 100만 명이 처형되었다. 성경을 갖고 있다가 발각되면 고문을 당하거나 투옥되었다. 1949년 모택동이 권력을 잡았을 때 400만 명 가량의 그리스도인이 있었으나 지금 중국의 그리스도인은 1억 명에 이른다. 이러한 탄압에도 기독교가 부흥했던 것은 성경책이 없으면서도 손으로 쓴 복음서를 떨리는 마음으로 몰래 읽으며 기독교 신앙을 지키며 실천했기 때문이다.

예수님이 가난하게 세상에 오셨고 비참하게 죽으셨으나 사도 요한에게 보여주신 예수님은 어떤 모습이었을까? 주의 날에 요한이 성령에 감동되어 본 예수님은, "일곱 금 촛대 사이에 인자 같은 이가 발에 끌리는 옷을 입고 가슴에 금 띠를 띠고 그 머리와 털의 희기가 흰 양털 같고 눈 같으며 그의 눈은 불꽃 같고 그의 발은 풀무에 단련한 빛난 주석 같고 그의 음성은 많은 물소리와 같으며 그의 오른손에 일곱 별이 있고 그의 입에는 날선 검이 나오고 그 얼굴은 해가 힘 있게 비치는 것 같더라."(계 1:13-19)

하늘에 오르신 예수님은 초림 때와 달리 비천한 인간의 모습이 아니라 만왕의 왕으로 대심판주로, 그 위엄과 영광은 이 세상의 어떤 왕들도 갖추지 못한 신비함을 입으셨다. 요한은 그 얼굴과 모습을 쳐다볼 수 없어 그 발 앞에 엎드릴 수밖에 없었고 죽은 자 같이 정신을 잃었다. 예수라는 이름을 너무 가볍게 부르는 것은 아닌지 그리스도인 자신에게 물어야 한다. 주님이 우리에게 친구와 같이 대한다고 할 때 그것은 주님이 우리에게 한없는 사랑과 은혜를 베풀어서 하신 말씀이다. 그렇다고 해서 우리의 입장에서는 똑같은 친구가 아니라 주님을 존귀히 여기고 경배의 대상이며 영광과 찬송을 돌려드려야 함을 잊어서는 안 된다.

"나를 존중히 여기는 자를 내가 존중히 여기고 나를 멸시하는 자를 내가 경멸하리라."(삼상 2:30 하)

당신의 이웃은 누구인가?
당신은 그 이웃들 곁으로 가까이 간 일이 있는가?
과연 당신은 이웃을 자신처럼 사랑하고 있는가?
진정한 이웃 사랑이란 자신을 사랑하는 것이며
자신을 사랑하는 자가 이웃을 사랑할 수 있다.
하나님을 사랑하는 자는 자신을 사랑하는 것이며
자신을 사랑하는 자가 하나님을 사랑하게 된다.
이 원칙을 알지 못하고는 결코 이웃을 사랑할 수 없고
하나님과의 관계도 올바르지 못할 것이다.

3부
부르심의 실현

이웃과 함께한 복음의 여정

10. 만일 성령으로 살면 성령으로 행할지니

2024년 겨울, 서울 종암동 길을 걷는데 골목 맨땅에 노숙자 거지가 앉아서 떨고 있어 오천 원을 주고 걸어오는데 성령께서 말씀하셨다. "너, 오천 원 주고 오면 어떡해. 이 추운 날 국밥이라도 한 그릇 먹게 해야지." 나는 이미 그 노숙자로부터 50미터는 지나온 터라 그냥 걸었다. 그런데 성령님이 자꾸 재촉하셔서 발걸음을 돌려 그 노숙자에게로 다시 돌아가 만 원을 더 주면서 국밥이라도 사드시라고 하였다. 그리고 물었다. 저녁에 주무실 데는 있느냐고 하니 잘 데는 있다는 것이다.

한마디의 말이 어떤 사람에게는 참으로 위로와 힘이 된다. 지방에 살면서 가끔 서울에 와서 보면 지하철역 근방에 구걸하는 사람들이 있다. 행인들이 바구니나 그릇에 백 원, 오백 원 동전을 넣고 가는 모양인데, 하루에 얼마나 모일지는 모른다. 나는 언제나 그들을 위하여 구제할 돈을 지갑에 지니고 다니다가 그들을 보면 꼭 지폐를 주게 된다. 그것이 얼마나 도움이 되겠는가만은…

익산에 있을 때 내가 다니는 병원 문 안 난로 옆에 거지 청년이 불을 쬐고 앉아 있는 것을 자주 보았다. 옷은 때가 덕지덕지 묻고 머리는 엉클어지고 수염은 얼굴을 덮어 거지 행색을 그대로 나타낸다. 나는 그를 생각하며 겉옷과 내의, 속옷과 양말 그리고 장갑과 목도리, 운동화까지 새로 사서 준비하고 먹을 것도 보자기에 싸서 차에 실었다. 목욕탕에 가서 씻기고 이발도 내 손으로 하니까 좀 다듬어서 깨끗하게 해드리고 싶었는데 막상 그이가 거절하는 통에 깜짝 놀랐다. 아무리 권해도 듣지 않아서 섭섭한 그대로 돌아왔는데 어느 사람이 내게 말하기를, 거지는 거지 모습을 해야지 깨끗하게 있으면 아무도 돕지 않는다는 것이다. 아! 나는 그런 것도 몰랐으니 아직 배울 것이 많다고 생각했다. 그런 일을 하는 것이 어려운 것은 하나도 없다. 오히려 기쁘고 즐거움을 선사한다.

우리 집은 산 외딴곳에 있어서 구걸하는 사람은 오지 못하고 올 수도 없는데 웬걸 어느 날 구걸하러 온 분이 있어서 참으로 신기해 친절히 대하면서 어디서 왔는지 물었더니 강경에서 왔다는 것이다. 어떻게 우리 집까지 왔느냐니까 오다가 간판을 보고 왔다는 것이다. 그에게 음료수를 대접하고 3만 원을 주었더니 여기까지 왔는데 3만 원이 뭐냐면서 5만 원은 달라고 다그친다. 그의 원대로 하였더니 기뻐했다. 비록 걸인이었으나 나를 찾아온 것이 기뻤다. 간혹 행려자가 우리 집에 오면 그냥 보내지 않는다. 목욕을 시키고 이발을 하고 옷을 갈아입힌다. 입던 옷은 세탁하고 말려서 본인에게 준다. 이런 사람이 오면 그때부터 즐거워지고 신이 난다. 억지로는 결코 그렇게 하지 못할 것이다.

알고 보면 그들이 남이 아니다. 모든 사람은 형제요 하나님의 형상으로 만드신 하나님의 사랑받는 자들이다. 가난한데 병이 들어 아픈 사람에게는 반지를 팔아 주는 것도 즐거웠다. 반지는 없어도 문제가 되지 않는다. 버림받고 병들어 오갈 데 없는 사람들을 섬기는 사랑의 집을 세운 것도 단순한 발상이 아니다. 공연히 그리고 은근히 자기를 나타내려고 한다고 생각하지 않기를 바란다. 이것은 스스로의 선행이 아니라 하나님이 주신 사랑과 예수 그리스도의 생애와 삶, 성령의 은혜가 내게 넘친 믿음의 결과이다. 예수 그리스도를 닮고 진정한 그리스도인으로 삶을 바치고자 하는 순전한 믿음이다. 누구든지 이런 말씀을 따라 행하면 그리스도의 참 제자가 되는 것이다.

한국기독교장로회 교단에서 백두산과 옛 고구려의 역사를 더듬으면서 중국 광개토대왕의 동상이 세워진 유적지를 탐방하는 프로그램에 참여했다. 교단은 다르지만 친척의 권유를 받아 참여했는데, 그 교단 목사들과 관련 없이 내 목사 신분을 밝히지도 않고 평신자들 속에 일원으로 여행을 하게 되었다. 여행 계획에 따라 백두산을 관광하고 중국 단동에 도착하였다. 주최 측의 안내와 광고 내용이 전달되었다. 단동 시내에 순복음 측 선교사님이 사역하는 교회가 있는데 수요 예배를 그 교회에서 드린다는 광고였다. 오전 11시 예배에 선교 헌금을 하게 되니 개인은 만 원 정도 준비하라는 것이다. 그전에 시간이 있어 대형 슈퍼로 안내하여 필요한 물건을 구매했는데, 나는 기념으로 몇 가지 물건을 골랐지만 아내는 별로 맘이 안 든다고 구매를 반대했다. 이 일로 우리는 신경전이 벌어졌는데, 화가 난 아내는 가지고 있던 여행비가 들어있는 작은 돈주머니를 내게 던지며 토라졌다. 어쩔 수 없이 돈주머니는 내게 돌아온 채 시간이 되어 교회 예배에 임하게 되었다. 나는 광고대로 헌금으로 만 원을 준비했다. 설교가 끝나고 헌금 시간이 되어 앞쪽에서부터 헌금 바구니가 진행되고 나는 뒷자리에 앉아서 기도하였다.

그런데 뜻밖에 내 마음에 성령의 소리가 들리는데 "너, 여기까지 와서 선교하는 교회에 단돈 만 원 헌금하고 가려느냐?"고 하셨다. 어찌 보면 내가 언제 중국 선교 헌금에 참여한 적이 없고, 만 원으로 겨우 체면을 유지하려는 부끄러움에 머뭇거리다가 오만 원으로 헌금을 변경하여 준비했다. 그때 성령께서 다시 말씀하셨다. "그것이 네가 하고자 하는 전부냐?" 나는 속으로 대답하였다 "하나님, 그럼 어쩌란 말씀인가요?" 헌금 바구니는 내 앞줄을 지나고 있었다. 얼마 후 곧 내 앞으로 올 것을 의식하며 머리에 혼란이 왔다. 순종이나 거절을 결정할 시간의 여유도 없이 급박함으로 쩔쩔맸다. 이런 생각을 예배드리기 전에 주셨더라면 차분하게 고민할 수도 있었을 텐데 어찌 성령께서는 이렇게 다급하게 말씀하시는 것인가? 생각할 겨를도 없이 헌금 바구니가 내 앞으로 돌아왔다. 이젠 더 이상 시간이 기다려 주지 않고 머뭇거리면 헌금 바구니는 지나갈 것이다. 오만 원은 하나님이 원하는 헌금이 아니라는 것인가? 헌금 광고에 만 원쯤 준비하라고 들었고 다들 그런 줄로 알고 있는데…

그때 내 손이 돈주머니를 집어 몽땅 바구니에 넣었는데 순간적으로 나를 움직이게 하신 분이 성령님이셨다. 돈주머니에는 달러와 한국 지폐 100만 원(오래되어 정확한 액수를 잊었음) 정도가 들어 있었고, 그것은 여행 경비의 전부였다. 아내와 의논도 없이 한 일로 약간의 걱정이었으나 마음은 편안하고 성령님께 순종한 것이 감사하였다. 하나님은 그 짧은 순간에 어찌 그리도 급하게 내 마음을 다그쳤을까? 혹시 이 교회에 필요하게 쓸 돈이 있어서일까? 슈퍼에서 돈주머니가 내게로 온 것은 말다툼 때문이었을까? 아니면 성령께서 그렇게 하신 것인가? 출발할 때부터 내내 아내가 가지고 있던 돈이 예배 시간 한 시간 전에 내게로 이동하게 된 것은 우연일까? 이 부분이 풀 수 없는 궁금증이었다. 헌금을 수집한 목사님들이 놀랐는지, 누가 돈주머니를 몽땅 넣었는지 궁금한 것 같았으나 나는 침묵하였다.

성령의 말씀을 거절하지 마세요. 그때 하나님이 나를 사용하고 계신다고 믿으세요. 하나님의 일에 나를 참여시킨다는 것이 얼마나 자랑스러운 일인가요. 아나니아와 삽비라는 성령으로 밭을 팔았으나 욕심을 이기지 못하여 밭값 일부를 감추고 거짓말을 하다가 감춘 돈을 써보지도 못하고 부부가 그날 죽었다. 바울은 에베소 성도들에게 "하나님의 성령을 근심하게 하지 말라"고 가르쳤다. 왜 성령이 근심하실까? 하나님이 주시려는 축복을 버리는 것이기 때문이다. 우리는 성령 없이는 믿음의 한 발자국도 옮길 수 없다. 성령에 순종하지 않고 하는 일은 하나님을 기쁘게 할 수 없기 때문이다.

성경이 성령에 대하여 우리에게 어떻게 하라고 말씀하시는가?
하나님의 성령으로 봉사하며(빌 3:3)
항상 성령 안에서 기도하고(엡 6:18)
성령으로 세례를 받고(고전 2:13)
성령의 거룩하심으로 순종하고(벧전 1:2)
성령으로 말하고(행 11:28)
성령으로 보내심을 받고(행 13:4)
성령으로 기뻐하고(눅 10:21)
성령이 충만하여 하나님의 말씀을 전하고(행 4:8, 31)
성령이 가게 하시고(행 8:29)
성령이 진리로 가운데로 인도하시고 장래 일을 알리신다.(요 16:13)

성령에 대하여 말하려면 끝이 없다. 사도 요한은 계시를 받을 때 성령에 감동되어 천상의 음성과 장차 될 일을 보고 들었다. (계 1:10, 4:2, 17:3, 21:10)

우리가 하나님과 관계된 일을 알고 듣고 보고, 말하고 행할 때 성령 없이는 어느 것 하나도 임의로 할 수 없으니, 모든 그리스도인들은 성령의 충만을 받아 그와 사귐을 갖고 하나님 나라의 의와 그의 뜻을 이루는 삶을 살아야 한다. 특히 하나님의 말씀을 전하는 이는 성령의 감동을 받아 그분이 하시는 말씀을 전할 때 그 말씀은 생명을 살리는 말씀으로 각 사람의 영혼을 구원할 것이다.

11. 귀신을 쫓으라

"예수께서 그의 열두 제자를 부르사 더러운 귀신을 쫓아내며 모든 병과 약한 것을 고치는 권능을 주시니라."(마 10:1)

"저물매 사람들이 귀신 들린 자를 많이 데리고 예수께 오거늘 예수께서 말씀으로 귀신을 쫓아내시고 병든 자를 다 고치시니, 이는 선지자를 통하여 하신 말씀에, 우리의 연약한 것을 친히 담당하시고 병을 짊어지셨도다 함을 이루려 하심이라."

성경에 기록된 사탄, 마귀, 용, 귀신의 기록 횟수는 다음과 같다.

사탄(Σάτανάς) = 역대상 1회21:1, 욥기 13회, 스가랴 3회3:1-2

마귀(διαβολος) = 신약 34회, 구약 1회

용(δράκων) = 구약 7회, 요한계시록 11회

귀신(δαιμόνιον) = 신약 81회, 사복음서 73회, 신명기 1회32:17

천국(ἡ βασιλεία) = 마태복음에만 36회, 디모데후서 1회4:18

지옥(γεέννα) = 신약에만 13회

귀신은 신약에서 81회 중 사복음서에 73회로 예수님의 오심과 함께 그의 정체가 드러났다. 예수님은 친히 귀신을 명하여 물리치시고 새 사람으로 살길을 열어주셨으며 제자들에게 귀신을 쫓는 권능을 주셨다. 마귀는 타락한 천사로 땅으로 쫓겨나 세상에서 왕 노릇하지만 귀신은 타락한 천사가 아니며 그 정체는 성경이 밝히지 않고 있다.

예수님 시대와 같이 지금도 귀신 들려 억압당하는 자들이 많은 것은 사실이다. 귀신을 쫓는 일이 이상한 일이 아님에도 오늘날 귀신 쫓는 일을 이상하게 여겨 비성경적으로 보는 것이 더 이상한 일이다. 귀신 들려 고통당하는 자를 고쳐 자유와 행복을 주는 일은 예수님이 하신 일이요 제자들과 바울이 행하였다. 나는 본래 귀신을 쫓아 본 일이 없었으나 기도원 일을 하면서 기도하였더니 그런 역사를 체험하게 되었다. 그것을 하려고 애쓴 것도 아니요 배운 것도 아닌데 귀신 들린 사람에게 기도하였더니 귀신이 물러가는 체험을 한 것이다.

...

가까운 면 소재지에 사는 권사님이 전화를 하였다.

"원장님, 제 딸이 결혼해서 아이들 둘을 두었는데 귀신 들려 이혼하고 나한테 왔어요. 도저히 같이 못 살겠는데 데리고 가면 받아 주실래요?"

나는 그런 경험이 없어서 오라는 대답을 못하였다. 그런데 권사님은 허락도 없이 무작정 딸을 데려왔다.

"우리 딸은 밥은 절대 안 먹고 국수만 먹으니 국수만 먹게 해 주세요. 밥은 죽어도 안 먹어요"라며 국수 한 상자를 가지고 왔다. 귀신이 들리니 남편이 버려서 친정어머니한테 왔는데 날마다 매끼 국수를 삶기도 힘들어 못 살겠다며 하소연하고 가셨다. 30대의 나이에 인생의 낭패를 당하여 폐인으로 남편에게 버림받아, 아이들도 볼 수 없고 친정에서도 반기지 않는 불쌍한 신세가 되었다. 그의 얼굴에는 광기가 있고 눈은 이상하게 정상이 아니다. 그녀의 모습은 어둠의 세력에 시달리고 결박당한 채 초췌한 모습이었다. 인격을 상실한 수렁에서 허우적거리는 가엾은 한 마리의 새와 같았다. 아무리 발버둥 쳐도 수렁은 더 깊이 한 영혼을 삼키고, 거기서 구원해 줄 사람은 아무도 보이지 않는다. 오호라, 나는 곤고한 사람이로다. 누가 이 사망에서 나를 구원해 주리오. 세상 사람들은 그런 정신병자를 사람으로 대우하지 않고 오히려 멀리하고 두려워한다. 버림받는다는 것처럼 가련한 것은 없다. 아무도 자기 편이 되어 주지 않고 가족이나 남편, 친구, 이웃, 동네 사람들도 무시하고 가까이 오기를 꺼린다. 거라사의 귀신 들린 사람도 사람들이 무서워 격리하여 쇠고랑을 채워 무덤 곁에 내동댕이 쳐 버리지 않았는가.

그녀도 젊은 한때는 아름다워지려고 화장도 하고 머리도 땋아 등

허리까지 드리우고 예쁜 옷도 골라 이리 보고 저리 보며 온갖 귀염을 토했을 것이다. 멋진 남자들을 사모하며 사랑하는 남자를 만나 결혼까지 하여 자랑스럽게 아이들을 두지 않았던가. 이제 그녀는 모든 것을 상실한 채 자기 자신까지도 잃어버린 우주의 길잃은 미아로 머물 곳도 나아갈 곳도 없는, 그저 정처 없이 숨만 내쉬는 신세로 전락하였다.

"하나님, 저더러 어쩌라고 감당치 못할 사람을 보내셨습니까? 저는 이런 일에 적격자도 아니고 능력도 힘도 없습니다."

돌팔이에게 침도 맞고 주사도 맞고 이빨도 맡기면 그 돌팔이는 전문인처럼 당당하게 행세하여 그럴듯한 수법을 사용하여 치료행위를 하고 돈을 요구한다. 그녀의 요구조차 자신이 심중에서 바라는 것이 아니었고 그의 어머니에 의해 끌려왔다. 자기 권리와 의사가 제외된 채 그가 내게 바라는 소망은 털끝만큼이라도 갖지 않았다는 것은 자명하다. 어쨌든 나는 시험을 치러야 할 학생처럼 책상에 올려진 시험지에 답을 써야 할 처지를 수용해야 했다.

다윗이 블레셋 대장과 마주쳤을 때 어떤 심정이었을까? 그도 사람인지라 심장이 뛰었을 것이다. 사느냐 죽느냐의 양자 사이의 심리적 불안 요소 같은 갈등을 느끼면서도 지금까지 길러온 하나님에 대한 신앙을 의지하며 마음속으로 기도하였으리라. 빈 들에서 야생마같이 뛰어다니며 단련한 동력을 지금 쓸 기회가 온 것이다. 기회가 왔을 때 그것을 자기 것으로 유리하게 적용한다면 상상할 수 없는 자기 상승의 상급이 된다. 다윗이 그 모델이 아닌가? 블레셋 대장을 이긴 결과 왕의 자리에 등극하는 영광을 얻었다. 믿는 자들이 사탄과의 싸움에서 승리하면 그와 동일한 상급을 받게 된다. 나는 지금 골리앗 앞에 섰던 다윗과 같이 저 흉악한 원수 귀신의 정체를 파악하고 그와 싸워야 하는 전장에서 마주하고 서 있다. 이런 때는 하나님의 전신 갑주를 입어야 하고, 바울이 에베소 성도들에게 보낸 편지와 같이 무장을 하고 성령의 검, 곧 하나님의 말씀을 준비해야 한다. 그녀 안에 역사하는 귀신은 아마도 나의 신앙의 분량과 내가 가진 무기가 무엇인지 살필 것이다. 그에게 어떤 허점이라도 보이면 그것을 공격할 것이니 나의 미약한 부분을 위해서는 기도로 방패를 삼고 십자가 깃발을 들고 귀신의 급소를 찔러야 한다. 보혈의 피와 전능하시고 능력이 한없는 그리스도 예수의 이름으로 악한 자의 간계를 무너뜨리는 것이다.

　사랑하는 독자 여러분! 이런 무장이라면 능히 저 더러운 영을 마땅히 제어할 수 있지 않겠는가? 그렇다면 지금 바로 응원해달라. 나는 곧 전투에 나갈 준비를 끝마쳤다. 그녀는 꼼짝도 않고 방안에 웅크리고 앉아 있었다. 독사가 똬리를 틀고 수풀 속에 가만히 있는 같지만 먹잇감을 기다리며 순간을 포착하기 위하여 만반의 태세를 갖추고 있듯이 그녀 안에 있는 어둠의 영이 나의 행사를 지켜보고 있으리라.

　싸움에 이기려면 상대방을 파악하고 알아야 한다. 그의 주특기가 뭔지, 허점이 뭔지를 알아서 공격해야 한다. 악의 영들이 가장 무서워하는 것은 예수의 이름이다. 그의 이름은 참으로 위대하다. 그 이름이 앉은뱅이를 고치고 나환자, 시각장애, 청각장애, 언어장애, 지체장애, 귀신 들린 자, 죽은 자를 일으키고 고쳤다. 그의 목소리에 천지가 진동하고 무덤이 열리며 하늘과 땅과 바다와 산과 강이 뒤틀린다. 다윗이 가진 무기는 칼과 창이 아니었다. 그것들은 오히려 무거운 짐이었다. 사울이 주는 갑옷과 무기들은 그에게 어울리지 않았다. 그에게 꼭 필요한 것은 바로 이것이었다.

"다윗이 블레셋 사람에게 이르되, 너는 칼과 창과 단창으로 내게 나아오거니와 나는 만군의 여호와의 이름, 곧 네가 모욕하는 이스라엘 군대의 하나님의 이름으로 네게 나아가노라. 오늘 여호와께서 너를 내 손에 넘기시리니, 내가 너를 쳐서 네 목을 베고 블레셋 군대의 시체를 오늘 공중의 새와 땅의 들짐승에게 주어 온 땅으로 이스라엘의 하나님이 계신 줄 알게 하겠고, 또 여호와의 구원하심이 칼과 창에 있지 아니함을 이 무리에게 알게 하리라. 전쟁은 여호와께 속한 것인즉, 그가 너희를 우리 손에 넘기시리라."(삼상 17:45-47)

다윗이 가진 무기는 칼과 창이 아니라 여호와의 이름이었다. 전쟁의 승패는 무기가 아니라 하나님의 손에 의해 결정된다는 사실을 골리앗에게 선포하였다. 다윗은 이전에 하나님의 도우심을 여러 번 체험하였다. 이러한 체험은 싸움에서 이길 것이라는 확신을 갖기에 충분하였다. 그는 양을 치는 과정에서 하나님의 도우심을 무수히 목격하였고 그것이 그의 신앙이 되었다. 이러한 신앙은 범사에 승리를 가져오게 된다.

국수만 먹었다는 그녀에게 그가 원하는 대로 나도 국수를 주어서는 안 된다. 귀신이 원하는 대로 따르면 싸움은 백전백패이므로 내 방식대로 하여 나에게 굴복하게 하는 것이 나의 전술이다. 저녁 식사로 우리가 매일 먹는 밥을 식판에 담아 주었다. 그녀는 밥을 먹지 않고 국수를 달라고 하였다. 그녀의 어머니가 국수 한 상자를 가져온 줄 알기에 그 국수를 찾는 것이다. 나는 대꾸도 않고 그대로 방을 나왔다. 아침에 보니 밥을 먹지 않고 그대로 있어서 밥 식기는 가져오고 아침 식사로 밥을 다시 주었지만 아침도 걸렀다. 어르고 달랠 필요가 없다. 그러면 그녀가 주인이 되고 나는 하인이 된다. 그녀에게 한 마디도 권하지 않고 때가 되면 밥만 갖다주었다. 점심까지 세 끼를 걸렀다. 이때쯤 배가 고파 어쩔 줄 모르겠지. 저녁 식사를 갖다주고 방문을 닫았다. 한 시간쯤 지나 방문을 열고 보니 밥알 하나 없이 다 핥아 버리고 깨끗하게 빈 그릇이었다. 나는 속으로 웃음이 나왔지만 참고 그녀에게 물었다.

"밥맛이 어떠세요?"

"다음에는 밥을 더 많이 주세요."

이렇게 쉬운 것을 그녀의 어머니는 2년 동안 매일 국수를 삶느라 딸의 종이 되었던 것이다. 아니, 귀신의 심부름을 하는 종이 되었던 것이다. 이 정도면 싸움은 절반쯤 이기는 방향으로 기우는 것이리라. 이제부터 그를 예배에 참석하게 하여 기도와 말씀으로 귀신의 정체를 드러내고 성령의 도우심을 구하며 예수의 이름으로 기도했다. 그러자 귀신은 떠나가고 몰라보게 새 사람으로 변했다. 그녀의 집에 연락해 이틀 만에 국수를 끊었다고 하니 깜짝 놀라며 어떻게 그런 일이 있냐며 자기는 2년간 국수를 삶느라 질려버렸다는 것이다. 그녀는 한 달간 기도 생활을 더 하다 집으로 돌아갔다. 예수님의 이름으로만 이런 일이 가능하니 하나님께 감사와 영광을 돌리게 된다.

화창한 오월 어느 날 택시 한 대가 들어왔는데 뚱뚱하게 생긴 아가씨를 데리고 온 남성이 차에서 내렸다. 아가씨는 고함을 치는데 그 목소리가 어찌나 쩌렁쩌렁한지, 마치 사나운 짐승의 우는 소리 같아 보였다. 함께 온 남성은 술집을 하는 사람으로, 그 아가씨를 데리고 장사를 하는데 멀쩡한 처녀가 정신이 이상해져 장사에 방해가 되어 어디에 보낼 곳을 찾아도 마땅히 갈 곳이 없었다. 누군가에게 말을 듣고 여기 왔노라고 하면서 그녀를 부탁하는 것이었다. 그 아가씨는 부모 없이 고아로 보육원에 살다가 성년이 되어 사회생활을 하게 되었다. 돈도 없고 배운 것도 없어서 직장도 구하지 못하여 술집에서 일을 했는데 병까지 생겨 갈 곳을 못 찾고 내게 온 것이다. 내가 마치 정신과 의사라도 되는 양 찾아오는 사람들, 병원으로 가지 내가 뭐라고 이런 거친 사람을 데려오는지 모르겠다. 오는 사람을 다시 보낼 수 없어 부득불 불쌍한 사람을 보면 그저 내가 할 일은 예수의 복음을 전하고 기도해 주는 것이 전부이다.

영적 특허도 없고 면허도 없고 치료 기구 하나 없이 무슨 일을 한단 말인가. 이런 일을 전문으로 하여 먹고 사는 사람도 있지만 내 일은 오직 영적으로나 육적으로 가난하고 병들고 버림 받은 이웃들과 함께 살기 위해 가진 것 다 바쳐 그리스도 안에서 사랑의 실천을 행하려고 한 것 뿐이다. 입소자 외의 또 다른 강도 만난 사람들이 이렇게 많으니 오는 그들을 어찌하랴.

"아버지께서 내게 주시는 자는 다 내게로 올 것이요, 내게 오는 자는 내가 결코 내쫓지 아니하리라."(요 6:37)

하나님께서 허락하지 않는 한 그들은 결코 그의 백성이 될 수 없다. 여기서 신학적으로 부각되는 사상은 분명히 구원 예정론이다. 그러니 이 말씀의 본 의미는 예정론을 말하려는 것이 아니라 그에게 오는 자는 성부의 뜻에 따른 것이므로, 예수 자신은 그 사람을 결코 거부할 수 없다. 이처럼 예수는 자신의 성부에게 종속되어 있는 표현을 사용함으로써 궁극적으로는 성부와 관련된 자기의 신적 권위를 강하게 암시하는 말씀이다. 이와 관련하여 어떤 사람이든지 내게 오는 사람이 성부께서 보낸 자가 아니더라도 개인의 문제를 함께 풀어가려는 나의 신앙적 자세는 기독교의 사랑에서부터 생겨난 것이다.

성경에는 "우는 자와 함께 울라"고 했다. 남의 슬픔이 나의 슬픔이 되고, 고통을 함께하는 일은 이웃에 대한 사랑의 정신에서만 찾을 수 있다. 그녀를 데려온 남자는 떠넘기듯 돌아가 버리고 그녀는 고래고래 소리를 질러대니 집안이 시끄럽다. 집이 외딴곳이 아니라면 벌써 민원이 들어오고 경찰이 왔을 것이다. 하나님은 이런 일이 생길 줄 알고 외딴집, 이곳을 미리 준비해 놓으신 것이 아니겠는가? 방 안에 있는 유리 전구를 낚아채 입으로 씹으니 전구가 깨어져서 입이 피투성이로 변해 흡혈귀가 따로 없다. 문을 부수고 발로 차고 발광을 하는 통에 온전한 물건이 없을 정도로 발악을 해대고 최고로 강한 악귀가 그녀를 사로잡고 있었다. 뚱뚱한 몸매는 꼭 돼지 같아서 힘으로도 당해내기가 어려울 것같아 보였다. 잠깐 한눈파는 사이에 뛰쳐나가 건너편 밭에까지 도망쳐서 무겁고 힘센 그녀를 붙잡아 오는데 비지땀을 흘려야 했다. 내게 맡겨진 사람이 없어져 사고라도 생기면 그에 대한 책임도 크기 때문이다.

그녀의 몸에 부적이 세 개나 있는 것을 발견하여 빼앗았더니 그것이 없으면 큰일 난다며 발광이다. 하도 떠드니 술집 주인이 무당에게 사서 가지고 있으면 병이 낫는다며 주었단다. 그녀가 보는 앞에서 불로 태웠더니 돈으로 산 것이니 돈을 달라고 달려든다. 이런 악질 귀신은 또 어떻게 다루어야 하는가? 귀신이 들어가면 본심은 사라져 없어지고 대신 악귀가 그 사람을 지배하면서 사람의 인격이 아닌 악령의 온갖 더러운 행동으로 가족과 주위 사람들을 괴롭힌다. 또한 귀신이 들리면 힘이 강해져서 그렇잖아도 힘센 여자가 덤벼들면 개망신을 당하기 십상이다. 그를 위하여 기도하려고 예배실로 끌고 들어갔다. 들어가는 순간 퍽하고 그 자리에 쓰러져 일어나지 못하고 얼굴을 들지 못하며 벌벌 떨었다. 왜 그런가 했더니 강대상의 십자가를 보는 순간 십자가의 강렬함에 쓰러졌다는 것이다. 한동안 일어나지 못하고 그렇게 발악하던 그녀는 풀이 죽어 늘어져 있었다. 강한 귀신도 별것 아니구먼! 기도하지도 않았는데 쉽게 무너지다니! 그것 때문에 나도 놀랐다. 악의 영들에게는 나무 십자가도 두려운 모양이다.

이전에 '새롭게 하소서'에 출연하여 간증한 무당이 있었다. 그녀는 무당으로 돈은 많이 벌지만 그 일이 죽도록 하기 싫어 죽으려고 해도 잘 안되더란다. 아파트에서 뛰어 내리려고도 했고 자살도 시도했으나 안 되고 그저 사람답게 살고 싶은 생각뿐이었다. 겨울날 눈이 많이 내려 집 앞을 쓸고 있는데 그 옆집 사람도 눈을 쓸려고 나와서 말을 붙이게 되었는데 무당이 먼저 인사를 하면서

"혹시 교회 나가시는가요?"라고 물었다.

"그래요, 그런데 왜그러세요?"

"혹시 아무나 교회 나가도 되는가요?"

"그럼요, 마침 오늘이 교회 가는 주일인데 같이 가시겠어요?"

이런 대화를 하면서 그 무당은 옆집 사람과 교회 가기로 약속했다. 옆집 사람은 권사로, 자기 교회로 인도하려고 택시를 함께 탔다. 예배당 안으로 들어갔는데 이 무당이 십자가를 보는 순간 눈을 뜨지 못하여 손으로 얼굴을 가리고 자리에 앉아 죽은 듯이 엎드려 있었다. 잠시 후 목사님이 가운을 입고 강단에 오르는데 고개를 들어 슬쩍 보고 또 한 번 놀랐다는 것이다. 목사님의 얼굴이 광채가 나는데 천사를 보는 듯하여 이런 경우는 처음이라 교회가 이런 곳인가 해서 놀랐다는 것이다. 설교 말씀이 온통 자기 들으라고 하는 듯이 들려 죄를 회개하며 예수를 믿게 되어 기독교인이 되고 간증할 기회가 생겨 방송국에 나와 간증하는 것을 들은 바 있다.

이 아가씨 역시 십자가 앞에 거꾸러져 꼼짝을 못 하니 우리는 십자가를 무심코 대하지만 이런 악귀들에겐 나무 십자가도 두려운 상징물인가 보다. 이스라엘의 법궤가 블레셋에게 빼앗겨 다곤의 신당에 들여놓았는데 우상 다곤이 바닥에 넘어지는 성경의 역사를 연상케 한다. 그녀에게는 새벽과 저녁 예배 시간에 특별 기도와 예수님의 십자가 보혈로 죄 사함의 권세를 전했다. 그리고 의지할 가족이나 친척은 없지만 예수님을 구주로 믿고 의지하면 주님이 일생을 돌보실 터이니 믿음으로 살기를 권하니 순종하며 기뻐하였다. 귀신이 나가니 사람이 부드럽고 예쁜 짓만 하고 밭에 있는 채소를 따와서 음식을 만들고 원장님 비빔밥도 만들어 드린다고 맛있게 드시라고 귀염을 토했다. 의사 면허증은 없어도 하나님은 나 같은 사람도 쓰신다는 사실에 언제나 감사한다. 사람을 살리는 일은 성령의 사역이고 막대기라도 주님의 손이 함께하시면 역사가 일어난다는 것을 더욱 믿게 된다.

...

두 딸이 자기 어머니가 귀신 들려 함께 살 수 없어 모시고 왔다. 병을 고치려고 많은 노력을 했어도 안 되니 포기하고 모시고 왔는데, 병을 고치러 온 것이 아니고 같이 살 수 없으니 맡아 달라는 것이다. 딸들은 결혼하여 잘 살고 있으나 어머니 때문에 남편들에게도 어렵고 미안하며 혼자 두면 이웃들에게 폐가 되니 사정을 봐달라는 것이다.

가정에서 불편한 일은 다 내게로 와서 짐을 지게 하는가보다. 무엇보다 귀신 들린 사람은 내게도 힘든 일이다. 밤에도 잠 못 자게 떠들고 종일 시끄럽게 소리 지르고 상상할 수 없는 행동을 하니 나까지 정신이 어지럽다. 세상에는 건강한 사람들이 알지 못하는, 각색 문제로 고통당하며 신음하는 사람들이 많고 가족들이 함께 고통당하며 무거운 짐을 지고 사는 것 같다. 이 모든 현상은 그 원인이 죄로부터 왔음을 성경이 증언한다.

죄가 없었다면 아픔과 고통, 불행한 일은 없었을 터인데 사탄의 꼬임에 빠진 인류 조상의 죄로 말미암아 인간의 삶은 무너지고 파괴되어 모든 세대의 사람들이 신음하게 된 것이다. 예수 그리스도께서 세상에 오신 것은 죄의 문제, 사망의 문제를 해결하시기 위해 오셨다.

예수님이 아니면 인류는 현재와 장래에서 소망 없이 살다가 멸망하게 될 것이다. 그러므로 인류의 희망은 오직 예수 그리스도밖에 없다.

할머니는 79세로, 이름은 남궁ㅇ분이다. 마른 체질이지만 입에서는 욕설과 강포가 난무했다. 나이 든 사람 같지 않고 억세고 귀신 들린 사람 특유의 눈빛으로 쏘아보는 야릇함이 있었다. 어느 날은 자기 짐 속에 칼을 숨겨 왔는지 칼을 들고 마당에서 춤을 추며 칼로 허공을 찌르는 시늉을 하며 광기를 부리는데, 할머니지만 큰일 낼 사람 같아 조심스럽게 상대해야 했다. 제정신이 아닌 어머니로 그 가족들이 얼마나 힘들었을지 알고도 남는다.

일단 우리 집에 오면 누구든지 예배에 참석하게 한다. 이는 생명 구원의 시간으로, 죽은 영혼과 하나님의 호흡이 연결되는 유일한 역사의 장이 되기 때문이다. 아무리 사악한 귀신도 힘을 잃고 무너진다는 사실을 경험했기 때문이다. 그것이 아니면 다른 방법은 헛수고다.

새벽 예배에 할머니는 다른 날과 달리 내 앞에 바짝 가까이 앉아서 말씀을 전하는 나를 째려보기 시작하였다. 그의 눈은 검은 눈동자는 어디로 보냈는지 하얀 눈으로 힘을 주고 째려보는데 소름이 쫙 돋았다. 귀신이 나와 한번 해보겠다는 신호 아니겠는가. 할머니는 예배 내내 그런 행동으로 신경을 건드렸다. 이런 경우라면 누구든지 피부에 솜털이 솟아오를 것이다. 그 시간 설교를 하는 가운데서도 영적 싸움을 하였는데 이런 일은 처음이었다.

예배를 마치고 다른 분들은 다 방으로 보내고 할머니만 머물게 하였다. 그냥 두기에는 내가 너무 공격을 당했기에 그대로 지나칠 수가 없었다. 오늘 아침 또 영적 싸움이 벌어질 것을 독자들은 보게 될 것이다. 할머니라고 가볍게 보면 절대 안 된다. 그 안에 들어가 있는 나쁜 영이 어떤 놈인지가 문제다. 그렇다고 처음부터 겁을 먹으면 안 된다. 나 혼자 싸우는 것이 아니기 때문이다. 혼자 남아 있던 할머니의 태세가 심상치 않았다. 그도 내가 할 일을 알고 있을 것이기 때문이다. 나는 그의 앞에서 먼저 찬송가를 불렀다. 몇 곡이건 찬송은 하나님을 높이는 최고의 기도이다.

"하나님께서 부리시는 악령이 사울에게 이를 때에 다윗이 수금을 들고 와서 손으로 탄즉 사울이 상쾌하여 낫고 악령이 그에게서 떠나더라."(삼상 16:23)

우리가 대적을 알고 그에 적용되는 무기를 사용하면 능히 이기게 되는데, 믿는 자들이 이 부분에 둔하면 하나님이 주신 능력조차 유효하게 사용할 수 없게 된다. 예수님께서 광야에서 기도하실 때 마귀가 와서 시험할 때 어떻게 하셨는가? 세 차례의 시험에 구약 성경 신명기와 시편의 말씀을 인용하여 시험에 적절한 말씀을 들이대니 마귀는 꼼짝 못 하고 물러갔다. 하나님의 아들은 성경에 정통하여 유대인의 계략에도 언제나 성경을 인용하였다. 우리가 성경을 읽는 것도 이런 이유이며, 성경은 방패요 화염검이다. 요리사는 식재료를 구매해서 냉장고와 부식 창고에 두고 필요한 재료를 언제든지 꺼내 쓸 수 있는 준비를 해두어야 한다. 손님의 메뉴에 따라 필요한 재료로 원하는 음식을 만드는 데 부족함이 없을 것이다. 설교자도 마찬가지로 성경을 뇌의 저장고에 넣어두면 필요 적절한 말씀을 언제든지 즉시 꺼내서 사용할 수 있다. 나는 성경을 많이 암송했는데 나이 들어 다 사라졌다. 찬송으로 하나님께 영광을 돌리고 다음으로는 기도를 하여 하나님의 절대적 권능을 구하며 한 사람의 삶을 파괴한 악한 영을 예수의 이름으로 명하여 쫓아야 한다. 마치 도둑이 들었을 때 밖에 있는 사람들에게 알리듯, 큰 소리로 외쳐야 한다. 도둑은 누구에게 들킬까 봐 속히 도망치리라. 귀신은 비인격체이므로 존댓말이 아니라 군사령관이 부하에게 명령하듯 지시어로 복종하고 떠나도록 명령해야 한다.

할머니를 사로잡은 귀신은 아주 강한 놈이었다. 성경에 일곱 귀신이 든 내용도 있지 않은가? 그와의 싸움은 거의 한 시간도 더 걸렸는데 온몸이 땀으로 젖었다. 귀신은 결국 울면서 떠나갔다. 그의 정체는 어떤 놈이었나. 귀신은 정체를 계속 감추다가 마침내 정체를 드러냈다. "네 이름이 무엇이냐?" "내 이름은 문주란이다." 본래 그 할머니 이름은 남궁ㅇ분이었다. 나중에 딸들에게 문주란이 누구냐고 물으니 경상도 진주에 있는 친척인데 죽었다고 하였다. 할머니는 그날 이후 완전히 제정신으로 달라져 딸들의 품으로 돌아가셨다.

마가복음 5:1-20에 예수님은 거라사의 귀신 들린 자를 만나시고 귀신을 쫓을 때 "네 이름이 무엇이냐?"고 물으셨다. 귀신 들린 사람의 본명을 물으신 것이 아니라, 귀신의 이름을 물으신 것이다. 그때 귀신이 대답하기를 "내 이름은 군대니, 우리가 많음이니이다"라고 말했다. 이 대화는 예수님과 귀신과의 대화이다. 귀신의 이름은 '군대'이다. 군대라는 말은 헬라어로 '레기온(λεγιών)'이며, 로마 군대의 군사 용어로 6천 명의 보병과 120명의 기병으로 구성된 1개 '군단'을 가리킨다. 여기서는 한 사람에게 들어간 귀신의 수효가 많다는 집단적 의미를 표현하기 위해 '레기온'이라는 군대 용어를 사용한 것이다. 이는 그를 제어할 자가 아무도 없다는 것을 보여준다. 따라서 그 광인에게 침입한 귀신의 세력이 얼마나 강력하고 파괴적이었는지를 족히 짐작할 수 있다. 이처럼 제어할 자가 없는 악한 군대 귀신이라도 창조주의 권능을 가진 예수 앞에서는 무릎을 꿇지 않을 수 없다.

    신태인으로 가신 목사님이 첫 심방으로 집사님 댁에 가셨는데, 그 방에 들어가니 젊은 청년이 귀신 들려 식칼을 옆에 두고 위협하여 예배를 못 하고 내게 전화했다. 그 청년을 내게 보내겠다는 것이다. 며칠 후 청년이 밧줄로 묶인 채 붙들려 왔다. 청년이면서 악한 영의 힘이 더하여 감당 못 할 정도로 발악한다.
    그는 동전을 보는 대로 입으로 삼키고 화장실에 가서 동전을 빼서 물에 씻어 다시 삼키는 괴짜 귀신이었다. 귀신이란 이처럼 상상할 수 없는 행동으로 자신 뿐 아니라 가족들에게 피해를 준다. 상대방을 제압하지 못하면 귀신이 나를 얕보고 내게 대장 노릇을 하므로 먼저 귀신을 제압해야 한다. 누가 감히 하나님이 택하시고 성령으로 인 친 자들을 깔보며 얕보겠느냐? 강하고 담대하며 두려워하지 말고 예수의 이름으로 더러운 귀신을 쫓아서 참 자유와 행복으로 살게 하라. 더럽고 악한 영의 포로가 된 자들에게 하나님의 선하심과 인자하심을 맛보게 하라.

"우리의 씨름은 혈과 육을 상대하는 것이 아니요, 통치자들과 권세들과 이 어둠의 세상 주관자들과 하늘에 있는 악의 영들을 상대함이라."(엡 6:12)

귀신을 쫓는 일은 어떤 특별한 사람만이 하는 것이 아니요, 예수를 구주로 믿는 자들과 그리스도의 종 된 목사들에게 주신 명령이며 사역의 한 부분이다.

"예수께서 그 열두 제자를 부르사 더러운 귀신을 쫓아내며 모든 병과 모든 약한 것을 고치는 권능을 주시니라."(마 10:1)

청년은 나와 함께 있으면서 포악성이 사라지고 온순한 어린아이같이 되어 집으로 돌아갔다.

내게는 두려움이 없다. 하나님 외에 아무도 두려워하지 않는다. 두려워하는 것이 있다면 죄이고 하나님에게서 멀어질까 하는 두려움이다. 성도들이 지렁이와 벌레만 봐도 놀라고 쥐나 뱀을 만나면 까무러친다. 영생의 복을 자랑하면서 썩어 없어질 미생물이나 연약한 생물로 인해 놀라고 두려워한다면 어찌 하나님의 백성이나 군사로 산다고 하겠는가? 밤에 공동묘지와 산에서 기도하고, 고향 최고봉 산신의 돌 제단 산 위에서 밤을 지내기도 했다. 고향 교회의 사택을 지을 때 상여집을 헐고 지었는데 목사님이 없을 때 사택을 지킬 때 나는 혼자 밤을 보내도 괜찮은데 장로님은 무얼 보았는지 다시는 자지 않으려고 했다. 우리 집 이전에 살던 주인이 목을 매 죽었으니 외딴집 산

밑에서 두려움이 있다면 어려웠을 것이다. 그리스도인들이여, 세상에 있는 것을 두려워하지 말라.

"몸은 죽여도 영혼은 능히 죽이지 못하는 자들을 두려워하지 말고, 오직 몸과 영혼을 능히 지옥에 멸하실 수 있는 이를 두려워하라. 참새 두 마리가 한 앗사리온에 팔리지 않느냐. 그러나 너희 아버지께서 허락하지 아니하시면 그 하나도 땅에 떨어지지 아니하리라. 너희에게는 머리털까지 다 세신 바 되었나니 두려워하지 말라. 너희는 많은 참새보다 귀하니라."(마 10:28-30)

두려워해야 할 분은 오직 하나님 한 분뿐이다. 두려워해야 할 사람이 있다면 자기 자신이다. 하나님 앞에서 두려움과 떨림으로 자신을 두려워하는 사람은 절대 위선자에게 속지 않는다.

12. 길 잃은 양들을 위하여

"너희가 전에는 양과 같이 길을 잃었더니, 이제는 너희 영혼의 목자와 감독 되신 이에게 돌아왔느니라."(벧전 2:25)

교회는 모이는 시간에만 모이고 흩어지지만 사랑의교회와 사랑의 집은 흩어짐이 없이 계속되는 시간과 공간에서 생활하기에 입소자들의 일거수일투족을 관찰하고 필요를 따라서 케어해야 한다. 밤낮 구분이 없고 건강하지 못한 사람들이라 언제 위급한 일이 벌어질지 알지 못하므로 항상 긴장 상태를 유지해야 한다. 걷지 못하는 와상환자, 중풍, 치매, 성격장애, 욕창 등 각종 질병으로 고통당하는 자들이 전국에서 우리 집에 오는데, 이분들은 가족들도 감당하기 어려워서 찾아오고, 한 번 맡기면 그대로 끝인 사람도 있다. 전화도 바꾸고 돌아가서 연락도 안 하고 오지도 않는다. 이분들의 식사도 먹여드려야 하며 대소변도 기저귀를 사용하는데 짓궂게 손으로 만져 일을 크게 만든다. 대변으로 머리를 감기도 하고 그것으로 방안을 더럽히면 청소하느라 몇 시간을 보내야 한다. 소화가 안 돼 설사라도 하게 되면 종일 씻는 일에 매달리게 된다.

처음 사명을 받을 때 어려운 사람들을 이웃으로 삼고 사랑을 실천하겠다는 결심을 했지만, 이처럼 어려운 사람들을 만나게 되리라고는 상상도 하지 못했다. 오늘 내게 오는 사람들은 최악의 상태, 곧 성격장애는 나를 더욱 힘들게 한다. 트집 잡고 막무가내로 대들고, 욕하고, 멱살 잡고, 고발하고, 내 얼굴에 똥 바르고, 예배당에 침 뱉고, 강대상에 오줌 누고, 서로 싸우는 등 상상할 수 없는 일이 벌어진다. 이 같은 우리 식구가 20명이니 나는 한순간도 쉴 틈이 없고 밤과 낮의 구분도 없이 메인 종의 한 사람일 뿐이다. 이런 분들과 일반 성도들은 결코 함께 모이지 못하므로 전도하면 다른 교회로 보내는 이유가 이 때문이다. 그동안 일반인을 전도한 사람들로 교회를 했다면 상당수의 성도들을 가진 교회가 되었을 것이다.

어머니도 늙으셔서 건강이 안 좋으니 나와 함께 살기를 권해도 오시지 않는 이유는, 아들 하나뿐인데 병약한 분들 모시며 고생하고 겨울에 손등이 갈라지고 터진 것을 보시며 울고 가셨다. 무얼 하면 먹고 살지 못해서 이런 일을 하느냐며 탄식하시니 내 마음도 찢어지는 것이다. 어머니도 아들 하나인데 고생하는 것 보시고 맘이 아프실 것이다. 그러나 아들의 맘을 어찌 다 알 수 있으랴!

...

60대의 여자가 서울에서 왔다.

이름은 김ㅇ남, 차에서 내리는 모습은 거의 시체를 방불케 했는데, 쓰러져 가는 환자를 한 젊은이가 붙들고 들어왔다. 환자는 들어오자마자 쓰러졌다.

"이런 분을…… 병원으로 가시지 여기로 오면 어쩝니까?"

"원장님, 우리 어머니는 서울대학병원에서도 못 고치고 여기 왔습니다. 병은 안 나아도 괜찮으니 잘 부탁드립니다. 제가 집에서 모셨는데 이제는 더 이상 함께 못 살겠어요."

그리고 아들은 돌아갔다. 그녀는 뼈와 가죽만 남은 것처럼 말랐고 도무지 입을 열지 않고 말을 안 했다. 식사도 잘 하지 않고 몇 숟갈로 하루를 지탱했다. 무릎에 얼굴을 파묻고 하루 내내 쪼그려 앉아 있는 모습은 죽은 송장이나 다름없었다. 무엇인지 몰라도 정상이 아닌 마음에서 생긴 병이라는 것을 짐작하게 되었다. 말을 걸어도 대답을 안 하니 그의 정체를 알 수 없고, 무얼 알아야 대책을 세울 수 있는데 참으로 답답했다. 일단 우리 집에 오면 예배는 참석하는 것이 방침이므로 예배 때마다 나오기는 했다. 억지로 나왔지만 귀가 있어서 듣기는 할 것이다. 십여 일을 이렇게 하였더니 생각이 있었는지 조금씩 말을 하기 시작하였다. 말을 한다는 것은 마음의 문이 조금 열렸다는 증거이다.

하나님의 말씀은 빛과 같아서 어둠을 물리치고 어둠에 있던 온갖 사악하고 부정적 사고를 드러내기에 합당하다. 그녀의 삶에서 감추어진 비밀과 문제들이 다 폭로되기 전에는 스스로 만든 감옥에서 나올 수 없을 것이다. 사람들은 저마다 스스로 만든 감옥에 갇혀 참 자유를 잃고 이로 인해 고통과 번민 속에 살다가 마침내는 병이 되어 인생을 망치게 된다. 정신분석학에서는 그 원인을 심리상태의 억압과 불안, 강박에서 오는 절망에서 찾지만, 기독교 신앙에서는 근본 원인을 죄로부터 시작된 것으로 가르치기 때문에 문제의 답은 어렵지 않게 정해져 있다. 이런 병은 유명한 대학병원이라고 해서 고칠 수 있는 것이 아니요, 정신의학 전문의가 고치는 것도 아니다. 앞서 말했듯이 어둠의 지하에 빛이 들어간다고 생각해 보시라. 거기 살던 쥐들과 짐승들은 빛의 강렬함으로 거기 머물지 못하고 다 도망치고 말 것이다.

하나님은 빛이시다. 그는 말씀으로 천지를 창조하시고 우레와 번개로 천지를 진동케 하신다. 땅과 바다가 그분의 말씀에 뒤틀리고 우주의 천체가 그분의 명령에 움직이고 변동된다.

우리의 믿음이 확실하다면 뽕나무도 뽑을 수 있고 산을 옮길 수 있다고 주께서 친히 말씀하셨다. 아무것도 할 수 없는 신앙이라면 그것은 이미 신앙이 아니다. 오직 힘의 근원은 나에게서가 아니라 주께로부터 온다는 것을 믿어야 한다. 믿음은 수학 공식이 아니라 단순한 것이다. 혈루증 여인은 예수님의 옷자락을 믿음으로 슬쩍 만졌다. 백부장은 말씀 한마디면 자기 하인이 낫겠다는 믿음을 가졌다. "심지어 사람들이 바울의 몸에서 손수건이나 앞치마를 가져다가 병든 사람에게 얹으면 그 병이 떠나고 악귀도 나가더라."(행 19:12) 손수건이나 앞치마가 능력이 있어서 병이 낫는 것이 아니고 그들의 믿음이 낫게 한 것이다.

우리 집에 오는 사람들의 문제가 하루아침에 해결되는 것은 아니다. 공동생활을 하면서 날마다 주 앞에 모이고, 말씀을 듣고 하나님을 향한 찬송과 영혼 구원의 뜨거운 기도, 지속적 신앙 실천을 하는 과정에서 악귀는 떠나가고 심령은 새로워지며 점진적으로 믿음이 향상되어 변화되는 과정을 수없이 경험한다. 삶의 변화, 생명의 활력, 이보다 더 귀한 사역이 또 있을까? 그러나 이 사역은 쉬운 일이 아니다. 인간 이하의 자기 낮춤과 종의 사역으로 할 수 있다. 추하고 더러운 것을 만지는 인내와 견딤으로만 할 수 있다. 자기를 십자가에 못 박는 말을 성경에서 배우지만, 이 일이야말로 자기 자신을 완전히 버려야 할 수 있다. 다른 사람을 깨끗하게 하려면 그 사람의 더러운 오물을 자신이 뒤집어써야 한다. 예수님은 죄 없으신 의로우신 하나님이지만, 인간의 더럽고 추한 오물을 다 뒤집어쓰시고 마지막에는 십자가에서 죽으셨다. 그리하여 우리를 의롭게 하시고 하나님의 영광에 참여하게 하신 것이다. 이것이 곧 기독교이다. 우리 어머니가 내가 하는 일을 천하게 여기고 가슴 아파하여도, 아니 다른 모든 사람이 그렇게 본다고 해도 나는 이 일이 영광스럽고 하나님이 이 사역을 하도록 이끌어 주신 것을 감사한다.

여러 번 말했지만 나는 일곱 살 때 하나님이 부르시고 가난한 데서 양육하시며 주의 계명과 말씀으로 믿음을 성장시키셨다. 세상과의 타협하지 않고 주만 의지하며 하나님 중심으로 훈련시키신 것은, 이런 잃어버린 양들을 목자와 감독 되신 이에게 돌아오게 하는 일을 맡기실 목적이었음을 나는 알고 있다. 그녀의 아들은 어머니를 감당 못 할지라도 하나님은 그녀를 내게로 보내셔서 잃어버린 양을 돌보도록 보내주신 것이다.

　이 일은 혼자 하는 일이 아니고 우리 주께서 함께하시는 일이기에, 어려운 것 같으나 쉽고 무익한 것 같으나 유익한 것이다. 만일 혼자 하는 일이거나 육신의 양식을 얻기 위한 것이었다면 벌써 때려치웠을 것이다. 그녀는 가만히 두면 얼굴도 손도 씻지 않아 씻도록 명령해야 하는 척했다. 군인을 훈련하듯이 일상생활의 질서에 따르도록 가르치고 그의 무능을 일깨워야 했다. 그의 집에서 하듯 방치하면 그대로 폐인이 될 것이기 때문이다. 육의 몸이 어느 정도 만들어진 다음 영의 일로 들어간다. 그러므로 서둘러서 되는 일이 아니다. 식사를 잘하면 기운이 나고 의욕이 생긴다. 반드시 사랑으로 접근하고 대화한다. 그럴 때 상대방도 마음의 문을 열고 자기 속의 문제를 말하기 시작한다.

　이러한 과정을 통해 그녀가 내게 털어놓은 이야기는 이렇다.

　"원장님, 저는 참으로 기구한 운명 속에서 살아왔어요. 제 고향은 거제도인데 결혼에 실패하고 힘들게 살아오던 중 어떤 남자를 알게 되어 동거하다가 남편이 고향으로 가자고 해서 따라간 곳이 전라도 신안군의 섬이었어요. 남자는 홀몸이라더니 가보니 결혼한 부인이 있더라고요. 부인에게도 자식이 있어서 그대로 끝내려고 했으나 남자의 간곡한 요청을 못 이기고 눌러 살던 중 아들 둘을 낳고 마지못해 살게 되었습니다. 그런데 바람둥이 남편이 돈 벌러 육지에 나가서 몇 달 만에 들어오더니 어떤 여자를 달고 들어왔지 뭡니까. 그 일로 다투고 믿을 수 없는 이 남자와 더 이상 같이 살 수 없다고 생각해 두 어린아이를 버리고 목포로 떠나 왔습니다.

홧김에 떠나온 터라 수중에 가진 돈도 없어 갖은 노동을 해가며 월세방에서 근근이 살아가는데, 마음은 독이 오르고 남편에 대한 증오심과 어린아이들을 두고 온 죄책감에 우울증과 자괴감에 빠져 술을 마시며 괴로움과 번민의 나날을 보내다 보니 몸이 점점 망가지게 되었어요.

돈도 못 벌고 병으로 일도 못 하니 기초수급자가 되어 생계는 이어가고 있지만, 몸이 아파서 병원 입원 생활을 오래 하였어요. 두고 온 아이들에 대한 죄책감이 항상 저를 힘들게 했어요. 시간이 흐르니 남편에 대한 억울함은 사라졌는데 아이들은 그렇지 않았습니다."

"함께 온 사람이 아들이었지요?"

"예, 큰아들입니다."

"아들 이야기 좀 들으실래요?"

신안을 떠난 후 아들을 한 번도 보지 못했는데 아들이 성인이 되어 나를 찾아왔고 그간의 일을 아들로부터 들어서 알게 됐습니다. 아들은 미장공인데 어느 건설회사에 들어가 미장공으로 일하면서 그 회사 사장 아들과 친하게 지냈답니다. 세월이 지나 사장은 죽고 아들이 대표가 되어 우리 아들을 이사로 세워 친구 덕에 잘 됐지 뭡니까? 돈도 잘 벌고 좋은 차를 몰고 다녔는데, 어머니를 찾아야겠다는 생각에 두루두루 찾다가 목포에 있는 줄 알고 저를 찾아왔습니다. 내가 험하게 살고 있는 것을 보고서는 서울로 가자고 했는데 거절했어요. 내가 버리고 간 죄가 있는데 어찌 엄마 노릇을 하겠습니까? 아들은 나를 반강제로 차에 태워 서울로 갔지만 저는 마음이 편치 않았고 며느리 보기도 힘들고 내 주제에 시어머니 자격도 없어 목포에서 혼자 살 때가 오히려 마음이 편했어요. 아들에 대한 죄책감에 우울증이 심하게 오고 병이 들어 아들이 서울대병원에 입원시켰으나 내 마음은 점점 썩어가고 있었지요. 병원에서 차도가 없고 우울증이 심해지니 다시 아들 집으로 퇴원했지만 마음은 더욱 굳어지고 세상만사가 싫고 죽고 싶은 마음뿐, 방안에 웅크리고 말도 않고 식사도 안 하니 아들이라도 견디겠어요? 내 꼴을 못 보겠는지 이곳으로 데려왔으나 내 아들도 못 보는 나를 원장님인들 어찌 보시겠어요. 그러니 그냥 내버려두세요. 저는 사는 것보다 차라리 죽었으면 좋겠어요."

그녀는 남편에 대한 배신감과 아들에 대한 죄책감 그리고 육신의 나약함의 창고에 갇혀 어둠 속에서 헤어나지 못하는 가련한 신세를 한탄하고 있었다. 스스로 이 창고의 문을 열 수 없으니 누가 이 문을 열고 저 푸른 하늘과 꽃이 만발한 아름다운 정원으로 그녀를 초대할 수 있단 말인가? 그녀가 이렇게 자신의 문제를 털어놓기까지는 2주간의 시간이 지났고, 이런 비밀을 이야기할 수 있게 된 것은 어느 정도 나를 신뢰하고 있다는 증거일 것이다. 무엇보다 그녀의 마음을 이해하고 공감하며 위로의 언어로 교류하면서 상황을 인식했다. 지금까지는 그녀의 말을 들었으니 이제는 나의 말을 듣는 귀를 열게 해야 한다. 사람의 말로는 약간의 위로를 줄 수 있어도 그 영혼을 빛으로 인도하려면 언제나 하나님의 말씀만이 유효하다. 우리 주께서 길잃은 양을 찾으시고, 찾으신즉 기뻐서 품에 안으신다. 그녀가 사랑의 집 교회에 온 후 3개월이 되었을 때 완전한 새 사람으로 변했다. 그녀의 심령에 생명의 빛이 들어가면서 옭아맨 억압의 밧줄이 풀어지고 어둠의 창고의 문이 열리며 푸른 하늘을 보게 된 것이다. 시체처럼 웅크리고 말도 안 하던 그녀의 입에서 노래가 나오고 웃는 소리가 집안에 넘쳐난다. 밭에 있는 채소를 뽑아 다듬고 씻는 일을 맡아 주방일을 돕는다. 쑥을 찧어 쑥물로 나를 대접하며 자기 약으로 몸을 돌본다.

이렇게 1년을 지내며 그녀의 건강은 완전히 회복되었다. 그의 아들이 어머니의 소식을 듣고 찾아와 목걸이와 금반지를 끼워드리고 한약을 선물로 공궤하니 그녀는 춤을 추며 기쁨을 누렸다. 그러던 중 어느 시간에 다른 어른들과 이야기하는 소리를 듣게 되었는데, 자기 병이 나은 것은 아들이 지어준 한약 때문이라는 것이다. 병이 나은 후 아들이 좋아서 반지와 목걸이를 사 왔는데 그녀는 하나님의 도우심을 일부러 잊고 있다는 것인가? 그 후 아들이 찾아와 어머니를 퇴원시켜 둘째 아들의 집으로 모시겠다는 것이다.

나는 아직 집으로 가기에는 믿음이 자리잡지 못하여 시기상조이니 좀 더 신앙 훈련을 하기를 권해도 듣지 않아 몇 가지 당부를 하였다. 집에 가더라도 가까운 교회를 나가고 믿음으로 살 것을 말해주었다. 그런데 1년이 지나고 그녀의 아들이 전화를 했다.

"원장님, 우리 어머니 다시 가면 받아주실래요?"

아들의 말은 다시 병이 도져서 그러니 꼭 좀 받아주라는 것이다. 다시 온 그녀는 처음 올 때보다 더 심각하게 악화되었다. 이럴 줄 알고 집으로 가는 것이 아니라고 했는데 내 말을 무시한 결과이다. 그녀는 집으로 가서 교회도 안 가고 되찾은 건강으로 술을 즐기고 세상 즐거움에 빠져 춤과 오락으로 시간을 낭비하다가 이 지경에 이른 것이다. 하나님의 은혜를 값없이 받았는데 이를 헛되이 여긴 결과이다. 앞서 김ㅇ기와 같이 간경화 6개월 시한부 인생을 고쳐주신 하나님의 은혜를 망각하고 우상에게 절하고 믿음에서 떠나니 마귀가 그를 찬탈하여 사망에 이른 것과 같은 동일한 결과를 보게 되는 것이다. 하나님의 은혜를 헛되이 받은 것이다.(고후 6:1)

여인이 한 생명을 탄생시키려면 해산의 고통이 따르듯이, 한 영혼을 믿음으로 인도하기 위해서는 많은 기도와 말씀과 권함과 사랑을 쏟아야 하며, 이는 모든 목회자들이 갖는 열심이다. 그녀를 위해 얼마나 애를 쓰고 고생하며 기도하고 말씀으로 수고했는데 이렇게 허사로 돌리다니!

한편 그녀의 아들은 회사 이사 자리를 귀히 여기지 않고 자신이 건설회사를 해보겠다고 하여 회사를 설립했는데 얼마 못 가 부도를 내고 어머니와의 관계도 끊고 잠적해 버리고 말았다. 경영이 무엇인지 모르고 욕심만 앞서니 망하게 된 것이다.

김ㅇ남 씨는 다시 오기는 했으나 하나님의 은혜가 그를 떠나므로 그 형편이 처음보다 더 심해졌다. 귀신이 떠난 후 다시 와서 보니 집이 청소되고 비어 있어 자기보다 센 일곱 귀신을 데리고 온다는 말씀과 같다. 그녀는 고관절까지 다쳐 병원에 입원했으나 그 일로 와상이 되고 수술 치료비 500만 원은 내 몫이 되었다. 대소변에 욕창인 그녀를 돌보며 치료한 보람도 없이 세상을 떠나니 아들도 오지 않아 장례까지 담당하여 수목장으로 생을 마치게 되었다. 몇 년 동안 식비도 병원 입원비도 장례비도 내게 떠넘기고 가족들 한 사람도 나타나지 않는 이 일은 참으로 쉬운 일이 아니다. 그녀가 세상을 떠난 후 17년이 지났으나 그의 아들은 어머니가 궁금하지도 않은 모양이다. 믿음으로 인도한 보람도 없이 그의 영혼마저 구원에 이르지 못하고 사망으로 떨어진 최후를 보며 수고에 대한 열매 없음은 허공을 치는 기분이다. 한 사람의 영혼을 구원하면 하늘의 천사들도 기뻐하며 구원을 바라고 오래 참으시는 하나님의 기쁨도 크시다.

내가 하는 일도 육신의 돌봄과 사랑보다는 주의 구원하시는 일에 헌신하고자 하는 복음 전파에 목적이 있다.

· · ·

서울에서 오신 할머니는 화상을 입어 몸 전체가 상처였고, 진물과 염증으로 그 증세가 심각하였다. 전기장판의 과열로 장판이 녹아 피부에 달라붙으니 그 화상으로 살이 썩어가는 것이다. 병원에서 몇 개월 치료를 받아도 완치가 안 되어 가족들도 피로감에 지치고 시달리다 소문을 듣고 오셨단다. 이렇게 살이 썩어 부패가 심하고 염증으로 인한 냄새로 진동하니 사람의 시체를 갖다 놓은 것이나 다름없다. 병원도 아닌 이곳에 데려다 놓고 가는 것은 치료보다는 마지막 운명 시까지 떠넘기는 행위로밖에 볼 수 없다. 가족이 있어도 불치의 환자는 버림을 당하는 세상이다. 이 환자가 병원에 내는 치료비는 수백만 원일 텐데 우리 집은 최소한의 식비만 부담하니 가난하고 돈 없는 사람들이 찾는 곳이다. 돈이 없으면 없는 대로 함께 사는 곳이 사랑의교회 사랑의 집이다. 돈을 보고 일하지 않고 사람을 살리는 일을 하기 때문에 가족이 없으면 그냥 무료이고 마지막 장례도 치러야 한다.

할머니는 화상의 통증으로 앓는 소리가 애처롭고 상처의 고름을 소독하는데 염증 부위가 넓어 시간이 많이 소요되었다. 그 썩는 냄새는 말로 표현할 수 없도록 지독해 송장 냄새로 이런 일에 숙련된 나도 견디기 힘들었다. 식사는 죽을 드시는데 본인이 식사를 못하니 매끼 먹여드려야 한다. 지금은 요양제도 안에서 요양사가 일을 하지만 그때는 요양보호사 제도가 없어서 모든 케어를 혼자 했다. 죽을 드리면 고맙다는 표시로 "나무아미타불 관세음보살"로 대답하였다. 아들의 말로는 이층 할머니 방에 큰 불상이 있어 매일 절을 하고 거기에 기도하는 열렬한 불교 신자이다.

자기 상처를 만지며 식사를 먹여드리니 미안하고 고맙다며 하는 인사가 "나무아미타불"인 것이다. 불교 신자라 해도 전도하는 일을 잊어서는 안 된다.

"할머니, 앞으로는 '하나님 감사합니다'라고 하세요."

"어째서 하나님에게 감사해야 되는가요?"

"할머니는 불상에게 절하고 기도하지만, 저는 하나님을 믿거든요. 하나님을 믿는 제가 식사도 드리고 고름도 닦아 드리니 제가 믿는 하나님께 감사하는 것이 맞지 않아요?"

그때부터 할머니는 식사 기도로 하나님께 감사하였다. 어쩌다 나무아미가 나오면 다시 하나님을 찾았다. 예수님을 전도하고 세상을 만드신 분이 하나님이라고 전도하면 그대로 받아들이고 순종하셨다. 전도하기가 얼마나 쉬운 것인가? 약한 부분을 만지고 아픈 사람을 위해 기도해 드리면 눈물로 믿음을 고백한다. 나는 이 일을 하면서 기도원 손님 외에 사랑의 집 입소자 400명을 전도하고 임종 예배로 하늘나라에 가는 길을 예비하면서 그들의 영혼을 주께 부탁했다. 염을 하고 수의를 입히고, 내게 오는 자는 내 손의 만짐으로 마지막을 보낸다. 먹이고, 입히고, 씻기고, 세탁하고, 대소변을 만지며, 바느질, 청소, 시장보기, 머리 깎기, 아프면 응급실, 예배와 기도, 상담 등 몸은 하나인데 열 사람 몫을 하여도 하나님이 건강을 주셔서 능히 감당할 수 있었다. 전에 기도원에 오는 사람들은 절망을 넘어 새 삶의 길에서 하나님을 높이고 그 가족들과 평화를 누리고 사는 모습을 본다.

사람들이 작은 예수, 또한 천사라는 말로 격려한다 해도 그런 말은 내게 어울리지 않는다. 다만 "하나님을 사랑하고 네 이웃을 내 자신과 같이 사랑하라"고 하신 계명을 살아 내는 것이다. 고름쟁이 할머니의 아들이 면회를 왔길래 그의 어머니 방으로 안내하였더니 문을 열더니 바로 닫고 방에 못 들어가겠단다. 냄새 때문일 것이다. 그리고 그의 어머니 얼굴도 보지 않고 서울로 가버렸다. 나는 매일 밥을 먹여드리고 고름을 닦는데 아들은 얼굴도 안 보고 가버린다. 여러 달 고름을 닦고 치료하니 상처 부위는 줄어들고 마르기 시작했다. 그동안 할머니의 믿음도 자라고 예수님을 구주로 믿고 임종하니 불교 신자도 하나님의 품에 안기게 되었다. 믿지 않는 가족들이라도 임종할 때 예배로 보내면 감격하고 좋아한다. 마지막 임종이니 슬픔으로 울어야 할 텐데 어느 교장 선생님은 어머니의 임종 예배를 보고 박수를 치면서 우리 어머니가 임종 예배 가운데 천국 가셨다고 감격하였다. 그리고 예수를 믿겠다고 선언하기도 하였다.

임종을 보면서 내가 감격하고 눈물 흘린 일이 있다. 안ㅇ근 이라는 분이신데 허리가 90도로 굽고 얼굴은 농사일에 찌들어 햇볕에 탄 피부는 검은색으로 변해 일반 농사하는 사람과는 많이 달라 보였다. 본래 성품은 온화하고 순진한 사람인데 이렇게 착하신 분이 노예와 같은 생활을 했던 것이다. 마음이 착하지만 약간 지능이 미약하신 분으로 결혼도 못 하시고 일생을 노역에 시달리면서도 아무 말도 못 하고 살다가 우리 집에 오셨다. 그분에게는 여동생이 있는데 교회 권사 직분을 갖고 있었다. 오빠가 혼자 살고 있어서 동생이 자기 집에서 함께 살자고 하였는데, 말은 함께 살자고 했으면서도 그날부터 그 집 농사를 다 하게 했다. 그의 매제가 혹독하게 부려 먹고 하루도 쉬는 날 없이 노예와 같이 농사일을 시키고는 밥만 먹이고 보수는 주지 않았다. 논갈이와 밭갈이 등 수많은 농사를 머슴 부리듯 했지만, 피곤해하거나 지치면 욕으로 돌려주었다. 오랜 노역에 몸은 약해지고 허리는 굽어 쓸모없으니 함께 살자던 말은 사라지고 우리 집에 데리고 왔다. 심신이 조금 약하니 그것을 이용해 심한 노동과 학대를 하고 병들어 귀찮으니 버리는 것이다. 권사의 직분, 혈육은 도대체 뭐란 말인가? 인간성을 상실한 자들은 천국의 티켓도 상실할 것이다.

그분은 우리 집에서 노동과 학대 없이 보호받으며 예배에 참석해 생전 듣지 못한 예수님의 이야기를 들으며 새로운 삶을 살게 되었다. 각별하게 사랑을 베풀고 전에 누리지 못한 것들을 주려고 노력했다. 그의 삶이 너무 불쌍했기 때문이었다. 허리가 굽어서 걷는 것도 불편하고 다리도 절어서 뒤뚱거리며 화장실에 가다가 바지와 바닥에 변을 흘리기도 했는데, 웃으며 닦아주면 고마워 어쩔줄 몰라 했다. 그의 표정에서 나를 사랑한다는 것을 느끼게 된다.

그분의 마지막 순간이 오고 밤 1시, 시설 가족들도 다 잠들고 그분과 나, 둘이서 최후의 이별을 하게 된다. 그의 눈동자는 나를 주시하고, 어쩌면 마지막 가시는 분이 그렇게도 눈동자가 맑아 보이는지 모르겠다. 수많은 임종을 보아 왔지만 임종 순간에 그렇게 초롱초롱하고 맑은 눈동자로 나를 바라보는 사람은 처음이다. 말은 못 해도 눈으로 자기의 진심과 나에 대한 사랑과 감사의 인사를 전하는 것을 보았다. 이런 이별은 두고두고 내 마음을 흔들어 잊지 못할 감격으로 가슴에 담게 된다. 한 인간의 생이 노역과 학대와 질병에 시달리고, 결혼도 못 해 자식도 없이 쓸쓸히 이 밤에 떠나가는 것을 생각하니 가슴이 아프고 눈물만 나온다.

"하나님, 안ㅇ근 형제의 영혼을 아버지께 부탁합니다."

…

이곳에 와서 일한 지도 꽤 오래되었다. 산골짜기 외딴 집, 아무도 모르는 이름 없는 전도자, 전에 없이 나는 생각하지 못한 기도를 드린 적이 있다. 이런 기도는 나와는 상관없고 할 이유도 없었기 때문에 기도를 마친 뒤에도 왜 그런 기도를 했는지 내게 반문하기도 했다.

"하나님, 저는 이 골짜기의 이름 없는 전도자입니다. 유년부장 15년, 그때 지도하던 학생들이 지금은 목사, 장로가 되어 교회의 지도자들이 되었건만, 저는 이름 없는 전도사로 여기에 가두어 두십니까? 어려서 교회에 나가 하나님 제일주의, 신앙 중심으로 누구 못지않게 살아왔건만 쓰러지는 병으로 저를 내동댕이치십니까?"

나 자신이 불쌍하다는 생각에 통곡의 눈물을 보이며 기도한 것이다. 무엇이 되어보겠다는 것이 아니라 지금껏 신앙으로 살았다면 교회 직분은 가지고 주를 섬겨야 하지 않겠느냐는 그 마음이 욕심이라고 말하겠나? 그것을 초월하며 일한 사람에게서 왜 이런 기도가 나왔는지 나도 궁금했다. 눈물이 흔하지 않은 사람이 어찌 슬픔에 젖어 울고 기도했는지 나도 모르겠다. 나의 기도는 하나님도 싫어하실 것이라 생각하니 한편 부끄럽고 어리석은 사람 같았다. 이제껏 사람을 의식하지 않고 신분이나 직분에 매이지 않고 살아온 지 이십여 년, 지금에 와서 무슨 기도를 그렇게 해! 마음에서 들리는 책망이었다.

그 후 몇 개월이 지나고 신문에 실린 신대원생 모집 광고에 눈길이 갔다. 내가 지금 뭘 보고 있는 거야? 너는 상관없는 광고야! 너는 쓰러지는 사람이니 해당 없어! 네가 네 자신을 알지 않냐? 그래, 그렇지! 나하고는 상관없는 광고야! 자신에게 말하고 대답하고 아주 결정적으로 확실한 대답이었다. 그리고 다시 관심이 없었다. 그런데 성령께서 신학을 공부할 마음을 주시는데 날마다 재촉하시는 것이다. "가라!" "가거라!"

'가라'는 명령은 성경 어디에 나오는 말씀인가요?

"주께서 이르시되, 가라 이 사람은 내 이름을 이방인과 임금들과 이스라엘 자손들에게 전하기 위하여 택한 나의 그릇이라. 그가 내 이름을 위하여 얼마나 고난을 받아야 할 것을 내가 그에게 보이리라 하시니"(행 9:15-16)

아나니아는 사울을 만나기를 거절하였다. 사울은 주의 이름을 부르는 자들을 박해하고 결박하려는 사람인데 어찌 그에게 가라고 하십니까? 그러나 하나님의 생각은 아나니아의 생각과 달랐다. 사울을 택한 그릇으로 쓰시겠다는 것이다. 그리하여 아나니아는 사울에게 갔다. 내 생각과 달리 하나님의 생각도 달랐던 것이다. 그때 눈물로 기도한 것을 하나님이 들으신 것인가? 그렇다고 생각한다. 그리하여 신대원에 들어가서 공부하게 된다. 이 나이에 공부하기는 쉽지 않을 것이다.

13. 목사 안수와 선물

"온갖 좋은 은사와 온전한 선물이 다 위로부터 빛들의 아버지께로부터 내려오나니"(약 1:17)

첫 번째 선물 : 쓰러지는 병을 고쳐주시다

신대원 공부를 마치고 강도사를 거쳐 목사 안수를 받게 되었다. 2005년 11월 26일, 나이 60세. 한참 늦은 나이에도 하나님은 목사로 세워주셨다. 목사가 되리라는 생각은 해본 적이 없었다. 쓰러지는 병 때문이다. 쓰러지는 병으로 24년을 전도사로 묶어 두신 하나님이 무슨 뜻으로 이제사 목사의 직임을 주시는가? 나의 문제이기에 스스로 많은 연구를 했다. 24년이라는 전도사의 기간은 어느 누구에게도 없는 세월이다. 쓰러지는 병을 통하여 나를 묶어 두신 것은, 여자수양관에서 사명을 주시고 그 일을 수행하기 위해 주신 특수한 일을 맡기신 데 있다고 본다. 그 병은 목사로 강단에 설 수 없으며 만일 설교하다 자주 쓰러지면 목회는 못 하는 것이다. 그러니 세상에 버려진 잃은 양들을 위한 이 사역은 아무나 할 수 있는 일이 아니므로 나야말로 이것을 감당할 사람인 것을 아시는 하나님이 나를 그렇게 하신 것이다.

다른 이로서는 이해되지 않을지 몰라도 나는 그것을 알고 있다. 그럼 왜 지금 목사로 세우신 것이냐고 물으신다면, 이 글을 읽는 모든 사람들은 확실히 아시라.

목사 임직을 받은 그날, 하나님께서 쓰러지는 병을 고치셨습니다.

이것은 주께서 내게 주시는 크나큰 선물이 아니고 무엇이겠습니까? 13세에 철봉대에서 떨어지면서 시작한 쓰러지는 병은 평생 나를 힘들게 하고 자존심 상하게 했다. 인간의 방법으로는 고칠 수 없는 병을 때가 되니 고치시고, 목사의 신분으로 세례와 성찬의 성례를 하게 하셨다. 전도사 직분이나 목사의 직분에서 내가 하는 사역은 하나도 달라진 것이 없고 오직 직분만 바뀐 것이다. 달라진 것은 성례식으로 부족한 부분을 채워주셨다.

목사가 되었다고 해서 신분이 더 높아진 것도 아니요, 병이 나았다고 해서 일반 교회에서 목회할 것도 아니다. 나의 사역은 여전할 것이니 하나님도 나를 아신다. 내 병은 아무도 고칠 수 없는 것을 하나님이 아시고 그분이 고치실 것을 미리 아셨기 때문에 신대원에 "가라"고 명하신 것이다. 그분의 권고가 없었다면 쓰러지는 자신을 알기 때문에 결코 공부하지 않았을 것이다. 여기에 내 생각이 작동한 것은 하나도 없다. 무려 47년을 자존심 상하게 병으로 묶으셨다가 목사로 부르시려고 늦은 나이에 공부하게 하시고 안수와 함께 병을 고치신 하나님! 그분의 뜻을 사람이 어찌 알 수 있으리요.

목사 안수 이후 지금까지 한 번도 쓰러지는 일이 없었으니, 이는 기적 중의 기적이요 하나님이 부족한 사람에게 은혜를 주시고 때가 되매 고쳐주신 증거다.

두 번째 선물 : 신축 건물과 새 예배당

목사 임직을 받던 2005년 11월 말에 시공하여 2006년 8월 19일 준공 예배를 드렸다. 서울강서교회 장환 목사님이 '인생의 휴게소(마 11:28-30)'라는 제목으로 설교해 주셨다. 목사 안수와 더불어 신축 건물에서 새롭게 일하게 되니, 그동안 하나님의 도우심과 모든 것을 선하게 인도하심에 감사한다. 이 시설 안에 예배당이 있어 몸이 불편한 분도 쉽게 예배에 참여할 수 있으며, 각 실에 방송 설비로 기독교 방송과 찬송, 설교, 기도 등 신앙에 도움이 되게 설계하였다.

이 시설은 대지 990평에 건평 약 240평 규모로, 30명이 입소해 2인

1실의 쾌적한 환경에서 힐링할 수 있는 최고의 명품 시설이다. 개인 시설로 운영하였으나 정부에서 2008년부터 요양보호제도를 시행해 행정과 급여의 인력 지원을 받게 되었다. 1981년 김천 여자수양관에서 사명을 받고 2005년까지 24년 동안 지원 없이 개인적으로 혼자 운영했는데 요양보호사와 간호사, 사무장 등 17명의 직원을 두고 일하게 되니 하나님이 내게 주시는 선물이다. 또한 광주대학교 사회복지학과에서 사회복지사 자격증도 취득하여 전문적으로 일하게 되었다.

사랑의교회, 사랑의 집에 오는 사람들은 이곳이 천국이라고 말한다. 건물 사방에는 아름다운 꽃이 계절마다 피어나고, 수목들과 주변 환경, 옆 산에서 품어내는 신선하고 좋은 공기, 정원에서 흐르는 찬송가, 각종 새소리는 요즘 말하는 힐링에 최적이다. 처음 올 때는 황무지요 사람 살 곳이 못 되었으나 이곳을 가꾸는 데 땀과 수고를 아끼지 않았다. 이곳에서 사람을 섬기는 일과 구원의 복음과 버림당한 자들을 남으로 생각하지 않고 주께 하듯 하였다. 나를 위해서는 좋은 옷 한 벌 입지 않고 아껴 시설 운영에 보탰다. 육신을 돌보지 않고 수고를 했어도 누구에게 양말 한 켤레 선물 받은 것이 없고, 밥 한 끼 사 준 사람 없었다. 시장에서 먹거리를 사 오는데 초기 몇 년 동안은 자동차가 없어 고생하였고 이후에도 좋은 차를 타보지 못했다. 오히려 뺨을 맞고, 고소당하고, 멱살 잡히고, 욕먹고, 얼굴에 통칠까지 당하였다. 아무도 알아주는 사람이 없어도 주께서 주신 사명이기에 후회하거나 돌이키지 않고 기쁘고 감사로 넘쳤다.

"사회를 위한 일이나 이웃에 대한 사랑이 하나님의 말씀에 기초를 두지 않으면 힘과 확신을 잃어버린다. 이웃에 대한 사랑은 항상 무언중에 자발적으로 자연스럽게 우러나야 한다. 인간의 마음에서 우러나오는 행위가 계속해서 싸워야 할 감정이요 행위요 행동이다. 더구나 그것은 이웃의 지지를 전혀 받지 못할 수도 있다. 사람들은 고충이나 노력 없이 우리 자신처럼 이웃을 사랑할 수 있고 사랑하려고 노력하는 것이 그리 쉽지 않다. 이웃에 대한 사랑이 자활할 수 있는 때는 다만 한편으로 하나님의 명령에 기초하여 틀어박혀 있을 때요, 다른 한편으로는 같은 하나님께서 우리 마음에 그분의 모든 명령에 따라서 바르게 행동하고자 하는 욕망을 주실 때이다."(29)

　황폐한 땅이나 시설 환경을 아름답게 꾸미는 것, 타락하고 병든 자들과 폐인들을 새 피조물로 변화시키는 일은 똑같이 수고와 땀을 흘리는 일이다. 나는 이 두 가지 일을 하려고 노력했으니 하나님께서 그 결과를 평가하실 것이다. 큰 일을 한 사람만 위대한 것이 아니요 작은 일에도 충성한 사람은 칭찬을 받는다고 하셨다. 사랑하는 그리스도인들이여, 큰 일보다 작은 일에 더 충성하라! 다섯 달란트 받은 종이나 두 달란트 받은 종이 자기 일에 충성했기에 동일하게 칭찬을 받았다. 그러나 한 사람은 책망을 받아 갖고 있는 것도 **빼앗기고** 바깥 어둠에 쫓겨나 이를 갈게 되었다.

　사람이 할 수 있는 한 최선을 다해 다른 이와 관계를 맺어야 한다.

　바른 관계, 좋은 관계, 마음을 주고 기쁨을 나누고 슬픔을 함께할 수 있는 친구의 관계이다. 예수님은 우리에게 친구가 되어주셨다. 그리고 친구를 위해 목숨을 버리면 이보다 더 큰 사랑이 없다고 하셨다. 이 세상의 친구는 자기 수준과 동등한 자들을 찾지만 주님은 높으신 하나님이시면서도 낮고 천한 우리를 친구로 삼으셨다. 그리고 항상 주는 자가 되어야 한다. 사랑을 주고, 돌봐 주고, 위로해 주고, 먹을 것을 주고, 힘과 용기를 주고, 여하튼 주는 것은 좋은 것이다.

"범사에 여러분에게 모범을 보여준 바와 같이 수고하여 약한 사람들을 돕고 또 주 예수께서 친히 말씀하신 바 주는 것이 받는 것보다 복이 있다 하심을 기억하여야 할지니라."(행 20:35)

내가 아는 강도사님이 성탄절을 며칠 앞두고 우리 교회 사랑의 집을 찾아 크리스마스 선물을 가지고 오셨다. 그는 개척 교회를 시작한 지 얼마 안 되어 매우 어려운데도 화장지 등 선물을 가져왔는데 고맙다기보다는 너무 안타까워 책망이 나왔다.

"강도사님, 어쩌려고 돈을 들여 선물을 사옵니까? 내가 도와드려야 할 텐데 왜 이러십니까?"

"목사님, 그게 아니고요, 어느 분이 개척 교회를 하는데 사람이 없으니 전도지를 만들어 전도하라고 십만 원을 주셨어요. 저는 부모 없이 고아원에서 살았는데, 크리스마스 때 선물을 받으면 어찌 그리 좋았는지요. 물론 쓸 곳도 많지만, 그때 그 일을 생각하니 목사님 시설에 계신 어르신들 생각이 났어요. 얼마 안 되지만 제 성의를 받아 주세요."

나는 감격하고 고마워 함께 기도했다. 강도사님이 가신 뒤 선물이 너무 갸륵하여 받기만 해서는 안 되겠다는 생각에 강도사님께 삼십만 원을 보내드렸다.

그리고 다음 이야기는 바로 이렇다. 시내 어느 청년이 찾아와 개인 상담을 하게 되었는데, 군대 제대 후 집에 왔지만 직장을 못 구해 그러니 기도해 주기를 요청하여 열심히 기도하였다. 그리고 말했다.

"목사님, 계속 저를 위하여 기도해 주세요. 직장을 구하면 첫째 달 월급은 몽땅 하나님께 드리고, 둘째 달 월급은 부모님께 드리고, 세 번째는 몽땅 사랑의교회에 필요한 물건을 사드리겠습니다."

몇 달 후 그 청년에게서 전화가 왔다.

"목사님, 기도해 주신 덕택으로 직장에 들어갔습니다. 약속대로 첫째와 둘째는 약속을 지켰고, 이번 달 월급은 사랑의 집에 보내겠으니 필요한 물건을 알려주시면 구입해서 가지고 가겠습니다."

마침 필요한 것이 있었는데 에어컨과 뒷좌석 의자와 청소기였다. 그의 월급이 이백만 원이니 거기에 맞추라는 것이다. 그리고 차에 싣고 와서 서로 감사를 나누고 기뻐하였는데, 결혼할 처녀와 약혼까지 했다며 기뻐하였다. 이 이야기를 하는 것은, 강도사님은 어려운 가운데도 자기 쓸 것을 쓰지 않고 외로운 분들을 위해 십만 원으로 나눔을 행했고, 나는 강도사님의 형편이 어려운 중에도 행한 선행이 고마워 삼십만 원, 즉 3배를 나누고 직장을 위해 기도한 청년은 7배로 나누었다.

"주라, 그리하면 너희에게 줄 것이니, 곧 후히 되어 누르고 흔들어 넘치도록 하여 너희에게 안겨 주리라."(눅 6:38)

나누며 주는 자에게 누르고 흔들어 안겨 주신다는 말씀은 3배, 7배, 10배로 돌려받게 해 주신다는 것이다. 이것이 복을 받는 비결이다. 나는 이웃 사랑을 실천하면서 시설에 필요한 물질뿐 아니라 노회원들의 어려운 목회 지원을 하려고 힘썼다. 목사님들이 교회를 설립할 때는 꼭 특별 헌금을 하였고, 설립 교회에 비품 같은 것도 성령의 감동으로 실행하였다. 설날과 추석에는 노회 목사님들 전부에게 명절비를 지급하여 위로하였다. 지금도 매년 노회발전후원금(현재까지 16회)을 지원하고 있다. 내 사역이 일반 교회가 아니고 특수 목회를 하면서 언제나 일반 교회도 마음속에 그리워하고 있었으므로 기도할 때마다 교회 없는 곳에 교회를 짓고 싶은 마음이 간절하였다. 뜻이 있으면 기도하게 되고 기도하면 이루어 주신다. 이 기도는 오랫동안을 걸쳐 실행되었다.

우리 노회 선교사님 부부가 라오스에서 선교하는데, 공산 사회주의 나라여서 직접 전도는 못 하고 간접으로 은밀히 전도하는데 교회 건물이 없이 가정에서 모인다는 것이다. 전에 있던 교회는 박해하는 자들이 불태워 없어지고 가정에서 예배하는데 교회 건축을 기도한다는 말을 들으니 그때 성령의 감동이 오고 기도대로 교회 건축의 결심이 서게 되었다. 그리하여 2001년에 시공한 후 2003년에 완공했는데, 새 교회당에 모여 예배하는 모습이 아름답고 감격스러웠다. 나는 교회 건축을 했어도 가보지 못했다.

할 수만 있다면 교회 건축에는 관심이 있어 기도하게 된다. 내 교회가 아니어도 교회가 없는 곳에 건축을 하면 믿는 자들이 일어날 것이기 때문이다. 돈이란 있다가도 없어질 것이요 없다가도 생길 수 있다. 돈이 많아서 되는 것도 아니요 없어서 못 할 일도 아니다. 돈이란 아껴 쓰고 하나님 나라를 위하여 사용하면 가치가 있다. 언제 곽 목사가 돈이 많이 있었던 때가 있었던가? 생각과 마음이 있고 기도하면 그 다음은 하나님이 하신다.

백석총회 45주년 기념 행사에 17개 사업을 준비하는데 기념 교회 건축에 마음이 갔다. 이것도 의미 있는 일이라 기도하였다. 전부는 힘이 없고 일부라도 헌금할 뜻을 정하고 기도하였다. 그렇다면 어떻게 헌금을 마련하지? 그동안 노후 생계를 위하여 매달 적금한 돈이 생각나고 그것을 바쳐야지! 그리하여 오천만 원을 기념 교회 건축헌금으로 드리게 되었다. 총회에서는 제주도에 교회를 세우려고 했는데 여의치 않아 백석대학교에 기도실을 짓는 것으로 대체하겠다고 하였다. 기도한 것이 이루어지기를 바랄 뿐이다.

처음 일을 시작할 때는 차 살 돈이 없어 고생했으나 몇 년 고생하고 차를 사게 되니 얼마나 기뻤는지 모른다. 또한 짐을 나르지 않아서 좋았다. 시장에서 버스로, 버스에 내려서 집으로 식재료를 어깨에 메고 들고 옮겼다. 여러 식구를 먹이는데 참 힘든 때가 있었다. 그 후 구입한 차는 18년을 타니 고장도 나고 낡을 대로 낡아서 새 차를 사고 싶었다. 새 차는 좀 좋은 것으로 사고 싶은 욕심도 생겼다. 좋은 것, 좋은 집, 좋은 옷, 고급스러운 것을 싫어할 사람은 별로 없다. 사람마다 명품을 좋아하고 그것을 지니고 있으면 사람의 가치도 상승하는 것 같다. 그래서 소형차를 타면 사람도 무시당한다. 유럽에 가보니 소형차가 많은 것을 보고 우리나라와는 의식 수준이 다르다는 것을 느꼈다. 그런데 비싼 차를 타려면 그만큼 재산도 있어야 할 텐데 소득도 별로 없으면서 할부로 이자를 주며 갚아나가려니 똥줄이 타는 것이 아닌가?

성령께서 내게 말씀으로 속삭이셨다. 해외에 교회 없는 곳에 교회를 지으라고 하시는 것이다. 그런 일은 돈이 많이 드는데 혼자 교회를 짓는 것은 부담이 큰데요? 혼자 속으로 대답했다. 그리고 '차를 사는 대신 교회를 지으면 어떨까?' 하는 생각이 떠올랐다. 결정은 빠를수록 좋은 것이다. 어떤 결정은 쉽게 하면 실패해도 하나님이 주시는 마음은 빠르게 순종해야 한다. 어디서 누구를 통해야 할지 몰라 기도하니 총회세계선교위원회(이사장:임인기 목사)가 생각났다. 그분들이라면 어디에 교회가 있어야 할 것을 알 것이기 때문이다. 그리하여 아프리카 우간다로 결정됐다. '우간다' 이름은 알고 있지만 생소한 나라다.

그리하여 건축비가 전달되고 터를 잡아 시작하는데 그 교회 성도들이 집 짓는 데는 선수들이라 3개월 만에 건축을 완공하는 것을 보고 놀랐다. 우간다에는 최광식 선교사가 있어 교회 건축을 위해 수고를 많이 하고 건축된 교회는 본토 목사님이 담임하고 있다. 기독 뉴스와 SNS에 보니 우간다와 아프리카에 신천지와 박옥수 구원파가 돈으로 교회를 매수하여 수백 개가 넘어갔다는 것이다. 그리하여 교회 보존을 위하여 백석총회 45주년 기념교회로 '백석건강교회' 간판을 달게 되었고 총회에서 헌당식 예배를 드리게 되었다.

14. 죽도록 충성하라

　전도사로 24년을 이웃의 형제, 자매를 내 몸처럼 섬기며 복음으로 인도했더니 생각하지 않았던 신대원을 가라고 명하시고 목사 임직을 받게 하시더니 그때부터는 일을 무섭게 시키셨다. 시설과 예배당을 건축하게 하시고 시설은 사무국장과 간호, 요양사, 조리사들이 맡아서 하니까 내가 직접 하던 때와는 달리 시간을 노회와 총회 일에 충성하도록 이끌어 가셨다. 또한 쓰러지는 병을 고쳐주시고 일할 수 있도록 밀어주시고 후원해 주시는 분이 하나님이시다. 과히 생각 못 할 많은 역사를 보이시니 나 스스로는 한 발걸음도 앞으로 나갈 수 없는 일을 주께서 친히 인도해 주신다. 지금까지 살아오면서 나 혼자 결정하거나 내 뜻대로 하지 않고 하나님께 기도하고 믿음 안에서 살려고 했다. 세상에 속한 것에 대해서는 욕심을 부리지 않고 가진 것이 적어도 나누면서 살았다. 노회 일도 열심히 하다 보니 노회장을 하라고 하여 순종함으로 했지 하고 싶어서 한 적이 없고 그러다 보니 3번을 시켜서 노회장 일을 했다. 명예 같은 것은 나와 맞지 않고 어울리지도 않는다. 교단 총무를 하라고 해서 순종으로 하였고, 어쩌다가 합동총회 총회장이 되었으나 한 번도 하고 싶어 한 것 아니라 떠밀려서 하였다.

총회장이 되어서는 총회 확장을 위해 타 교단과의 통합에 열심을 내었다. 개혁총회와 합하고 이어서 성경총회와 합하여 성경 총회장으로 계속 통합에 열중했다. 한국 기독교 대표 기관인 한국교회총연합회와 한국장로교총연합에 회원으로 가입하여 공동회장으로 총회의 위상을 세워나갔다. 한국 교회 교단은 삼백 개가 넘는데 이는 성도들과는 무관하게 목사들의 욕심으로 생긴 일이다. 통합에 몰두하게 되니 기도대로 이루어지는 것이다. 백석 교단에서도 통합을 중요하게 여겨 한국 교회의 통합을 주장하던 차에 우리와 대화하고 몇 개 교단을 묶어 통합하기로 방침을 세웠다. 그리하여 성경, 웨신, 합동보수, 합동개혁이 수원에서 모여 일차 통합을 하고, 백석과의 통합 절차를 준비했다. 그리하여 2014년 9월 2일 역사적인 통합이 신문사와 방송 관계자들이 지켜보는 가운데 성사된 것이다. 이후 나는 백석 증경총회장으로 총회장 자리를 놓게 되었다. (백석총회: 127개 노회, 10,158개 교회, 2025년)

내가 본 설립자 장종현 목사

교단 통합으로 본 백석총회, 백석대학교 설립자이신 장종현 목사님을 알게 되면서 존경과 사랑의 관계를 갖게 되었다. 하나님의 나라를 위해 전 생애를 바쳐 헌신하시는 모습을 보면, 이분은 우리 모두의 자랑이다.

백석 45주년 기념대회를 위한 여러 행사 중 하은 장종현 목사 성역 45주년 기념 문집 '이기는 자에게 주신 이름, 백석' 발간에 주요 목사님들의 글을 게재했는데, 필자가 올린 글이 있어 이 책에 올리는 것은, 이 글 속에 다시 소개해 드릴 것 없이 설립자님의 훌륭한 업적이 그대로 담겨 있기 때문이다.(30)

이 시대의 신학사상, 개혁주의생명신학

나는 설립자 장종현 목사님을 2014년 교단 통합 이전까지는 잘 알지 못했다. 백석 교단과 그 신학교, 그리고 백석대학교를 통해서만 알고 있었을 뿐이다. 지방에서 줄곧 살아온 터라 세상을 보는 안목이 좁았기 때문이다.

나는 예장 합동총회 총회장을 맡으면서 임기 동안에 총회를 확장시킨다는 목표를 갖고 있었다. 성경의 진리에 가감이 없고 이단성이 없으며 웨스트민스터 신앙고백서에 합한다면 어느 교단과도 통합하겠다는 강한 의지로 기도하고 노력했다. 한국 교회의 분열된 300여 교단은 교회 지도자들의 욕심과 명예, 이기주의의 산물이라는 생각이 강했기에 작은 교단들끼리 통합하면 그만큼 분열을 감소시키고 약한 교세도 건전하게 발전시킬 수 있다고 믿었다.

이처럼 교단 통합이라는 목표를 가지고 최선을 다했지만 서로 기득권을 주장하기 마련이라 통합의 길은 실로 어려웠다. 먼저 예장개혁전승총회와 통합에 성공한 이후 잇따라 몇 교단과 모임을 가졌지만 교단 명칭과 주도권 문제로 통합은 성사되지 못했다. 그러나 포기하지 않고 노력하던 중에 예장 성경총회와 통합을 이루었다.

모든 권리와 교단 명칭까지도 내려놓아야 하는 가슴 아픈 결정을 해야 했지만 잃는 것보다는 주 안에서 하나 되었다는 기쁨이 더 컸기에 감사할 수 있었다.

그렇게 성경총회 총회장으로 통합을 계속 모색하던 중에 백석총회 실무자를 만나게 되었고, 백석총회에서도 한국 교회의 통합에 강한 의지를 가지셨던 장종현 총회장님의 뜻에 따라 두 교단은 열린 마음으로 통합에 합의할 수 있었다. 장종현 총회장님은 통합 전에 몇 교단이 1차 통합 후 통합을 원해서 4개 교단 약 540 교회가 하나로 모여 통합이 이루어졌다.

하나가 되기 위한 따뜻한 배려

당시 백석총회는 4,500여 교회의 중형 교단으로 백석대학교와 신학교가 있어서 저는 이런 좋은 교단과 통합할 수 있기를 간절히 기도했다. 우리 교단의 후배 목사님들이 안정된 환경 속에서 목회할 수 있기를 소망했기 때문이다.

예장 성경총회는 연합단체인 한국교회총연합회와 한국장로교총연합회 회원 교단으로 가입되어 총회장인 내가 공동회장으로 참여하였던 터라 장종현 총회장님은 4개 교단 가운데 대표 교단으로 성경총회장과 교단 통합을 결정했고, 2014년 9월 2일 두 교단 통합전권위원들이 통합합의서에 서명하는 역사적인 순간을 맞았다. 나는 그토록 간절히 바라던 통합의 꿈이 이루어졌다는 사실에 마음으로 감동하고 그 자리에서 총회관 건축헌금을 드렸다.

교단 통합은 장종현 설립자님의 넓으신 사랑과 겸손, 작은 자에 대한 배려가 아니었으면 결코 이루어지지 않았을 것이다. 한국 교회가 분열을 마음 아파하면서도 통합을 성사시키지 못하는 것은 기득권을 버리지 못하고 상대 교단에 대해 우월감을 갖기 때문이다.

백석총회와 통합 과정에서 저는 상대 교단에 대한 배려와 하나가 되기 위한 따뜻한 존중을 느꼈는데, 이는 장종현 설립자님의 뜻이 그대로 반영된 것이라고 생각한다.

백석총회는 2022년 10월 설립 45주년에 즈음에 호소문을 발표하여 '백석총회가 한국장로교회 연합의 마중물이 되겠습니다'라는 의미 있는 선언을 하였다. 이후 11월 1일 1,100여 교회가 새로 가입하여 환영 예배를 드렸으며 한국 장로교회 연합을 위한 선언문을 채택했다.

이런 일은 아무나 할 수 있는 일이 아닙니다. 강한 통합 의지, 앞선 연합의 경험, 그리고 배려와 겸손이 아니면 결코 이루어지지 않는다. 장종현 설립자님은 누구보다도 한국교회의 하나 됨과 통합을 역설하고 열린 마음으로 다른 교단 사람들을 대하기 때문에 이번 선언문은 선언에 머물지 않고 계속 아름다운 결실을 거두리라 의심치 않는다.

총회의 저력은 개혁주의생명신학

총회 설립 45주년을 위해 준비하는 행사들을 보면 백석의 달라진 위상과 미래의 발전상을 미리 엿볼 수 있다. 짧은 역사에서도 발전과 성장을 지속해 온 것은 지도자의 리더십과 하나님을 향한 순전한 믿음, 말씀대로 따르는 순종, 기도와 간구의 능력 등이 함께한 증거라고 생각한다. 앞으로 백석총회는 한국 교회를 대표하여 대사회적 봉사, 민족 복음화, 사회 갈등 해소, 동성애 문제 대응, 기후 환경 위기 대처에 책임과 사명을 다해야 할 것이다. 이를 위한 저력은 설립자님이 일찍이 주창해 오신 개혁주의생명신학에 있다.

설립자는 나라의 인재를 육성하기 위해 기독교 정신을 교육이념으로 학원 복음화와 진정한 인간성 함양, 사회의 발전을 위해 글로벌 시대의 역량 있는 인재를 양성하기 위해 힘쓰고 계신다. 백석대학교 들어서면 넓은 대지의 약간 경사진 교정에 건물들이 웅장하게 배치되어 있는 모습을 보면 그분의 업적을 알 수 있다. 그분은 강연과 설교를 통해 신학 교육의 목적과 방향, 백석학원의 설립 정신을 절절하게 외쳐오셨다. 단순히 지식을 전달하는 데 그치는 것이 아니라 하나님을 알고 사랑하며 생명을 살리는 인간성을 회복하여 기독교 복음으로 사회를 변화시키는 인재를 양성한다는 교육이념이다. 신학 과목을 이수하는 것만으로는 생명을 살리는 일을 할 수 없으므로 교회 지도자의 영성과 신앙 훈련, 기도와 성령의 역사, 말씀 중심의 충실한 삶을 살도록 교육한다는 것이다. 신학자이자 정치가, 언론인인 아브라함 카이퍼는 칼빈의 개혁주의 정신을 계승하여 암스테르담 자유대학교를 설립하고 영역주권 사상을 제창하였다. 인간의 모든 삶의 영역이 하나님의 주권 아래 있음을 인정하고 복음이 인간 모든 생활을 변화시켜야 한다는 사상이다. 장 목사님의 신학 사상과 정신인 개혁주의생명신학이 이 시대에 널리 퍼지고 있으니 이는 백석 학원의 자랑이요 총회의 자부심이다.

믿음의 열매가 창성할 것입니다

개혁주의생명신학은 요한복음에서 여러 차례 강조하신 말씀, 즉 생명이신 예수님을 떡과 생수와 같이 먹고 마시므로 주와 온전히 하나 되는 연합을 이루며, 나는 죽고 예수 그리스도가 내 삶의 주인이 되어 오직 그분의 영광만을 위하여 사는 참된 그리스도인이 되는 것이다.

장종현 목사님은 그 특징으로 첫째, 예수님에 대한 신학, 둘째는 하나님 말씀의 신학, 셋째는 믿음의 신학, 넷째는 선교의 신학이라고 밝히며 이를 위한 7대 실천운동을 펼치고 있다. 이러한 운동은 오직 생명이 있는 신학 교육, 생명이 있는 교수들과 목회자들, 생명이 있는 성도들이 함께할 때 성취될 수 있을 것이다.

이러한 교육은 어느 대학에서도 이루지 못한 학원 복음화의 성과로 나타나고 있다. 채플 시간을 통해 하나님을 예배하고 믿음 있는 교수들이 담임제로 학생들에게 인성 교육을 하여 입학할 때 80%였던 비신앙인이 졸업할 때는 80%의 신앙인으로 바뀌고 있다.

나무는 그 열매로 알 수 있다고 하였다. 설립자가 심은 씨앗이 나무가 되어 개인과 사회 속에서 믿음과 구원으로 새로운 변화와 창조 세계의 열매를 맺어가는 역사가 앞으로 더욱 창성할 것이라 믿는다.

"지혜 있는 자는 궁창의 빛과 같이 빛날 것이요, 많은 사람을 옳은 데로 돌아오게 한 자는 별과 같이 영원토록 빛나리라."(단 12:3)

어머니의 눈물, 아들의 그리움

어머니는 가셨지만 가슴속에 있습니다. 다섯이나 되는 어린 씨앗들을 위하여 흘린 눈물과 고통, 당신은 어린 것들의 기둥이요 버팀목이었지요. 있는 것보다 없는 것이 더 많고 연약한 갈대 같았으나 쓰러지지 않고, 밤도 없고 쉼도 없이 갈라진 손마디는 흰 천의 밥풀 반창고, 내 작은 손으로 붙여 드렸지.

"애야, 교회 가면 밥이 나오냐, 옷이 나오냐. 일을 해야 밥을 먹지."

지금도 그 음성이 나의 이 심장에 울려옵니다. 그래도 싫지 않은 어머니의 목소리는 다시 들어도 그립습니다.

목포에서 어머니를 찾아가면 새벽 잠을 깨우며,

"아들아, 일어나라. 새벽기도 가자꾸나."

아픈 다리 절며 교회로 향하시던 우리 어머니.

"이젠 밥보다 교회가 더 좋으니 어쩌냐?"

그렇게 많은 이들 돌보면서 어머니를 모시려고 했으나 어머니는 내게로 오시지 않았다. 갈라지고 터진 내 손등을 보시고 울고 가신 우리 어머니!

어찌어찌 사정하여 나에게로 오셨으나 얼마 후 하늘나라로 가셨으니 무너지고 아픈 맘을 누구에게 말할까?

어머니, 안녕!

어머니 ----
이 산에 메아리치고
저 하늘에 사무치도록
그 이름을 부릅니다

이 세상천지에
다정하게 대답해 줄
님의 목소리를 들을 수 없고
잿빛 하늘에 떠도는 작은 새들만이
내 슬픈 노래를 듣습니다.

님은 갔습니다

한 많은 세상을 살면서
모진 풍상에 깎이고 시달리고 절망하면서도
그 약한 것들을 견디신 님이여
오직 그 씨앗들을 살리기 위해서
손발이 닳고 허리가 휘도록
몸부림치면서 인고의 세월을 보내신 당신

내 소시적

님이 흘리신 눈물을 보았습니다
지금도 아련히 파고드는
그 한숨과 눈물은
이 가슴에 멍이 되어 남았습니다

님은 언제나 저의 스승이시고
무언의 교육자이셨지요
남에게 짐을 지우지 않고 해로운 일은 행치 않으시고
허물을 드러내지 않으시던 당신

지금은 영원의 나라에서
무한 복락을 누리시겠지요

나의 사랑하는 님이여
영원히 영원히 편히 쉬소서　　(2002년 9월 2일)

15. 고소를 당하다

바울은 점하는 귀신을 쫓은 일로 고소를 당했다. 이 일을 하면서 네 번의 고소를 당했다.

1) 어르신이 열이 나고 아파서 동네 병원에서 진찰을 받았는데 대학병원으로 가라고 하여 검사를 받고 입원 수속을 하면서 보호자의 아들도 불렀다. 아들에게 맡기고 집에 왔는데 그 집 며느리가 자기 허락도 없이 입원시켰다고 따지더니 시청에 고발했다. 그리고 나에게

행패를 부리고 욕을 해댔다. 사람이 아프면 병원으로 가는 것이요 의사의 지시에 따라 입원도 하는 것인데 그게 뭐가 잘못이라고 내게 험하게 하는 것인가? 대학병원에서는 쓸개가 이상 있으니 10일 입원하라고 하였다. 입원하는 동안 상태가 더 나빠지고 아들의 말이 돌아가실 것 같으니 지금까지 계시던 사랑의 집에서 임종하기를 원해서 퇴원하였다. 그 권사님을 기도로 열심히 돌봤더니 2년을 더 건강하게 살게 되었고, 그 며느리는 나를 보지 않으려고 하였다.

2) 2남 1녀를 두신 부모님 두 분이 입소하셨다

아들 둘은 장로요 딸은 권사이다. 아들 하나는 재산이 백억이요 부모님은 땅이 많다. 문제는 부모님의 땅을 딸이 욕심내서 오빠들 몰래 부모님을 퇴원시켜 자기가 모신다는 것이다. 나이 많은 부모는 가실 날이 가까우니 잠깐 모시면서 자기 땅이라고 우길 작정이요, 아들들은 여동생의 마음을 알기 때문에 아들의 허락 없이는 절대 부모님을 보내지 말라는 것이다.

입소시킨 사람의 허락 없이는 퇴원도 안 되니 딸의 원대로 보내드릴 수도 없는 것이다. 딸은 택시를 불러 대기하고 부모님을 강제 퇴원시키려 하고 나는 아들에게 전화한다. 딸이 시청에 고발하여 시끄럽게 하니 나만 곤란한 것이다. 딸은 권사라면서 목사인 나에게 쌍욕을 하며 대든다. 돈이 먼저인가? 부모가 먼저인가? 기독교인의 수치이다.

3) 나이 드신 어른이 입소하는데 아들 둘과 딸이 동행하였다

아버지의 통장에 있는 돈은 아들이 은행에 맡기고 통장은 아버지가

분실할 수 있으니 내게 맡기면서 아버지에게 주지 말라는 것이다. 도장과 비밀번호는 아들이 가진 것이니 통장은 아무 효력이 없다. 그 어른이 얼마 후 통장을 달라고 했으나 주지 않았더니 동네 가게에 가서 나를 욕하고 원장이 자기 돈을 먹으려고 통장을 안 준다며 소문내는 바람에 듣는 사람은 나를 나쁘게 볼 수밖에 없는 것이다. 그러더니 파출소에 가서 고발까지 하였다.

파출소에서는 확인하려고 가족들을 부르니 아들딸들이 와서 아버지를 원망하니 참으로 민망하다. 파출소에서는 해명되었으나 동네 사람들에게는 누가 해명해 줄 것인가? 이 어른은 아들딸이 맘에 안 들면 고향의 파출소에 고발하니 자식들 중에서 파출소에 안 간 자식 없다는 것이다.

4) 함께 일하는 직원이 고발하였다

간호조무사는 평소에도 자기만 아는 사람이다. 달력의 빨강 날은 공무원과 함께 지금은 공휴일로 정해졌으나 예전에는 소기업에는 해당되지 않았을 때다. 이 직원은 해당되지 않는대도 휴무로 안 해준다며 일곱 번을 고발한다고 협박하더니 일과 중에 근로복지관에 고발하였으나 담당 직원으로부터 해당 사항이 아니라고 거절당하니 홧김에 엉뚱하게도 아무 근거없이 노인보호전문기관에 노인 학대로 고발하였다. 일단 고발하면 합동 조사가 시행된다. 소관 보호기관과 시청, 요양센터 등 3개 기관에서 일곱 명이 나와서 학대 외에 다른 업무까지 조사하는데 잘못한 것 없으나 많이 속상했다. 사무 행정이나 재정, 회계, 법인 카드는 사무장이 철저하게 관리하니 시청, 요양센터 분야는 지적받은 것이 없고 노인보호기관 조사는 없는 사실을 만들어 별 것 아닌 것을 확대하여 정서적 학대라는 죄목으로 지적하여 사실화하고, 예배 헌금도 불법으로 몰아 경제적 학대로 인정하는데 우리 교회는 일반인은 없고 노인들과 병든 약자들은 헌금할 돈도 없고 몇 분이 평소 하던 대로 몇 천 원하는 헌금을 경제적 학대로 몰아가는 것이 현재 우리나라의 행정이다. 그리고 헌금 강요, 예배 강요죄로 서류에 적고 이에 따라 시청에 넘기면 시청은 옳고 그름의 판정 권한은 없고 행정명령을 발부하는 것만 있다. 이에 부당함을 소명하여도 공무원들은 권한만을 행사하려 할 뿐이다. 행정명령이라는 것이 얼마나 가혹한지, 영업 정지 3개월, 6개월, 시설 폐쇄 등 한번 걸리면 시설 운영을 망하게 하는 것이다.

  이 일로 행정명령이 떨어지기 전 한 달 동안 식사를 못하고 잠도 못 자게 되니 그 고통은 이루 말하기 어려웠다. 고발한 조무사는 뻔뻔하게 출근하면서 조금도 잘못이 없는 듯 나를 조롱하고 염치없이 급여를 인상해 달라니 말이 안 된다.

  이를 해결하지 않으면 불덩어리가 떨어질 것이니 이를 막기 위해 내가 살아오며 이곳에서 한 일에 대해 알리기로 했다. 즉, 내 몸을 돌보지 않고 오히려 전 재산으로 어려운 이웃을 위해 수십 년을 희생적으로 섬긴 사람을 경제적 학대, 예배 강요로 몰아가는 것이 부당함을 A4 용지 일곱 쪽에 써서 작성했다. 그리고 시청 주무관, 과장, 국장에게 직접 전하니 그때서야 사정을 인지하였는지 행정명령에 '개선'이라는 무혐의 판정을 내렸다.

  악하고 분별없는 자들의 한순간의 감정, 찔러라도 보겠다는 감정이 사람을 죽인다.

만일 시설 폐쇄와 같은 행정명령이 발부되면, 아무 잘못도 없이 주위의 마을과 보호자들, 교회와 노회로부터 학대죄로 낙인찍힐 것이니 그것이 제일 겁났다. 그러나 하나님은 살아 계셔서 나의 결백을 밝히시고 무죄를 선언해 주셨다.

그때 나의 애타는 기도는 시편의 말씀을 붙든 것이었다.

"내가 여호와를 기다리고 기다렸더니 귀를 기울이사 나의 부르짖음을 들으셨도다. 나를 기가 막힐 웅덩이와 수렁에서 끌어 올리시고 내 발을 반석 위에 두사 내 걸음을 견고하게 하셨도다."(시 40:1-2)

"가난한 자를 보살피는 자에게 복이 있음이여. 재앙의 날에 여호와께서 그를 건지시리로다. 여호와께서 그를 지키사 살게 하시리니, 그가 이 세상에서 복을 받을 것이라. 주여, 그를 그 원수들의 뜻에 맡기지 마소서."(시 41:1-2)

위의 시편의 말씀을 의지하고 기도할 때 이 기도를 들으신 하나님께 감사하며 찬송한다.

고발자는 자기 직장의 시설장을 고발하고서도 **뻔뻔하게 히히덕거**리고 다니면서도 자신의 잘못을 뉘우치지 않고 몇 개월 후의 퇴직금을 받으려고 계속 출근했다. 여러 사람이 명예 훼손으로 고소하라고 했지만 나는 끝까지 참았다. 그것은 성경의 교훈을 알기 때문이다.

그리스도인으로 또는 목사로 살아가는데 성경 중심의 삶을 살지 못하면 믿음에서 실패하게 된다. 손해가 되고 억울해도 참아야 하고 배신과 멸시를 당해도 견디는 것이 참된 그리스도인이다. 우리의 선생님이시요 주 되신 예수 그리스도께서 먼저 본을 보이셨기 때문에 그분의 제자로 살기 위해서는 주께서 당한 십자가와 참음과 인내를 본받아야 한다. 그것이 예수를 닮는 것이다.

수치스럽게도 목사와 목사의 불편한 관계도 참 많이 있다.

필자가 속한 노회에 타 교단에서 새로 가입하면서 오신 목사님이 계신다. 86세 노령인데도 목회를 하고 계셔서 존경하는 마음으로 늘 어른 대우를 해 드렸다. (그분이 세상을 떠나셨기에 이 글을 쓸 수 있음을 양해해 주시기 바란다.)

이분이 우리 노회로 오면서 나를 미워하기 시작했다. 내게 아무 잘못이 없는데 나쁜 거짓 뉴스를 퍼뜨리고 악감정으로 대하니 어떻게 이분을 대하며 처신할 것인가를 고민하게 되었다.

목사들 모임에 가면 서로 인사하고 반갑게 악수하면서 안부를 묻고 서로 덕담하는 것이 우리의 인사와 문화 예절 아니던가. 그분이 나를 어떻게 대하든지 먼저 가서 허리 굽혀 인사를 하는데도 인사를 거절하는 것이다. 손을 내밀어도 자기 손바닥으로 내 손을 때리며 거절하니 매우 난처했다. 이것도 한두 번이지 만날 때마다 당하니 많이 곤란했다. 집에 와서 새벽기도에 그분을 위해 기도하는 것밖에 다른 방법이 없었다. 이를 아는 목사님들은 "다음에 만날 때는 인사하지 말고 악수도 먼저 하지 않는 것이 좋겠다"고 조언해 주었지만, 그러리라고 했다가도 만나면 자연스레 그분 앞에 먼저 가서 인사하게 된다. 어찌 목사가 어른을 보고서 인사도 하지 않고 그 자리에 앉겠는가?

어느 때는 공중 앞에서 뺨을 치려고 하고 자기 앞에 무릎을 꿇으라고까지 하며 대중 앞에서 마귀라는 용어를 붙여 모욕을 주기도 했다. 자존심이 상했지만 그렇다고 싸울 수도 없고, 지금 왜 이런 일로 곤욕을 당해야 하는지 이해할 수 없었다. 누구의 말대로 총회장보다 나이가 많은데 자기는 그러지 못하니 자격지심으로 그런다는 것이다. 나이로 봐도 나도 80인데 나이가 무슨 대수야? 속담에 굴러온 돌이 박힌 돌을 뺀다는 말이 이런 경우인가?

이렇게 만날 때마다 먼저 인사했으나 거절당한 것이 무려 12번이었다 그분이 무시한다고 해서 똑같이 대하는 것은 옳지 않다. 이것은 나에 대한 시험이었고, 이 시험에 지면 내 믿음은 헛것이 될 것이라고 생각했다. 그러면 그럴수록 그는 더욱 완강한 태도로 언어적 행패를 가했다. 그러던 중에 그분의 부인이 병으로 요양원에 가고 교회를 못하게 되어 이사를 가야 하는데 돈이 없어 월세방도 구하지 못한다는 소식을 들었다.

나이 들어 방이 없어 갈 곳이 없다니 어찌지? 그때 성령께서 "그를 위해 방 얻을 돈을 주라"는 음성을 들려주셨다. 어떤 경우에도 성령의 말씀에 순종해야 하므로 그분의 은행 계좌로 돈을 보냈다. 그 후 나는 목사님들 모임에서 한쪽 의자에 앉아 있었는데 그분이 내 쪽으로 걸어오더니 내 손을 잡으며 감사하다는 인사를 해 속으로 깜짝 놀랐다. 방 얻을 돈에는 감사를 표해도 그동안 열두 번이나 인사를 거절한 행위에 대해서는 잘못을 말하지 않아 더 섭섭했다. 애석하게도 그분은 얼마 후 세상을 떠나게 되어 내 마음을 착잡하게 했다.

평생 사랑의 정신으로 이웃과 함께 살아온 사람이, 누가 박해를 하고 무시당한다고 해서 그 사랑이 변질된다면 이제껏 살아온 신앙 정신은 아무 인정도 받지 못한다. 이 인정은 사람이 아닌 하나님을 향한 것이다. 사람에게 칭찬받으려고 하지 말고 하나님께 두고, "마지막 심판 날에 각 사람에게 그가 행한 대로 갚아 주리라"(계 22:12)고 하신 말씀을 기억해야 한다. 사람이 선을 행하되 사람에게 보이려고 하는 것이 아니라 선한 일은 하나님이 명하신 것이기 때문이다. 본래 하나님은 선하신 분으로, 하나님을 경배하고 섬기는 자라면 마땅히 선한 일에 열심을 내야 한다.

"우리는 그가 만드신 바라. 그리스도 예수 안에서 선한 일을 위하여 지으심을 받은 자니, 이 일은 하나님이 전에 예비하사 우리로 그 가운데서 행하게 하려 하심이라."(엡 2:10)

다른 사람을 나보다 낫게 여기고 그 사람의 신분이나 위치에 상관없이 존중하며 동일한 인격적 관계를 만들어 나가는 것이 예수의 정신이다. 내 유익보다 다른 사람의 유익을 위하라는 것이 성경의 가르침이다. 이것이 성령으로 사는 삶의 방식이다. 하나님 앞으로 가까이 가려면 자신보다는 다른 사람을 우선해야 한다. 교회에서 가르치지 않으면 신앙도 이기적일 수밖에 없기에 이타적 삶을 살도록 가르쳐야 한다. 예수님께서도 제자들에게 "내가 너희에게 분부한 모든 것을 가르쳐 지키게 하라"고 부탁하셨다.

바울이 전도할 때 박해와 고난, 시험을 많이 당했다. 디모데 목사에게 어떤 사람의 이름을 밝히며, "그들은 양심을 버렸고 믿음에 파선하였으니, 그들을 더 이상 용납하지 않고 내가 사탄에게 내준 것은 그들로 훈계를 받아 신성을 모독하지 못하게 하려 함이라"고 하였다.

그들의 이름은 후메내오와 알렉산더이다. 알렉산더는 구리 세공업자로 바울을 대단히 괴롭혔는데, "주께서 그 행한 대로 그에게 갚으시리니 디모데야 너도 그를 주의하라. 그가 우리 말을 심히 대적하였느니라"고 당부하였다. 알렉산더가 바울의 말에 대해 심히 대적했는데, 바울의 어떤 말에 그렇게도 대적했을까? 이것은 틀림없이 바울이 전파한 예수 그리스도의 십자가와 부활의 복음 때문이었을 것이다.

악의 세력은 인류가 구원 얻는 이 두 가지 복음을 가장 싫어하기 때문이다. 마귀가 광야에서 예수를 시험한 목적이 무엇인가. 장차 십자가를 지시고 인류의 죄를 담당하사 구원을 이루실 것을 알기에 시험에 빠지게 해서 구원의 성취를 방해하려고 한 것이다.

교회와 사역자들이 하나님 나라를 선포하고 그리스도의 구원 사역을 외칠 때 가장 싫어하는 이가 마귀요 사탄이다. 그러므로 사역자들은 게으르지 말고 영적으로 깨어서 마귀를 대적해야 한다. 마귀는 옛 조상 아담 부부를 타락하게 한 장본인이요 지금도 공중 권세를 잡고 세상의 임금이 되어 믿는 자들을 삼키려고 우는 사자처럼 활동하고 있다.

그러므로 바울이 로마의 그리스도인들에게 경각심을 주려고 말한, "또한 너희가 이 시기를 알거니와 자다가 깰 때가 벌써 되었으니, 이는 이제 우리의 구원이 처음 믿을 때보다 가까웠음이라. 밤이 깊고 낮이 가까웠으니 그러므로 우리가 어둠의 일을 벗고 빛의 갑옷을 입자"고 일깨워주고 있다. 성령 안에서 사는 성도라면 영적 감각이 세련되어 시대적 상황을 직시하면서, 어떻게 행동하고 어떤 일을 더 중요하게 해야 하며 그리스도인의 정체성이 무엇이어야 하는가를 깨달아 마지막 시대에 순전한 믿음을 지키며 거룩한 삶을 살아야 한다.

성경은 제자들과 사도 바울이 성령의 영감을 받아 기록한 증언을 정경으로 이러한 삶의 표본이 될 사람들을 계시해 주시고 있다. 하나님은 영이시고 신성으로 충만하시며 그의 안에 감추었던 비밀을 그의 아들로 말미암아 나타내 주셨기에 이제는 비밀이 아니라 오늘 우리 성도들의 마음판에 기록된 말씀이 되었다. 이 말씀은 판에 기록된 글자가 아니라 살아있는 말씀이요 생명을 주는 하늘에서 내려주신 떡이다. 사람이 이 떡을 먹으면 영생하리라고 말씀하셨다.

"하나님의 떡은 하늘에서 내려 세상에 생명을 주는 것이니라."
"예수께서 이르시되 나는 생명의 떡이니 내게 오는 자는 결코 주리지 아니할 터이요, 나를 믿는 자는 영원히 목마르지 아니하리라."(요 6:33, 35)

그리스도인의 생명의 신비

신자의 영혼에 있는 하나님의 생명은 놀라운 신비이다. 물론 모든 생명의 영역이 아직도 우리에게 어느 정도 미지의 세계로 남아 있지만, 특히 하나님의 자녀의 생명은 경솔한 사람들의 인식을 뛰어넘는다. 사실 성도 그 자체가 감추어진 하나님의 사람들이다. 그들은 '만나'라고 하는 숨은 양식을 먹고 자란다. 그들에게는 하나님의 비밀이 함께하며, 하나님은 그들에게 자신의 언약을 보여주신다.

그들의 생명은 그리스도와 함께 하나님 안에 감추어져 있다. 그래서 신자가 어둠 가운데 자신의 빛을 비출 때를 제외하고는 아직 세상에 드러나지 않는다. 그러나 참으로 그들의 생명이신 그리스도께서 나타나실 때 그들 역시 그분과 함께 영광 가운데 나타날 것이다.

이러한 그리스도인의 생명은 초자연적이다. 그것은 인간의 육적인 능력을 훨씬 능가한다. 앞을 못 보는 사람이 눈을 뜨고, 못 듣는 사람의 귀가 열리며, 다리 저는 사람이 뛰어다니며, 죽은 자가 살아난다. 하나님의 역사가 아니고서는 도저히 설명할 길이 없다. 하나님의 은혜로 새로운 피조물이 되기 전에 우리는 모두 죄와 허물로 죽은 상태에 있었다. 우리의 마음에는 끝없는 나락의 깊고 빽빽한 구름과 흑암이 드리워져 있었다. 눈이 있어도 보지 못하고 생각은 허망하며 우리의 기억은 온갖 더러운 것들로 오염되어 있었다. 우리의 교묘함은 악하고도 어리석은 변명과 구실을 늘어놓기에 바빴으며 의지는 왜곡되고 완악하였다. 우리는 놀랄 만큼 뻔뻔하고도 대담하게 죄를 범했다.

이러한 우리의 옛 모습을 생각할 때 전율을 느끼지 않을 수 없다. 무엇보다도 하나님을 대적한 것이 가장 치명적인 모습이다. 이러한 모습이 변하여 증오가 사랑으로 바뀌고 죄악 된 삶에서 거룩한 삶으로 돌아섰다면 그것은 오직 하나님의 전능하신 능력에 의한 것임이 분명하다. 이런 생명은 우리가 도저히 알 수 없는 하나님의 길이며 성령의 은사이다. 그러므로 벌레 같은 인생이 하나님의 뜻을 다 알았노라고 주장하는 것은 망상이며 억측일 뿐이다. 그리스도인의 생명은 그것을 경험하는 영혼에게 주어지는 새로운 생명이다. 옛것은 지나가고 모든 것이 새롭게 변했다. 그것은 다른 모든 새로운 생명같이 경이로운 것들로 가득하게 되었다. 그것에 속한 모든 새로운 것들이 우리의 마음을 얼마나 기쁘게 하는가?

그러하기에 그것은 행복한 삶이다. 여호와를 기뻐하는 것은 참으로 큰 능력이 되며, 그분과 함께하는 영혼에게는 언제나 놀라운 능력과 기쁨이 따른다.

이러한 생명은 우리 안에 항상 살아 있다. 그것이 언제나 동일한 힘으로 역사하는 것은 아니지만 우리에게 끝까지 새로운 힘을 공급한다. 당연한 말이지만 그리스도인의 생명은 크신 긍휼이다.

당신의 이웃은 누구인가?
당신은 그 이웃들 곁으로 가까이 간 일이 있는가?
과연 당신은 이웃을 자신처럼 사랑하고 있는가?
진정한 이웃 사랑이란 자신을 사랑하는 것이며
자신을 사랑하는 자가 이웃을 사랑할 수 있다.
하나님을 사랑하는 자는 자신을 사랑하는 것이며
자신을 사랑하는 자가 하나님을 사랑하게 된다.
이 원칙을 알지 못하고는 결코 이웃을 사랑할 수 없고
하나님과의 관계도 올바르지 못할 것이다.

4부
부르심의 열매
감사의 고백과 신앙의 유산

16. 받는 자보다 주는 자가 복이 있다

교도소에서 수형자들이 어떻게 내 주소와 이름을 알았는지 구구절절 어려운 사정을 써서 도와달라는 편지를 보낸다. 그 편지를 읽고 딱한 사정을 듣고 그냥 둘 수 없어서 영치금을 보냈더니, 어떻게 소문을 냈는지 어려움을 호소하는 다른 사람의 편지를 몇 통 받았다. 진짜인지 가짜인지 두세 장에 써서 보내오는 편지의 내용은 안타까운 사연으로 가득해 묵살하기도 어려워 속는 셈 치고 영치금을 보냈다. '진짜라면 도움이 될 것이고 가짜라면 거짓말한 네 자신이 벌을 받아라' 이런 생각이었다.

북한을 돕는 단체 옥수수재단에도 매월 후원을 했고, 방송국에도 선교후원금을 보내고, 노회에서 파송한 선교사들에게도 몇 년 동안 개인적으로 후원금을 보냈다. 아프리카의 어린이 돕기에도 참여하고, 어려운 교회도 조금씩은 생각하며 함께 나누며 돕고자 하는 마음을 가졌으니 이는 개인적인 생각이 아니라 성령 하나님이 주시는 마음을 따라 한 일이다. 가진 것이 없어도 서로 함께 살아가려는 그리스도 예수 안에 있는 풍성이 은혜로 역사하심을 따라 행하려는 것일 뿐 자랑하려고 하는 것은 절대 아니다.

이 근래에는 총회에서 추진하는 은퇴 목사 퇴직연금 조성을 위한 기금을 모금하고 있다. 설립자이신 장종현 목사님께서 준비 없이 은퇴한 목사님들의 노후를 위하려는 지극한 관심에서 계획하는 총회의 큰 목적사업이다.

이웃 사랑의 실천이라는 대사역을 준비하면서 가진 재산 전부를 털어 쓰고 나니 남은 것이 하나도 없었을 때 한때 이런 생각을 한 적이 있었다. 이 일은 돈 버는 일이 아니요 앞으로도 돈이 많이 들어가는 일인데, 나이 들어 늙으면 먹고 살 것도 없을 거라는 걱정이었다.

우리 목사님들이 어려운 목회를 하면서 공과금도 못 내는 형편을 알기에 총회에서 하는 연금 계획은 참으로 잘하는 일이라고 생각하고 기도하던 중, 나도 참여해서 그 일부라도 헌신해야겠다는 마음을 성령께서 주셨다. 그리하여 노후로 준비한 돈 오천만 원을 목회자 퇴직연금 조성을 위해 헌금했다.

물질이 들어가는 일은 언제나 성령의 뜻을 따라 하는 일로, 혼자 결정하지 않고 아내와 의논해서 하는 것도 아니다. 의논이라는 것이 매우 합리적인 것 같고 의사소통으로 일치를 이끌어 화목의 길인 것처럼 보이지만, 오히려 하나님의 일을 거스르는 경우도 있다. 아브라함은 이삭을 제물로 바치라는 명령을 받았지만 사라와 의논하지 않았고, 아나니아와 삽비라는 의논하다가 멸망 당했다. 하나님의 말씀을 지켜 행할 때는 전적으로 순종만 있는 것이지 사람과의 의논으로 결정하는 것이 아니다.

살아 있을 때 하나님 나라의 일, 선한 사업, 선한 일을 열심히 하다가 하나님께로 가는 일이 최고의 삶이다. 인간은 선을 행할 수도, 악을 행할 수도 있다. 선이란 본래부터 주어진 본질적 문제이지만, 죄를 범한 인간 스스로는 선을 행할 능력을 상실했다. 독일의 철학자 리하르트 프레히트는 말하기를 "인간이 선을 행할 수 있는 자질을 갖고 있지만, 타락한 인간은 선을 행할 어떤 요소도 없다"고 했다. 바울은 디모데에게 "선을 행하고 선한 사업을 많이 하고 나누어주기를 좋아하며 너그러운 자가 되게 하라"고 하였다. 누구를 위하거나 칭찬을 바라는 것도 아니요, 보이려고 하는 것도 아니다. 내가 할 수 있는 최선을 다해 달려갈 길을 다 가고 일생을 마친 후에 아버지 앞으로 가고픈 것이 내 신앙의 길이다. 그러므로 자신을 나타내려고 하지 않았고 내 이름을 드러내려고도 하지 않았다.

1960년대 이후 경제가 어렵고 살기가 힘들었을 때 교회는 믿음으로 세상을 이기려고 기도로 부르짖었고 기도원에는 은혜를 갈망하는 성도들의 기도 소리가 산천을 흔들었다. 그럴 때 한국 교회는 부흥했고 성도들은 하나님을 향한 믿음이 굳어졌다. 88서울올림픽으로 대한민국의 존재가 드러났고, 알아주지 않던 한국인들의 위상도 세계인들에게 점점 알려지게 되었다. 하나님은 교회의 부흥과 함께 경제 성장의 복을 내려주셨다. 물질의 축복이 하나님께로부터 온다는 것은 명백하다. 물질이 넘치게 되면 부패가 뒤따르고 하나님보다 세상과 돈에 마음이 기울게 된다. 교회 역시 물질이 쌓이니 교회 건물을 짓는 데 열심을 내고, 마치 건물이 호화로워야 교인들을 끌어들일 수 있는 것처럼 인간적 방법을 사용하였다. 또한 건물이 크고 훌륭해야 목사의 위치도 높아지고 교계의 인정을 받는 지도자로 평가받는다는 그릇된 사고를 갖기도 했다. 건축비가 부족해도 건축 욕심에 은행에서 대출을 받고, 부채 상환을 하느라 성도들의 등골이 휘어져도 하나님의 전을 건축해야 복을 받는다며 신앙심을 부추기면서 무리한 헌신을 독촉했다. 하나님은 궁전과 같은 건물에 거하시는 것이 아니라 성령을 모신 마음에 거하시고, 사랑이 넘치는 교회를 기뻐하신다. 헤롯의 성전이 아무리 웅장했어도 무너질 것을 예고하셨다. 성도 한 사람 한 사람이 그리스도를 품고 성경대로 살려고 할 때 교회는 하나님의 영광을 나타낸다.

아주 오래전부터 한국 기독교가 개혁되어야 하고 초대 교회로 돌아가야 한다는 목소리를 높였지만, 말만 무성하지 실상 개혁의 당사자는 바로 목사들 개인이며 그들이 모이는 교회 자체이다. 누구에게 개혁을 요구하지 말고 자신부터 살피고 스스로가 성경과 말씀 안에서 회개하고 변화돼야 한다.

회개를 말할 때 집단적 회개도 중요하지만 개인의 회개가 선행돼야 하고, 공동체 모두에게 동일한 통회의 역사가 따라야 한다. 오늘과 같이 교회가 사람들로부터 외면당하고 욕을 먹는 때는 없었다. 세상의 불의와 타협하고 정치에 편승해서는 얻을 것이 하나도 없는데도 의와 불의의 구분 없이 이념에 사로잡혀 강단을 어지럽히는 설교는 이제 사라져야 한다. 교회는 교회다워야 하고, 신자는 신자다워야 한다. 예수 그리스도의 피 흘리심이 무엇인가? 죽은 자를 살리려는 것이 아닌가? 살았으면 움직이고 행동하고 실천해서 열매를 맺어야 한다. 부르심을 받고 복음의 일꾼으로 택함을 받은 자는 예수께서 가신 길을 걸어야 하고, 사도들이 당한 고난과 순교자의 죽음도 두려워하지 말아야 한다. 한국 교회가 믿음에서 흔들리고 성경 말씀대로 살아내지 못한다면 국가도 백성도 축복에서 멀어질 것이다. 택한 백성이라도 악과 죄가 넘치면 진노로 깨우치시는 분이 하나님이시다. 기독교 신앙이 이 나라를 지탱한다는 것을 잊어서는 안 된다.

신앙은 어디에서 길들여지는가? 평안하고 안전한 풍요 속에서는 하나님과 대면하기가 어렵다. 고난의 풀무에서 쓰러지고 넘어져 환난의 극한 상황에 처했을 때 의지할 분은 하나님밖에 없다는 데서부터이다.

필자는 1940년대에 태어나 1950년대의 전쟁을 겪으면서 소년 시대에 예수님을 믿었고, 1960년대의 가난 속에서도 철저한 신앙 훈련을 받았다. 1970년대에 사회 속으로 들어가 직장에서 믿음을 적용했고, 1980년대에 광주민주항쟁의 환난과 죽음의 위태로움을 통해 사명을 받았으며, 이후 이웃 사랑의 실천을 통해 병들고 버림당한 자들의 친구로, 종으로 42년을 함께 살아오면서 하나님의 말씀과 예수를 증언했다. 그러다 보니 개인의 자유와 시간을 누린 바 없이 노인이 되었다. 예수 정신이 없었다면 내 삶은 엉뚱한 일에 몰두하면서 헛되이 시간을 보냈을 것이다. 예수 그리스도는 보배요 영광이요 영원한 생명이며 소망이다.

예수 없이는 살 수 없고 예수님을 통해 하늘 아버지를 사랑하고 경배하며 기도가 올려진다. 영적 깊은 곳에서 샘물처럼 솟아나는 찬송과 강같이 흐르는 생수, 곧 성령의 역사를 체험하게 된다.

총회에서 만난 어느 목사님이 내게 물었다.
"증경총회장님의 교회는 장로가 몇입니까?"
그 질문의 뜻을 모를 리 없다. 장로의 숫자가 그 교회의 규모를 말해주기 때문이다. 내 목회는 일반 교회와 같지 않아서 조직 교회로서는 거리가 멀다. 건강하거나 부요하거나 사회적 명망 있는 사람은 일반 교회로 간다. 그런 사람들은 전도해도 일반 교회로 안내한다. 내가 하는 교회는 병들고 버림당하고 의지할 데 없는 사회적 약자들을 위한 교회요 사역이다. 처음부터 일반인이 아닌 약자들을 위한 사명을 주신 분이 하나님이시며, 나 또한 그분들만을 위한 일을 하겠다는 기도로 하나님께 약속했기 때문이다. 이 사역은 쉬운 일이 아니다. 먹이고 입히고 씻기고 치료하고 배변 관리는 물론 가르치고 설교하고 상처를 싸매고 살피고 관찰하고 돌보기 위해 내 몸과 시간을 바쳐야 하고 대가도 급여도 없이 하는 일이다. 내 물질을 쓰고, 참고, 견디며, 모욕을 당하고, 사람의 종이 되어야 한다.

그리스도의 사랑을 배우지 않거나 예수의 십자가 정신에 대한 지식이 없이는 할 수 없고 자신의 안녕과 평안을 위해서라면 시작도 하지 말아야 한다. 예수 그리스도의 십자가 없이 진정한 기독교는 없다. 십자가는 죄의 문제만이 아니고 가난과 질병의 문제도 포함된다.

42년의 사역에서 정부와 사회적 지원 없이 24년을 혼자 일한 것은 내가 생각해도 기적이며 하나님의 사랑과 은혜가 아니었다면 견디기 어려웠다. 10세 때부터 쓰러지는 병으로 인해 쓸모없는 사람에게 사명을 주시고 24년을 전도사로 꼼짝 못 하게 붙들어 놓으시더니, 목사 안수와 더불어 병을 고쳐주신 것은 상상하기 어렵고 납득할 수 없는 기적이었다. 새 건축과 예배당을 선물로 주신 것도 기적이며, 노회와 총회를 위해 일하게 하신 것 또한 내가 원해서 된 것은 하나도 없었다. 이런 일을 하라고 하신 분이 하나님이셨고 성경에 기록된 말씀에 감동됐고 성령의 인도하심을 받아 한 일이었기에 아무리 힘들어도 내 입에서는 원망하거나 불평함이 없었다. 오히려 이런 일을 하도록 하신 하나님께 감사를 올려드렸다.

예수님이 사람을 대하시는 기준은 우리 인간들과 달랐다. 갈릴리 주변의 가난한 사람들, 각색 병든 사람들, 귀신 들린 자, 나환자, 절뚝발이, 시각장애, 청각장애. 언어장애. 지체장애, 유대 사회의 빈민들을 찾아가 병을 고쳐주시고 천국 복음을 전하셨다. 건강한 사람보다는 병든 사람, 부자보다는 가난한 자들, 인기 없고 소외된 자들을 가까이하고 사랑하셨다.

기독교는 올라가는 것이 아니라 내려가는 것이며, 내려갈 때 올라가는 것이다.

예수님은 인격적으로 대우받지 못한 여성들과 어린이들을 만져주시고 "천국은 이런 자의 것"이라고 설교하셨다. 제자들을 택하실 때도 수재이거나 능력자를 부르시지 않고 보통 사람, 세리와 같이 유대인들이 경멸하는 자를 복음 전파자로 세우셨다. 그리고 그들에게 더러운 귀신을 쫓아내며 나병환자를 깨끗하게 하며 모든 병과 모든 약한 것을 고치라고 권능을 주셨다.

수고하고 무거운 짐 진 자, 고통에 신음하는 자들이 소리치고 흑암의 권세에 매인 사람이 너무 많다. 교회가 이들을 외면하면 교회가 아니며, 성도들이 이를 외면하면 참 제자가 아니다. 값없이 은혜를 받았으면 값없이 주어야 한다. "너희가 거저 받았으니 거저 주라"는 말씀이다. 흠 없고 점 없는 어린 양 같은 그리스도의 보배로운 피로 대속함을 받은 우리는 그리스도인의 제자로서 그분에게서 배우고 본받고 닮아가야 한다.

하나님이 세상을 창조하신 목적이 무엇인가? 하나님의 영광을 위해서이다. 창조의 일부인 사람을 만드신 목적이 무엇인가? 하나님의 영광을 위해서이다. 예수님을 세상에 보내셔서 십자가에서 죽게 하신 목적이 무엇인가? 죄인이 구원받게 하심으로 하나님의 의를 이루는 것이 그분의 영광이 되기 때문이다. 우리가 믿는 도리의 주된 목적은 무엇인가? 하나님의 영광을 찬송하는 것이다.(엡 1:5, 11-14) 구원도 믿음도 착함과 선행도 모두가 하나님의 영광을 위해서라면 결코 자신을 자랑하지 말아야 한다. 고린도인들은 다른 사람들과 비교하며 자신의 우월함을 자랑하는, 특히 허영심이 강한 사람들이었다. 바울은 그들을 교만하다고 불렀다.

당신이 가진 재능으로 하나님께 영광을 돌리라. 구원 계획은 하나님이 고안하셨고, 예수 그리스도의 삶과 죽음을 통해 성취되었으며, 궁극적인 목표는 하나님의 영광이다. 그렇다면 당신의 생각이나, 당신에게 일부라도 그런 자격이 있다거나, 당신의 힘으로 이루었다거나, 당신을 영화롭게 하기 위한 것이라는 교만한 가정을 버려야 한다. 구원은 당신의 영예가 아니라 하나님의 영광을 위한 것이다. 성경은 "우리를 구원하시되 우리가 행한 바 의로운 행위로 말미암지 아니하고 오직 그의 긍휼하심을 따라 된 것"이라고 말한다.(딛 3:5)

당신은 하나님에 대한 열망을 가져본 일이 있는가? 기도하기 원하는가? 하나님의 말씀을 읽기 원하며, 그것을 더 잘 이해하기 원한다고 생각하는가? 하나님을 찬양하는 일을 추구하는가? 만일 당신이 이런 것들을 하기 원한다면 이것은 당신에게서 나온 것이 아니다. 당신 자신 안에는 하나님을 향한 진정한 열망이 없다. 사도 바울은 로마 교회의 신자들에게 우리가 중생하지 못한 상태에서는 "깨닫는 자도 없고 하나님을 찾는 자도 없다"(롬 3:11)고 말했다.

거룩한 소원은 거룩하신 하나님에게서 나오며, 하나님의 성령을 통해서만 당신 안에 생겨난다. 그것들은 하나님의 영광을 위한 것이다. 따라서 당신의 영적 열망을 통해 하나님을 영화롭게 하라. 그것들로 인해 하나님을 찬양하라. 영적인 일은 하나님의 성령을 통해 이루어져야 한다. 따라서 부흥을 일으키는 것도, 교회를 세우는 것도, 한 영혼을 회심시키는 것도 당신이나 내가 아니다. 우리는 하나님의 사역에 있어 복을 받고 하나님은 성령의 능력을 통해 그가 믿음으로 부르려고 선택하신 이들을 회심시키고 성화시킨다. 많은 사람들이 우리

시대에 또 하나의 종교개혁을 바라며 기도하고 있다. 그러나 그것이 생겨날 유일한 길은 참된 하나님을 재발견하고 그의 영광을 추구할 때다. 하나님은 만물의 근원이자 유지자다. 따라서 우리의 목적은 하나님께 영광을 돌리는 것이다. 우리가 그것을 알고 실제로 행할 때 진정한 부흥과 참된 개혁이 일어날 것이다.[31]

인간은 언젠가는 이슬같이 사라진다. 죽음 이후에 아무것도 없이 무로 돌아간다면 구태여 선과 악, 의와 불의를 구분하지 않고 현실에 만족하며 살아도 괜찮지만, 성경은 죽음 후에 부활과 심판이 있고, 누구든지 이 세상에서 행한 대로 그에게 갚아주신다고 하였다.

이 세상의 생존의 나이는 짧지만 영원의 나라는 아주 길고 무한대이므로 이 세상에 존속하는 동안 영원의 나라를 위해 준비하는 것이 지혜로운 삶이다. 진리는 언제나 하나이며 또 다른 진리가 있어 우주와 만물, 인생의 방향을 병행으로 이끌어 갈 수 없다. 로마의 행정관 빌라도는 예수님 앞에서 "진리가 무엇이냐?"고 물었다. 진리 되신 예수를 바로 앞에 두고서도 진리를 몰랐던 것이다. 이 세상에 진리가 없다면 어떤 세상이 될까? 무질서의 세상은 뒤죽박죽이 될 것이며, 혼란과 파괴, 불의와 악이 지배할 것이다. 법이 있으므로 사회가 안정되고 평화를 지켜주듯이 진리가 있으므로 사랑과 기쁨, 용서와 화해, 구원과 영생의 길을 추구하게 된다.

하나님은 모든 사람이 이런 복을 받기를 원하신다. 천국문은 지금 열려 있지만 그 어느 날 우리가 알지 못하는 그날에 닫힐 것이기에 중요한 인생을 허비하지 말고 진리를 찾고 그 안에 머물러야 한다. 진리는 오직 예수 그리스도 한 분뿐이시니까.

17. 옳은 일에 행동하라

"여호와는 가난하게도 하시고 부하게도 하시며 낮추기도 하시고 높이기도 하시는도다. 가난한 자를 진토에서 일으키시며 빈궁한 자를 거름더미에서 올리사 귀족들과 함께 앉게 하시며 영광의 자리를 차지하게 하시는도다."(삼상 2:7-8)

소년 시절, 아버지는 안 계시고 어머니께서 대신 힘든 농사 일을 하셨다. 그 당시에는 비료가 귀해 지푸라기나 풀을 베어 퇴비를 만

들어 농토에 뿌리면 산성 토질이 알카리성 토질이 되어 수확을 증가시켰는데, 정부에서도 퇴비 증산을 독려하는 현수막을 달아놓기도 했다.

어머니가 퇴비 만드는 걸 보니까 비가 오는 날 지푸라기와 풀을 마당에 깔아 비를 흠뻑 맞게 하고 분뇨를 끼얹어 두엄으로 쌓아 놓았는데, 그것이 썩으면서 김이 발생하고 몇 번 뒤집어 놓으면 퇴비가 됐다. 어머니는 그 힘든 일을 혼자 하셨고 내게 도와달라고 하시는 때가 있었는데, 그럴 때면 어머니의 말을 거역할 수 없어 함께 했던 일이 생각난다. 하기 싫었던 건 분뇨 냄새와 물에 젖은 지푸라기가 옷을 더럽혔고, 그 일 자체가 추했기 때문이었다. 어린 나이였지만 성경을 암송했기에 사무엘상 2장의 말씀이 내 형편을 강하게 자극했다. 가난, 낮추심, 빈궁, 진토, 거름더미라는 단어들이 꼭 내 형편과 모습으로 투영됐는데, 이런 운명에서 도리없이 살아야 한다는 한심한 생각이 들었다. 재산도 없고 백도 없고 아버지도 없고, 있는 것보다 없는 게 더 많아서 소년 시절의 핍절한 생활에서도 그것을 그렇게 받아들일 수밖에 다른 도리가 없었다.

이러한 가운데서도 하나님의 축복하심이 있었는데, 물질이나 환경이 아니라 복음으로 인도해 주시고 믿음으로 불러주셨다. 육신의 아버지는 계시지 않아도 하늘의 하나님이 아버지가 되어 주셔서 육의 아버지보다 하나님 아버지의 이름을 수천 번 더 많이 부를 수 있다는 것이었다.

2002년 충남 공주의 장애인 시설에서 화재가 발생해 원장과 몇 사람이 희생된 일이 있었다. 이 일로 복지부에서는 전국의 시설에 대해 전수 조사를 실시했는데 의외로 시설들이 많음에 놀랐다. 시설들은 대부분 기독교 정신으로 사회적 약자들을 돌보는 의도에서 운영되었으므로 누구의 지원이 없는 터라 열악하거나 무허가 시설이 많았다. 정부에서는 무허가나 열악한 시설을 폐쇄하고 정비하려는 계획을 발표했는데 이에 반발하는 운동이 일어났다.

정부의 행정 미흡으로 인해 복지에 미치지 못하는 부분을 개인 시설들이 그 한 축을 담당해 왔는데, 이 공로를 인정하지 않고 불법 시설로 매도하자 반발한 것이다. 정부로서는 이를 양성화시키려면 많은 재정을 투입해야 했기 때문에 무허가 시설에 국세를 사용할 수도 없는 일이었다. 이전부터 '민간복지시설연합회'라는 단체가 있었는데, 전국 단위의 연합회로 시설 운영에 대한 애로와 고충을 나누며 기독교적 사랑으로 교류하였다.

민간복지시설연합회는 이사장 정재은 목사, 상임이사와 기구 조직으로 구성됐었는데, 필자는 상임이사로 활동하면서 그즈음 복지부와 미신고 시설에 대한 대책을 상의했다. 복지부 장관과 담당자들을 대면하면서 복지부 문턱을 넘나들었고, 국회에도 여러 차례 방문해 담당인 국회 보건복지위원장과 간사들을 만나고 국회 회의실에서 국회의원, 복지부 담당자, 대학 교수, 관심 있는 인사들을 초청해 세미나를 가진 것도 여러 차례였다. 이 모임은 미신고 시설에 대한 정부의 긍정적 해결 방안을 모색하고 대책을 마련하는 자리였다. 결과는 예산 없는 국세를 미신고 시설에 투입할 법적 근거가 없다는 것으로, 연합회의 노력도 헛수고로 끝나는 듯하였다. 그즈음 복지부 장관이 시설장들과 만나 고충과 의견을 듣기 위해 국회의원 회관에 모이기로 했다. 전국의 시설장 수백 명이 좋은 결과를 기대하고 참석했는데, 아무 이유 없이 장관이 참석하지 않아 그 자리는 장관에 대한 항의로 아수라장이 되었다. 기자들은 이 장면을 방송했고 노무현 대통령은 이 일이 시설장들의 정당한 요구라는 것을 파악해 국무총리에게 복권기금에서 지원할 것을 지시했다. 그 결과 1,000억 원의 지원금이 시설에 배분돼 700여 개의 시설들이 이 돈으로 시설 증축과 신축에 투자할 수 있었고, 요양제도가 2008년부터 시행됐다.

소년이었을 때 거름 일을 하면서 받았던 "빈궁한 자를 거름더미에서 올리사 귀족들과 함께 앉게 하시며"라는 말씀이, 장관, 국회의원들과 함께 앉아 시설 발전과 지원을 위한 방안과 해결책을 모색한 결과, 일천억 원을 지원받을 수 있었던 것으로 이루어졌다는 것이다. 이 수고는 정재은 목사와 나를 포함한 상임이사들의 헌신적인 노력이었고, 교통비와 식대, 회의비를 자부담하면서 이루어낸 결과였다. 어떤 일을 이루기 위해서는 자기희생과 노력과 수고가 따라야 한다. 교회 일이나 세상 일에서 그것이 옳고 정당하며 여러 사람에게 유익이 된다면, "한 알이 밀이 땅에 떨어져 죽음으로 많은 열매를 맺는다"는 말씀과 같이 행함으로 선을 이루어야 한다.

필자도 건축비 일부를 지원받았는데, 꿈에서도 생각하지 못한 하나님의 도우심에 감사할 뿐, 사람의 뜻으로는 불가능한 일이었다. 옳은 일인 줄 알고서도 가만히 있으면 얻을 것이 없지만, 행동하고 움직이면 열매를 얻는다.

오래전 워싱턴 포스트지는 지난 1,000년 동안 가장 위대한 인물로

'징기스칸'을 선정했다. 10만 명의 병사를 이끌고 정복한 땅이 무려 7,770,000㎢에 이른다. 이는 알렉산더 대왕이 정복한 땅인 3,480,000㎢의 2배가 넘는 크기다. 징기스칸은 돌궐국의 명장 톤유크크의 비문에 적힌 '성을 쌓는 자는 반드시 망할 것이며, 끊임없이 이동하며 행동하는 자만이 살아남을 것이다'라는 교훈을 그대로 따랐기에 이같은 업적을 이룰 수 있었다.

그리스도인들이여, 의를 위하여 진리를 위하여 교회와 나라를 위하여 움직이고 행동하라. 이것이 믿음의 본을 보이는 것이다.

그의 품 안으로

수많은 영혼들을 봅니다
거리를 지날 때나
시장 안에서
지하철이나
해변이나 계곡에서
엉키고 무리지어 있는 것을 봅니다

그들이 찾는 것이 무엇인지 압니다
설령 찾았다 해도 잃어버릴 것이지만
그걸 붙들려고 애를 씁니다

신의 얼굴을 봅니다

이 세상의 모든 이들을
다 감싸 안으시며 품으려 하건만
원치 않는 자들로
상심한 것을 봅니다

오늘을 지나고 내일이 온다 해도
항상 그대로는 아닙니다
내일은 내 것이 아니기에
우리는 신의 뜻에 순응해야 합니다

내가 보는 수많은 영혼들이
그의 품에 있기를 바랍니다.

(나의 시 중에서)

18. 예수의 흔적

"이후로는 누구든지 나를 괴롭게 하지 말라. 내가 내 몸에 예수의 흔적을 지니고 있노라."(갈 6:17)

바울이 부르심을 받고 복음 전파를 위한 사도로 유대와 지중해의 여러 지역, 헬라의 도시들을 다니며 전도할 때 특히 유대주의자들로부터 많은 박해를 받았다. 전도자의 길이 평탄하거나 안전하지 않고 많은 환난과 고난이 따른다는 것은, 구약의 선지자들이 겪은 바요 예수님의 제자들의 순교와 함께 중세에 이르기까지 기독교 역사에서 증명되고 있다.

"형제들아, 우리가 아시아에서 당한 환난을 너희가 모르기를 원하지 아니하노니, 힘에 겹도록 심한 고난을 당하여 살 소망까지 끊어지고, 우리는 우리 자신이 사형 선고를 받은 줄 알았으니"(고후 1:8-9)

"내가 수고를 넘치도록 하고 갇히기도 더 많이 하고 매도 수없이 맞고 여러 번 죽을 뻔하였으니, 유대인들에게 사십에 하나 감한 매를 다섯 번 맞았으며, 세 번 태장으로 맞고 한 번 돌로 맞고 세 번 파선하고 일 주야를 깊은 바다에서 지냈으며…"(고후 11:23-27)

십자가가 고난이듯이 복음이 들어가는 곳에는 반드시 박해가 따르고 방해의 역사가 있었으며 지금도 그렇다. 반기독교 국가와 집단에서 선교사를 살해하고 교회를 불태우며 기독교인들을 학살하고 있는 이때, 우리나라는 종교의 자유가 보장되어서 자유롭게 전도할 수 있게 된 것을 감사해야 한다.

바울이 갈라디아 교회에 보내는 편지 말미에 "누구든지 나를 괴롭게 하지 말라. 내가 내 몸에 예수의 흔적을 지니고 있노라"고 쓴 이 말은, 그동안 겪은 박해로 인해 육신의 고통과 후유증으로 성한 곳이 없는 만신창이의 상태를 드러낸 것으로 보인다. 우리가 몸이나 뼈를 다치면 오랫동안 통증으로 고통을 당하는 것처럼 한두 번의 박해가 아니라 가는 곳마다 이런 상처를 당한 바울의 심정이 어떤지를 알 수 있다. 일일이 아픈 몸의 상태에 대해 말하지 않아서 그렇지 그 아픔과 통증은 다른 사람들은 모른다. 그리스도와 연합한 삶의 실천적 의미를 보여주는 바울은, 수많은 고난에 동참했고 고난과 박해 속에서도 끝까지 예수를 따랐다는 사실을 나타낸다. 바울이 가진 예수의 흔적은 예수의 고난에 참여함으로 얻은 거룩한 증표로, 율법주의자들이 육체의 자랑을 위해 스스로 행한 '육체의 모양'과는 비교할 수 없는 영광스러운 것이다.

필자는 병들고 어려운 이들을 위한 사역을 하면서 육체를 혹사했는데, 그 후유증으로 고통을 받고 있다. 움직이지 못하는 분들을 욕실에 안고 다니느라 허리를 무리하게 사용했는지 협착증이 생겼는데, 3번의 수술을 받았으나 제대로 치료가 되지 않아 그 통증으로 지금도 고통이 심하다. 수십 년 동안 몸을 돌보지 않고 일한 결과 어깨 관절과 함께 남은 표징이라고 생각한다. 몸속 허리에는 10개의 나사못이 들어가 있다. 이것은 주 앞에서 받은 사명으로 생긴 것으로, 예수의 흔적으로 생각하고 있다. 군대에서 술을 거절했다는 이유로 매를 맞았는데, 그때 귀 고막이 파괴되어 청각장애가 생긴 것 역시 믿음을 지키려다 얻은 장애로 예수의 흔적이라고 생각한다.

또 하나, 기도할 때면 어렸을 적부터 무릎으로만 기도했는데, 오랜 세월을 그렇게 하다 보니 무릎 관절이 못 쓰게 되어 결국 양 무릎을 수술해야 했다. 수술 후에도 보행이 불편하니 이것도 하나의 흔적이 아닌가 생각한다. 그 결과 육체의 여러 불편으로 중증장애인으로 등록되어 있다.

그 외에도 마음의 상처가 많지만, 나뿐 아니라 예수의 복음을 전하는 수많은 목사님들과 성도들이 겪은 고난은 어찌 다 헤아릴 수 있으랴. 육체의 연약함과 이제 나이가 들어 하던 사역을 다 마치고 인생의 종착점에서 남은 생이 얼마인지 알 수 없지만, 나의 사랑 하나님께서 노년을 지켜 보호해 주실 것을 기도한다. 아멘.

Epilogue (맺는 글)

　나의 지난 삶을 돌아볼 때, 한 가지 분명히 고백할 수 있는 사실은 언제나 하나님께서 나와 함께하셨다는 것입니다. 어린 시절 미약한 믿음의 씨앗으로 시작된 신앙이, 수많은 고난과 눈물의 골짜기를 지나면서도 꺼지지 않고 오늘에 이르기까지 지켜진 것은 전적으로 하나님의 은혜였습니다. 『부르심의 길』이라는 책을 통해 그 은혜의 여정을 다시금 정리할 수 있도록 인도하신 하나님께 감사와 영광을 올려드립니다.

　저는 평생을 두고 "너도 이와 같이 하라"는 주님의 명령 앞에 서 있었습니다. 선한 사마리아인의 길은 쉽지 않았습니다. 때로는 세상의 조롱과 멸시, 때로는 몸의 연약함과 병으로 인한 수치와 아픔이 있었고, 가족들이 함께 감당해야 할 무거운 짐도 있었습니다. 그러나 그 길은 고통의 길이 아니라, 오히려 하나님이 함께하시는 은혜의 길이었습니다. 주님의 십자가를 지고 따르는 길이기에 눈물 속에서도 감사할 수 있었고, 무너짐 속에서도 다시 일어설 수 있었습니다.

돌이켜보니 42년 동안 강도 만난 자와 같은 이웃들의 곁에 서 있었던 모든 순간은, 성령께서 친히 행하신 일이었습니다. 병든 자의 손을 잡고, 소외된 이웃을 품고, 장애와 질병으로 낙심한 이들에게 복음을 전한 것은 나의 능력이 아니라 성령께서 나를 통해 이루신 사랑의 역사였습니다. 오직 순종만이 있었을 뿐입니다. 그 결실로 400여 명이 믿음으로 주님 품에 안기는 역사가 일어난 것은, 인간의 계획이나 수고가 아닌 하나님께서 주신 복과 은혜의 열매였습니다.

이 책이 세상에 나오기까지 귀한 추천의 글을 써 주신 장종현 박사님, 양병희 목사님, 류정호 목사님, 박형렬 목사님께 깊이 감사드립니다. 또한 많은 수고를 아끼지 않고 함께해 주신 기독교연합신문사에도 감사드리며 책이 출판되기까지 수고하신 공종은 본부장님과 전윤희 부장님께 진심으로 감사드립니다.

무엇보다도 가장 큰 빚은 가족에게 있습니다. 아내는 언제나 묵묵히 곁에서 기도와 사랑으로 함께 걸어주었고, 자녀들은 부족한 아버지를 존중하며 믿음의 길을 함께 지켜 주었습니다. 특히 이번 책을 준비하는 과정에서 딸이 원고를 정리하고 세부적인 일들을 감당해 주었습니다. 이 책이 세상에 나올 수 있었던 것은 전적으로 하나님의 은혜일 뿐 아니라 가족의 사랑과 헌신 덕분입니다. 보이지 않는 곳에서 늘 함께해 준 이들에게 이 자리를 빌려 진심으로 감사의 마음을 전합니다.

『부르심의 길』은 화려한 성공의 기록이 아니라, 연약함 속에서도 붙들어 주신 하나님의 손길에 대한 고백록입니다. 또한 사랑과 섬김의 길이 점점 사라져 가는 시대 속에서, 여전히 복음의 빛을 따라 걸어가고자 하는 모든 이들에게 드리는 작은 증언입니다. 혹시 이 책을 읽는 누군가가 주님의 부르심 앞에 다시금 "예"라고 응답하고, 자신의 자리에서 작은 순종을 시작할 수 있다면, 그것으로 이 책은 그 목적을 다한 것입니다.

마지막으로, 저의 인생을 통해 한 가지 확신하게 된 것은 하나님께 쓰임 받는 삶이야말로 가장 복되고 영광스러운 삶이라는 사실입니다. 사람은 언젠가 모두 세상을 떠나지만, 하나님의 부르심에 합당하게 산 발자취는 영원히 남습니다. 그 발자취가 제 것이 아니라, 오직 주님의 흔적이 되기를 소망합니다.

이 책을 통해 독자들이 주님의 음성을 다시 듣고, 그 음성에 순종함으로 각자의 자리에서 새로운 부르심의 길을 걸어가시기를 간절히 기도합니다.

"성령으로 살면 성령으로 행하라."

이 말씀처럼 제 여생 또한 성령의 인도하심을 따라 주어진 길을 끝까지 걸어가기를 소망합니다. 하나님께서 제게 허락하신 부르심을 마칠 때까지, 오직 믿음과 감사로 그 길을 따르겠습니다.

"모든 영광을 하나님 아버지께 돌립니다."

2025년 늦여름 서울 종암동에서 곽성현 드림

Endnotes(미주)

1   웨스트민스터신앙고백 소교리문답 제1문

2   키르케고르 사랑과 실천에서 자주 나온다

3   칼빈의 예정론 엡 1:4-5, 골 1:13-23, 벧전 1:20

4   바리새인(Φαρισαιος)

예수가 활동하던 제2 성전기에 레반트 지역에 존재했던 유대교의 경건주의 분파. 중간 계급 평신도 경건주의를 말한다. 주후 70년에 제2 성전이 파괴된 이후 바리새인들의 신념은 랍비 유대교의 기초가 되었다. 현재는 바라새파가 존재하지는 않아도 이들의 전통은 모든 유대교 종파에서 중요한 요소로 여겨지게 되었다.

바라새파와 사두개파 사이에는 갈등이 있었는데, 유대인 사이에 오랜 시간 동안 이어져 온 더 광범위한 사회적 종교적 갈등의 맥락에서 발생한 것으로, 로마의 정복으로 인해 더욱 심화되었다.

헬레니즘을 대하는 자세가 갈등의 주요 원인이었다. 사두개인은 헬레니즘을 배척하지 않고 받아들인 반면 바리새인은 이에 저항했기 때문에 문화적 갈등이 발생했다. 또 다른 원인은 성전의 의식과 제사를 중시할 것인지 다른 모세 율법의 중요성을 강조할 것인지에 대한 법률, 종교적 원인이었다. 특히 토라의 해석과 이를 유대인의 삶에 적용하는 방법에 대한 견해가 달랐다. 사두개인은 오직 글로 적힌 토라만 인정하고 그 외 구전된 토라, 예언서, 성문서. 구전 토라, 부활의 교리 등을 거부한 반면 바리새인들은 이를 수용하였다. 신약 성경은 바리새파에 대해 여러 차례 언급한다. 신약의 저자들은 예수와 바리새인들 사이의 적대관계를 기록하면서도 예수를 믿었던 바리새인들에 대해서도 언급한다. 그중에는 니고데모, 예수의 제자였던 아리마대 요셉, 사도 바울이 있다.

제2 성전이 무너지기 전 바리새인 인구를 약 6,000명으로 추정하고 있다. 바리새인들이 일반 대중들에게 끼친 영향력이 커서 그들이 왕이나 대제사장들에 반대하는 발언을 하더라도 대중들은 이를 따랐다고 하는데 이는 사두개인들이 상류층을 대표하는 것과 대조적이었다. 바리새인은 유대교의 율법 해석에 있어 모세의 권위를 주장했고 사두개인들은 솔로몬 시대에 그들의 선조 사독이 대제사장으로 봉사한 이후로 확립된 제사장의 특권과 권위를 대표했다.

바리새 사람들은 이스라엘이 그리스 로마 문화, 곧 그리스와 로마 문화가 융합된 이방 문화의 영향을 닮아가는 헬레니즘화로 이스라엘 고유문화와 신앙을 잃을 것을 우려해 오경(토라, 율법)의 가르침을 문자적으로 준수하는 데 철저함을 보였으며 유대교 신학을 계승하는 업적을 남겼다. 이들은 천사 등의 영적인 존재를 받아들였고 부활을 믿었기 때문에 모세 오경에 나오지 않는다고 해석하여 영적인 존재와 부활을 믿지 않는 근본주의자들인 사두개파와 대립하였다.

5 모든 사람에게 영향을 미치는 규칙과 관행으로 가득 찬 포괄적 삶의 방식, 아침에 일어날 때 하는 일, 할 수 없는 일, 입을 수 있는 것과 입을 수 없는 것, 어떻게 자신을 손질하고, 일을 수행하는 방법, 결혼할 수 있는 사람과 할 수 없는 사람, 휴일과 안식일을 지키는 방법, 하나님과 다른 사람들과 동물을 대하는 규칙 및 관행들이다.

'할라카'라는 단어는 일반적으로 '유대 율법'으로 번역되며, 직역은 '사람이 걷는 길'일

수 있다. 일부 비유대인과 준수하지 않는 유대인들은 이러한 율법주의적 측면을 비판한다.

할라카의 중심에는 변함없는 613(계명)이 있다. 이 중 248개는 동의, 364개는 부동의로 구분되어 있다. BC 5세기 바벨론 포로기부터 시작해서 하나님의 말씀 외에 자기들의 전통을 정리했는데, BC 1세기~AD 3세기까지 탄나임이라 하여 오래된 율법의 선생인 랍비들에 의해 해석되었다.

그들의 글 모음을 미드라쉬, 탈무드라 한다.

탈무드 : 탈무드는 랍비들의 성경 해석 모음집이다. 이스라엘 백성들의 모든 지혜의 보고이기도 하다. 이 탈무드는 미쉬나와 게마라로 나뉘어진다.

미쉬나 : 미쉬나란 히브리어로 '공부'라는 뜻으로, 반복해서 가르친다는 의미이다. 안식일을 온전히 지키기 위하여 할 수 없는 규정에 대한 미쉬나의 내용은 200가지가 넘는다고 한다.

6   칼빈신학의 이해. 칼빈과 교회편. G. S. M Warker. 생명의 말씀사. p295
7   클레펌파는 1790년-1833년 영국에서 두드러지게 활동하면서 노예폐지운동 벌였고 국내외 선교사업을 촉진시켰다. 이들 가운데는 의회 의원이 많았으며, 교도소 개혁, 잔인한 운동경기 금지, 수렵 금지, 복권 추첨 금지를 위하여 일하였다.
8   순전한 믿음. 찰슨 콜슨. 생명의 말씀사. p250
9   5.18 민주화운동진상규명위원회. 조사활동보고서. 2024
10 복음주의 실천신학개론. 6. 목회상담학. 전요섭. 세복. P212
11 웨스트민스터신학교의 실천신학 교수 Jay E. Adams
12 Adams A Theology of Christian Counseling IX. 복음주의실천신학개론. p219
13 Ibid. p221
14 요 14:16에 예수께서 다른 보혜사를 보내주시겠다고 하셨는데, 이 보혜사는 '도와주

는 재(Helper)'이다. 즉, 변호자, 충고자, 방어자, 위로자, 격려자, 상담자 등의 개념으로 사용된 말이다. 헬라어 보헤사(Παρακλητος)인데, ρaρa(곁에서), κλητος(돕다)로 이 용어의 의미는 '상담자'라는 뜻이다.

15 순전한 기독교. C.S 루이스. 홍성사. p112–113

16 기업인의 이미지. 서재경. 김영사. p19

17 사람을 생각하는 기업. 윌리암 월튼 멜 로렌젤. 김성운 옮김. 도서출판 한세. p169

18 고난의 기쁨. 키르케고르. 이창우 옮김. 카리스아카데미. p33

19 왕의 십자가. Timothy Keller. 정성묵 옮김. 두란노. p53–54

20 하나님을 아는 지식. James Paker. IVP. 정옥배 옮김. p 30–31

21 James Paker는 영국 출신으로 26년간 교수, 설교 사역을 하였다. 타임지가 가장 영향력 있는 복음주의자 25인 중 한명으로 선정하였다. 타임지는 교리분야의 솔로몬이라 극찬하였다.

22 그리스도를 아는 지식. 죠나단 에드워드. 서문강 옮김. 지평서원. p 60–61

23 이 책을 먹으라. 유진 피터슨. 양혜원 옮김. IVP. p 176–182

24 아브라함의 축복. 프레드릭 비 메이어. 박윤돈 옮김. 시온성. p159–163

25 카리스종합주석. 창세기 3. 강병도 편. p130

26 예수님처럼. 맥스 루케이도. 윤종석 옮김. 복있는사람. p15

27 이기는 삶. 죠셉 프린스. 배용순 옮김. 규장. p18–20

28 진정한 기독교. 찰스 콜슨. 전우의 옮김. 생명의말씀사. p40–41

29 하나님의 큰일. 헤르만 바빙크. 김영규 옮김. CLC. p14

30 이기는 자에게 주시는 이름 백석. 기독교연합출판사. p181–185

31 개혁주의 서론. 제임스 몽고메리 보이스. 김수미 옮김. 부흥과개혁사. p217–219

화보

42년의 여정
Photograph

> 이웃을 찾아가는 42년의 순종

▽고생한 가족들

△아내와 함께

▽총회신대원 졸업식에서 가족과 함께

△서울장로교신학교

▽고려대 노인복지 일본 연수

△목사 임직식에서 지인들과 함께

▽세종대 경영대학원 최고경영자 과정 졸업식

△백석대 실천신학대학원 졸업식

이웃을 찾아가는 42년의 순종

▷ 2014 한국교회연합 신년하례예배

△제8회 (봄)정기 노회, 곽성현 목사 공로목사 추대식

▽성경 교단과 백석 교단 통합 선언식

△백석총회 설립 45주년 기념대회

▽백석대학교 설립자 장종현 목사님과 함께

△백석총회 증경총회장 기념

▽ACTS 목회연구원

△명예 사회복지학 박사 학위 수여식

▽치유 기도를 하는 곽성현 목사

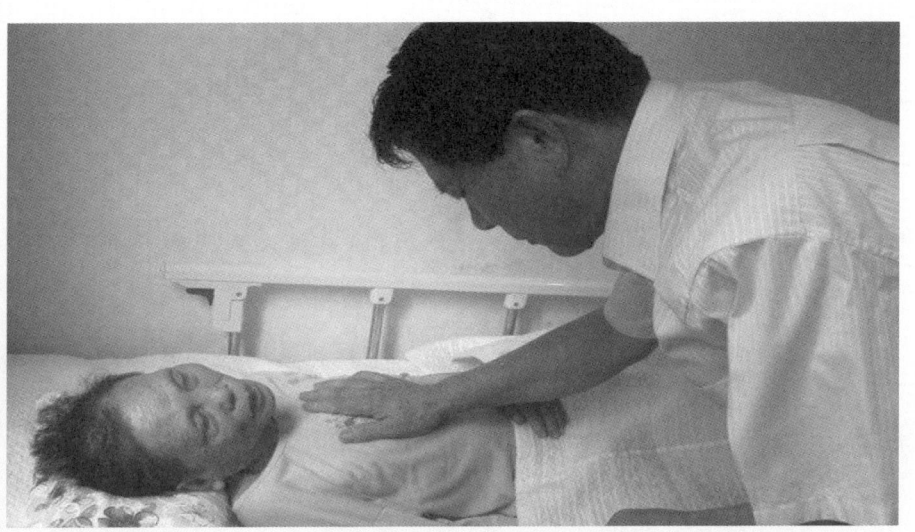

△목사 임직 후 선물로 신축한 사랑의 교회·사랑의 집

▽라오스 미엥교회 신축 감사예배

△아프리카 우간다 건강교회 신축 감사예배

"우리가 아직 죄인 되었을 때에
그리스도께서 우리를 위하여 죽으심으로
하나님께서 우리에 대한
자기의 사랑을 확증하셨느니라"
(롬 5:8)

이웃을 찾아가는 42년의 순종

"부족한 종의 걸음을 여기까지 인도하신 하나님의 은혜를 기억하며,
모든 영광과 존귀를 오직 주님께 올려드립니다."